Wilfried Ehrmann

Die Scham
Das geheimnisvolle Gefühl

Im weiten Land der Seele
Band 1

Tredition 2020

Impressum:
Autor: Dr. Wilfried Ehrmann
Verlag: Tredition Hamburg
Erscheinungsjahr: 2020
Lektorat: Dr. Ingeborg Scheer
Umschlaggestaltung: Alexandra della Toffola
Umschlaggrafik: Fotolia 78389539
ISBN: 978-3-347-10606-2 (Paperback)
ISBN: 978-3-347-10607-9 (Hardcover)
ISBN: 978-3-347-10608-6 (e-Book)
©2020 Wilfried Ehrmann

Das Werk, einschließlich seiner Teile, ist urheberrechtlich geschützt. Jede Verwertung ist ohne Zustimmung des Verlages und des Autors unzulässig. Dies gilt insbesondere für die elektronische oder sonstige Vervielfältigung, Übersetzung, Verbreitung und öffentliche Zugänglichmachung.

Inhaltsverzeichnis

Einleitende Worte (Martin Gartner) 9
Vorwort 11
Anthropologische und psychologische Grundannahmen 15

1. Die Scham – das geheimnisvolle Gefühl **21**
    Die Scham und ihr emotionaler Umkreis 23

2. Scham und Gesellschaft **31**
    Ausgrenzung und Scham 31
    Scham und Ehre 35
    Scham und Würde 39
    Die Konsumscham 41
    Scham, Schuld und die Coronakrise 44

3. Die Physiologie der Scham **49**
    Die inneren Vorgänge bei der Scham 54
    Die Polyvagaltheorie 55

4. Häufige Scham-Themen **59**
    Schamauslöser 60
    Geschlechtsspezifische Schamauslöser Die männliche und die weibliche Scham 63
    Wofür schämen sich Männer? 64
    Wofür schämen sich Frauen? 67

5. Ursprünge und Gestalten der Scham **71**
    Die Urscham 71
    Die Scham für Bedürfnisse 73
    Die Abhängigkeitsscham 74
    Die Ausgeschlossenheitsscham 77
    Die Intimitätsscham 81
    Die Kompetenzscham 84
    Die Idealitätsscham 89
    Die depressive Scham 94
    Die Scham als Wächterin 94

6. Die zyklische Scham **97**

    Schamspiralen 99
    Die ansteckende Scham 100
    Das Fremdschämen 101
    Die Weitergabe von Scham 108
    Die Scham und Grenzerfahrungen 108
    Scham in der Kommunikation 110
    Beziehungsende und Scham 113

7. Die vielen Geschwister der Scham **119**
    Scham und Angst 120
    Scham, Schmerz und Traurigkeit 124
    Scham und Wut 127
    Scham und Ekel 133
    Scham und Schuld 137
    Scham und Stolz 141
    Identitätsbildung durch Scham und Stolz 144
    Scham und Gier 151
    Scham und Geiz 157
    Scham und Neid 159
    Scham und Eifersucht 166
    Zusammenfassung: Die Geschwister der Scham 168

8. Abwehrformen gegen die Scham **169**
    Die Projektion 170
    Scham als Reaktionsbildung 174
    Die Verachtung 175
    Der Zynismus 181
    Der Negativismus 184
    Die Arroganz 187
    Die Heuchelei 190
    Die Unverschämtheit 192
    Die emotionale Kälte 195
    Exhibitionismus und Voyeurismus 197

9. Die Innenseite der Scham **199**
    Anpassung 199
    Disziplin 201
    Ehrgeiz 203
    Scham und Geheimnisse 206

    Wie Scham zu Selbstgesprächen führt 212
    Zusammenfassung 214

10. Die Schamresilienz **215**

    Das Netz der Scham 219

11. Wie Schamprägungen entstehen Die interaktive Affektregulation **221**

    Die Dissoziation 228

12. Die frühen Wurzeln der Scham **231**

    Die Keimzellen und ihre Geschichte 235
    Die Empfängnis 236
    Die erste Zellteilung 243
    Die Einnistung 247
    Die Plazenta und die Nabelschnur 250
    Die Nachricht von der Schwangerschaft 253
    Das falsche Geschlecht 254
    Die überlebte Abtreibung 256
    Pränatale Entwicklungstraumatisierungen 258
    Frühabgänge und Fehlgeburten 259
    Der überlebende Zwilling 260
    Die Komplementarität von Vater und Mutter 264
    Die Geburt und die Scham 266
    Scham in der Babyzeit 270
    Bindung und Distanzierung 274

13. Scham in der Kindheit **279**

    Die schwarze Pädagogik und die Scham 284
    Der Raub des Selbst 287
    Scham und Familiendynamik 291
    Eine angemessene Begleitung durch die Scham 293
    Scham in der Schulzeit 295

14. Mit unserer Scham in Frieden kommen **299**

    Erste Schritte zur Schamlösung im zwischenmenschlichen Bereich 301
    Erste Schritte zur Schamlösung in uns selbst 305
    Akuthilfe bei einer Schamüberreaktion 305
    Selbstannahme statt Scham 306

Die Gegenmittel zur Scham 308

Schamheilung über die Augen 317

Die Schamresilienz stärken 323

15. Die Kur der Abwehrformen und Schamgeschwister 327

Die Projektion 327

Die Verachtung 329

Der Zynismus 330

Der Negativismus 330

Die Arroganz 331

Die Heuchelei 331

Die Unverschämtheit 332

Die emotionale Kälte 333

Exhibitionismus und Voyeurismus 333

Der Neid 334

Die Schuld 335

Der Stolz 335

Die Gier 336

Der Geiz 337

Die Eifersucht 337

Die Fremdscham 338

16. Die Wiedergewinnung des Selbst 339

Die Empathie 340

17. Die Scham in der Psychotherapie 345

Spezielle pränatale Themen 359

Literarischer Exkurs: Fräulein Else 367

18. Von der Scham zur Würde Zum Ausklang 369

Literaturverzeichnis 373

Einleitende Worte

Ein Buch in dieser Ausführlichkeit und elaborierten Ganzheitlichkeit über die Scham war mir bisher noch nicht bekannt. Nicht einmal Sigmund Freud hat sich dazu ausführlich geäußert. Gerade aus psychoanalytischer Sicht erscheint mir dieses Gefühl von grundlegender Bedeutung in Bezug auf unser Verhalten und unser Handeln zu sein. Die Scham ist Mitauslöser und Ursache vieler sozialer Ängste.

Dem Autor des Buches „Vom Mut zu wachsen" (ein interessantes und ebenfalls sehr lesenswertes Konzept zur Entwicklung unseres soziokulturellen gewachsenen Bewusstseins) ist mit diesem Werk ein weiterer Schritt gelungen, den Menschen in seiner psychologischen Entwicklung zu verstehen, indem er dieses wichtige Thema der Scham aufgreift, das viele Autorinnen und Autoren *(vielleicht aus Scham?)* in diesem Umfang und in dieser Ausführlichkeit bisher umgangen haben.

Es ist sehr spannend, wie mutig, differenziert, authentisch und umfassend Wilfried Ehrmann dieses Thema beschreibt, bearbeitet, erweitert, analysiert und somit verständlich macht. Die leichte Lesbarkeit und die vielen Fallbeispiele lösen beim Lesen nicht nur Aha-Erlebnisse aus, sondern führen zu vielen Einsichten, die ihm helfen zu „verstehen". Aufgrund des Ansprechens von Erfahrungen und Verletzungen, die wir ja alle in irgendeiner Form zu diesem Thema erlitten haben, ist Heilung durch Erkennen und Verstehen möglich. Das macht dieses Buch so wertvoll!

In meiner 38-jährigen Tätigkeit als Psychotherapeut hat mir dieses Buch überraschend viele neue Einsichten zu mir selbst und somit Licht in eigene, unbewusste Schattenanteile gebracht. Daher ordne ich den therapeutischen Stellenwert dieses Buches über die Scham als besonders bedeutungsvoll ein und freue mich, wesentliche Erkenntnisse daraus in meine Arbeit mit Klienten einfließen zu lassen.

In einer Zeit, in der soziale Ängste im Zunehmen sind und der Mensch in seiner Autonomie gefährdet erscheint, kommt diesem Buch eine besondere Bedeutung zu, weil es uns hilft, Ursachen von persönlichem Leid tief an der Wurzel (die sogar weit in pränatale Bereiche ragen) zu erkennen und somit zu heilen.

Die ehrliche Selbstreflexion des von einem humanistischen Weltbild geprägten Autors, der in aller Sachlichkeit und großer Empfindsamkeit immer wieder auf die Einzigartigkeit des Menschen hinweist, ist sehr berührend und unterstreicht das Anliegen dieses Buches wenn er schreibt: „Dort, wo die Scham zurücktritt, nimmt die Menschenwürde wieder ihren gebührenden Platz ein."

Ich bin dankbar, dass dieses Buch geschrieben wurde, und würde mich freuen, wenn auch andere beim Lesen dieses Buches die Erlösung alter Schamgefühle erfahren. Dieses Buch lässt sich nur schwer weglegen.

Dr. Martin Gartner, Klinischer und Gesundheitspsychologe, Psychotherapeut

Vorwort

Lange Zeit wurde dem Gefühl der Scham nur eine beiläufige und nebensächliche Aufmerksamkeit gewidmet. In vielen Aufzählungen der Grundgefühle kommt es gar nicht vor (z.B. Gieler et al. 2010, S. 30). Sowohl die psychologische Forschung als auch die therapeutische Praxis mit ihren vielfältigen Methoden konzentrierten sich sehr stark auf die Emotionen Angst und Aggression, und zu beiden Themen gibt es eine große Zahl von Untersuchungen, Fachpublikationen und populären Büchern, während die Scham lange Zeit auf eine „schamvolle" Nebenrolle beschränkt blieb. Im großen Werk von Sigmund Freud finden sich nur ein paar verstreute Bemerkungen zu diesem Gefühl, und auch deshalb führte es im Bereich der Psychoanalyse lange Zeit nur ein Schattendasein.

Erst in den letzten Jahrzehnten rückt die Scham mehr ins Zentrum des Interesses sowohl in der Forschung als auch in der praktischen therapeutischen Arbeit. Manche Forscher beschreiben inzwischen die Scham als die Hauptemotion des täglichen Lebens und die vorherrschende Ursache für emotionalen Stress, mit wesentlich stärkeren Wirkungen auf das seelische Ungleichgewicht als Wut, Trauer und Angst.

Die US-amerikanische Scham- und Verletzlichkeitsforscherin Brené Brown sagte einmal in einem Interview: „Wenn ich auf einer Party gefragt werde, was ich tue, und ich will mich weiter mit der Person unterhalten, antworte ich: Ich bin Verletzlichkeitsforscherin. Nach fünf Minuten vertrauen mir die Leute in der Regel ihre Lebensgeschichte an. Wenn ich keine Lust habe, mich weiter zu unterhalten, sage ich Scham-Forscherin. So wird man jemanden ganz schnell los."

Die Scham: Ein Thema zum Davonlaufen? Das ist verständlich, weil es sich um ein derartig unangenehmes Gefühl handelt, an das niemand auf einer Party erinnert werden möchte. Warum also sollte man freiwillig ein Buch darüber lesen? Auch wenn die Scham kein nettes und erfreuliches Gefühl ist, spielt sie eine ganz wichtige Rolle in unserem Leben, mit uns selbst, in unseren Beziehungen und in der Gesellschaft, in der wir leben. Sie zeigt sich in vielen Facetten und mischt sich in viele Erfahrungen ein. Sie bleibt häufig im Hintergrund und wird leicht übersehen. Sie mischt sich in unser Alltagsleben ein, bestimmt unsere Handlungen und beeinflusst unsere Stimmung, oft ohne dass wir es merken.

Deshalb ist es sinnvoll, die Scham näher kennenzulernen und besser zu verstehen. Schließlich ist sie unsere Begleiterin von ganz früh an, und es kann uns nicht schaden, wenn wir mit ihr bekannt werden und eventuell auch Freundschaft schließen. Wir können unsere Neugier nutzen, um beim Lesen dieses Buches viele der Geheimnisse der Scham zu lüften. Sie darf allerdings auch noch in den Schleier des Mysteriums gehüllt bleiben, wenn wir das Buch beiseitelegen.

Warum nun ein Buch über dieses schwer fassbare Thema schreiben?

Das Schreiben dieses Buches war für mich ein doppelt interessanter Prozess. Das Schreiben ist für mich immer spannend, gleich über welches Thema, mit der Begeisterung, der Frustration, den Durchbrüchen und Schreibblockaden, den Gefühlen des kreativen Wachstums und des Stillstandes und schließlich dem erhebenden Gefühl, das fertige Werk in Händen zu halten. Dazu kommen aber bei dem Thema Scham spezielle Herausforderungen. Denn sie spielt im Schreibprozess dauernd mit und produziert Paradoxa am laufenden Band: Die Scham ist ein Gefühl, das uns zum Rückzug aus der Öffentlichkeit zwingen möchte. Wer sich schämt, würde sich am liebsten verstecken. Ein Buch zu schreiben ist das genaue Gegenteil davon: Es zerrt den Autor mit all seinen Stärken und Schwächen und sein Thema mit allen Facetten ins Rampenlicht der Öffentlichkeit.

Dazu kommt, dass die Aufgabe, etwas, das von sich aus scheu ist, öffentlich zu machen, fortlaufend mit Schamgefühlen in Kontakt bringt: Wer bin ich, ein Buch darüber zu schreiben? Da gibt es doch schon viel bessere Schreiber und Autorinnen, die sich an diesem Thema versucht haben. Was halten die Leser und Leserinnen von jemandem, der so viel über Scham schreibt? Welchen Anteil habe ich selber an diesem und jenem der vielen Aspekte der Scham? Wird es gelingen, dieses umfassende Thema umfassend darzustellen oder werde ich scheitern? Schreibe ich konkret und erfahrungsnahe genug und werde ich den Ansprüchen eines vorgebildeten Fachpublikums gerecht? Werde ich inhaltliche oder typografische Fehler übersehen, die mir nachträglich vorgeworfen werden? Hat das Buch Längen oder unverständliche Passagen, die die Leserin nerven werden? Habe ich wesentliche Aspekte des Themas übersehen? Und so weiter.

Die Scham ist ein wichtiger Teil unseres Innenlebens, der viel Beachtung verdient. Doch sollte sie nie so mächtig sein, um uns bei unseren konstruktiven und kreativen Projekten zu behindern, so lautet eine der zentralen Botschaften dieses Buches. Damit wir in dem geheimnisvollen Land der Scham Klarheit und Sicherheit gewinnen, braucht es eine tiefgründige und konsequente Beschäftigung mit dem Thema. Das war eine meiner Motivationen zum Schreiben über und wider die Scham. Und deshalb bin ich überzeugt, dass dieses Buch seine Veröffentlichung und seine Leserschaft verdient.

Die ca. 60 Fallbeispiele in diesem Buch, die aus meiner therapeutischen Arbeit mit Klienten und Klientinnen stammen, sind in Details verändert, sodass die betreffenden Personen nicht identifiziert werden können. Allen Personen, die mir als

Therapeuten und Gruppenleiter im Lauf der vielen Jahre meiner Arbeit ihr Vertrauen geschenkt haben, gelten mein Dank und meine Anerkennung für all das, was sie mich im gemeinsamen Erforschen gelehrt haben. Meinen eigenen Therapeutinnen und Supervisoren danke ich für das, was ich mit ihrer Unterstützung über mich lernen konnte.

Die Scham ist ein ernstes Thema, ziemlich weit entfernt von Spaß und Leichtigkeit. Mit Humor ist sie allerdings oft schnell und leicht zu kurieren. Zur Auflockerung habe ich deshalb in diesem Buch ein paar Witze eingestreut. In unserem Schämen sind wir sehr menschlich, und dazu gehört, dass wir uns selber immer wieder auf die Schaufel nehmen können.

Wegen der flüssigen Lesbarkeit verzichte ich auf konsequentes Gendern und wechsle die Zuordnungen immer wieder. Bei allgemeinen Textteilen sind Männer mitgemeint, wenn weibliche Endungen gewählt wurden und umgekehrt. Für alle Übungen habe ich die Du-Form gewählt, weil sie jeder Leser, jede Leserin für sich selber oder mit Freunden anwenden kann.

Sehr viel an diesem Buch verdanke ich den großen Schamforschern, v.a. Léon Wurmser, Stephan Marks, Mischa Hilgers und Jens Tiedemann sowie auch allen anderen Autoren, die Wichtiges zu den Erörterungen in dem weiten Themenrahmen beigetragen haben. Ich habe das ausgedehnte Feld der Scham mit meinen eigenen sprachlichen Möglichkeiten aufbereitet und mit den Erfahrungen aus meinem Leben sowie aus der therapeutischen Arbeit gestaltet. Im Verlauf des Schreibens wurde mir erst bewusst, wie weit verzweigt die Scham in unserem Leben mitwirkt – auf der individuellen wie auf der kollektiven Ebene. Deshalb gibt es einige Abschnitte in diesem Buch, die sich eher wie Einleitungen zu eigenen Publikationen lesen, weil für eine eingehende Untersuchung der Platz fehlt. Es werden also einige der Unterthemen nur angerissen (z.B. die Rolle der Scham in der Gesellschaft, in der Kommunikation, im Erwachsenenalter), um zumindest Einblicke in die jeweiligen Bereiche zu öffnen. Auch die einzelnen Abschnitte in der Entwicklungsgeschichte der Scham verdienten wesentlich mehr Raum und Ausführlichkeit. An solchen Punkten gilt die Anregung, selbständig weiterzudenken und andere Quellen zu nutzen.

Ein besonderer Schwerpunkt dieser Darstellung des Schamthemas liegt auf der pränatalen Entwicklung – ein Neuland in der Schamforschung. Seit vielen Jahren beschäftige ich mich mit der frühen Phase unseres individuellen Lebens mit seinen vielen spannenden Aspekten und bin immer wieder fasziniert über die Einsichten, die wir hier gewinnen können. Sie weisen uns auf die hohe Verletzlichkeit und auf die Wunder und überstandenen Herausforderungen aus dieser Zeit hin, die in ihren Auswirkungen auf unser Leben verstanden werden wollen.

Mein Wunsch an die Leserinnen und Leser ist, mehr Bewusstheit über die Einflüsse der Scham auf das eigene Empfinden, auf die zwischenmenschlichen Abläufe und auf die gesellschaftlichen Zusammenhänge zu gewinnen. Möge es uns gelingen, mehr und mehr zu einer beschämungsfreien Welt beizutragen. Dort, wo die Scham zurücktritt, nimmt die Menschenwürde ihren gebührenden Platz ein. Menschen, die im Bewusstsein ihrer Würde leben, sind die besten Garanten für eine offene und lernfähige Gesellschaft.

Das Erkennen und Verstehen unserer Gefühlsreaktionen lässt uns Wege aus den Schutzzuständen zur Energie des Wachstums und der Kreativität finden. In diesem Buch geht es darum, mehr von der Scham zu verstehen, um konstruktive Formen des Umgangs mit ihr zu entwickeln, sodass sie uns im Leben weiterhilft, statt uns zu blockieren.

Anthropologische und psychologische Grundannahmen

Ich möchte anfangs mein Menschenbild, meine anthropologischen und psychologischen Vorannahmen skizzieren, damit klar ist, von welchem Hintergrund diese Ausführungen geprägt sind. Nicht jede Leserin muss sich diesen Auffassungen anschließen, und die vorgestellten Ideen und Einsichten können auch dann interessant und hilfreich sein, wenn jemand ein anderes Modell des Menschen vorzieht.

Ich sehe den Menschen als leib-seelische Einheit, nicht als Zusammenfügung von zwei grundsätzlich voneinander getrennten Entitäten. Das Körperliche ist geistig, das Geistige ist körperlich. Stimmungen, die wir erleben, sind zugleich hormonelle Prozesse in unserem Körper, die wiederum durch seelische Vorgänge beeinflusst und verändert werden können. Es gibt keinen Geist ohne Körper und keinen Körper ohne Geist.

Jeder Mensch ist einzigartig. Die Natur ist nicht in der Lage, identische Formen und Gestalten hervorzubringen: Kein Regentropfen und keine Schneeflocke, kein Vogelgezwitscher und kein Grashalm gleicht dem anderen; warum also sollte ein Mensch identisch sein mit einem anderen? Dazu kommt, dass wir keine festgeschriebenen und definierten Wesen sind, sondern solche, die sich beständig verändern, lernen, wachsen und sich anpassen. Das ist es auch, was wir am meisten brauchen – Anerkennung für diese Einzigartigkeit.

Wir sind dicht beschriebene Blätter mit leeren Stellen, wir sind fragil, weil uns vieles leicht aus dem Gleichgewicht bringen kann, und wir verfügen über unendliche Kreativität und Plastizität, sodass wir so viele missliche Situationen, in die wir geraten, bewältigen können. Zerbrechlichkeit und Kraft, Verletzbarkeit und Heilungsfähigkeit sind die Pole, zwischen denen sich die menschliche Existenz bewegt.

Menschen sind soziale Wesen, immer Teil von sozialen Einheiten, in ständiger Wechselwirkung zu anderen Menschen, Einzelpersonen, Gruppen und größeren Gemeinschaften. Deshalb ist die soziale Dimension in jede leib-seelische Einheit hineingeflochten, die ohne sie nicht verständlich ist. Sozial heißt auch politisch, ökonomisch und ökologisch – wir sind eingebunden in das Schicksal der Menschen, die uns nahestehen, und auch jener, die wir gar nicht kennen, den Nächsten und den Fernsten. Wir sind Teil von Entscheidungsprozessen, die die Richtungen festlegen, in die unsere Gesellschaft und die Menschheit als Ganze gehen. Wir bestimmen mit, ob es die Menschheit und die Vielfalt der Natur in absehbarer

Zukunft weiter geben wird oder nicht, und wir werden in dieser und vielen anderen Fragen bestimmt durch die entsprechenden Entscheidungen aller anderen Menschen.

Wir sind Projekte im Werden, niemals fertig und niemals endgültig, so wie die Welt um uns herum, an die wir uns beständig neu anpassen müssen und die wir durch unsere Anpassungsprozesse wiederum verändern. Unsere innere Entwicklung hat eine Logik, sie ist also von einem Sinn getragen, den wir im Lauf dieser Entwicklung mehr und mehr zu verstehen lernen. Damit ist die spirituelle Dimension angesprochen, die ich zum Grundbestand des Menschseins zähle. Spiritualität ist nach meinem Verständnis keine abgehobene oder elitäre Erfahrungsebene, keine bestimmte Religionsform oder Selbstüberhöhungstäuschung, sondern zeigt sich im Ganz-zu-sich-selber-Finden. Die spirituelle Berufung besteht darin, möglichst umfassend zu dem Menschen zu werden, der wir sind. Es bedeutet, Menschlichkeit im höchstmöglichen Maß in sich zu verwirklichen und diese Aufgabe bei unseren Mitmenschen zu unterstützen.

Diese Grundannahmen beanspruchen nicht den Rang von absoluten Wahrheiten, vielmehr handelt es sich um Modelle, die sich für mich selbst und für meine Arbeit mit Menschen als praktikabel und sinnstiftend erwiesen haben. Sie decken sich weitgehend mit unseren Alltagserfahrungen und unserem naiven, also nicht theoretisch durchreflektierten Selbstverständnis. Wir tun in unserem Verhalten in fast allen Fällen so, als wären diese oben formulierten Grundannahmen in Geltung. Nur wenn wir über sie reden, also auf einer Meta-Ebene, können wir sie in Frage stellen und in Zweifel ziehen. Doch die verzweigten Themen, die sich aus solchen Metareflexionen ergeben, sind nicht der Gegenstand dieses Buches.

Gefühle

Wir Menschen sind fühlende Wesen. Alles, was wir im Äußeren und von außen erleben, alle visuellen, akustischen und haptischen Reize werden in inneres Erleben übersetzt und verbunden mit einem bestimmten Selbstgefühl. Wir sehen einen blauen Himmel und fühlen uns anders als wenn der Himmel grau ist. Wir hören ein Lied und fühlen uns traurig, und ein anderes Mal angenehm berührt. Wir wachen schlecht gelaunt auf, und weder das strahlende Wetter noch das schönste Gedicht können uns umstimmen. Unsere Innenwelt ist genauso reichhaltig wie unsere Außenwelt, und beide tanzen in jedem Moment miteinander, mal führt die eine, mal die andere.

Gefühle sind Informationsvermittler. Sie geben uns Auskunft über unseren inneren Zustand, immer auch in Bezug auf die gerade aktuellen äußeren Einflüsse. Wir brauchen nur unsere Aufmerksamkeit nach innen richten (weg von den Sachen, die uns gerade interessieren), und schon zeigt sich, wie es uns, d.h. wie es unserem Organismus gerade geht. Sind wir wach oder müde? Sind wir im Gleichgewicht oder verspannt? Hängen wir an etwas Früherem oder Zukünftigem, das uns nicht ganz hier sein lässt und unsere Stimmung trübt?

Wenn wir mehr Erfahrung mit der Achtsamkeit auf unser Fühlen gesammelt haben, gelingt es uns, diesen Informationskanal noch besser zu nutzen. Wir können uns fragen, was uns das gerade spürbare Gefühl sagen möchte, was seine Botschaft ist. Damit verwenden wir unseren inneren Sinn, um in Übereinstimmung mit uns selbst zu kommen, wenn wir uns selbst verloren haben, um ein Ungleichgewicht, das wir bemerken, wieder in Gleichklang zu verwandeln.

Wir können auch noch einen Schritt weiter gehen und nach dem Hintergrund und der Herkunft unserer Gefühle zu fragen. Unser Körper verfügt über ein weit zurückreichendes, wenn auch nicht exaktes Gedächtnis und kann auch Informationen über unsere Anfänge liefern. Es lohnt sich allemal, diese Quelle zur Selbsterkenntnis zu nutzen. Warum tritt dieses Gefühl gerade jetzt auf, was hat es ausgelöst und woher kenne ich das schon?

Die Achtsamkeit auf den Atem ist bei jeder Wendung nach innen von besonderer Bedeutung. An unserer Atmung können wir erkennen, ob wir entspannt oder gestresst sind, ob wir uns wohl fühlen oder an etwas leiden. Die Atembewusstheit bringt uns ganz in den Moment.

Ein Modell für unsere Gefühlslandschaft

Wollen wir lernen, im Reich unserer Gefühle besser zu navigieren, ist eine Landkarte von großem Vorteil. Wir kennen eine große Anzahl von verschiedenen Gefühlen, stärkere und schwächere, hellere und dunklere, klarere und verschwommenere, angenehmere und unangenehmere. Unser Gefühlserleben ist reich an Facetten und Nuancen. Je mehr Aufmerksamkeit wir auf unser Innenerleben richten, desto mehr Spielarten des Gestimmtseins lernen wir kennen und desto sinnvoller ist eine Orientierungshilfe.

Ich nutze gerne das folgende Modell zur Einteilung der Gefühle, das mit der Polyvagaltheorie kompatibel ist, die im 3. Kapitel dargestellt wird. Ich gehe von zwei unterschiedlichen Grundzuständen unserer inneren Verfasstheit und unseres Nervensystems aus. Der eine ist gegeben, wenn wir uns im Außen sicher und im Inneren mit unseren Ressourcen verbunden fühlen. Ich nenne ihn den Wachstumszustand, weil wir in solchen Situationen unsere Reserven stärken und zugleich produktiv und kreativ sein können.

Der andere Zustand herrscht, wenn wir uns von außen bedroht fühlen. Er wird Schutzzustand genannt. Wir verteidigen unser Überleben, das (real oder eingebildet) in Gefahr steht, mit den Reflexen des Kampf-Fluchtverhaltens. Dazu müssen wir auf unsere Reserven zurückgreifen und sie auf maximale und optimale Weise mobilisieren. Andere Funktionen, wie z.B. die empathische Kommunikation, werden zurückgestellt.

Mit dem Wachstumszustand sind Gefühle wie Freude, Lust, Neugierde und Interesse verbunden, also vor allem angenehme Gefühle. Der Schutzzustand aktiviert Gefühle wie Angst, Schmerz, Wut, Scham und Ekel, die wir als unangenehm erleben. Diese Gefühle sollen uns dazu motivieren, die Situation, die sie auslöst, möglichst rasch zum Besseren zu wenden. Im Grund wollen wir also immer von einem Schutzzustand in einen Wachstumszustand gelangen.

Dieses Modell hat gegenüber anderen Gefühlseinteilungen, die z.B. vier oder mehr Grundgefühle (Angst, Freude, Traurigkeit, Wut usw.) unterscheiden, den Vorteil, dass es die Gefühle funktional zuordnet. Es macht auch die intuitive Gegenüberstellung von „guten" und „schlechten" Gefühlen verständlich. Zwar haben alle Gefühle ihren Sinn, es gibt also keine unnötigen Gefühle, denn sie helfen uns, dass wir uns an unterschiedliche Situationen besser anpassen und unsere Handlungsfähigkeit unter wechselnden Umständen bewahren können. Aber wir messen diesen Grundemotionen verschiedene Wertigkeiten bei: Die Wachstumsgefühle wollen wir vermehren und die Schutzgefühle verringern. So sehen die meisten Menschen den Weg zu einem erfüllten Leben: Es soll mir gut gehen, d.h. es sollen die Wachstumszustände vorherrschen.

Das Modell kann uns auch verdeutlichen, wann wir ohne angemessenen Anlass in einen Schutzmodus geraten. Dieser Vorgang ist mit seinen vielen Varianten verantwortlich für die meisten Störungen, unter denen wir leiden und mit denen wir anderen Menschen Leiden zufügen, und wird uns in diesem Buch immer wieder begegnen.

Grundgefühle werden auch manchmal von Ersatzgefühlen oder oberflächlichen oder gemischten Gefühlen unterschieden. Solchen Klassifikationen kann ich insofern viel abgewinnen, als wir davon ausgehen können, dass wir unser Leben mit einem einfacheren Gefühlsrepertoire beginnen, das sich mit der Zeit des Aufwachsens mehr und mehr differenziert. Im Zug der Entwicklung der kognitiven Kompetenzen durch die Entwicklung der Großhirnregionen erwerben Kinder ein komplexeres Gefühlsleben, das sie benötigen, um sich in der Welt der Erwachsenen gut bewegen zu können. Sekundäre oder gemischte Gefühle enthalten demnach immer auch kognitive Komponenten und sind dadurch stärker mit dem Denken verbunden. In diesem Buch werden sowohl die Grundgefühle als auch eine Reihe von sekundären Gefühlen im Zusammenhang mit der Scham besprochen.

Auch als Erwachsene merken wir, dass wir in Stresssituationen von der Komplexität wieder zurück auf die Einfachheit der Grundemotionen geworfen werden. Denn bei solchen Gelegenheiten treten die höheren Gehirnfunktionen in den Hintergrund, und unsere Reaktionsweisen werden primitiver. Diese Beobachtung passt dazu, dass Stress mit Überlebensgefährdung assoziiert ist. Um uns in Extremsituationen abzusichern, bringt uns unser evolutionäres Erbe dazu, auf das umständliche Denken zu verzichten und unsere Handlungen allein von Gefühlen leiten zu lassen. Wo eine wirkliche Gefahr vorliegt, kann uns diese Strategie das Leben retten; wo wir uns aber nur einbilden, dass eine Gefahr besteht, kann sie viel Schaden anrichten. Unsere Reaktionen schießen übers Ziel und unterbrechen die Sozialbeziehungen.

Die Rückkehr aus dem Schutzzustand in den Wachstumszustand ist eine wichtige Aufgabe für alle von uns. Dieses Buch hilft dabei, die Schamthemen zu erkennen, die uns daran hindern, zu einem ausgeglichenen Selbstgefühl und zur flexiblen Sozialkompetenz zurückzukehren. Es zeigt auch Wege auf, wie wir immer wieder den Weg von der Scham zur Würde finden.

Im weiten Land der Seele

Jetzt beginnt die Reise ins weite Land der Seele am Leitfaden der Scham. Sie war schon eine treue Begleiterin von unseren Uranfängen an, durch alle Phasen unseres Lebens, und sie wird weiter bei uns sein, bis ans Ende. Die Reise erfordert ein Stück Überwindung und Mut, weil sie uns auch auf Schattenseiten unserer Seele aufmerksam macht. Jede Schritt in seelisches Neuland lohnt sich, weil er uns offener und weiter macht.

Wenn wir in der Folge die verschiedenen Formen der Scham, ihre Abwehrstrategien, ihre zyklische Natur, die Netze, die sie ausspannt, das Gift, das sie einflößen kann und die Hinweise, die wir ihr verdanken, kennenlernen, sollten wir uns immer eine einfache Sichtweise vergegenwärtigen. Wir sind, wie es der römische Dichter Terenz formuliert hat, Menschen und uns ist deshalb nichts Menschliche fremd. Wir kennen also all die Gestalten der Scham, so wie wir auch alle der eben erörterten Gefühle in uns haben. Auch wenn uns vielleicht einige der Schattenbereiche, die in diesem Buch besprochen werden, auf den ersten Blick abstoßend und verdammungswürdig erscheinen mögen, sollten wir uns ehrlich darauf besinnen, ob wir nicht doch auch Spuren dieser Haltungen in uns tragen. Es könnte ein Schamgefühl sein, das uns davon abhält, unsere eigenen Neigungen und Tendenzen in diese Richtungen zuzugeben.

Bevor wir also mit dem Finger auf andere deuten mit der entrüsteten Geste: „So kann man aber wirklich nicht sein!", vergegenwärtigen wir uns deshalb lieber immer wieder: Unsere Mitmenschen sind auch nur Menschen, genauso wie wir selber. Je mehr von unseren dunklen Seiten wir in uns aufhellen und umarmen können, desto offener begegnen wir uns selbst und die Menschen um uns herum.

1. Die Scham – das geheimnisvolle Gefühl

Zur Einführung

Die Scham existiert überall, wo es ein ‚Mysterium' gibt. (Friedrich Nietzsche)

Die Scham ist ein komplexes Gefühl, das sich durch unsere Seele wie ein feines Netz zieht, mit sensiblen Sensoren, die beständig unsere Umgebung nach möglichen Anlässen für eine Verunsicherung abtasten und jedes Ungleichgewicht nach innen melden. Meistens schleicht sie sich unbemerkt in unser Erleben, und sie irritiert und verwirrt uns. Für viele ist sie eine ständige Begleiterin, für andere kaum wahrnehmbar oder wirksam verdrängt. Immer, wenn sie aktiv wird, leiden wir unter ihr und wissen oft nicht, wie wir mit ihr umgehen sollten oder wie wir uns von ihr befreien könnten.

Wir werden uns deshalb auf den folgenden Kapiteln näher mit den verschiedenen Aspekten dieses rätselhaften und vieldeutigen Gefühls beschäftigen. Was wir in uns selber erforschen, hilft uns, im Alltag herauszufinden, wann uns die Scham als Hindernis in die Quere kommt. Wir werden schließlich auch Wege kennenlernen, auf denen wir uns aus den Fängen der übermäßigen Scham befreien können.

Wenn wir von Grundgefühlen reden, fallen uns zumeist eine Handvoll von ihnen ein: Freude, Angst, Zorn, Traurigkeit, Ekel. Die Scham kommt auf dieser Liste in der Regel nicht vor. In einer vergleichenden Studie zur Wichtigkeit von Gefühlen landete sie bei kalifornischen Befragungsteilnehmern auf der abgeschlagenen 32. Stelle. Für viele ist die Scham das unangenehmste Gefühl, eben weil es beschämend ist, sich zu schämen. Deshalb wird sie auch so gerne übersehen, geleugnet, ignoriert und verdrängt. Wir wissen, dass der Ärger verraucht, dass die Traurigkeit irgendwann abebbt, dass wir Ängste überwinden können und dass der Ekel mit dem verschwindet, was ihn auslöst. Aber wir wissen nicht wirklich, wie wir die Scham wieder loswerden, wenn sie uns einmal im Griff hat.

Das Erleben der Scham ist unangenehm, weil wir uns kleiner, schwächer und verletzbarer fühlen. Die Scham ist mit der Befürchtung von Schmerz verbunden, der uns zugefügt werden könnte. Deshalb steckt im Deutschen im Wort „Peinlichkeit" die Pein, die Qual, die wir erleiden.

Und wenn die Scham stärker und mächtiger wird, kann sie uns ordentlich durcheinanderbringen und uns sogar in den Grundfesten erschüttern. Wir erleben, dass wir vor Scham im Erdboden versinken wollen oder den Boden unter den Füßen verlieren. Die Scham kann uns mit einem übermächtigen und zerstörerischen Grauen konfrontieren. Wir können vor Scham erstarren, in Lähmung verfallen und handlungsunfähig werden. Schließlich hat massive und andauernde Scham schon viele Menschen krank gemacht und sogar in den Selbstmord getrieben.

Beispiele:

Ein Kind hört von seiner Mama: „Du singst aber falsch." Das Kind schämt sich und beschließt, nie wieder zu singen. Selbst als viel später der Erwachsenen Komplimente wegen ihrer schönen Stimme gemacht werden, scheut sie sich davor, vor anderen zu singen. Die beschämenden Worte der Mutter hindern sie noch immer, ihr kreatives Talent zu entfalten.

Bei einer Übungsgruppe wird gefragt, wer am meisten Themen mit der vorher erklärten Methode bearbeiten konnte. Es meldet sich ein Mann, der offensichtlich den Rekord erzielt hat. Erst später stellt sich heraus, dass eine Frau noch besser war, aber ein Schamgefühl hatte es ihr verboten, Männer zu übertrumpfen. Sie hatte das von ihren Eltern und der Kultur, in der sie aufgewachsen ist, übernommen, und diese Prägung stellt sich in den Weg, als es darum geht, zu ihrer eigenen Leistung zu stehen.

Georg hat Eltern, die beide ganz durchschnittliche Leben führen. Keiner von ihnen hat studiert, die Mutter ist als Hausfrau und der Vater in einer einfachen Angestelltenposition tätig. Georg fragt sich, warum er mit seinen Begabungen nicht an die Öffentlichkeit treten konnte, um Anerkennung und Erfolg zu ernten. Es stellt sich heraus, dass ihn die Scham darin blockiert, mehr zu erreichen als seine Eltern.

Lukas ist ein kommunikativer und kontaktfreudiger Mensch. Doch wenn er mit alten Freunden Wandern geht, fühlt er sich unwohl und redet wenig. Er fühlt sich den anderen gegenüber unterlegen, weil er eine Arbeit hat, bei der er wenig verdient und die nicht sehr angesehen ist, während seine Freunde besser bezahlte und prestigeträchtigere Jobs haben. Er überlegt, bei den gemeinsamen Wanderungen nicht mehr mitzugehen, fürchtet aber, dass er darunter leiden würde und sich noch zusätzlich für seine Feigheit schämen würde.

Sabina ist Opernsängerin mit einer wunderbaren Stimme und hoher Musikalität. Sie bemüht sich bei verschiedenen Opernhäusern um ein Engagement. Sie reist dort an, und bekommt ein paar Minuten zum Vorsingen. Immer wieder erlebt sie, dass sie auf der Bühne steht und ihr Bestes gibt, während die maßgeblichen Leute unten sitzen, sich unterhalten, rein- und rausgehen und ihre Telefone bedienen. Sie weiß, ihre berufliche Laufbahn ist von diesen Menschen abhängig, und sie merkt, wie wenig sie und ihr Einsatz ihnen bedeuten. Sie fühlt sich unterschätzt, frustriert und beschämt.

Katharina ist eine fleißige Schülerin und geht gerne zur Schule. Nur der erste Schultag fällt ihr jedes Jahr schwer: Die Mitschülerinnen erzählen von ihren Ferienerlebnissen und sie muss schweigen, weil sich ihre Mutter keinen Urlaub leisten kann.

Franz ist intelligent und umfassend gebildet. Er weiß vieles, was andere nicht wissen. Und doch redet er in Gesellschaft kaum mit, gilt als schüchtern und wird häufig unterschätzt. Er hat den Eindruck, dass ihn niemand interessant findet. Als Kind hat er oft gehört, dass er nicht so blöde Fragen stellen solle und dass er den Mund halten solle, wenn die Erwachsenen reden. Bis heute hat er deshalb die Angst, als dumm dazustehen, wenn er etwas sagt. Er geriet immer wieder ins Stottern, wenn er etwas erzählte, während er die Angst hatte, missverstanden oder für dumm gehalten zu werden. Das Stottern war ihm umso mehr peinlich, und die Angst davor machte ihn noch schweigsamer. Es ist die Beschränkung unserer kognitiven und emotionalen Leistungsfähigkeit durch die Scham, die zu solchen Hemmnissen führt.

Das ist einer der typischen Teufelskreise bei der Scham, die uns immer wieder begegnen werden: Das Gefühl behindert sinnvolle und notwendige Handlungen, und die Unterlassung dieser Aktionen führt zu Selbstvorwürfen und verstärkt wiederum die Scham. Sie schränkt unsere Fähigkeiten ein, und die Einschränkung ist ein weiterer Anlass zum Schämen. Deshalb erleben viele Menschen die Scham wie ein Gefängnis, aus dem es kein Entrinnen gibt, bei dem jeder Versuch, auszubrechen, die Gefangenschaft nur noch weiter verschlimmert.

Die Scham und ihr emotionaler Umkreis

In der Umgebung der Scham finden wir eine Reihe verwandter und ähnlicher Gefühle, Gefühlsbezeichnungen und innerer Zustände: Peinlichkeit, Schüchternheit, Schmach, Schande, Verlegenheit, Kränkung, Minderwertigkeit, Bloßstellung und Gedemütigtsein.

Die **Verlegenheit** gilt als eine Vorstufe zur Scham und zur Peinlichkeit. Sie ist der Ausdruck einer inneren Unsicherheit in einer sozialen Situation. Wir wissen nicht, ob die Art unserer Handlung oder Wortmeldung beim Gegenüber gut ankommt und befinden uns in einer Warteposition. Erst wenn wir sehen, dass die andere

Person neutral oder positiv reagiert, können wir entspannen. Häufig tritt die Verlegenheit gegenüber hierarchisch höher gestellten Personen auf. Auch Menschen, denen wir mehr Macht, Einfluss und Bildung zubilligen als uns selbst, können Verlegenheitsgefühle auslösen. Natürlich hat jede Verlegenheit auch eine biografische Wurzel, in der eine Verunsicherung stattgefunden hat, die in der aktuellen Situation wiederbelebt wird.

Wir alle kennen die Pein der **Peinlichkeit**: Kleinere oder größere Fehlleistungen (Übersehen, Vergessen, Versprecher, Hoppalas…), die uns mit einem stark unangenehmen Gefühl zu Bewusstsein kommen, sobald sie jemandem auffallen – vom offenen Hosenzipp auf der Straße bis zum Patzer beim Eröffnungswalzer des Opernballs. Wir kommen auf eine Party und sind zu früh oder zu spät, over- oder underdressed, das Gastgeschenk ist zu teuer oder zu billig, wir reden zu viel, zu wenig oder etwas Unwillkommenes – die Möglichkeiten für Peinlichkeiten sind unbegrenzt. Jeder Fehler, jedes Aus-der-Rolle-Fallen kann Anlass dafür bieten, je nachdem wie die Erwartungen unseres sozialen Umfeldes gerade beschaffen sind.

Die Peinlichkeiten, die uns unterlaufen, zeigen uns, wie sehr wir unsere Identität an Rollenbilder anhängen, für die wir die Bestätigung und Anerkennung von unseren Mitmenschen brauchen. Wenn wir diesem Bild einer ordentlichen, rechtschaffenen, freundlichen und umsichtigen Person nicht entsprechen, befürchten wir, die Anerkennung zu verlieren, und das Gefühl der Peinlichkeit erinnert uns daran, unser Verhalten zu korrigieren, damit wir wieder entsprechen.

Die Grenze zwischen Peinlichkeit und Scham ist fließend und durchlässig. Peinlichkeiten können sich zur Scham steigern, abhängig von der Reaktion der Umgebung. Sieht jemand großzügig oder humorvoll über unseren Schnitzer hinweg, vergessen wir schnell, was passiert ist. Macht sich hingegen jemand lustig über uns oder kritisiert uns unfreundlich in dieser Angelegenheit, dann meldet sich die Scham mit der Frage, ob unsere Zugehörigkeit zur sozialen Umgebung nun auf dem Spiel steht. Sobald die Peinlichkeit im Bund mit Selbstzweifeln zum Kern unserer Identität vordringt, wird sie dort zur Scham.

Ein wertvolles soziales Gefühl

Die Scham ist ihrem Wesen nach ein soziales Gefühl. (Serge Tisseron)

So unangenehm wir das Beschämtsein erleben, so notwendig und wichtig ist dieses Gefühl. Die Scham tritt auf, wenn es zu Störungen in Beziehungen kommt und signalisiert eine Verletzung im Gefüge des sozialen Netzes. Die innere Reaktion besteht darin, auf sich selbst zurückgeworfen zu werden – das drückt auch die reflexive sprachliche Form aus: „Ich schäme *mich*": Ich tue mir selbst dieses Gefühl an. Deshalb fühlen wir uns in der Scham alleine, im Stich gelassen und verloren. Es kann so weit gehen, dass wir uns fühlen, als ob uns die Existenzberechtigung abhandengekommen wäre und wir nicht mehr wissen, wo wir sie finden. Wir wünschen uns, im Erdboden zu versinken, und mit uns soll verschwinden, was gerade passiert ist. Wir erleben in solchen Momenten einen äußerst bedrohlichen Zustand und sind ganz auf uns selber und unsere fundamentale Unsicherheit zurückgeworfen.

Da wir uns im Umgang mit der Scham so schwertun, wollen wir sie am liebsten gar nicht zur Kenntnis nehmen und irgendwo in den hintersten Winkel unserer Seele verbannen. Allerdings gehen uns dann auch die konstruktiven und förderlichen Aspekte dieses Gefühls verloren, denn das Gefühl zeigt uns, dass wir uns aus einem sozialen Ordnungsgefüge herausbewegt haben, dass eine Normverletzung passiert ist und dass es Schritte braucht, um diesen Schaden zu reparieren.

Die Scham ist ein paradoxes Gefühl. Trotz des Eindrucks, von den anderen abgeschnitten, verlassen und isoliert zu sein, wenn wir uns schämen, ist die Scham ein Gefühl, das gerade aus der Verbundenheit mit anderen entsteht. Obwohl wir den Eindruck haben, in der Scham den Selbstbezug zu verlieren, hilft sie uns dabei, unsere Würde zu wahren: unsere eigene und die unserer Mitmenschen. Sie sorgt dafür, dass die Regeln eingehalten werden, die dafür notwendig sind.

Mit unseren eigenen Schamgrenzen markieren wir die Grenzen unserer Integrität, und das Schamgefühl macht uns darauf aufmerksam, dass diese Grenzen nicht geachtet wurden – von uns selber oder von anderen: Wir haben unsere Grenzen zu weit ausgedehnt oder jemand anderer hat sie zu sehr eingeengt.

Die Scham hält uns zur Disziplin an, zur Zügelung und Kontrolle unserer triebhaften Impulse und Affekte und zur Abstimmung und Rücksichtnahme in Hinblick auf die Erwartungen und Bedürfnisse unserer Mitmenschen. Sie macht verlässlich auf jede asoziale oder egoistische Regung aufmerksam. Sie mäßigt unsere Aggressionen und schränkt unsere Gier und unseren Geiz ein.

Die Scham agiert als Wächterin für das soziale Zusammenleben. Für dessen Aufrechterhaltung muss sich jedes Mitglied in Rücksichtnahme und Abstimmung üben, was auch beinhaltet, Abstriche an den eigenen Interessen und Bestrebungen vorzunehmen. Die maßvolle Scham achtet sorgsam darauf, dass alle Mitglieder einer Gemeinschaft gleichermaßen geachtet und respektiert werden. Sie hält die fragilen Grenzziehungen zwischen den Menschen aufrecht und sorgt für deren Schutz. Sie ist also auch die Wächterin für die Integrität und Würde der Individuen.

Die Scham wirkt wie ein eingebautes Korrektiv, das dann aktiv wird, wenn wir die Grenzen anderer überschreiten oder wenn uns jemand anderer zu nahe tritt. Sie meldet sich, wenn Regeln missachtet oder übersehen werden, z.B. wenn wir in einer Personengruppe ein Thema ansprechen, das in dieser Gruppe tabu ist, ohne dass wir davon wissen. „Plötzlich herrscht ein betretenes Schweigen", und an dem Schamgefühl, das aufsteigt, merken wir, dass wir einen Regelverstoß begangen haben. Die anderen erkennen an unserem Beschämtsein, dass wir verstanden haben, was geschehen ist, und dass wir jetzt die Regel akzeptieren, und die Konversation kann weitergehen. Unsere Scham gibt also den anderen das Signal: Wir haben die Standards der Gruppe zur Kenntnis genommen und möchten sie befolgen. Damit zeigen wir, dass wir uns einordnen und mit der Gruppe konform gehen. Die Ängste in der Gruppe schwinden, das Vertrauen wächst.

Würde uns das Schamgefühl fehlen, würden wir nichts dabei empfinden, wenn wir andere verletzen oder missbrauchen. Wir würden skrupellos über die Grenzen anderer Menschen gehen und uns ohne Wimpernzucken nehmen, was wir haben wollen. Es ist klar, dass eine menschliche Gemeinschaft schnell zerfallen würde, wenn sich die meisten ihrer Mitglieder so verhielten. Die Scham wirkt also wie eine Art Schmiermittel im sozialen Getriebe, indem sie die verschiedenen Zugkräfte, die aus den individuellen Bestrebungen stammen, ausgleicht. Sie springt dort ein, wo sich ein individueller Raum auf Kosten anderer zu weit ausdehnt, aber auch dort, wo ein Raum zugunsten anderer zu sehr schrumpft.

Wann immer unser Blick auf einen schamvollen Blick trifft, schämen wir uns selber, als hätten wir etwas Verbotenes enthüllt. Das lässt sich schon bei den unzählig vielen Blickkontakten beobachten, die tagtäglich in der Öffentlichkeit passieren: Wir schauen auf, wenn jemand ein Abteil im Zug betritt und senken sofort den Blick wieder, um ja nicht zu signalisieren, dass wir ein weitergehendes Interesse an der Person hätten. Die Neugier darf nur ganz kurz sein und muss dann sofort woandershin wandern, um nicht auf die Scham der beobachteten Person zu stoßen. Denn wenn wir selber als Neue in das Abteil kommen, sind uns die Blicke, die uns treffen, für einen Moment peinlich. In diesen flüchtigen und harmlosen Kontakten spielt sich ein Minidrama der Scham und der Schamvermeidung ab.

Im Verlauf unseres Aufwachsens hat uns die Scham geholfen, unseren natürlich gewachsenen Egoismus, das, was in der Psychologie der kindliche Narzissmus heißt, einzuschränken, indem sie uns darauf aufmerksam gemacht hat, dass auch noch andere da sind und Bedürfnisse haben: Es gibt das eigene Selbst und es gibt andere, die auch über ein Selbst verfügen.

Deshalb fördert die Scham, wenn wir sie in der richtigen Dosierung erfahren, sowohl die Entwicklung unserer Individualität wie auch den sozialen Respekt für die Menschen um uns herum. Die Scham sorgt also für ein Gleichgewicht zwischen unserem fundamentalen Bedürfnis nach Selbstentfaltung und unserem ebenso wichtigen Bedürfnis nach Zugehörigkeit und sozialer Bindung. Im Erleben der

Scham lernen wir, uns mit den Augen der anderen zu sehen, und erkennen, dass nicht nur wir selbst der Mittelpunkt unserer Welt sind, sondern die anderen ebenso in und aus ihrer Welt leben und erleben. Wir lernen Grenzen zu achten und wir lernen, sie achtungsvoll zu verändern, mit Hilfe der leichten Form der Scham, die uns nicht in unseren Grundfesten erschüttert, also traumatisiert, sondern die uns rasch wieder ins soziale Feld zurücklässt. Fallen wir mal kurzzeitig aus dem Feld heraus, können unsere Mitspieler unsere Scham bemerken und sofort wieder unsere Zugehörigkeit bestätigen.

Es ist ein Wechselspiel zwischen Schamerleben und Schamlösung, das für unser soziales Lernen und für die sozialen Abläufe unerlässlich ist. Die gelungene Kommunikation mit der Scham beruht auf Fähigkeiten, die mit der interaktiven Affektregulation in der frühen Kindheit erworben werden. Dieses Modell wird weiter unten in Kapitel 11 beschrieben. Die schamgeleitete Gefühlsregulation findet in einem Raum des Mitfühlens und Mitgefühls statt, in dem die Erwachsenen dem Kind, wenn notwendig, sinnvolle Grenzen setzen, seine Beschämung bemerken und durch Verständnis und Zuwendung wieder aufheben. Auf diesem Weg kann das Kind das Fundament für ein gutes inneres Gleichgewicht zwischen Selbstüberschätzung und Selbstzweifel legen – der Nährboden für ein gesundes Selbstvertrauen, das durch das weitere Leben trägt. Zugleich entwickelt sich auf dieser Basis die Fähigkeit zur Selbstreflexion und Selbstkritik bis hin zur Selbstironie und Selbstempathie. Ein gut verträgliches und maßvolles Erleben von Scham bildet die Voraussetzung für diese Formen der Selbstdistanzierung, die viel zu einem ausgeglichenen und gelassenen Erwachsenenleben beitragen.

Scham und Verletzlichkeit

Die Scham macht uns bewusst, wie abhängig wir von anderen sind. Wir brauchen andere Menschen, damit sie unseren Wert und unsere Zugehörigkeit bestätigen. Vor allem, wenn wir noch klein sind, können wir diese Anerkennung nicht erzwingen, also bleibt uns nur, auf das Wohlwollen der anderen zu hoffen. Diese Haltung nehmen wir mit ins Erwachsenenleben, wo wir auch beständig auf der Suche nach Anerkennung sind. Wir bekommen solche Bestätigungen vor allem dann, wenn wir uns in unserer Bedürftigkeit und Verletzbarkeit zeigen, indem wir unsere Scham zeigen. „Scham macht uns wehrlos, sie entblößt unser verletzliches Selbst" (Köhler 2017, S. 7). Und mit dem Zeigen unserer Scham signalisieren wir, dass wir bereit sind, uns unterzuordnen und die eigenen Bedürfnisse zurückzustellen.

Leichter und gewohnter ist es meistens für uns, in einer aggressiv-defensiven Haltung zu verharren, die uns vor der Preisgabe unserer Verletzlichkeit schützen soll. Doch bleibt dann die Spannung bestehen, in uns selber und mit den anderen.

Wenn die anderen genauso reagieren, stecken wir in einem Machtkampf fest, in dem keine Seite ihre Deckung aufgeben will, weil dahinter Ängste und unangenehme Schamgefühle versteckt sind.

Letztlich ist wohl alles menschliche Machtstreben durch den Zwang motiviert, die Abhängigkeit, die mit der Verletzbarkeit verbunden ist, überwinden zu müssen. Denn diese Abhängigkeit ist mit starken Ängsten verbunden, und darum versuchen wir, Umstände zu erschaffen, die verhindern sollen, dass uns jemand beschämt. Für diesen Zweck nutzen wir unsere Kraft, die zu Machtstreben und Gewalt wird, wenn wir sie zur Kontrolle und Beherrschung unserer Mitmenschen einsetzen. Wir wollen unsere Verletzlichkeit schützen, aber fügen den anderen Verletzungen zu, indem wir sie mit unserem Machtgehabe unter Druck setzen wollen. Manchmal geschieht das durch Einsatz von Manipulation, manchmal durch Erpressung, manchmal durch Drohung.

Die Angst vor der eigenen Schwäche ist der Grund, warum Diktatoren mit besonderer Gründlichkeit und Brutalität gegen alle Kritiker an ihrer Person vorgehen. Sie wollen jeden, der sie beschämen könnte, vernichten. Dass die eigene Verletzlichkeit sichtbar würde, ist das Schlimmste, was ihnen zustoßen könnte, und um das zu verhindern, setzen sie rücksichtslos all ihre Macht ein.

Nach dem misslungenen Attentat vom 20. Juli 1944, das Hitler mit seiner Verletzbarkeit konfrontierte, reagierte er mit besonderer Grausamkeit, indem er die Rädelsführer der Verschwörung an Klaviersaiten auf Fleischerhaken erhängen ließ. Beim Beobachten der Opfer seiner Brutalität in ihrem Todeskampf versuchte er mit sadistischer Genugtuung scheinbar seine Macht und Unversehrbarkeit wiederherzustellen.

Die andere Seite dieser Dynamik zeigte sich bei der Festnahme des ehemaligen irakischen Diktators Saddam, der angeblich in einem Erdloch gefunden wurde und sich als müder und abgehärmter Mann widerstandslos ergab. Der einst mächtige und gefürchtete Herrscher verkommen im Dreck – ein eindrucksvolles und beschämendes Bild der Verletzlichkeit und Schwäche, der Kehrseite der Macht. Der gestürzte und entmachtete Diktator ist jetzt angewiesen auf die Gnade seiner früheren Opfer, sein Leben hängt ab von ihrer Nachsichtigkeit und Fähigkeit zum Verzeihen.

Die Angst vor der eigenen Verletzlichkeit, die mit der Scham verbunden ist, ist der Antrieb hinter einem starken Überlebensprogramm. Wir können viele Vorgänge in der Welt besser verstehen, wenn wir uns die überwältigend impulsive Kraft dieses Programms vergegenwärtigen. Sie steckt wohl hinter jeder Form der Gewaltausübung und hinter jedem Machtstreben, mit dem sich Menschen über ihre Mitmenschen stellen und sie unterdrücken. Viele Menschen haben gelernt, sich die

Maske der Überlegenheit und Unverletzbarkeit aufzusetzen, um in dem Überlebenskampf, der allgemein mit dem Erwachsenenleben gleichgesetzt wird, zu bestehen.

Diese Maske kann die unterschiedlichsten Gestalten annehmen, gemäß der Ausprägung des jeweiligen Überlebensprogramms: Von brutaler Machtausübung bis zu manipulativ eingesetzter Ohnmacht und Krankheit reicht das Spektrum der menschlichen Möglichkeiten, die alle den Zweck haben, die innere Schwäche und Abhängigkeit, die Entblößung der verletzbaren Seele zu verhindern. Wir tun unser Möglichstes, um diesen Zustand zu vermeiden und zu verbergen. Niemand soll sehen, dass wir einen armseligen und hilflosen Teil in uns haben, niemand soll sehen, dass wir in uns noch das neugeborene Baby erleben, das in seinem Schmerz und seiner Bedürftigkeit so völlig auf die Güte und Barmherzigkeit der anderen angewiesen ist. Niemand soll unsere existentielle Ohnmacht erkennen, weil wir dann völlig schutzlos und abhängig sind. Lieber fallen wir in Ohnmacht, lieber geben wir uns zerstörerischen Gewaltantrieben hin, lieber stürzen wir uns in sinnlose Ablenkungen und Betäubungen. Das sind die Masken, mit denen wir uns selber vor unserer Scham verstecken und sie auch vor den anderen unsichtbar machen wollen.

Scham und Minderwertigkeitsgefühle

Das Schamgefühl hat die Macht, uns in einen Zustand minderen Werts im Sinn der sozialen Zugehörigkeit zu versetzen. Gewissermaßen verlieren wir den Rang und Status eines fixen und respektierten Platzes in unserer Bezugsgruppe. Es steht in Frage, ob wir so, wie wir sind, noch akzeptiert werden; das Gefühl signalisiert uns diese bedrohliche Information. Im Vergleich zu den anderen, die sich nicht schämen müssen, sind wir herabgestuft, erhalten eine gelbe Karte mit der Androhung eines Ausschlusses. Gelingt es nicht, die Scham rasch aufzulösen und unseren sicheren Platz wiederzugewinnen und wird sie immer wieder aufs Neue hervorgerufen, so kann sich kein stabiles Selbstwertgefühl aufbauen. Wir werden zu Menschen, die sich dauernd rechtfertigen und entschuldigen müssen, weil scheinbar ihre Existenzberechtigung immer wieder in Frage steht.

Typischerweise taucht bei der Scham der Glaubenssatz auf: „Ich bin nicht gut genug". Hinter der Schutzmaske der Beschämung lugt ein verzagter Blick nach außen, auf der Suche nach Anerkennung und Lösung aus dem Bann der Scham. Und der Blick ist oft getrübt durch den Glauben, dass es eine wirkliche und unbedingte Wertschätzung nie geben wird.

Umgekehrt können wir schließen, dass hinter jedem Minderwertigkeitsgefühl ein Schamgefühl steckt. Weil unser Sein und Wesen nicht in dem Maß wertgeschätzt wurde, in dem wir es gebraucht hätten, kommen wir überhaupt nur auf die Idee, dass wir weniger wert sind als andere. Wir beginnen, an uns selbst zu zweifeln – eine seltsame Idee, auf die vermutlich im ganzen Universum einzig und allein die Menschen kommen können.

Eltern, die an ihren Kindern immer etwas auszusetzen haben, die ihr Hauptaugenmerk auf das legen, was an ihnen nicht gut genug ist und verbessert werden müsste, legen den Grundstein für ein mangelndes Selbstvertrauen, das auf Scham beruht: So wie ich bin, bin ich nicht in Ordnung. Wenn ich mich nicht bessere, gehöre ich nicht dazu. Ich bin weniger wert als die, die nicht kritisiert werden. Ich muss mich dauernd bemühen und anstrengen, damit ich mich sicher fühlen kann. Ich bin nicht gut genug für die Ansprüche, Erwartungen und Anforderungen meiner Umwelt – nicht gut genug im Sinn der Leistungsfähigkeit und/oder im Sinn der Moral. Meine Kompetenzen sind nicht ausreichend, um ein sicheres Leben führen zu können. Ich muss beständig auf der Hut sein, nichts Falsches zu tun und genug des Guten zu vollbringen.

So lauten Glaubenssätze und innere Haltungen, die Kinder schon sehr früh ausprägen können, wenn sie immer wieder für ihre unzureichenden Handlungen beschämt werden. Sie fallen damit aus ihrem selbstverständlichen Sein heraus, das sie spielen und die Welt erkunden lässt und das die Grundlage einer freien Entwicklung bildet. Stattdessen richtet sich ein großer Teil ihres Lernens darauf, die Standards und Maßstäbe der Erwachsenen ausfindig zu machen, um sich nach ihnen richten zu können. Sie wollen wissen, wonach ihr Wert bestimmt wird, und haben keine Handhabe dafür, diese Vorgaben in Frage zu stellen. Denn solange sie klein sind, gilt, dass die Großen über Wert und Unwert, über Richtig und Falsch, über Zugehörigkeit oder Ausgrenzung befinden.

2. Scham und Gesellschaft

Die Scham ist nicht nur ein privates Gefühl. Sie spielt eine zentrale Rolle in der Regelung des menschlichen Zusammenlebens in kleineren und größeren Gruppen, bis hin zur gesamten Menschheit (Neckel 1991). Sie mischt mit bei jeder Form der Machtausübung sowie bei der Aufrechterhaltung, aber ebenso auch bei der Bekämpfung von hierarchischen Strukturen und sozialer Ungleichheit. Sie steht im Hintergrund vieler politischer Prozesse und Ideologien und kann in faktisch allen Themen, die die Gesellschaft beschäftigen, als emotionale Note und Triebkraft erkannt werden.

Ausgrenzung und Scham

Jemanden aus einer Gruppe auszugrenzen, heißt, die Person zu beschämen. Sie wird mit einem Makel versehen, das an ihr angeheftet wird und das sie nicht mehr loswerden kann, wie ein Schandmal (z.B. ein aufgeschlitztes Ohr), das einem Verbrecher oder Ketzer im Mittelalter zugefügt wurde, damit er nie mehr in die betreffende Stadt oder das Land zurückkehren könne. Solche sichtbare Grausamkeiten werden heute in den meisten Staaten nicht mehr angewendet, aber die unsichtbaren Stigmatisierungen finden laufend statt, sobald die Beschämung als Mittel zur Durchsetzung von Regeln angewendet wird. Wenn eine Person das Etikett umgehängt bekommen hat, kann sie machen, was immer sie will; alles wird als Bestätigung für die Mangelhaftigkeit interpretiert. Diese Form der Gewaltausübung ist alltäglicher, als wir vielleicht glauben. Doch die Erkenntnisse über das Mobbing, die in den letzten Jahrzehnten gesammelt wurden, belegen die weite Verbreitung dieses Phänomens. Nach einer PISA-Studie hat jeder sechste deutsche Schüler Mobbing-Erfahrungen, und doppelt so viele fürchten sich davor.

Die destruktive Macht des Mobbings besteht darin, missliebige oder unsympathische Menschen mit der Ausgrenzung aus einer Gruppe zu bedrohen. Dazu werden meist Strategien der Beschämung eingesetzt: Lächerlichmachen, Bloßstellung, Tuscheln mit anderen, während die Person anwesend ist, in ihrer Abwesenheit schlecht über sie reden, usw. Wir wissen inzwischen, dass Menschen mit solchen Methoden in die Krankheit, die Depression, den Wahnsinn und den Selbstmord getrieben werden können. Eine australische Studie hat ergeben, dass Erwachsene, die als Kinder oder Jugendliche gemobbt wurden, ein dreifach erhöhtes Risiko für Suizid aufweisen als Personen ohne solche Erfahrungen.

Häufig werden aufgrund von unbewussten Dynamiken Menschen zu Opfern von Mobbing, die ein hohes Maß an Scham in sich tragen und an Minderwertigkeitsgefühlen leiden. Als ob sie ihre Überzeugung, weniger wert zu sein, ausstrahlen würden, werden sie von ihren Kollegen entsprechend behandelt. Da jeder Mensch Scham in sich trägt und schamvolle Erfahrungen erleiden musste, verfügt auch jeder über unbewusst ablaufende Strategien der Schamabwehr und -verdrängung. Eine dieser Strategien besteht darin, andere, die man als schwächer einschätzt, zu beschämen und für minderwertig zu erklären. Dann kann man dafür sorgen, dass sie an den Rand gestellt oder ausgegrenzt werden, und erhofft dadurch, dass die eigene Minderwertigkeit auf diese Weise vertrieben oder gelindert würde.

Das ist einer der Gründe, warum Menschen immer wieder andere Menschen oder Menschengruppen ausgrenzen oder mittels Mobbing an den Rand der Verzweiflung treiben. Zu solchen Handlungen sind nur Menschen fähig, die ihre eigene Scham und Selbstbezweiflung nicht im Griff und im Bewusstsein haben, sondern danach trachten, sie stellvertretend bei anderen zu bekämpfen und zu bannen. Wir haben es hier mit einem traurigen und grausigen Mechanismus zu tun, der im Lauf der Geschichte bis heute viel Gewalt entfesselt und eine erschreckend große Zahl von Menschenleben auf dem Gewissen hat. Er kann nur durch Bewusstmachung und Reflexion gezähmt und unschädlich gemacht werden.

> Eine kleine Alltagsgeschichte:
>
> Ich steige an einem kalten Februarmorgen in einen fast leeren Zug der Regionalbahn. Zuerst sehe ich einen jungen Mann, der, etwas streng riechend, auf einer Sitzbank zusammengekauert schläft, dann noch drei weitere, die den geheizten Zug für ihren Schlaf nutzen. Meine erste Reaktion ist: Diese Leute stören mich, sie sind ekelig, sie gehören nicht hierher, das sind alles Ausländer. Ich schäme mich für sie und ihren Zustand. Dann wird mir klar, dass ich eine allgemeine Einstellung meiner kulturellen Umgebung übernommen habe und schäme mich dafür. Ich sollte es ja besser wissen. Es kommt das Mitgefühl mit diesen Menschen und ihrem Schicksal, das sie dazu zwingt, unter solchen würdelosen, beschämenden Umständen zu schlafen. Ich kann dankbar sein, einen eigenen Wohnraum zu haben, in dem ich in Ruhe schlafen kann. Und ich schäme mich für eine Gesellschaft, die es trotz ihres Reichtums und Wohlstandes nicht auf die Reihe kriegt, solche Erniedrigungen zu unterbinden. Ich schäme mich für eine Menschheit, der ich angehöre, die solche Schicksale nicht angemessen auffangen kann, sondern permanent aufs Neue produziert.

Eine kurze Episode, in die auf vielfältige Weise die Scham eingeflochten ist, und die zeigt, dass die Scham nie nur eine private Angelegenheit ist, sondern immer einen Bezug zur Gesellschaft aufweist, sobald wir uns das bewusst machen. Sie zeigt auch zugleich, dass es die Scham ist, die uns daran hindert, uns die Dimensionen unserer Scham bewusst zu machen. Denn es ist unangenehm, die eigene Verantwortung und zugleich die Hilflosigkeit und Überforderung zu spüren, die unweigerlich mit unserer Einbindung in diese Gesellschaft verbunden ist. Die Spannung zwischen dem moralischen Anspruch und den realen Möglichkeiten, die unsere Lebenssituation prägt, ist unweigerlich von Scham durchtränkt.

Die Scham ist eben von Grund auf ein soziales Gefühl und macht uns auf vielfältige Weise auf unsere Einbindung in die soziale Umgebung aufmerksam. Was beschämend wirkt, hat nicht nur mit unserer Grundverfasstheit als Menschen zu tun, sondern wird noch spezifisch durch die äußeren Umstände geprägt, die gesellschaftlichen Normen und Standards, die großteils unbewusst in uns einströmen. Schon von früh an wirken diese Einflüsse auf das Schamerleben ein, indem die kleinen Menschenwesen die Schamreaktionen ihrer Eltern aufnehmen und ins eigene Innere übersetzen. So entsteht in der Seele des Kindes eine Welt mit den Regeln der größeren Gesellschaft, von denen es sonst noch kaum eine Ahnung oder ein klares Bewusstsein hat.

Die Scham ist ein wichtiges Instrument in der Sozialisierung, also in dem Bestreben, Kinder auf die Gesellschaft und ihre Erwartungen vorzubereiten und einzustimmen. Was als akzeptables und als nicht akzeptables Verhalten gewertet wird, erfährt das Kind über den Kanal der Scham, als das, wofür es sich schämen soll oder nicht, und dieses intuitive Wissen ist so viel wie die Eintrittskarte in die Gesellschaft.

Bei der Untersuchung der Scham sind also immer beide Seiten zu berücksichtigen: eine individuelle und eine kollektive. Über die Schamreaktion wirkt der erste Einfluss der Gesellschaft auf die Psyche eines Kindes, übertragen von den Eltern. Was brav und was schlimm ist, erfährt das Kind über den Gesichtsausdruck oder die Worte der Erwachsenen. Die Scham ist das Mittel zur Übertragung der geltenden Werte und Erwartungen der Gesellschaft auf das Kind, in dem sie sich einprägen sollen.

In jeder Gesellschaft sind die Normen mit Scham als Strafandrohung verbunden, die das Regelwerk vom Äußeren ins Innere übersetzt. Der Begriff der Schande bringt diese Verschränkung zum Ausdruck. In der Scham erlebt jeder Mensch den Zugriff und die Einwirkung der sozialen Umgebung auf das eigene Innere als Druck, dem sich niemand entziehen kann. Also hat jedes Schamerleben einen gesellschaftlichen Hintergrund und Zusammenhang. „Die Scham steht an der Schnittstelle zwischen Individuum und Gesellschaft, sie ist die Unterhändlerin zwischen dem Ich und der Norm." (Köhler 2017, S. 16) Wofür allerdings sich Menschen schämen sollen, ist stark von der jeweiligen Kultur und Familie abhängig.

Andererseits können wir die Scham nur subjektiv erleben, als oftmals diffuses und unangenehmes Gefühl. Es existiert nirgendwo anders als in unserer individuellen Erfahrung. Das ist aber auch die Ebene, auf der es zu Veränderungen kommen kann. Mit zunehmender Bewusstheit stellen Kinder geltende Normen in Frage, als Grundlage für ein eigenes Wertesystem und für die Überwindung der dazugehörigen Schamgefühle. Die „Entschämung" beginnt bei den Individuen, indem sich Menschen über vorgegebene Schamgrenzen hinwegsetzen und z.B. sich öffentlich zu einer von der vorherrschenden Norm verworfenen sexuellen Orientierung bekennen und den Mut entwickeln, politisch für eine Entkriminalisierung und Tolerierung einzutreten. So kommt es zur Änderung gesellschaftlicher Normen, und damit werden auch die Rahmensetzungen für die Sozialisation neu festgelegt, und die subjektive Schamneigung wird sich in diesem Bereich schrittweise auflösen. Für Politiker gilt es mittlerweile in unseren Breiten als Zeichen des Mutes, sich zu einer gleichgeschlechtlichen sexuellen Ausrichtung zu bekennen.

Wir können solche Prozesse im Lauf der Kulturgeschichte beobachten, die eine starke Tendenz zur Liberalisierung und Tolerierung erkennen lassen, was unterschiedliche Lebensentwürfe, Herkunftsbedingungen und Werte anbetrifft. Niemand soll sich mehr für ein religiöses Bekenntnis oder eine abweichende Lebensphilosophie, für die Hautfarbe, das Geschlecht oder das Monatseinkommen schämen müssen.

Von dem Kulturphilosophen Norbert Elias (1983) stammt die These, dass der „Prozess der Zivilisation", also die Kulturgeschichte seit dem Mittelalter durch eine zunehmende Freizügigkeit gekennzeichnet sei, im Zuge dessen die Scham immer mehr verinnerlicht wurde. Die Schamschwellen seien angewachsen und die Sitten wären feiner und differenzierter geworden, was die Menschen, gesteuert von der Scham, zu einer zunehmenden Disziplinierung ihres Verhaltens angeleitet habe.

Der Ethnologe Hans Peter Duerr (1988) hat dagegen aus seinen Forschungen geschlossen, dass die Intimscham zu den Konstanten jeder menschlichen Zivilisationsform zählt und dass der historische Prozess zu einer anwachsenden Schamlosigkeit führt. Die Autorin und Journalistin Andrea Köhler vertritt eine weitere Auffassung, dass es nämlich im Lauf der Geschichte keine Hebung oder Senkung der Schamschwellen gäbe, sondern eine Verschiebung der Schamthemen. Am Beispiel der Darstellung und Zurschaustellung des nackten menschlichen Körpers, der von den schamhaften Verhüllungen im Mittelalter bis zu den heute global zugänglichen Spielarten der Pornografie geführt hat, zeigt sie, wie auch in diesen Bereichen die Scham sowohl bei Produzenten wie Konsumenten eine unverändert wichtige Komponente darstellt: „Der nackte Körper ist seiner inflationären Zurschaustellung zum Trotz noch immer mit Scham besetzt." (Köhler 2017, S. 15)

Der Grund sowohl für die Omnipräsenz der Scham als auch für ihre historische Wandlungsfähigkeit liegt wohl darin, dass dieses Schnittstellen-Gefühl zwischen dem Individuum und der Gemeinschaft angesiedelt ist, was für das jeweilige Innenleben bedeutet, zwischen Bindungs- und Anpassungsbedürfnissen und Autonomiebestrebungen einen Ausgleich zu finden. Dieses Spannungsverhältnis ist eine anthropologische Konstante, ein Wesensmerkmal des Gattungswesens Mensch, die sich nie auflösen wird, solange es Menschen gibt. Deshalb wird es nie eine schambefreite Gesellschaft geben. Was wir aber anstreben sollten, ist die Reduktion der krankmachenden und chronifizierten Scham in allen Formen: In uns selbst durch Selbsterkenntnis, Reflexion und Therapie, in allen sozialen Belangen durch das Vermeiden von Beschämen, Abwerten und Demütigen. Ganz wichtig ist dabei der Bereich der Erziehung und Heranbildung von Kindern und jungen Menschen, der von einer Atmosphäre von Respekt und Achtung geprägt sein sollte, wenn wir das Aufwachsen von selbst- und grenzenbewussten Menschen fördern wollen.

Schamkulturen und Schuldkulturen

Bekannt wurden die Untersuchungen der US-Soziologin Ruth Benedict zur Unterscheidung von Schuld- und Schamkulturen. Sie hat nach dem 2. Weltkrieg verschiedene Kulturkreise verglichen, vor allem die USA und Japan, und ist zur Auffassung gelangt, dass westliche Kulturen stärker von der Schuld (als innerer Regulationsinstanz) geprägt sind, während östliche Kulturen vor allem mit Scham (als äußerer Regulationsinstanz) betroffen sind. Im ersteren Fall ist die Autorität verinnerlicht und meldet sich über das Gewissen, im zweiten Fall liegt die Macht im Außen, die ein Fehlverhalten kritisiert und die betroffene Person bloßstellt. Der berühmte unerträgliche „Gesichtsverlust", den ein Japaner nicht aushalten kann und der ihn bis zum Selbstmord treiben kann, steht hier als Beleg, während die Thematisierung der Schuld im Christentum einen starken Einfluss auf die westliche Kultur und deren Leistungsorientierung ausgeübt hat.

Diese Zuschreibungen sind in der Forschung umstritten, vor allem, weil sich in allen Kulturkreisen sowohl Scham- als auch Schuldmuster nachweisen lassen. Außerdem enthält die Unterteilung unterschwellige Wertungen, indem die außengeleitete Kulturen als primitiver angesehen werden könnten als innengeleitete.

Scham und Ehre

„Um edel zu empfinden, lasst Scham nicht aus der Seele schwinden." (Wolfram von Eschenbach)

Mit diesem Thema betreten wir die öffentliche Arena mit ihren Schamthemen. Die Scham ist immer subjektiv und objektiv zugleich. Sie enthält individuelle, private Elemente und ist zudem auch auf der gesellschaftlichen Ebene vorgeprägt. Über die kollektiven Schamstrukturen reicht die Gesellschaft in die Seelen der Menschen hinein und reguliert das Erleben und Verhalten, vermittelt über die Instanzen der Sozialisation, über die Eltern und die anderen Erzieher. Boris Cyrulnik weist in vielen Beispielen darauf hin, dass das, worauf wir stolz sind oder wofür wir uns schämen, von den Werten abhängt, die in einer Gesellschaftsform vorherrschen:

„Der Stolz auf die eigene Unterwerfung und die Gewalt gegen einen äußeren Feind verbinden sich zu einer gefühlsmäßigen Einheit, die das Militärwesen legitimiert, und liefern eine Erklärung dafür, warum Soldaten auf Befehl gutaussehend, gehorsam und tollkühn zu sein haben. Wer desertiert oder den Gehorsam verweigert, hat seine Ehre verwirkt und ist zur Strafe für seinen Verrat aus der Gesellschaft auszuschließen, denn er hat sie geschwächt." (2018, S. 155) Heute hingegen empfinden viele ganz gegenteilig: Wer sich blind unterordnet und damit seine Gewalttätigkeit entschuldigt, sollte sich schämen; wer sich der Unterwerfung unter einen Gewaltapparat verweigert, verdient die Ehre.

Ein öffentlich gewordener Verlust unserer Ehre oder einen Angriff auf diese wird mit den Worten Schmach und Schande bezeichnet. Wer davon betroffen ist, fühlt sich herabgewürdigt und leidet unter einer schweren Kränkung. Er wird den Eindruck haben, sich in einer Gesellschaft zu bewegen, in der ihn alle mit abschätzigen und verächtlichen Blicken anschauen.

Die Schmach kann getilgt werden: Durch die Wiederherstellung der Ehre, indem die Entehrung rückgängig gemacht wird. In archaischen Gesellschaften (die in dieser Hinsicht in Mitteleuropa zumindest bis zu Anfang des 20. Jahrhunderts weiterbestanden) konnte eine erniedrigende Schande nur gewaltsam aufgehoben werden, z.B. indem die Person, die einen beleidigt hat, im Duell getötet wurde.

In der moderneren Auffassung wird die Entscheidung über Ehre oder Schmach übergeordneten Instanzen wie dem Rechtswesen übergeben. Wenn es hier jedoch zu Irrtümern oder Manipulationen kommt, kann das schwerwiegende Auswirkungen auf das Leben von Menschen haben, z.B. bei einer ungerechtfertigten Verurteilung vor Gericht. Ganz Frankreich stand gegen Ende des 19. Jahrhunderts für 12 Jahre im Bann der sogenannten Dreyfus-Affäre, in der der jüdische Hauptmann Alfred Dreyfus wegen Landesverrates verurteilt und damit entehrt wurde. Die Beweislage war dürftig, und bald stellte sich heraus, dass ein anderer Offizier das Delikt begangen hatte, aber gedeckt werden sollte. Doch eine von klerikalen Kreisen angezettelte antisemitische Hetze wiegelte die Bevölkerung gegen Dreyfus und seine Anhänger auf. Selbst Émile Zola, der sich für Dreyfus einsetzte, musste außer Landes gehen, um einer Verhaftung zu entgehen. Erst 1906 wurde das Urteil revidiert, Dreyfus wurde befördert und sogar in die französische Ehrenlegion aufgenommen. Die Schmach war getilgt, und die Beschämung lastete auf denen, die den Justizirrtum und die Hetze zu verantworten hatten.

Stephan Marks (2010) weist darauf hin, dass der Kreislauf von Beschämung, verbunden mit Ehrverlust, und dem Zwang zur Wiederherstellung der Ehre durch Gewalttaten ein Initiationsritual in vielen militärischen Ausbildungen darstellt. Rekruten werden schikaniert, erniedrigt und beleidigt und sollen sich dann besonders männlich, mutig und tollkühn verhalten, also keine Angst zeigen, denn Ängstlichkeit wird mit Feigheit gleichgesetzt, schnell angeprangert und führt dann zur Beschämung.

Wir sehen an diesem Beispiel, wie die Scham zur Unterbindung von Autonomie und Eigenwillen genutzt werden kann; diese Mechanismen halten sich im Militär nach wie vor, vermutlich deshalb, weil sie vorher schon in vielen Erziehungssituationen unbewusst von Eltern, Verwandten und Lehrern eingesetzt werden.

Die Schande besteht in der Abwesenheit der Ehre, also in Ermangelung eines angesehenen gesellschaftlichen Status und offizieller Achtung. Wem die Ehre gebührt und wem sie entzogen wird, bestimmt die Gesellschaft – die öffentliche Meinung, die Gerichte und die jeweiligen Machthaber. Die Scham hingegen steht mit der individuellen Würde in Zusammenhang, worauf noch näher eingegangen wird. Im Lauf der Begriffsgeschichte hat sich das Konzept der Scham aus dem der Schande herausentwickelt und dient mittlerweile zur Bezeichnung eines Gefühls und einer abwertenden Beurteilung (Hell 2018, S. 16f). Die Scham ist also immer (auch) subjektiv, während mit dem Begriff der Schande die missbilligende Sicht der Gesellschaft auf ein Individuum bezeichnet wird.

Die Ehre ist mit dem Stolz verwandt und bildet einen Gegenbegriff zur Schande und zur Scham. Die persönliche Ehre hängt mit der Integrität und Würde, aber auch mit der Beachtung der sozialen Gepflogenheiten zusammen. Sie bedeutet, als Teil einer Gruppe, eines Kollektivs angesehen zu sein und mit selbstverständlichem Respekt behandelt zu werden, weil deren Regeln bereitwillig befolgt werden. Die Verletzung der Ehre hingegen führt zwangsläufig zur Scham, denn die Missachtung der Ehre einer Person stellt die Zugehörigkeit in Frage und nimmt der Person ihren sicheren Platz in der Gemeinschaft.

Deshalb hatte der Begriff der Ehre vor allem in vormodernen Gesellschaften einen hohen Stellenwert und unterlag einer sozialen Abstufung, war also auch hierarchisch definiert. Die Angehörigen der oberen Stände maßten sich mehr Ehre zu als den Mitgliedern der Unterschichten zugebilligt wurde, oftmals äußerlich sichtbar gemacht durch Kleiderordnungen. Ab dem hohen Mittelalter wurde im Zug der Entstehung der Ritterkultur der „Ehrenmann" mit einem besonderen Tugendkatalog in Verbindung gebracht: Zuverlässigkeit, Worttreue, tapferes und rücksichtsvolles Verhalten, das Eintreten für Schwächere, höfliches Benehmen; zusammengefasst: Für andere da sein und die Grundregeln der Zivilgesellschaft befolgen. Die Begriffe „Ehrenmann" und „Ehrenfrau" brachten es übrigens 2018 zum Jugendwort des Jahres in Deutschland, während sie ansonsten in unseren Zeiten an Einfluss zu verlieren scheinen.

Wem es an Ehre mangelt, der verdient die Schande. Ehrlos zu handeln, ist schändlich. Wer die Ehre verliert, verliert sein Gesicht und sein Ansehen. Hier erkennen wir gleich den Bezug zur Scham und die Macht des Blickes: Das Gesicht und das Ansehen zu verlieren heißt, nicht mehr angeschaut zu werden, aus dem Blickfeld der Gemeinschaft verbannt zu werden, übersehen zu werden, mit Übersehen und Verachtung bestraft zu werden.

Demgegenüber wird die verletzte Ehre in den vormodernen Gesellschaften durch oftmals gewalttätige Rituale wiederhergestellt: Duelle, Blutrache, Ehrenmorde. Die Vorgeschichte des Trojanischen Krieges bildet die Ehrverletzung des Königs von Sparta, weil ihm seine Frau entführt wird. Der beschämte König versammelt ein Heer um sich und will aus Rache für die erlittene Schande und Schmach eine ganze Stadt zerstören. Seither ist viel Blut geflossen, um Demütigungen zu überwinden – mit dem Preis des Zufügens neuer Demütigungen.

In den früheren Kulturen gab es eine klare Trennung zwischen dem Ehrbegriff für Männer und für Frauen: Die Ehre der Männer war stark mit Tapferkeit und Mut verbunden, während die Ehre für Frauen über sexuelle Treue definiert wurde. Männer konnten ihre verlorene Ehre durch besonders tollkühne Taten wiederherstellen, während Frauen bei einer Normverletzung meistens für den Rest ihres Lebens ehrlos blieben. Für Männer gab es also einen Ausweg aus der beschämten Position, für Frauen nicht.

Im Roman „Effi Briest" (1896) beschreibt Theodor Fontane ein Ehrendrama. Der Ehemann entdeckt Effis flüchtige Liebschaft mit einem Offizier, allerdings durch einen Zufall und erst Jahre später. Daraufhin tötet er in einem Duell den Liebhaber und lässt sich von Effi scheiden, die der gesellschaftlichen Ächtung verfällt und selbst von ihren Eltern verstoßen wird. Der Ehemann stellt seine Ehre durch die Gewalttat gegen den Nebenbuhler und die Entehrung der Frau wieder her. Dennoch ist er innerlich gebrochen und sinniert verbittert über den Sinn und Unsinn der Rache. Für die Ehefrau gibt es keine Wiederherstellung der Ehre, sondern nur die dauerhafte Schande, verbunden mit sozialer Ausgrenzung. Sie erkrankt schwer und stirbt, während ihre Eltern, die sie seinerzeit zur Ehe überredet hatten, schuldbeladen zurückbleiben.

Das fatale Dreieck zwischen Ehe, Gewalt und Sexualität ist vermutlich nicht ganz so alt wie die Menschheit, steht aber in Zusammenhang mit der Einführung der Landwirtschaft und Sesshaftigkeit vor ca. 10 000 Jahren (Ehrmann 2011, S. 81 ff). Es hat über die Jahrtausende die Beziehungen zwischen den Geschlechtern maßgeblich beeinflusst. Dass diese archaische Dramatik, ein Kernstück des Patriarchalismus, bis in unsere Tage wirkt, zeigen nicht nur die zahlreichen Morde und Gewalttaten, die in Umkreis dieser Dynamik geschehen, sondern auch eine Episode aus dem Leben von Graf Bobby:

> Graf Bobby kommt nach Hause und ertappt seine Frau mit einem Liebhaber im Bett. Er ruft den Kammerdiener: „Johann, bringe Er mir mein Jagdgewehr, ich muss die beiden erschießen." Johann: „Aber Herr Graf sind doch Jäger und wissen, dass während der Paarung Schonzeit herrscht."

Scham und Würde

Der Begriff der Ehre ist an die Normen und Tugenden einer bestimmten Gesellschaft und Zeit geknüpft. Was in einer Epoche als ehrlos galt, kann heute ehrenvoll sein und umgekehrt, wie z.B. bei der Anwendung von Gewalt zum Ausgleich für erlittenes Unrecht. Der Begriff der Würde ist etwas tiefer verankert, auf der Ebene, zu der die grundlegenden, für alle Gesellschaften geltenden Grundrechte gehören. Er bezeichnet den Stellenwert jedes Menschen als im Grunde gleichberechtigter und gleichwertiger Teil der Menschheitsfamilie. Würde ist etwas, das jedem Menschenwesen qua Geburt oder qua Menschsein zukommt, das ihm keine Ideologie absprechen kann und das auch nie verloren gehen oder verspielt werden kann. Selbst der schlimmste Verbrecher oder der ärmste Schlucker verdienen, als Menschen in ihrer Würde respektiert zu werden.

Dieser Begriff der Menschenwürde geht auf den Einfluss des Christentums zurück und nimmt einen zentralen Stellenwert in der Aufklärung ein, die wiederum die allgemeine Deklaration der Menschenrechte durch die UNO 1948 maßgeblich beeinflusst hat: „Alle Menschen sind frei und gleich an Würde und Rechten geboren."

Es ist nicht möglich, dass die Menschenwürde von der Scham außer Kraft gesetzt wird, obwohl manchmal das subjektive Gefühl entstehen kann, in einer Situation der Beschämung seiner Würde verlustig zu gehen. Deshalb sollten wir uns immer bewusst machen, dass wir uns selbst und einander die Würde zubilligen und uns wechselseitig in unserer Würde anerkennen (Hüther 2018). Dazu ist es notwendig, das Schutzmittel der Beschämung so wenig wie möglich anzuwenden und Beschämten zu verstehen zu geben, dass wir sie in ihrer Würde achten.

Die Scham, die in Zusammenhang mit der Würde auftritt, ist ihre Hüterin und Stütze, denn sie sorgt für die Erhaltung unserer Selbstachtung. Sie wird aktiv, wenn uns jemand unsere Würde absprechen will, und paart sich mit der Wut und dem heiligen Zorn. So können wir uns gegen eine würdelose Behandlung wehren.

Die Scham meldet sich aber auch, wenn wir gegen unsere eigenen Werte handeln. Sie reguliert auf diese Weise unseren Selbstwert und damit unsere innere Würde, indem sie unsere Handlungen und unsere Einstellungen vergleicht: Tun wir das, was wir für richtig halten oder leben wir gegen uns selbst? Sind wir im Einklang mit dem, was wir für wichtig und richtig halten oder gibt es da Diskrepanzen, die unsere Integrität verletzen? Die Scham weist uns auf solche Widersprüche hin.

> **Fallbeispiel:**
>
> Herr H. hält sich für einen wertschätzenden Mann, der die Frauen verehrt und respektiert. Als ihn jemand darauf aufmerksam macht, dass er häufig frauenfeindliche Witze macht, reagiert er gleich aggressiv und defensiv, merkt aber nachher, dass hinter seinem Ärger eine Scham steckt. Sie zeigt ihm, dass seine Witze nicht mit seinen Werten übereinstimmen. Jetzt kann er entscheiden, ob er zu seinen Einstellungen steht und sein Verhalten verändert, ob er also dem Impuls seiner Scham folgt oder weiterhin mit ihr leben will.

Die Scham ist also auch ein Signalgeber für uns selbst. Halten wir unsere eigenen Regeln ein oder übertreten wir sie hie und da oder noch öfter? Stehen wir zu uns und zu dem, was uns wichtig ist? Sind wir konsequent in unseren Handlungen und Ansichten und bleiben wir uns selbst treu? Vertreten wir die Werte, zu denen wir uns bekennen, in unserem Verhalten und Handeln? Leben wir also gemäß unserer Ideale oder verstricken wir uns in Widersprüche zu uns selbst?

Indirekt hilft uns die Scham auf diese Weise, achtsamer in unseren sozialen Beziehungen zu sein. Denn wir wollen verlässliche und vertrauenerweckende Mitmenschen sein. Wir wollen von anderen als Person wahrgenommen werden, die zu dem steht, was sie denkt oder fühlt. Wir wollen zuverlässig und berechenbar sein, und dabei hilft uns die Scham als Wächterin, weil sie uns auf Abweichungen und Konflikte in uns selbst aufmerksam macht, die es anderen erschwert, uns zu vertrauen.

Wenn wir verstehen wollen, was überhaupt mit Würde gemeint ist, können wir darauf schauen, was es ist, das die Scham schützen will: Die unverwechselbare und einzigartige Identität, den Wesenskern der eigenen Person und alles, was damit verbunden ist. Die Würde umfasst auch die eigene Lebensgeschichte und den familiären Zusammenhang der Herkunft, bis hin zur gesellschaftlichen Gruppe, der man angehört. Immer dort, wo Aspekte dieses inneren Wesens bedroht werden, meldet sich die Scham und mobilisiert im günstigen Fall die notwendigen Kräfte, um die eigene Integrität vor Angriffen und Verletzungen zu schützen.

Die Bedrohung durch die Abwertung und Missachtung durch andere Menschen bewirkt den Aufbau von Masken, mit denen das eigene Innere geschützt bleiben soll. Wir werden sie noch als Abwehrformen der Scham kennenlernen. Die Scham weiß um das Kostbare und Verletzliche im Menschen, das mit Feinfühligkeit und Taktgefühl behandelt werden soll. Wurmser (2019) verwendet in diesem Zusammenhang den Begriff der Ehrfurcht als eine Haltung von Respekt anderen und sich selbst gegenüber (S. 42). In Reaktion auf jede Erniedrigung durch eine Beschämung tritt die Scham als „Wächterin der Privatheit und Innerlichkeit" auf: „Ohne diese Hülle der Scham fühlt man sich der Würde beraubt – es sei denn, man entledige sich ihrer willentlich, um der größeren und umfassenderen Würde der Liebe teilhaftig zu werden." (Ebd., S. 43)

Die Konsumscham

Der Kapitalismus hat es nicht nur geschafft, die Gier in sein Produktions- und Konsumationssystem einzubauen, sondern auch die Scham. Allerdings spielt sie eine Doppelrolle: Zum einen dient sie als Gegenspieler zur Gier. Die Gier ist eine egoistische Angelegenheit und lebt sich deshalb auch gerne im Verborgenen aus. An die Öffentlichkeit gebracht, müssen oder sollen sich gierige Menschen in den Augen der anderen schämen. Das Laster der Gier wird durch die Scham eingegrenzt und gemäßigt. Dazu noch Näheres im Kapitel 7.

Als Folge kann übermäßiger Konsum mit Scham behaftet sein. Ein aktuelles Beispiel stellt die Flugscham dar, mit der ein übermäßiger Konsum von Flugreisen angeprangert und mit sozialer Ächtung verbunden wird. Wer viele Flugreisen unternimmt, vor allem wenn es ums Vergnügen und um Kurzvisiten geht, soll sich dafür schämen, an der Belastung des Klimas mitzuwirken und für einen egoistischen Zweck der Allgemeinheit einen langfristigen Schaden zuzufügen.

Übermäßiges, unersättliches, exzessives Konsumieren unterliegt den kritischen Augen der Öffentlichkeit, die darauf schaut, dass ein gewisser gesellschaftlicher Grundkonsens erhalten bleibt: Niemand soll sich schamlos bereichern und schamlos Güter verschwenden. Das ist die Rolle der Konsumscham.

Der Schamkonsum

Zum anderen kurbelt die Scham den Konsum an. Wir vergleichen uns fortwährend mit unseren Mitmenschen und deren Besitztümern. Insoweit wir uns selbst über Dinge definieren und unseren Selbstwert vom Verfügen über Gegenstände und Besitzen von Objekten abhängig machen, kann sich ein schlechteres Abschneiden im Vergleich mit einem Nachbarn oder Kollegen problematisch auf den Selbstwert auswirken. Der Konsum dient dann dem Ausgleich des inneren Gleichgewichts, freilich mit der Falle, dass sich immer wieder neue Vergleiche finden, die die Selbstunzufriedenheit anstacheln. Vermutlich läuft ein großer Teil der Autokäufe über diese Schiene, denn eine vernünftige Erklärung dafür, dass Menschen immer schwerere, teurere, größere und umweltschädlichere Fahrzeuge erwerben und damit durch ihre Kurzausflüge im Stadtverkehr zu den Einkäufen oder zum Friseur ihren ökologischen Fußabdruck belasten, gibt es nicht. Man schämt sich offenbar, wenn man mit einem kleinen Gefährt unterwegs ist, während ringsum im Stau die mächtigen SUVs verächtlich von oben herabschauen und mit imponierendem Geheul zur nächsten Ampel davondonnern.

Die Werbung bedient sich unserer Zwänge zum Vergleichen. Sie stellt uns die strahlenden Menschen vor Augen, die scheinbar mit einem bestimmten Produkt ihr Glück gefunden haben. Da könnte uns schon die Scham packen, wenn wir gerade nicht so hübsch und gestylt sind wie die Schönheiten auf dem Plakat. Also fehlt uns noch irgendein Ding, das wir zu unserem Glück brauchen. Und flugs dreht sich das Konsumrad weiter, wie das ewige Schicksalsrad im Hinduismus. Nie finden wir das Glück, nie entfliehen wir der Beschämung durch die Konsumdiktate.

So heißt es im Wienerlied:

Das Glück is a Vogerl, gar liab, aber scheu,
es lasst si schwer fangen, aber fortg'flogn is glei.

Zur Geschichte des Schamkonsums

In früheren Gesellschaften war die Scham durch die soziale Stellung bestimmt und stark mit dem Begriff der Ehre assoziiert. Die Geburt bestimmte die Zugehörigkeit zur Schicht und damit zum gesellschaftlichen Rang. Wer sich mehr oder weniger Ehre zugestand als dem durch die Geburt verliehenen Rang entsprach, musste die Last der Scham tragen.

Die traditionellen Hierarchien wurden durch die Gesellschaftsrevolutionen seit dem 18. Jahrhundert obsolet und in ihren Innenwirkungen entmachtet – es ist nicht mehr automatisch jemand besser, wenn er weiter oben auf einer sozialen Rangleiter steht. Vielmehr werden nun das Glück und die soziale Achtung über den materiellen Besitz definiert. Diese Umwertung hat eine maßlose Gier entfesselt, von der eine unglaubliche Welle der hemmungslosen Aneignung der Schätze dieses

Planeten in Gang gesetzt wurde – individuell und kollektiv. Die Konkurrenz der europäischen Mächte um die machtpolitische Aufteilung der Kontinente war von Gier und Scham angetrieben: Schande denen, die über kein Kolonialreich verfügten, aus dem ein schier unermesslicher Reichtum nach Europa floss. Dann kam das 20. Jahrhundert mit zwei Weltkriegen: Der erste war aus dem schamgetriebenen imperialistischen Konkurrenzdenken entstanden, der zweite als Folge der Beschämung der Besiegten durch die Sieger. Das Ende bildeten die massiven Schäden und Zerstörungen, an Menschen, Seelen und Gütern, die eine äquivalent starke Welle der Scham auslösten, bei den Siegern wie bei den Unterlegenen.

Die Nachkriegsgeneration baute sich zur Kompensation der Scham- und Schuldgefühle ein Konsumparadies auf, in dem sich mehr und mehr Bürger mehr und mehr Luxusgüter leisten konnten, um die Sicherheitsbedürfnisse zu stillen und das Schreckliche der Vergangenheit vergessen zu können. Damit gelang es, mit üppigem Konsumieren die große Scham und Beschämung über den Zusammenbruch der Ehrbegriffe zuzudecken. Statt sich des moralischen Versagens und der politischen Verantwortungslosigkeit zu stellen, verhalf der Wohlstandsschub zum Ausgleich: Wohlstand gegen Schuld. Die große Scham wurde durch die kleine abgelöst, angestachelt durch das Vergleichen der Besitztümer. Befangen in den kleinen Schamspielen der Konsumwelt geraten die kritischen Anfragen an die Menschlichkeit schnell in Vergessenheit, die von den Katastrophen des 20. Jahrhunderts bis heute widerhallen.

Infantilität und Verantwortung

Heutzutage, wo endlich die Tragweite des Konsumverhaltens im Zeichen der Klima- und Umweltkrise diskutiert wird, nimmt die Scham eine neue Rolle ein, allerdings nur in einem Minderheitenprogramm. Eine kleine Gruppe von Aktivisten und Umweltbewussten nimmt sich und die Zeichen der Zeit so wichtig, wie es Not täte. Diese Menschen wandeln die Scham in klimafreundliche Handlungen um. Sie sind sich ihrer Verantwortung bewusst und bereit, auf Konsum zu verzichten und den eigenen Luxus einzuschränken. Sie stellen ihre erwachsenen Kompetenzen über die Infantilität ihrer Konsumimpulse.

Die breite „Masse" konsumiert fröhlich weiter, als gäbe es kein Morgen oder Übermorgen, angetrieben von subtilen Gier- und Schamimpulsen. Die Rechtfertigungen und Ausreden zur Dämpfung der Scham sind wohlformuliert im Kopf gespeichert, um bei Bedarf das schlechte Gewissen zu beruhigen. Der Kapitalismus als übermächtige Vaterfigur wiederholt bei jeder Konsumhandlung: Je mehr Geld du ausgibst, desto besser bist du als Mensch.

Das Wissen um die Destruktivität des Kapitalismus und der von ihm in Dienst genommenen Gefühlsmechanismen von Gier und Scham erweist sich bei den meisten Menschen als relativ nutzlos und irrelevant für die überlebensnotwendigen Verhaltensänderungen. Der Schlüssel zur Veränderung im Sinn einer Qualitätsorientierung statt einer Quantitätsorientierung kann nach meiner Auffassung und Erfahrung nur in einer konsequenten Innenschau gefunden werden, im Eingestehen von neurotischen und infantilen Motivationen und im Besinnen auf den tieferen Sinn unseres Daseins, der nichts mit Konsum zu tun hat.

Scham, Schuld und die Coronakrise

Vermutlich war das Thema Krankheit seit der Zeit der großen Pest im Mittelalter und in der frühen Neuzeit im Weltbewusstsein nicht mehr so präsent wie während der Covid-19-Krise im Jahr 2020. In diesem Zusammenhang bekam das Thema Scham und Gesundheit eine wichtige Bedeutung. Obwohl viel über die möglichen Aspekte und Auswirkungen der Vireninfektion informiert und diskutiert wurde, blieb doch die Rolle der Scham dabei, wie es sich gehört, dezent im Hintergrund.

Allgemein gilt schon: Wer krank ist, ist mit der Scham konfrontiert, schlechter zu sein als die, die nicht erkrankt sind. Von einem Virus befallen zu werden, bedeutet, ein schlechteres Immunsystem zu haben wie jene, die gesund sind. Dazu kommt, dass das Kranksein immer beinhaltet, nicht den Idealen der Leistungsgesellschaft und Fitnesskultur zu entsprechen. Auf diesen impliziten Vorwurf meldet sich die Scham. Wer nicht krank ist, während viele krank sind, kann die Scham erleben, dass es einem unverdientermaßen gut geht.

Dazu kamen durch Corona noch weitere Faktoren. Wer in Quarantäne zuhause saß, erlebte vielleicht die Scham des Untätigseins, der Faulheit, des Nichtgebrauchtwerdens. Wer die Arbeit verlor, musste mit der Schande der Arbeitslosigkeit zurande kommen. Andere, die keine Einbußen durch die Veränderungen erlitten, konnten sich dafür schämen: „Ich darf gar nicht sagen, dass es mir echt gut geht, wo alle jammern."

Wer einer Risikogruppe angehörte oder im Spital lag, ohne besucht werden zu können, war vielleicht mit der Scham des Ausgeschlossenseins konfrontiert: Nicht „normal = gesund" zu sein, sondern mit einem Stigma, einem Makel behaftet zu sein. Erschwerend kam dazu, dass das Risiko nicht nur für die eigene, sondern auch für die Gesundheit anderer bestand, die angesteckt werden könnten.

Wir konnten uns schämen, weil wir vergessen hatten, den Mundschutz zu nehmen oder eine andere Vorsichtsmaßnahme einzuhalten. Jeder könnte denken, dass wir sorglos mit der Virengefahr umgingen und unbedacht andere gefährdeten. Wir könnten auch für einen Querulanten gehalten werden, der sich aus Prinzip nicht an die Normen hält, was wiederum mit einem Schamgefühl einhergeht. Oder wir waren Querulanten, die sich möglichst wenig um die Regeln kümmerten, weil sie uns unsinnig und übertrieben erschienen, und haben uns selber aus dem Mainstream ausgeschlossen, trotzig die Scham ignorierend.

Die Scham, zu wenig zu geben, wenn man mehr hatte, tauchte besonders stark auf, angesichts der vielen, manchmal existenziellen Probleme zahlreicher Menschen, die unter den ökonomischen Veränderungen hautnah zu leiden haben, und spiegelte die Scham jener, die durch die Krise verarmten.

Die Suche nach Schuldigen

Die Scham war auch eine treibende Kraft hinter dem Erklärungsbedarf, der das Umfeld der Infektionskrise beeinflusste. Immer wenn es größere Veränderungen in der Gesellschaft gibt, suchen die Menschen nach Erklärungen und fragen nach der moralischen Verantwortung. Die Scham spielt bei solchen Vorgängen eine vieldeutige und interessante Rolle.

Dieses Buch wurde während der Corona-Krise fertig. Für viele Menschen brachte diese Zeit große Belastungen und Ungewissheiten mit sich. Für alles, was uns widerfährt, suchen wir nach einer Erklärung. Deshalb wurde überall ein Schuldiger vermutet. Mal waren es die Chinesen, die den Virus erfunden hätten, um dem Westen zu schaden, mal die Amerikaner, um den Rest der Welt noch mehr zu dominieren, mal die Finanzeliten, um mit Spekulationen noch mehr zu verdienen usw. Es gab aber auch scheinbar metaphysische Erklärungen, die „die Natur" für die Viren verantwortlich machten und in ihnen eine Waffe sahen, mit der sie sich gegen die Menschen wehrte und dafür sorgte, dass sie von uns nicht noch mehr zerstört würde. Schließlich redeten auch manche davon, dass der Planet sich mit Hilfe der Viren von der Last einer Überbevölkerung befreien wolle.

Jede dieser Theorien hat mit Scham und Schuld zu tun. Für eine Pandemie einen Schuldigen zu finden, klingt nach Verantwortung und Aufklärung: Schuldige an einem Unheil müssen ausgeforscht, dingfest gemacht und bestraft werden. Es passiert massives Leid, also muss es massive Schuld geben. Und wo Schuld ist, ist auch die Scham nicht weit.

Wo Schlimmes geschieht, muss es Schuld geben, so haben wir das in der Kindheit gelernt und folglich hat das auch für die große weite Welt und ihre komplexen Abläufe zu gelten. Wie wir als Kinder für unsere bösen Taten beschuldigt, beschämt und bestraft wurden, muss es jetzt auch geschehen, sonst bleibt die Unsicherheit, dass erneut Widrigkeiten auftauchen, die sich unserer Kontrolle entziehen.

Damit sollte die Scham als Waffe dienen, die vermeintlich unsere Ehre wiederherstellen kann, die durch die Krise in Frage gestellt wurde: Wir können unser Leben in einem ganz zentralen Bereich nicht absichern, welche Schande! Doch ist es das eigene Schambedürfnis, aus dem eine solche Denkweise erwächst. Denn es besteht keinerlei Notwendigkeit, hinter einem Vorgang wie diesem unredliche menschliche Absichten zu finden, solange es keine eindeutigen Belege dafür gibt. Die Absicht, böse Absichten ohne Grund zu unterstellen, kommt aus eigenen Tendenzen zur Bosheit, die mit Scham unterdrückt und auf andere projiziert werden.

Die „Rache der Natur"

Wenn wir die schuldige Instanz in der Natur sehen, die sich rächen will, sollten wir auch auf die Schamthemen schauen, die sich in diesem Erklärungsmodell verbergen. Zunächst wissen wir nicht, ob hinter der Natur und ihren Abläufen ein Plan oder ein planendes Wesen steht. Wir können an diese Annahme glauben, genauso wie an die gegenteilige, dass es eben keine planende Stelle oder Person oder Intelligenz gibt: Die Natur zeigt evolutive Prozesse, die wir beobachten und verstehen können, ohne eine steuernde Instanz dahinter zu brauchen. Das ist zumindest der Standpunkt der modernen Naturwissenschaften, während die Theorie des „kreativen Designs", die eben hinter allen Abläufen einen planenden Architekten annimmt, dagegen argumentativ einen sehr schweren Stand hat.

Es ist also im besten Fall eine Glaubensfrage, ob die Natur selbständig, nach dem Modell des Menschen, handlungsfähig ist und für sich selbst Verantwortung übernimmt oder nicht. Obzwar wir als Menschen in vielen Fällen planvoll agieren, muss das nicht bedeuten, dass die Natur oder die Existenz als Ganze entsprechend designet sind. Nach all unserem Wissen sind die Menschen die einzigen, die die Herausforderungen ihres Lebens mit dieser Strategie meistern, zumindest zum Teil. Es gibt nahe Verwandte im Tierreich, die über solche Fähigkeiten im Ansatz verfügen, darüber hinaus fehlen diese Kompetenzen. Wir sind ein Spezialfall innerhalb der Vielfalt der Lebensformen, mit einer Intelligenz, die in der Lage ist, die eigene Verfasstheit auf das Ganze zu übertragen, aber ohne die Fähigkeit, absolut entscheiden zu können, ob das sinnvoll ist oder nicht.

Würde es nun stimmen, dass die Natur mit Hilfe von Viren zurückschlägt, um sich der Menschenschädlinge zu entledigen, so sind wir als Menschheit mit einer riesigen Scham beladen, für die wir gerechterweise mit unserer Existenz büßen müssten. Scham ist eben das Gefühl, das auftritt, wenn der Kern unserer Existenz fraglich und unsicher ist. Wenn wir uns kollektiv gewissermaßen in diese existenzielle Urscham versetzen, indem wir der Natur Racheabsichten unterstellen, sind wir es selber, die uns das Recht auf das Dasein absprechen. Es ist also gar nicht die

Natur, noch die von ihr ins Rennen geschickten Viren, sondern wir selber sind es, die die moralischen Gründe für unsere Auslöschung liefern.

Dies oben diskutierten Gedankengänge sind psychologische Spiele. Sie spiegeln nichts anderes wider als Themen des eigenen Lebensschicksals. Sie tragen nichts dazu bei, besser zu verstehen, was abläuft, um darauf Einfluss nehmen zu können oder damit in Frieden zu kommen. Vielmehr rechtfertigen sie die eigene Verdammung, die irgendwo und irgendwann in einer frühen Lebensphase erlebt werden musste. Die übermächtige Naturumgebung symbolisiert die Mutter. Wenn sie uns nicht bedingungslos annimmt als neues Erdenwesen, sondern uns als Belastung und Störung ihres Lebens erfährt, nistet sich die Urscham ein, die besagt, dass wir als Wesen falsch und überflüssig sind.

Indem wir diesen Gedanken des Ungewolltseins auf die ganze Menschheit übertragen, entlasten wir uns ein Stück von unserem eigenen Schicksal. Wir potenzieren die Scham, sodass wir selber nur mehr ein kleines Bisschen von ihr betroffen sind. Wir wollen uns also selber vom eigenen Schicksal freisprechen, um den Preis, den eigenen Untergang mitsamt der Menschheit in Kauf zu nehmen und sogar noch für richtig zu befinden.

Die Schwierigkeit, mit Nichtwissen zu leben

Offenbar ist es schwerer, in Bezug auf Gesamtfragen und Globalerklärungen mit einem Nichtwissen zu leben, als selbstschädigende schamgeprägte Gedankenmodelle zu pflegen. Denn Nichtwissen kränkt den Narzissmus, und das schmerzt. Wo wir kein Wissen haben, haben wir keine Macht und keine Kontrolle. Wir müssen also auch unsere Machtlosigkeit dem Ganzen gegenüber akzeptieren, und das heißt, wir müssen uns in unserer Endlichkeit und Sterblichkeit annehmen. Es ist ganz einfach die Angst vor dem Tod und die Scham wegen unserer Endlichkeit und Sterblichkeit, die uns zur Übernahme von Erklärungsmodellen treibt, ohne dass wir sie in ihren Konsequenzen durchschauen. Denn sie geben uns die Illusion eines Stücks von Unsterblichkeit, eine Illusion, die uns von Angst und Scham befreien soll – ein Dienst, den sie uns so lange gibt, als wir ihr unseren naiven Glauben schenken.

> „Der Lockdown hat mich überhaupt nicht betroffen. Aber es war schon etwas komisch, wie ich bemerkt habe, dass in einer Packung Reis 6839 Reiskörner waren und in der anderen nur 6798".

Scham ist immer gesellschaftlich

Die Rolle der Scham in der Gesellschaft, der hier nur exemplarisch diskutiert werden kann, ergibt sich aus der sozialen Natur dieses Gefühls. Jedes Schamgefühl ist ein gesellschaftliches Ereignis, auch wenn es ganz privat wahrgenommen wird. Denn es weist auf unsere Stellung im sozialen Gefüge hin, definiert es und stellt es in Frage. Diese Einordnung findet nicht nur auf der Ebene von kleinräumigen Sozialstrukturen statt, sondern reicht in alle Schichten der gesellschaftlichen Realität, in die wir alle eingebunden sind.

Die Erforschung der Scham auf der individuellen Ebene wirkt auf die Gesellschaft zurück. Wir beziehen uns in anderer Weise auf unser soziales Umfeld, wenn wir uns Schamprägungen bewusst machen. Umgekehrt ist die Scham ein wichtiges Einfallstor der Gesellschaft in die Intimräume der individuellen Seele. Die Sozialisationsprozesse, die uns von unseren Anfängen her prägen, nutzen die Scham in besondere Weise für ihre Zwecke, vor allem dort, wo sie unbewusst ablaufen.

Scham und Gesellschaft sind untrennbar miteinander verflochten. Die Scham, die wir spüren, ist sozial geprägt, und verstärkt ihrerseits die soziale Verankerung der Scham. Die verschiedenen Abwehrformen, die in Kapitel 8 besprochen werden, treten im Individuum wie in der Gesellschaft auf. Jede psychologische Abwehrform der Scham kann durch soziologische Analysen ergänzt und erweitert werden, so wie jedes soziologische Verständnis der Mechanismen der Scham die psychologische Sichtweise vertieft.

Schambewusstsein ist zugleich Gesellschaftsbewusstsein. Es lenkt unsere Aufmerksamkeit auf verdeckte Machtstrukturen, Stereotypen, Rollenfixierungen (z.B. zwischen Männern und Frauen) und Manipulationsabläufe. Es schärft unsere Ausrichtung auf die zentralen Werte des Menschseins, denn wir erkennen, wie uns beschämende Erfahrungen als Menschen klein machen und herabwürdigen.

Die Besinnung auf innere Schammechanismen enthält eine kritische Perspektive auf alle gesellschaftlichen Strukturen, die Schamprägungen herstellen, verstärken und verallgemeinern. Schamerkenntnis enthält also immer auch einen gesellschaftskritischen Anteil und leistet dadurch einen Beitrag zur Erweiterung und Vertiefung von Humanität und Menschenwürde.

3. Die Physiologie der Scham

Die äußeren Merkmale der Scham

Die Scham als sozialer Impuls- und Rückmeldungsgeber muss in der Physiologie, am Äußeren der Menschen wahrnehmbar sein, um ihren Zweck zu erfüllen. Ihrer Bedeutung im Bereich der Gefühls- und Kommunikationssteuerung gemäß verfügt die Scham über ein breites Spektrum an Symptomen, mit denen sie auf sich aufmerksam macht.

Die Augen

Im schamgesteuerten Blickverhalten gibt es zwei Richtungen: Das Gegenüber wird angestarrt, so als könnte man sich nicht von den Augen der anderen Person lösen, die den Blick als fordernd oder verurteilend wahrnehmen kann, oder, was einer tieferen Beschämung entspricht: der direkte Kontakt wird vermieden, die Augen wenden sich ab, wandern ziellos umher oder sinken nach unten.

Der Fußballer, der den entscheidenden Elfmeter verschossen hat, bedeckt das Gesicht mit den Händen, damit er nicht sehen muss, wie er gesehen wird und damit er in seinem Versagen nicht gesehen (=verurteilt) wird.

Charles Darwin und der Emotionsforscher Silvan Tomkins sind sich darin einig, dass die Augen elementar mit der Scham verbunden sind. Sie drücken die Scham aus und sind auch ein wichtiger Kanal für das Beschämen. Die beschämende Person schaut fixierend, starr und dominierend. Sie blickt von oben nach unten und demonstriert damit ein Machtgefälle. Auch Jean-Paul Sartre (1943) hat sich ausführlich mit der Machtdynamik des Augenkontakts im Zusammenhang mit der Scham auseinandergesetzt.

Für viele Kinder ist der finstere Blick der Mutter die ärgste Bestrafung und der Auslöser für eine tiefe Verunsicherung und Verängstigung. Die beschämte Person vermeidet den direkten Augenkontakt, schlägt die Augen nieder, schaut vielleicht kurz von unten auf, ängstlich und das Ausmaß der Gefahr einschätzend, um dann wieder den Blick nach unten zu richten.

„Der Orbitofrontalkortex – der Teil des Gehirns, der direkt hinter den Augen liegt ... – spielt für die Affektregulierung eine wichtige Rolle. Dieser Bereich ist besonders sensibel für die Kommunikation von Gesicht zu Gesicht und für Blickkontakt. Weil dies ein wichtiges Einschätzungszentrum ist, beeinflusst dieser Bereich unmittelbar die Ausgestaltung der Erregungszustände bei verschiedenen Arten emotionaler Erlebnisse." (Siegel 2000, S. 309)

Die Selbstkontrolle erfolgt bei der Scham über das Außen, durch das Auge („Wenn das die Leute sehen"), denn es sind die anderen, die die Macht haben, die Scham zu bewirken und zu lösen; die Schuld kommt von innen und meldet sich im Gewissen, als akustisches Signal im Ohr (Marks 2007, S. 60). Bei Schuldgefühlen müssen wir in uns selber hineinhören, um zu finden, wie wir die Schuld ausgleichen können. Bei Schamgefühlen schauen wir herum, wo sich eine schamlösende Anerkennung finden könnte.

In einer Gehirnstudie konnte nachgewiesen werden, dass chronisch beschämte Menschen bei direktem Blickkontakt keine Reaktion des präfrontalen Kortex zeigten. Diese Personen reagierten bei der Begegnung mit anderen Menschen nur mit einer starken Aktivierung der Emotionalzentren in den primitiven Teilen des Gehirns (zentrales Höhlengrau), die für Erschrecken und Überwachsamkeit zuständig sind. Der Präfrontalkortex hingegen regelt die soziale Einstimmung und das Erkennen der Intentionen der anderen, Fähigkeiten, die bei Traumatisierten und Schambetroffenen stark reduziert sind (Van der Kolk 2014, S. 125).

Fallbeispiel:

Herr M. hat seine ganze Kindheit hindurch an der Unnahbarkeit seiner Mutter gelitten. In der Therapie kann er sich noch an den Wechsel zwischen freundlicher Zuwendung und bedrohlicher Ablehnung erinnern. Der missbilligende und kalte Blick der Mutter lässt ihn erstarren, ihr „böser Blick" macht ihn zum Objekt und prägt seinen Augen eine Angst ein, die immer aufsteigt, wenn er in seinen Wünschen und Absichten von anderen zurückgestoßen wird. Es ist, als ob ihn der kalte, schamauslösende Blick der Mutter wie ein Gespenst durchs Leben begleitet. Immer, wenn er eine Kleinigkeit falsch macht, zieht es ihn innerlich zusammen, als würde ihn die Mutter noch immer kritisch beobachten.

Bis heute bereitet es ihm Schwierigkeiten, länger als ein paar Momente mit anderen Menschen in Augenkontakt zu bleiben. Sofort fühlt er sich unwohl, so, als würde er etwas Verbotenes machen. Sein Blick wirkt müde und verschlossen. Erst im Fortschreiten der therapeutischen Arbeit wird sein Blick lebendiger.

Die Sprache

Das Sprechverhalten der Scham kennt entweder eine modulationslose Lautstärke oder ein kaum hörbares Flüstern. Manchmal äußert sich die Scham im Räuspern oder in einer belegten und gebrochenen Stimme. Als Folge der Hemmung des Denkens (s.u.) wird auch die Sprech- und Ausdrucksfähigkeit reduziert, sodass

Menschen in ihrer Scham manchmal „wie verdattert" keinen Satz hervorbringen können, unzusammenhängend stammeln oder stottern.

Die Körperhaltung

Der Körper wird so gehalten, dass er kleiner erscheint, als er wirklich ist, gedrückt und bedrückt, mit niedriger Spannung und gehemmtem Ausdruck in der Mimik und Gestik. Er nimmt die Demutshaltung ein (gesenkter Kopf, hochgezogene Schultern, geschlauchter Oberkörper). Im Hals steckt oft ein Kloß. Das Gefühl sagt: Ich will unsichtbar sein, und der Körper tut dafür, was er kann. Er kann auch drehende und windende Bewegung zeigen, so als wollte er sich aus der unangenehmen Situation entwinden und verdrücken. Häufig wird die Schamreaktion mit selbstbezogenen Gesten begleitet: Ein Kratzen, Wischen oder Reiben am Kopf, eine streichelnde Berührung im Gesicht bis zum Vergraben des Gesichts in den Händen. Durch die Selbstberührung wird ein Selbstkontakt hergestellt, um sich ein Stück Sicherheit zu geben und damit die Schambelastung zu verringern.

Das Denken

Wie gesagt, hemmt die Scham das Denken und die sprachliche Kreativität, sodass manche Autoren von einem „kognitiven Schock" beim Schamerleben schreiben. Deshalb kann es auch zum Stottern oder zu anderen Sprechunsicherheiten kommen, wenn wir uns schämen. Das Stottern liefert ein typisches Beispiel für einen Schamkreislauf: Aus Verlegenheit und Unsicherheit kommt es zum Stottern, und jedes Ringen um ein Wort beschämt noch mehr. Auf die Hemmung der Sprech- und der Denkfähigkeit folgt schließlich die Blockierung der Handlungsfähigkeit (Tiedemann 2013, S. 71 f).

Das Lachen

Ein typisches Symptom von Scham bei Kindern, das auch bei Erwachsenen noch Spuren hinterlässt, ist ein verzerrtes, Grinsen, das manchmal als „schafartig" bezeichnet wird. Es drückt die Verlegenheit über die Situation aus und zeugt von einer akuten Verwirrung und Orientierungslosigkeit. Es kann leicht von einem entspannten heiteren Lachen unterschieden werden, weil es asymmetrisch auftritt, indem ein Mundwinkel höher als der andere gezogen wird.

Diese Form des Lächelns gilt als Zeichen von Unsicherheit. Es stellt eine unbewusste Kompromissbildung dar und soll vermitteln: „Es ist mir gerade etwas sehr Unangenehmes passiert, oder ich erzähle gerade etwas, das du peinlich finden könntest, aber sei mir bitte nicht böse, verurteile mich nicht, bleibe mir freundlich gesonnen." Es ist ein Lächeln, das um Sympathie heischt. Das Verlegenheitslächeln kann in ein gekünsteltes Lachen übergehen, das beim Zuhören nicht als befreiend, sondern als zwanghaft und unecht ankommt. Außerdem bricht es häufig unvermittelt ab.

Die Schamatmung

Wie jedes andere Gefühl hat auch die Scham Auswirkungen auf die Atmung. Die Schamatmung ist gekennzeichnet durch Seichtigkeit, also durch ein eingeschränktes Atemvolumen. Das Zwerchfell, das mit dem Bauch und seiner Lebenskraft verbindet, wird kaum genutzt, sodass nur der obere Brustbereich in die Atembewegung einbezogen ist, ähnlich der Angstatmung, aber schwächer und seichter.

Starke Scham, die mit dem Impuls des Verschwindens verbunden ist, spiegelt sich in einer minimalen Atmung wider. Das Zusammensacken des Körpers durch den Wechsel in den parasympathischen Modus, die typische Schamreaktion, geht mit dieser Form der Notatmung einher – niemand soll merken, dass ich da bin und eventuell sogar Ansprüche auf meine Daseinsberechtigung und Achtung stelle.

Eine minimale Atmung bewirkt eine minimale Energiezufuhr für den Körper, und die Folge ist eine minimale Lebendigkeit für die Seele. Das ist, was das Schamgefühl verlangt: Die Lebensenergie zurückzuschrauben, um mit einer Geste der Selbstaufgabe an die Mitwelt zu signalisieren, dass ein Fehlverhalten passiert ist, dessen Reparatur nicht in der eigenen Macht liegt.

Sobald wir bewusst einen stärkeren Atemzug nehmen, lösen wir uns vom Schamgefühl. Automatisch richten wir uns auf und füllen unseren Bauchraum. Die Brust hebt sich nach oben und wir spüren mehr Kraft und Lebendigkeit. Auf diese Weise stärken wir auf der physiologischen Ebene unseren Selbstwert und spüren unmittelbar die Erneuerung unserer Würde. Volles und kräftiges Atmen verträgt sich nicht mit der Scham, denn es symbolisiert das Recht auf Dasein und Geachtetwerden.

Weitere häufig auftretende physiologische Begleiterscheinungen der Scham sind ein erhöhter Puls, vermehrtes Schwitzen, Zittern und Herzklopfen, also allgemeine Stresssymptome, die die Aktivierung des sympathischen Nervensystems anzeigen.

Das Erröten

Das Erröten ist das Paradesignal der Scham. Diese so menschliche Reaktion zeigt die Zwiespältigkeit, die im Schamgefühl steckt, das unseren Selbstwert vermindert und zugleich die sozialen Beziehungen wiederherstellen soll. Die Schamesröte wurde bereits von Charles Darwin erforscht, der sie als typisch menschliche

Äußerung einer Emotion erkannte, die besonders deutlich am Kopf und Hals erscheint, sodass sie kaum übersehen werden kann.

Beim Erröten werden die normalen Aktivitäten der Kapillaren des Gesichts gehemmt, wodurch sich diese Blutgefäße mit Blut füllen. Diese Reaktion macht die Körpergrenzen deutlicher sichtbar. Erröten ist eine Auswirkung von Scham, kann aber auch Ursache für weitere Scham sein. Die Aufmerksamkeit eines Beobachters wird auf das Gesicht gelenkt, das Verstecken misslingt. Das ist einer der vielen Teufelskreise der Scham.

Wenn man sich schämt, möchte man sich verbergen, sich den Blicken anderer entziehen, im Erdboden versinken oder sich in Luft auflösen. Das Erröten bewirkt das genaue Gegenteil: Man wird genauer wahrgenommen. Die Peinlichkeit ist gewissermaßen grell aufs Gesicht gemalt. Dieses Paradoxon führt zu dem regulativen Effekt von Scham, denn die andere Person bemerkt die Beschämung und kann sie als Zeichen der Einsicht in das fehlerhafte Verhalten werten. Die Unsicherheit über diese paradoxe Wirkung kann auch dazu führen, in Zukunft möglichst schamauslösende Situationen zu vermeiden.

Die Erythrophobie

Es gibt Menschen, die massive Ängste vor dem Erröten haben, und deshalb meiden sie Situationen, in denen sie rot werden könnten. Sie lehnen Vortragsangebote ab, weil sie einmal vor Publikum rot geworden sind und dieses unangenehme Gefühl nicht mehr erleben wollen. Oder sie gehen nicht auf Partys, nachdem sie dort in peinliche Situationen geraten sind, die sie rot werden ließen. Sie meiden mündliche Prüfungssituationen, weil sie bei diesen Gelegenheiten früher errötet sind.

Meist gibt es Erfahrungen aus der Pubertätszeit, die mit Scham verbunden waren und das Symptom schleichend ausprägten, bis es dann in der frühen Erwachsenenzeit manifest geworden ist. Es ist dann nicht mehr das Rotwerden, das den Stress auslöst, sondern dessen Bewertung, die im Unbewussten abgespeichert ist und die Angstreaktion in entsprechenden Situationen hervorruft. Es kommt zu einer typischen Schamspirale: Die anderen sehen die eigene Scham und nutzen sie zum Lächerlichmachen, Abwerten, Verachten.

Der von Erythrophobie betroffenen Person hilft es nicht, sich einzureden, nicht rot werden zu wollen. Es geht um eine Reaktion aus dem Angstzentrum des Gehirns, das auf das vegetative Nervensystem einwirkt, um die entsprechende Reaktion einzuleiten. Die kognitiven Zentren im Gehirn haben auf diesen Ablauf nur wenig Einfluss. Vielmehr steigert sich die Verlegenheit, wenn es nicht gelingt, die vegetative Reaktion willentlich zu verhindern.

Wohl aber kann es helfen, diese Zusammenhänge zu verstehen und sich klarzumachen, dass die Errötungsreaktion eine Abkühlungsfunktion für den Körper ausübt (Wolf 2016, S. 20) und unweigerlich nach einiger Zeit wieder abklingt. Wir können gar nicht länger als fünf oder maximal zehn Minuten rot bleiben.

In der akuten Situation hilft die Atembewusstheit (ruhig und tief zu atmen), die wir mit affirmativen Sätzen wie „Ich bin sicher", „Ich bin ganz bei mir" usw. verbinden können. Das bewusste Atmen, vor allem die Entspannung der Ausatmung, ist eine wertvolle Hilfe zur Milderung der vegetativen Schamreaktion und der dadurch ausgelösten Angst.

Die Scham und ihr Eindruck im Außen

Zusammenfassend können wir feststellen, dass die Scham durch alle äußerlich sichtbaren Signale verstärkt und verdoppelt wird. Zur Scham über das, was in der Situation vor den Augen der anderen geschehen ist, kommt die Scham, dass die anderen die Scham sehen. Die Natur hat es so eingerichtet, dass unsere Scham sichtbar wird, damit die Umgebung die eigene Betroffenheit erkennt und selbst reagieren kann. Die Sichtbarkeit der Scham soll also bewirken, dass die Mitmenschen erkennen, dass das Fehlverhalten eingesehen wurde, sodass es im Idealfall zur Auflösung der Scham kommen kann. Außerdem geben uns die äußeren Schamsignale eine Rückmeldung, wie es uns gerade geht. Sie steigern unsere Selbstbewusstheit und verbinden uns innerlich mit uns selbst. Diese Nachrichten stammen aus dem vegetativen Nervensystem, das ausschlaggebend für unser Wohlgefühl und unser emotionales Befinden ist.

Um allerdings diesen peinlichen Kreisläufen zu entkommen, bilden Menschen, die stark von Schamthemen betroffen sind, Abwehrvorgänge aus, mit denen sie ihr Schamgefühl maskieren können. Auf diese Weise glauben sie, dass ihre Scham unentdeckt bleibt. Näheres dazu folgt in Kapitel 8.

Die inneren Vorgänge bei der Scham

Die Scham sendet Signale nach außen, um als sozialer Regulator dienen zu können. Sie braucht dazu außerdem einen Kanal nach innen, um dort die Reaktionen auszulösen, die für diese Regulation notwendig sind.

All die äußeren Schamsignale werden vom vegetativen Nervensystem gesteuert und koordiniert. Der Schamstress ist ein sozialer Stressor, der auch in kleinen Dosen schon deutliche Wirkungen hervorruft und eine klassische Stressreaktion in Gang setzt. Interessant ist, dass die inneren Abläufe zwischen solchen Stressoren und dem Stress bei körperlichem Schmerz und Verletzungen vergleichbar sind. Die physiologischen Prozesse bei körperlichen und bei emotionalen Verletzungen sind nämlich identisch. Es tut also gleich weh, von jemandem nicht verstanden zu werden als sich das Schienbein anzustoßen. Die Affekttoleranz, also die Fähigkeit, Emotionen bewusst erleben und steuern zu können, entspricht der Fähigkeit, körperliche Schmerzen zu ertragen (Schore 2012, S.74).

Typisch für diese Stressreaktion ist die Freisetzung eines Botenstoffes, der an Entzündungsvorgängen beteiligt ist. Wenn wir uns schämen, schüttet unser Immunsystem den Botenstoff TNF-alpha aus und fördert damit die Entzündungsanfälligkeit im Körper (Dickerson 2009). Aus Speichelproben von Probanden, die einer peinlichen Situation, in der sie bewertet wurden, ausgesetzt waren, konnte der Botenstoff nachgewiesen werden. Die Untersuchungsteilnehmer fühlten sich plötzlich schwach und gelähmt, wie bei einer akuten Infektion. Der Anstoß dazu kommt offenbar einerseits aus der unmittelbaren Wirkung des Neurotransmitters, der bei hoher Konzentration Schockzustände erzeugt, und andererseits aus dem Stirnlappen der Großhirnrinde. Denn es ist auch bekannt, dass Menschen ihr Schamgefühl verlieren, wenn der orbitofrontale Cortex geschädigt ist. Die betroffene Person tut dann bloß so, als würde sie sich schämen.

Die Polyvagaltheorie

Bevor wir die vegetativen Hintergründe der Schamreaktion besprechen, kommt hier ein kurzer Überblick über die Polyvagaltheorie (Porges 2005, Rosenberg 2017). Denn dieses Modell erklärt wichtige Zusammenhänge zwischen unserem emotionalen Erleben und dem autonomen Nervensystem. Dieser Teil des Nervensystems ist der willentlichen Steuerung und Kontrolle weitgehend entzogen. Er enerviert die grundlegenden organischen Funktionen und Stoffwechselprozesse in unserem Körper.

Das autonome oder vegetative Nervensystem wird in zwei Zweige geteilt, die teilweise wie Antagonisten funktionieren: Der Sympathikus ist immer für uns da, wenn es um Leistung und Anstrengung geht, er ist für den Stress in den zwei Hauptvarianten Di- und Eustress zuständig. Der Parasympathikus ist unser Entspannungsgehilfe und bringt uns in angenehme Zustände der Erholung. Meistens, aber nicht immer ist es so, dass sich die beiden Systeme in ihrer Aktivität ablösen.

Die Polyvagaltheorie erweitert diese klassische Sicht des autonomen Nervensystems. Sie besagt, dass bei den Säugetieren der Vagus, der hauptsächlich für den Parasympathikus zuständige 10. Gehirnnerv, zweigeteilt ist: In einen dorsalen (rückwärtigen), entwicklungsgeschichtlich älteren, und einen ventralen (vorderen), entwicklungsgeschichtlich jüngeren Zweig. Beide üben unterschiedliche Funktionen aus.

Der ventrale, neue oder auch „smarte" Vagus ist für den Betrieb des Kommunikations- und Kontaktverhaltens zuständig. Schließlich müssen alle Säuger bei einem Neugeborenen ein völlig abhängiges Wesen versorgen, dessen spezielle Bedürfnisse sie erkennen und beantworten sollten, bis es gelernt hat, für sich selber zu sorgen.

Der entspannte und kommunikativ offene Normalzustand wird vom neuen „smarten" Vagus betrieben. Wenn dieser allerdings mit einer Situation nicht zurechtkommt und überfordert ist, wird der Sympathikus mit seinen Mobilisierungsstrategien aktiviert. Er bereitet sich auf das Kämpfen oder Fliehen vor. Sofort wird die Kommunikationsfähigkeit stark eingeschränkt. Zwischen dem neuen Vagussystem und dem Sympathikus wirkt die vagale Bremse, die Fähigkeit der Rückregelung des Sympathikus, auch bei überschießenden Reaktionen, wie z.B. bei einer Panikattacke.

Wenn noch dazu das sympathische Bewältigungsmuster versagt, übernimmt der alte Parasympathikus und legt alles still. Diese Reaktion ist evolutionär von den Reptilien übernommen. Es kommt dann zu Immobilisation, Sich-Totstellen, In-Ohnmacht-Fallen bis hin zur Entleerung von Magen und Darm. Dieser phylogenetisch älteste und primitivste neuronale Kreislauf wird durch den dorsalen Vagus vermittelt (Ehrmann 2015, S. 29f). Er bringt die letzten Ressourcen, über die der Organismus noch verfügt, zum Einsatz. Wenn diese schließlich erschöpft sind, stirbt er.

Die Schamreaktion ist ein Erregungszustand und beruht auf einem Zusammenspiel von sympathischem und parasympathischem Nervensystem. Sobald eine Scham einsetzt, wird der neue Vaguszustand verlassen und der Sympathikus erregt sich, verbunden mit der Angst, die mit der beschämenden Situation einhergeht. Mit dem Stärkerwerden der Scham wechselt das Nervensystem auf den parasympathischen Zweig. Der Tonus und der Herzschlag sinken, die Atmung wird schlaffer, der Körper insgesamt sackt zusammen. Kommt zur Beschämung eine Demütigung hinzu, so bleibt die Aktivität des Sympathikus zusammen mit dem Parasympathikus erhöht (Schore 2012, S. 50). „Es ist, als ob zuerst das Gaspedal (der sympathische Zweig) getreten würde und dann zusätzlich die Bremse (der parasympathische Zweig)." (Siegel 2010, S. 308) Die oft als Antagonisten arbeitenden Zweige des autonomen Nervensystems werden in dieser Extremsituation gleichzeitig aktiv. Diese Kombination wirkt sich schädigend auf die Entwicklung des kindlichen Gehirns aus (ebd., S. 309).

Das vegetative Nervensystem verfügt von sehr früh an über die Schamreaktion, die vor allem dann aktiviert wird, wenn die interaktive Affektregulation misslingt (Niederwieser 2019). Das bedeutet, dass der Organismus von Säuglingen direkt über den emotionalen Austausch gesteuert und moduliert wird. Begegnet die Mutter dem Säugling mit Gleichgültigkeit oder gar Ablehnung, setzt der Scham-Affekt ein: Sein Organismus stellt die Gefäße weit, der Blutdruck sinkt, der Muskeltonus geht mit einem Schlag verloren.

Auch beim Erröten wird die Aktivität des Parasympathikus gesteigert, ähnlich wie bei einem „plötzlichen Stresszustand" (Schore 2012, S. 40). Weil die Scham den Parasympathikus beeinflussen kann, wirkt sie als Erregungsblocker, als Regulator für überstimulierte Zustände (Hochstimmung, manisches und euphorisches Erleben). Damit bremst die Scham den Ausdruck nach außen und hemmt die Selbstdarstellung. Sie signalisiert, bestimmte Strebungen aufzugeben, und motiviert, aus dem Fokus der Aufmerksamkeit anderer herauszutreten. Oft kommt es zu einem Umschlag von einem Zustand der überschäumenden Freude oder Grandiosität in ein plötzliches Überwältigtsein durch die Scham. Dieser Wechsel von der Dominanz des sympathischen zur Dominanz des parasympathischen Nervensystems ist typisch für die Schamreaktion. Dabei wird der Herzschlag verlangsamt und der Blickkontakt vermieden.

Leider gibt es viele Menschen, die als Folge der in früher Kindheit erworbenen Stresshaltung durch die Scham ihr Leben immer mehr einschränken. Wir sind den Wirkungen des vegetativen Nervensystems weitgehend hilflos ausgeliefert; wenn der Sympathikus überreagiert, können wir mit unserer Willenskraft nichts dagegen ausrichten. Wir können nur daran arbeiten, unser Nervensystem langfristig auszubalancieren, vor allem durch Atem- und Entspannungsübungen.

Fallbeispiel:

Frau S. war eine erfolgreiche und tüchtige Leiterin eines Installationsunternehmens. Dazu hatte sie vor einigen Jahren einen Mann mit dessen Tochter zu sich aufgenommen – eine frühere Urlaubsliebschaft. Eines Tages war der Mann vor ihrer Tür gestanden und sagte, dass seine Frau verstorben wäre und er ein neues Leben mit S. beginnen möchte. Sie entschied sich zu diesem Schritt, der ihr zunächst eine glückliche Liebesbeziehung schenkte, dazu allerdings auch viele zusätzliche Belastungen – die Einschulung der Stieftochter, die Behördengänge zur Anerkennung des Diploms ihres Liebhabers und die Sorge für einen erweiterten Haushalt. Eines Tages brach sie auf dem Weg zu ihrer Arbeit inmitten der Menschenmenge mit einer Panikattacke zusammen.

Neben den manifesten Burnout-Symptomen, die sich nun zeigten, plagte sie eine tiefsitzende Scham, sodass sie sich, nachdem sie sich von dem Panikanfall erholte hatte, nicht mehr aus der Wohnung traute. Sie hatte die Angst, dass sie jederzeit wieder zusammenbrechen könnte und neben all den unangenehmen und beängstigenden Gefühlen, die dabei auftraten, war die Scham, vor allen Leuten hilflos zusammenzubrechen, das Schlimmste. In ihrem Leben hatte sie immer mit ihrer Kompetenz und Leistungsfähigkeit Anerkennung bekommen, und sie bezweifelte zutiefst, dass sie im Zustand der Ohnmacht noch von irgendjemandem wertgeschätzt würde. Erst nachdem sie sich therapeutische Hilfe geholt hatte, die zu ihr in die Wohnung kam, konnte sie sich etwas stabilisieren. Je mehr sie ihre Schamgeschichte aus früher Kindheit und dem weiteren Aufwachsen verstehen konnte, desto mehr stärkte sich ihr inneres Selbstgefühl. Sie unterzog sich einer Kur und war danach in der Lage, ihre Arbeit wieder aufzunehmen.

Fallbeispiel:

Frau R. hatte eine schwere Kindheit. Sie musste häufig umziehen, nachdem sich die Eltern getrennt hatten. Sie lebte ein paar Jahre bei der Mutter, dann wieder beim Vater. Nirgends konnte sie richtig Fuß fassen; die Mutter war unzuverlässig und launenhaft, der Vater selten liebevoll und häufig in einem entrückten Drogenzustand. Beim Zuhören fällt auf, dass sie die unangenehmsten Erinnerungen mit einem verklemmten Lachen erzählt, so als müsste sie sich dafür entschuldigen. Es ist die Scham, die sie hindert, zur Trauer und Wut darüber zu stehen, was ihr als Kind alles zugemutet und aufgebürdet worden war.

Im Zug des Durcharbeitens all der verstörenden Kindheitsthemen mit den damit verbundenen heftigen und schmerzhaften Gefühlen findet sie immer besseren Kontakt mit ihrer Mitte. Das zwanghafte verlegene Lachen weicht zunehmend echter Traurigkeit und Fröhlichkeit.

4. Häufige Scham-Themen

Scham, Scham war alles in mir. (Rainer Maria Rilke)

Die Anlässe für Scham stehen immer in einem sozialen Zusammenhang, d.h. andere Menschen sind daran beteiligt. Sobald wir mit Mitmenschen in Kontakt sind, real oder in der Fantasie, besteht die Möglichkeit, dass ein schamvolles Gefühl aktiviert wird. Wir schämen uns immer in Bezug auf einzelne Personen oder auf ganz viele. Wenn wir uns zu dick fühlen, ist das kein Anlass für Scham, solange wir nicht daran denken, wie uns andere Menschen wahrnehmen und bewerten könnten. Was uns beschämt, ist die Annahme, dass sie jemanden ablehnen und abwerten, den sie für dick halten. Es ist also nicht ein Faktum (ein bestimmtes Körpergewicht), das die Scham auslöst, sondern dessen mögliche Bewertung durch unsere Mitmenschen, bzw. unsere innere Bewertung einer möglichen Bewertung von außen: Wir vermuten, dass es für uns unerträglich wird, wenn uns jemand in Gedanken oder Worten ablehnt. Natürlich kann es sein, dass der Blick auf die Waage die Scham auslöst, obwohl niemand zuschaut. Aber die Zahl, die auf der Waage aufscheint, löst gleich eine Kettenreaktion aus: Unser Gehirn übersetzt sie in ein bestimmtes Aussehen und assoziiert dazu die möglichen Reaktionen der Umgebung, und erst jetzt wird das Schamgefühl erzeugt.

Es gibt natürlich auch direkte Erfahrungen mit anderen Menschen, die eine Scham auslösen, wenn uns z.B. jemand auf ein Vergessen aufmerksam macht. Häufig sind es aber ganz einfach Gedankenketten, die uns bis in die Schamgefühle hineinführen. Es ist dann nicht die Erfahrung, die Scham auslöst, es ist deren Interpretation und Extrapolation durch unser Unterbewusstsein. Scham entsteht also in diesen oft vorkommenden Fällen aus einer kognitiven Vorwegnahme möglicher sozialer Folgen.

Da unser Denken auf unseren gesamten Erfahrungsschatz Zugriff hat, kann alles und jedes, was wir erleben oder je erlebt haben, Anlass für Scham bieten. Was andere für völlig harmlos oder nebensächlich erachten, was anderen vielleicht nicht einmal auffällt, kann bei einem selbst Scham auslösen. Das heißt aber auch, dass die Scham an vielen Vorgängen unseres Erlebens beteiligt ist und sich in viele unserer Handlungen einmischt, sehr oft, ohne dass uns das bewusst wird. Denn die Scham wirkt, wie wir schon gesehen haben, gerne im Verborgenen. Wenn wir allerdings merken, dass unsere Stimmung nach unten geht, könnte eine Scham, die im Inneren aktiviert wurde, dafür verantwortlich sein.

„Es ist nicht das Scheitern, das die Scham hervorruft, es ist das Gefühl des Scheiterns." (Cyrulnik 2018, S. 59) Die Scham erwächst also aus den emotionalen Bewertungen, die wir unseren Erfahrungen anheften.

Schamauslöser

Es gibt folglich keine Erfahrung, die nicht Scham auslösen könnte. Manche Menschen freuen sich, wenn sie gelobt werden, andere schämen sich dafür. Manche Menschen sonnen sich im Erfolg, andere kriegen dafür Gewissensbisse. Manche Menschen genießen ein ruhiges Leben, andere genieren sich, weil sie nicht mehr erleben usw. Da die Scham zwischen der Innen- und Außenwelt angesiedelt ist, kann sie immer dann auftreten, wenn sich an dieser Schnittstelle Konflikte auftun. Und aus solchen Konflikten besteht das Alltagsleben mit seinen kleineren und größeren Themen. Deshalb ist eben das Thema bis ins Unendliche vielgestaltig und unerschöpflich. Hier folgt eine Übersicht über zentrale thematische Bereiche mit Beispielen:

- Körper: Scham wegen der eigenen Figur, wegen Behinderungen oder Schwächen, wegen Mängeln an Schönheit oder einem Übermaß davon.
- Gesundheit: Scham wegen Krankheiten und deren sichtbarer Folgen; Scham wegen mangelhafter Gesundheitsvorsorge.
- Ernährung: Scham wegen schlechter oder inkonsistenter Ernährungsgewohnheiten.
- Fitness: Scham wegen mangelnder Sportlichkeit und Beweglichkeit.
- Soziale Herkunft: Scham wegen des niedrigen sozialen Status der Eltern; Scham wegen der Zugehörigkeit zu einer Oberschicht; Scham, ein Ausländer zu sein oder Eltern mit Migrationshintergrund zu haben.
- Status: Scham wegen der eigenen Position in der sozialen Rangordnung: zu weit unten/zu weit oben, zu unbedeutend/zu wichtig; Scham über Privilegien oder deren Fehlen.
- Finanzen: Scham wegen geringem Einkommen oder fehlendem Vermögen oder wegen (unverdientem) Reichtum.
- Talente: Scham wegen fehlender Musikalität oder künstlerischer Darstellungsfähigkeit oder wegen einer überlegenen Begabung; Scham wegen Mangel an Talent; Scham wegen der Vernachlässigung eigener Begabungen.
- Fähigkeiten und Kompetenzen: Scham über alles, was man nicht kann und andere besser können.
- Leistungsfähigkeit: Scham, weniger zu leisten als andere oder viel mehr zu leisten als der Durchschnitt.

- Beziehungen: Scham, keine Beziehung zu haben; Scham, mit dem „falschen" Partner zusammen zu sein; Scham, den Ansprüchen des Partners nicht gerecht zu werden.
- Geschlechtsrolle: Scham, dem Männlichkeits- oder Weiblichkeitsideal nicht zu entsprechen.
- Sexualität: Scham, zu wenig/zu viel Leidenschaftlichkeit zu erleben; Scham, tiefe sexuelle Lust zu spüren; Scham, sich in der Intimität zu zeigen; Scham bei Sexualvorlieben, die nicht der Norm oder den eigenen Idealen entsprechen.
- Gefühle: Scham wegen der Unfähigkeit, Gefühle spüren zu können oder wegen der Unfähigkeit, Gefühle kontrollieren zu können; Scham, bestimmten Gefühlsmustern zu unterliegen.
- Beruf: Scham, den falschen Beruf gewählt zu haben; zu wenig zu verdienen; eine Arbeit mit geringem Sozialprestige zu haben; Scham wegen dem Auseinanderklaffen von Beruf und Berufung.
- Erfolg: Scham wegen Misserfolgen oder fehlender Anerkennung oder wegen zu viel Erfolg im Vergleich zu anderen.
- Selbstbild: Scham, hinter den Anforderungen des eigenen Selbstbildes zurückzubleiben oder wegen eines schwachen und unsicheren Selbstbildes.
- Spiritualität: Scham wegen geringer Fortschritte und Vergleichen mit anderen, die „weiter" auf dem Weg zur Erleuchtung sind, oder wegen persönlicher Unzulänglichkeiten trotz spiritueller Fortschritte.

An dieser naturgemäß unvollständigen Liste von häufigen Schamthemen können wir erkennen, dass sich die Scham faktisch in alle Bereiche des Lebens eine prägende Rolle spielen kann. Wir sind soziale Wesen, und alle unsere Aktionen stehen in Zusammenhang mit anderen Personen, genauso unsere Gefühle und Gedanken. Und als solche unterliegen wir vielfältigen Ambivalenzen: Die Scham macht uns darauf aufmerksam, dass wir sowohl unser Eigenes leben sollen und uns auch anpassen sollen, dass wir herausragen sollen und uns unterordnen sollen usw. Die alte, auf Hodscha Nasreddin zurückgehende Geschichte von Vater, Sohn und Esel illustriert dieses Konfliktfeld, das in so vielen Formen unseres Alltags auftreten kann:

> Ein Vater zog mit seinem Sohn und einem Esel in der Mittagshitze durch die staubigen Gassen. Der Sohn führte und der Vater saß auf dem Esel: „Der arme kleine Junge", sagte ein vorbeigehender Mann. „Seine kurzen Beine versuchen, mit dem Tempo des Esels Schritt zu halten. Wie kann man nur so faul auf dem Esel sitzen, wenn man sieht, dass das Kind sich müde läuft?" Der Vater nahm sich dies zu Herzen, stieg hinter der nächsten Ecke ab und ließ den Jungen aufsitzen.

Es dauerte nicht lange, da erhob schon wieder ein Vorübergehender seine Stimme: „So eine Unverschämtheit! Sitzt doch der kleine Bengel wie ein König auf dem Esel, während sein armer, alter Vater nebenherläuft." Dies tat nun dem Jungen leid, und er bat seinen Vater, sich mit ihm auf den Esel zu setzen. „Ja, gibt es so was?", sagte eine alte Frau. „So eine Tierquälerei! Dem armen Esel hängt der Rücken durch und der junge und der alte Nichtsnutz ruhen sich auf ihm aus. Der arme Esel!"

Vater und Sohn sahen sich an, stiegen beide vom Esel herunter und gingen neben dem Esel her. Dann begegnete ihnen ein Mann, der sich über sie lustig machte: „Wie kann man bloß so dumm sein? Wofür hat man einen Esel, wenn er einen nicht tragen kann?" Der Vater gab dem Esel zu trinken und legte dann die Hand auf die Schulter seines Sohnes. „Egal, was wir machen", sagte er, „es gibt immer jemanden, der damit nicht einverstanden ist. Ab jetzt tun wir das, was wir selber für richtig halten!" Der Sohn nickte zustimmend.

So verstricken wir uns immer wieder in Dilemmata, oder, in solch einem Fall in ein „Polylemma" und können es weder den anderen noch uns selbst recht machen. Das sind die Gelegenheiten, bei denen uns die Scham auf uns selbst zurückwirft und nach einer Neuorientierung verlangt, weil wir beides oft nicht unter einen Hut kriegen: Wie wir uns selber treu bleiben und loyal zu unseren Mitmenschen sein sollen.

Alles, was wir erleben und erfahren, ist in einem ganz radikalen Sinn subjektiv, also nur für uns selber real, und zugleich immer auf die anderen bezogen. Es gibt also andererseits keine rein subjektiven Inhalte in uns, unsere inneren Konstrukte sind zugleich auch soziale Gebilde. Selbst jene Elemente, die wir für uns behalten, z.B. unsere Geheimnisse, stehen mit anderen Menschen in Beziehung, die darüber nichts wissen sollten. Sobald es um soziale Belange geht, kann die Scham an allen Stellen des Erfahrens und Erlebens ausgelöst werden und mitspielen. Sie ist folglich ein Gefühl, das überall, zu jeder Gelegenheit auftreten kann.

Damit ist die Scham von allen anderen Gefühlen unterschieden, die bestimmte Situationen brauchen, um auftreten zu können. Bei der Wut z.B. brauchen wir einen äußeren Einfluss, der uns in irgendeiner Weise bedroht. Einzig mit der Angst ist die Scham nahe verwandt, von der auch bekannt ist, dass sie sich an die verschiedensten Erfahrungen heften kann, was man z.B. an der stetig wachsenden Liste von Phobien ablesen kann. Wie es aber auch unbestimmte, an keine Situation oder Erfahrung gebundene Ängste gibt, so hat auch die Scham oft einen ähnlich vagen, schwer fassbaren und universellen Charakter.

Die männliche und die weibliche Scham
Geschlechtsspezifische Schamauslöser

Sobald es um die Männer und die Frauen geht, melden sich die Stereotypien. So ist es auch hier – wie die Schamthemen schwerpunktmäßig zugeordnet werden, kann in vielen, wenn auch nie in allen Fällen zutreffend sein. Geschlechtstypische Zuordnungen sind vor allem durch das gesellschaftlich-kulturelle Umfeld mit seinen Rollenerwartungen bedingt, die schon früh in die Erziehung einfließen. Solche Kategorisierungen können allerdings helfen, die eigenen Schamreaktionen besser zu verstehen und die Schamerfahrungen anderer mit mehr Einsicht und Verständnis einordnen zu können.

Angesichts des am absteigenden Ast befindlichen Patriarchalismus gibt es für beide Geschlechter ein Spannungsfeld zwischen alt und neu. Für die Männer geht es um die (plump bezeichnete) Alternative zwischen Macho und Softie; die Ehre des Mannes, die über die Jahrhunderte durch die Muskelkraft definiert wurde, sucht eine neue Definition. Das Harte und protzig Starke wird immer weniger nachgefragt, sodass der Raum für eine erlernte oder wiederentdeckte männliche Sensibilität wächst. Bei den Frauen war die Ehre durch die Tugendhaftigkeit im Sinn des Einhaltens der ehelichen Treue festgelegt; heute können sie sich nur mehr achten, wenn sie der Ehre der emotionalen Authentizität und der Selbstbestimmung folgen (Cyrulnik 2018, S. 154).

Von heutigen Männern wird erwartet, dass sie „ihren Mann stehen" und zugleich sensibel auf feinere Gefühle eingehen können, sodass sie unter Umständen sowohl für ein Machogehabe als auch für das Zeigen von zärtlichen und weichen Seiten kritisiert werden, von Männern wie von Frauen. Frauen wiederum unterliegen der Abwertung, wenn sie die Familie über den Beruf stellen, und auch, wenn sie es umgekehrt machen. Sie sollen also traditionell männliche Qualitäten entwickeln, ohne Abstriche von den überlieferten weiblichen Qualitäten. Die fortschreitende Emanzipation führt weniger zu einer emotionalen Entlastung, sondern eher zu einer Umgewichtung der Schamthemen.

Es gibt Schammuster, unter denen beide Geschlechter gleichermaßen leiden, und es gibt andere, die typisch sind für das eine oder das andere Geschlecht. Die Frage, ob diese Unterschiede genetisch, kulturspezifisch oder sozialisationsabhängig entstanden sind, wird hier nicht diskutiert. Es kommt auch häufig vor, dass (stereo-)typische Männerthemen bei Frauen auftauchen und umgekehrt. Vermutlich fühlt sich die Scham für Männer und Frauen gleich an, die Auslöser und Themen sind allerdings auch nach Geschlechterstereotypen organisiert, die von der Tradition und von der Gesellschaft als Standards vorgegeben sind. Diese Normen wirken auf das Unterbewusstsein und lenken von dort aus die Schamreaktionen.

Wofür schämen sich Männer?

Männer haben häufig Ängste, schwach zu wirken und sich schwach zu fühlen, bis hin zur ominösen Impotenz. Um diese Quellen für Beschämungen zu blockieren, arbeiten sie gerne an der Kräftigung ihres Körpers und/oder an ihrer Leistungsfähigkeit in vielen anderen Bereichen. Männer schämen sich für das, was sie nicht gut genug können, und deshalb auch für Niederlagen und Versagen. Sie wollen aus diesem Grund Fehler um jeden Preis vermeiden – was häufig dazu führt, dass sie besonders fehleranfällig sind. Noch schlimmer ist es allerdings, wenn andere von ihren Fehlern erfahren; deshalb nehmen sie oft den unkalkulierbaren Preis der Geheimhaltung von Missgeschicken und Ausrutschern auf sich. Sie wollen als weitgehend makellos dastehen, um sich der Anerkennung sicher fühlen zu können.

Denn viele haben als Jungen die Erfahrung gemacht, dass sie, wenn sie sich verletzlich, schwach oder inkompetent zeigten, abgewertet oder lächerlich gemacht wurden. Manche Männer zögern z.B. Arztbesuche hinaus, weil dort eine Schwäche offenbar werden könnte, die sie innerlich schon befürchten. Es ist die Angst, dann nicht mehr so leistungsfähig und verlässlich sein zu können, wie sie es von sich erwarten und wie sie meinen, dass es auch von ihren Mitmenschen und Partnern erwartet wird.

Andere Männer wollen nicht zu einem Paartherapeuten gehen, wenn der eheliche Friede chronisch belastet ist, weil sie sich dort ein Versagen eingestehen müssten, nämlich ihre Ehe nicht hinzukriegen. Wenn Männer arbeitslos werden, fühlen sie sich schnell wertlos und werden missmutig oder depressiv. Ein Klient ging Tag für Tag in der Früh außer Haus, als würde er zur Arbeit gehen, obwohl er gekündigt worden war. Er wollte nicht, dass die Nachbarn bemerken, dass er arbeitslos ist.

Männer sind besonders anfällig für die Kompetenzscham. In den Bereichen, in denen sie sich auskennen, wollen sie sattelfest sein und keine Blöße zeigen. Sie wollen mit ihren Leistungen zeigen, wie wertvoll sie sind. Oft versenken sie sich in ihr Arbeitsfeld, um darin alle Details zu beherrschen und erfolgreich zu sein, und sie vergessen dabei leicht, dass sie auch in ihrem persönlichen Umfeld Pflichten und Aufgaben haben. Die Folgen sind Konflikte in der Familie und Partnerschaft, und damit werden Schamthemen aktiviert. Sie verstehen dann die Welt nicht mehr, weil sie meinen, dass sie sich ohnehin nur für Ehe und Familie bemühen und abrackern. Die berufliche Kompetenz dient bei nicht wenigen Männern als Ersatz für die emotionalen Schwächen, die oft von den Partnerinnen eingefordert werden, und je vehementer diese Forderungen sind, desto hilfloser und ohnmächtiger fühlen sich die Männer, was sie dann schnell aggressiv macht. Und dafür schämen sie sich anschließend erst wieder. Männer, die ihren Wert über die Arbeit definieren, geraten vor allem dann in Schambereiche, wenn es um emotionale Fähigkeiten geht, die z.B. von den eigenen Kindern eingefordert werden.

Fallbeispiel:

Herr N. hat einen stark leistungsorientierten Vater, der eine wichtige Managementposition bekleidet. Er beschreibt ihn als emotional unerreichbar. N. engagiert sich in einer Non-Profit-Organisation und hat in dem Leitungsgremium das Feedback erhalten, zu wenig empathisch zu reagieren, wenn Konflikte auftauchen. Er erkennt in der Therapie, dass er das Muster für Konfliktbewältigung von seinem Vater übernommen hat: Sachliche Lösungen zu suchen, ohne sich aufs schlüpfrige Parkett der Gefühle zu begeben. Diese Einsicht hilft ihm, sein Augenmerk mehr auf die emotionale Ebene zu richten und sich dort verstärkt einzubringen.

Natürlich stammen die emotionalen Mängel der Männer aus der Kindheit, in der ihre sich entfaltende Gefühlswelt den Eltern, vor allem den Vätern Probleme bereitete. Selber auf emotionaler Ebene verunsichert, können Väter ihren Söhnen oft wenig Unterstützung beim Finden der Geschlechtsrolle geben, was bei beiden, Vätern wie Söhnen, zu Schambelastungen führt. Väter tun sich in der Regel leichter, über sachliche Leistungen als über Gefühle zu reden. Deshalb haben viele Männer aus ihrer Vorschulzeit die Prägung mitgenommen, dass sie für herzeigbare Leistungen Zuwendung bekommen haben, während ihre Gefühle, vor allem Traurigkeit, Wut und Scham, nicht gewollt und erwünscht waren. Also mussten sie wichtige Teile ihres Gefühlslebens beiseitestellen und reagieren dann verständnislos oder überfordert, wenn diese Teile im Erwachsenenleben verlangt werden.

Dazu kommt noch, dass das Schämen besonders bei Männern als Schwäche gewertet wird. Also wird es unterdrückt, verdrängt oder durch eine der Abwehrformen ersetzt, so gut es eben geht. Deshalb hat es den Anschein, als hätten die Männer weniger Schamthemen als die Frauen, tatsächlich könnte es aber so sein, dass sich die Männer mehr vor der Scham und dem Beschämtwerden fürchten und dass sie besser gelernt haben, die Schamreaktionen zu kompensieren und zu überspielen.

Die männliche Sexualität

Subtiler noch wirkt die Scham im Bereich der männlichen Sexualität. Hinter dem Machogehaben auf der einen und der Schüchternheit auf der anderen Seite steckt die Unsicherheit über die männliche Geschlechtsrolle, die nicht erst seit der Frauenbewegung im männlichen Körper und Geist wirkt. Denn die männliche Sexualität kann sich nur in der Kommunikation mit der weiblichen ausbilden, und deren Unterordnung und Unterdrückung über die Jahrtausende des Patriarchats haben auch die Geschlechtlichkeit der Männer korrumpiert. Die Rolle der Täter im patriarchalen System ist nur scheinbar lohnender als die der Opfer. In einem Kampf sind immer beide Verlierer, und beide werden angesichts des Leids im Geschlechterkampf von der Scham gepackt. Immer wenn es misslingt, Liebe und Sexualität zusammenzuführen, wird wegen der unterschwelligen Schamdynamik jede tiefergehende Befriedigung in der sexuellen Begegnung verhindert.

Manche Männer überspielen die Schamthemen durch besonders schamloses und übergriffiges oder unsensibles Sexualverhalten. Andere sind ängstlich und schüchtern und stellen die Bedürfnisse der Frauen statt der eigenen ins Zentrum, sodass sie in den Schamzyklus von Rechtmachen und Falschmachen geraten (Rieck & Salm 2015).

Die Wurzeln der männlichen Unsicherheiten um ihr Geschlecht haben vermutlich viel damit zu tun, dass die meisten Männer überwiegend von einer Mutter großgezogen wurden, die eben eine Frau ist und einen weiblichen Blick auf die männliche Sexualität hat. Sie kann das Männliche nur ansatzweise und immer durch eine Brille, die stark von den eigenen Erfahrungen getönt ist, wahrnehmen und in einem vollen Sinn nie verstehen. Deshalb erleben viele Buben in ihrem Aufwachsen eine subtile Abwertung ihres Geschlechts, die sich dann auf die Einstellung zur Sexualität überträgt. Vor allem, wenn die Bestätigung der Geschlechtlichkeit durch den Vater fehlt oder unzureichend ist, bleiben auf dieser Ebene Mängel und Defizite.

Männer, die mit solchen Voraussetzungen Väter werden, haben ihren Söhnen wieder wenig an klarer Orientierung anzubieten. Auf diese Weise pflanzen sich die Unsicherheiten von Generation zu Generation fort, außer sie werden durch Bewusstseinsarbeit durchleuchtet und transformiert.

Es gibt noch weitere Faktoren, die in der Verbindung von männlicher Sexualität und Scham mitspielen. Dazu zählen in erster Linie von der Norm abweichende sexuelle Vorlieben sowie kulturspezifische Prägungen, also die gesellschaftlich vorherrschenden Normen der männlichen Geschlechtsrolle, die Herausforderungen durch die Emanzipation der Frauen und viele andere Einflüsse.

Fallbeispiel:

Herr T., der sich selbst als lebenslustiger und fröhlicher Mensch sieht, fühlt den Bereich der Sexualität von einem Schleier von Schuld und Scham überschattet und versteht nicht, weshalb das so ist. Er kennt keine Tabus in diesem Bereich und hat die Sexualität in verschiedenen Formen ausgelebt, wünscht sich aber viel mehr Unbeschwertheit und Leichtigkeit und will die subtile Dämpfung, die über dem ganzen Lebensbereich lastet, loswerden.

In der Therapie erkennt er den Zusammenhang damit, dass seine Schwangerschaft für die Eltern, die beide voll im Arbeitsleben standen, als zusätzliche Belastung erfahren wurde. Als Kind erlebte er, dass seinen Eltern die Arbeit wichtiger war als die emotionale Zuwendung, die er gebraucht hatte. Deshalb verstand er den Schatten über der Sexualität als Folge der Zurückstufung der Lebendigkeit und Natürlichkeit zugunsten von beruflicher Leistung durch seine Eltern: Genuss und Lebensfreude haben da keinen Platz, und wer sich solchen Vergnügungen hingibt, bleibt in der Schuld der Leistungsnormen. Es ist also gar nicht die Scham wegen der Sexualität, die T. plagt, sondern deren Funktion als natürlicher Ausdruck von Lebendigkeit und Spontaneität, die im Wertehorizont der Eltern keinen Platz hatte und deshalb verpönt war – und was die Eltern ablehnen, können die Kinder nur mit Scham erleben.

Anton sieht bei seinem Abendspaziergang einen Frosch im Straßengraben. Erstaunt hört er, wie der Frosch plötzlich zu ihm sagt: „Alter Mann, wenn du mich küsst, verwandle ich mich in eine wunderschöne Prinzessin. Ich bin die Deine für immer und wir können uns jeden Abend leidenschaftlich lieben!" Anton beugt sich hinunter, steckt die Fröschin in seine Tasche und geht weiter.

Die Fröschin schreit: „He, ich glaube, du hast mich nicht gehört. Ich habe gesagt, wenn du mich küsst, werde ich eine wunderschöne Prinzessin und wir können uns jeden Abend leidenschaftlich lieben!"

Anton sagt: „Ich habe dich sehr wohl gehört, aber in meinem Alter habe ich lieber jemanden zum Plaudern."

Wofür schämen sich Frauen?

Spezielle Schamthemen von Frauen werden auch noch im Abschnitt über die Scham-Resilienz-Theorie in Kapitel 10 besprochen. Es gibt eine Reihe von Bereichen, in denen viele Frauen stark mit dem Gefühl der Scham kämpfen:

Aussehen und Körperbild, Sexualität, Familie, Muttersein, Kindererziehung, berufliche Identität und Arbeit, mentale und körperliche Gesundheit und der Selbstausdruck. Stärker als bei Männern stehen die Außenwirkung und der Körper im Zentrum der Eigenwahrnehmung und des kritischen Selbstinteresses. Dazu kommen Konflikte wegen der Vereinbarkeit von Beruf, Haushalt und Muttersein; wenn eines davon vernachlässigt wird, kann sich ein schamvolles Gefühl des Versagens melden.

„Die Scham der Frauen ist sichtbarer", meint die Therapeutin Gabriele Frick-Baer in einem Interview (Fick-Baer 2019). Sie erröten häufiger und neigen dazu, sich für Fehlleistungen zu kritisieren, statt sich auf andere auszureden. Sie stellen sich also auch ihrer eigenen Scham leichter als die Männer.

Die traditionelle Rollenfixierung hat ihre Spuren hinterlassen: So wirkt „unehrenhaftes" Verhalten noch immer schamauslösend bei Frauen: fremde Männer anlächeln oder ansprechen, außerehelicher Sex, Scheidung – all das wird von vielen Frauen als peinlich erlebt und bewertet (Marks 2007, S. 24). Viele, auch jüngere Frauen sind unsicher, wie initiativ sie sein sollen, wenn ihnen ein Mann gefällt; es könnte als anbiedernd oder distanzlos erlebt werden, wenn sie aktiv ihre Wünsche äußern, und es könnte als Desinteresse ankommen, wenn sie es nicht tun. Die Scham hindert am Verfolgen der eigenen Interessen und meldet sich auch im Fall der Zurückhaltung und des Zuwartens.

Dass Frauen weniger in Führungspositionen vertreten sind und öffentliche Rollen annehmen, hängt vermutlich auch (und sicher nicht nur) mit Schamprägungen zusammen, die durch die Sozialisierung weitergegeben werden und ein oft subtil wirksames schlechtes Gewissen bereiten. Ohne sich diesen Schamthemen und übernommenen Werthaltungen zu stellen, wird es kaum gelingen, die Ungleichheiten zwischen Männern und Frauen im beruflichen Bereich zu überwinden.

Die weibliche Sexualität

Hat die sexuelle Revolution die Scham aus der weiblichen Sexualität vertrieben? Anja Meulenbelt veröffentlichte 1976 das Buch „Die Scham ist vorbei". Meulenbelt schildert in dem Text die Heuchelei der sexuellen Emanzipation, die nichts an den Machtverhältnissen zwischen den Geschlechtern verändert habe. Was sich sicher verändert hat, ist eine zunehmende Befreiung von traditionellen Rollenbildern und den Schamthemen, mit denen diese aufrechterhalten wurden. Die verstärkte Aufklärung, die Verhütungsmittel, die Gleichrangigkeit im Bett, die Akzeptanz von verschiedenen Spielarten der Sexualität – das sind wichtige Errungenschaften für die Befreiung der weiblichen Sexualität. Dennoch zeigt der Boom von Tantragruppen und Sexualtherapien, dass noch viele Bedürfnisse und Sehnsüchte im

Bereich von Intimität und Sexualität offen sind und die Scham noch lange nicht aus den Körpern und Seelen der Liebenden verschwunden ist.

Alle diese Entwicklungen haben nämlich auch bewirkt, dass die weibliche Sexualität, lange Zeit tabuisiert, für unmoralisch erklärt und unterdrückt, unter einen neuen Leistungsanspruch geraten ist, ähnlich wie bei den Männern. Nicht nur soll die Frau nach den Vorbildern in der Medienkultur von früh bis spät erotisch attraktiv wirken, sondern auch im Bett stets bereit und multipel orgasmusfähig sein. Doch trägt der andere Anspruch, auch im beruflichen Feld die Frau zu stehen, zu verstärkter Stressbelastung bei, sodass der Sex oft nur noch zur Spannungsabfuhr genutzt werden kann und sich damit einer traditionellen männlichen Schwundform der Sexualität annähert.

Junge Frauen stehen zudem unter Druck, den über die vielfachen Social-Media-Plattformen verbreiteten Schönheitsidealen und Sexualpraktiken gerecht zu werden, die junge Männer erwarten, oder von denen die Mädchen erwarten, dass sie von ihnen erwartet werden. Die Bilder- und Videoflut in diesen Medien trägt zur Erhöhung der Schambelastung bei, unter der die weibliche Körperlichkeit und Sexualität – und damit auch die männliche Sexualität leidet. Denn schamgetriebene oder schamgehemmte Sexualität ist für niemanden erfüllend und genussvoll.

Die Bewegung der weiblichen Emanzipation über die letzten eineinhalb Jahrhunderte hat dazu beigetragen, dass sich Frauen verstärkt mit behindernden und diskriminierenden Schamprägungen auseinandergesetzt haben. Es scheint, dass viele Männer in diesem Bereich einen beträchtlichen Nachholbedarf haben. Das Bewusstmachen von Schamthemen und deren Auflösung im zwischengeschlechtlichen Diskurs ist sicher eine wichtige Hilfe, damit sich die Mann-Frau-Beziehungen vor allem auf der emotional-kommunikativen und der sexuellen Ebene auf ein neues Niveau der Gleichheit und der Wertschätzung der Unterschiede begeben können.

Der Weg zur unbefangenen und schamfreien Begegnung der Geschlechter ist ein langer, die Sehnsucht danach ist aber auf beiden Seiten groß. Es geht darum, die wachsenden Sensibilitäten und verfeinerten Bedürfnisse zu berücksichtigen und in den Dialog zu bringen sowie die wechselseitige Achtung und Wertschätzung zu vertiefen.

Monogamie und Scham

Das traditionelle Modell der Mann-Frau-Beziehung war über eine lange Zeitspanne vom monogamen Modell geprägt und durch Schammechanismen abgesichert. Im Zug der Industrialisierung sind zunehmend die ökonomischen Notwendigkeiten für stabile Ehebeziehungen weggefallen. Die Liberalisierung der Sitten, neue Formen des Umgangs der Geschlechter und die Infragestellung von gesellschaftlichen Leitbildern führten zu einer Lockerung der Schamlast auf der Sexualität und der mit ihr verbundenen Lebensformen. Mit dem Schlagwort von der freien Sexualität und Liebe sollte es gelingen, aus den einengenden Prägungen durch das Experimentieren mit verschiedenen Beziehungskonstellationen zu entkommen. Doch die Scham wandelt sich und zeigt sich in allen neueren Spielarten der Geschlechterbegegnung.

Menschen, die in monogamen Beziehungen leben, vermissen manchmal die Offenheit und Unkonventionalität von lockereren Beziehungsformen, schämen sich also für ihre Unterwerfung unter eine Norm. Menschen, die heimliche oder kommunizierte Seitensprünge begehen, schämen sich dafür, selbst wenn das Paar eine Offenheit für Außenbeziehungen vereinbart hat. Der Partner, der dann von der Seitenbeziehung erfährt, schämt sich oft wider besseres Wissen oder Wollen, weil er sich betrogen fühlt, und versucht dann, den „Täter" seinerseits zu beschämen, um sich für die Kränkung zu rächen.

Die Infragestellung des monogamen Ideals hat keineswegs zu der erhofften Schamentlastung geführt, sondern neue Spielarten der Scham hervorgebracht. Die angestrebte Befreiung der Sexualität von den traditionellen einschränkenden Normen kann nur gelingen, wenn die jeweilige Rolle der Scham erkannt wird und durch offene Dialoge in den Beziehungsraum einfließt. Wir alle bringen Verletzungen aus unseren Elternbeziehungen mit, die in den Erwachsenenbeziehungen aktiviert werden und an den Schamreaktionen spürbar werden.

5. Ursprünge und Gestalten der Scham

Das Schöne, auch in der Kunst, ist ohne Scham nicht denkbar. (Hugo von Hoffmansthal)

Wie wir gesehen haben, kann sich die Scham an sehr viele Situationen im Leben anheften; es fiele schwer, sich Umstände auszudenken, die nicht für irgendjemanden beschämend sein könnten. Alles, was Menschen erleben, enthält eine Schammöglichkeit, weil wir uns immer in Gesellschaft befinden, ob aktuell oder in Gedanken. Und wo soziale Kontakte bestehen, gibt es Schamthemen, sprich die Möglichkeit, von jemandem bloßgestellt oder lächerlich gemacht zu werden. Welche Art von Scham jeweils aktiviert wird und welche Situationen für die betreffende Person besonders schamanfällig sind, unterscheidet sich sehr stark von Mensch zu Mensch. Diese Unterschiede hängen damit zusammen, in welcher Lebensphase und in Zusammenhang mit welchen Früherfahrungen und Umständen die Wurzel der jeweiligen Scham liegt. Als Regel gilt dabei, dass die Schamprägungen umso schwerwiegender sind, je früher sie als Notreaktion und Überlebensprogramm ausgebildet wurden. Solche Faktoren spielen bei den Gestalten der Scham eine Rolle, die im Folgenden erläutert werden.

Ich folge bei dieser Übersicht den von den Therapeuten und Schamforschern Léon Wurmser und Mischa Hilgers vorgeschlagenen Formen der Scham:

- Urscham (oder existenzielle Scham, Wurzelscham)
- Scham für Bedürfnisse im Allgemeinen
- Abhängigkeitsscham
- Ödipale Scham (oder Ausgeschlossenheitsscham)
- Intimitätsscham
- Kompetenzscham
- Idealitätsscham
- Depressive Scham

Die Urscham

Schamthemen, die mit den Anfängen und Grundlagen des eigenen Lebens zu tun haben, werden als Urscham, Wurzelscham oder existenzielle Scham bezeichnet. Eine existenzielle Scham entsteht ursprünglich, wenn die eigene Existenz, für die wir keine Verantwortung tragen, in Frage steht. Sie wird aktiviert, wenn eine

Handlung, die einem existenziellen Grundbedürfnis entsprungen ist, auf kategorische Ablehnung stößt und mit einer Überlebensbedrohung verbunden ist. Die Umstände dieser Situation werden im Unterbewusstsein abgespeichert. Daraus wird dann gefolgert: Alles, was der Situation ähnlich ist, wirkt existenzgefährdend. Es wird die Schamreaktion ausgelöst, die bewirken soll, dass die sozial gefährliche Handlung nicht ausgeführt wird.

Die Urscham, „das absolute Gefühl des Liebesunwertes" (Wurmser 2007, S. 299), bildet sich in Zusammenhang mit und in der Folge von lebensbedrohlichen Traumen. Je früher die Traumatisierung erfolgt, desto massiver ist die Scham, die mit ihr verbunden ist. Zu den frühen Anlässen für die Urscham zählen ungewollte Schwangerschaften oder Schwangerschaften aus Vergewaltigungen, Abtreibungsversuche, Gewalterfahrungen, schwere Erkrankungen und Schockerlebnisse der Mutter, Abgänge von Zwillingsgeschwistern. Aber auch transgenerationale Traumatisierungen, die epigenetisch übertragen werden, können von Anfang an schwere Schamgefühle in der Psyche eines Embryos verankern.

Wurmser (ebd.) spricht von Urscham, „wenn der Kampf um Trennung, die nachfolgende Wut und Verzweiflung sowie die Versuche, den anderen wieder in Besitz zu nehmen und Macht über ihn zu erlangen, in Niederlagen enden", d.h. entweder in der Abhängigkeitsscham oder in der verächtlichen Ignoranz.

Beim Selbstmord oder Selbstmordversuch handelt es sich in vielen Fällen um die Ausführung der in der Urscham angelegten existenziellen Infragestellung. Ein Leben, das der Liebe unwert erscheint, ist als Leben sinnlos, ein Wesen, das in seinem Existieren abgelehnt wird, braucht nicht zu leben. Der Selbstmörder vollzieht in seiner Verzweiflung diese grauenhaften Botschaften, die im Kern der Urscham wirken.

Fallbeispiel:

Frau K. hatte schwierige Anfangsbedingungen: Sie ist das letzte von vier Kindern aus einer Ehe, die äußerst brüchig und voll Streit war. Beide Eltern haben schwere Lasten aus ihrer Herkunft mitgebracht. Als sie fünf war, trennten sich die Eltern, und sie war abwechselnd bei Vater und bei Mutter. Als sie in die Therapie kommt, schildert sie ihre Wurzellosigkeit, die sie durch ihr Leben begleitet hat, und ihr Gefühl von Nicht-Dazugehören und Nicht-Gewolltsein. Oft litt sie an quälenden Selbstmordgedanken. Andererseits hat sie beruflich viel geschafft und auch erkannt, dass sie stark mit dem Stolz darüber identifiziert ist. Sie erkennt mehr und mehr, wie mächtig die Scham ist, die sie mit dem Stolz kompensiert hat: Die Scham darüber, da zu sein, zu existieren. Sie kann spüren, wie sie unter den belastenden Umständen in ihrer

Kindheit gelitten hat und zugleich ihre eigene Bedürftigkeit und Schwäche unterdrücken musste. Schrittweise lernt sie, ihre Scham anzunehmen und zu überwinden, und gewinnt gleichzeitig an innerer Kraft.

Die Scham für Bedürfnisse

Bedürfnisse zu haben ist gleichbedeutend mit Bedürftigsein, und Bedürftigsein steht in Verbindung damit, abhängig und schwach zu sein. Babys brauchen die Feinabstimmung mit ihrer Mutter und anderen Betreuungspersonen, die im Idealfall ihre Bedürfnisse „lesen" können, also verstehen können, welches Bedürfnis sich gerade meldet. Dann entwickeln die Neugeborenen ein klares Verhältnis zu ihren Bedürfnissen: Es ist in Ordnung, Bedürfnisse zu haben. Sie werden verstanden und in der richtigen Weise befriedigt.

Ist diese Abstimmung gestört oder wird sie häufig unterbrochen, dann entsteht beim Baby ein verzerrtes Verhältnis zu den eigenen Bedürfnissen und zum Bedürftigsein. Es kann in sich die Auffassung bilden, dass seine emotionalen Bedürfnisse als Ausdruck der eigenen Mangelhaftigkeit fehl am Platz sind und am besten nicht da sein sollten. Die eigenen Bedürfnisse werden folglich als beschämend erlebt, verdrängt und abgespalten oder auf andere Objekte umgelenkt.

Das schwierige Verhältnis zu den eigenen Bedürfnissen, das als Resultat solcher verstörender Umstände im Aufwachsen entsteht, führt später dazu, dass die eigene Innenwelt nur sehr eingeschränkt mit anderen geteilt werden kann und dass sie für einen selber fremder und fremder wird. Oft entwickelt sich diese Problematik so weit, dass das gesamte eigene Gefühlsleben als unnötig, verwerflich oder schädlich angesehen wird. Die Scham stellt sich schützend vor die verletzliche und bedürftige Innenwelt, indem sie dauernd signalisiert, dass es im Außen dafür ohnehin kein Verständnis und kein Mitgefühl gibt.

Mit der Preisgabe der Bedürfnisse geht die Reduktion der eigenen Lebendigkeit einher. Sie wird geopfert für die Rücksichtnahme auf die Erwachsenen, die mit ihr nichts anfangen können. Kinder, die mit Eltern oder Elternteilen aufwachsen, die chronisch erkrankt sind, an Depressionen leiden oder immer wieder am Abgrund des Selbstmordes stehen, müssen ständig auf die Bedürfnisse der Großen Rücksicht nehmen und verdrängen dafür die eigenen Bedürfnisse und Gefühle. Sie werden oft zu ernsten oder starren frühreifen kleinen Erwachsenen, die gut funktionieren, aber wenig Lebensfreude empfinden können und sich schwer tun, in Partnerschaften zu leben. Es ist, als läge ein dicker Mantel der Scham über einer Lebenskraft, die sich tief ins Innere zurückgezogen hat.

Die schambesetzte Bedürftigkeit kann durch eine Gegenidentität kompensiert werden: Sich um die Bedürfnisse anderer zu kümmern, und das wird zur Lebensaufgabe. Die eigene Not ist verdrängt und wird ersetzt durch das Lindern der Not anderer Menschen. An die Stelle der Scham für das Bedürftigsein tritt der Stolz, unentbehrlich für die notleidenden Mitmenschen zu sein und selber nichts zu brauchen.

Die Bedürfnisscham liegt vielen Süchten und Substanzabhängigkeiten zugrunde. Aber auch Verhaltenssüchte wie die Arbeitssucht können hier ihre Wurzel haben. Diese Scham, in Verbindung mit der Idealitätsscham, treibt die Menschen häufig zum Perfektionismus und zur chronischen Unzufriedenheit mit sich selbst.

Die Abhängigkeitsscham

Sie zeigt sich als Reaktion auf Erinnerung an Zeiten, „in denen wir uns absolut abhängig von anderen und als verachtenswerte Objekte hilflos zurückgestoßen gefühlt haben." (Tiedemann 2013, S. 83) In den frühesten Phasen unserer Entwicklung hat die völlige Hilflosigkeit und das Ausgeliefertsein an den guten Willen der Eltern eine unentrinnbare Abhängigkeit zur Folge. Wurde diese Abhängigkeit, die eine natürliche Gegebenheit am Anfang jedes Lebenswegs darstellt, missbraucht und manipuliert, so entsteht die Angst vor Abhängigkeiten, die wieder beschämen und demütigen könnten.

Wenn wir an Abhängigkeitsscham leiden, erinnern uns aktuelle Erfahrungen an die Gefahren in unserem frühen Leben, in dem unsere Hilflosigkeit ignoriert, missverstanden oder abgelehnt wurde. Sobald wir merken, dass wir von jemandem abhängig sind, meinen wir, wir müssten uns vollständig unterwerfen oder wir wären erpressbar und manipulierbar. Deshalb flüchten wir aus Beziehungen, die sich „zu eng" anfühlen. Und wir flüchten vor Gefühlen, die mit Bedürftigkeit und Hilflosigkeit zu tun haben.

Stattdessen geben wir uns den Habitus der Selbstgenügsamkeit und Selbstwirksamkeit einer Person, die alles selber schafft und niemanden braucht und nie um Unterstützung bitten muss. Wir wollen keinesfalls hilflos sein und streben deshalb nach allen möglichen Absicherungen, die uns davor bewahren sollen, Unterstützung in Anspruch nehmen zu müssen.

Abhängigkeitsscham und Trennungsschuld

Wer auf einer tiefen Ebene mit dem Schicksal der eigenen Eltern verbunden ist, kann in einen Konflikt zwischen Abhängigkeitsscham und Trennungsschuld geraten (Tiedemann 2013, S. 85). Im Sinn der Parentifizierung übernehmen Kinder, die ihre

Eltern als schwach und hilfsbedürftig erleben, eine gewisse Verantwortung für sie. Solche Kinder werden also zu den Eltern ihrer Eltern. Im Zusammenhang mit der Scham heißt das auch, dass sich das Kind bemüht, das Beschämende an mangelhaften Eltern durch die aktive Übernahme von Verantwortung tilgen zu wollen. Die Mutter kommt mit dem Kochen nicht zurecht, also wirft sich die Tochter ins Zeug und übernimmt die Küche. Der Vater kann mit Geld nicht umgehen. Der Sohn kümmert sich zunehmend um die Familienfinanzen und wird später Finanzberater. Mit solchen Rollen befestigen die Kinder die Abhängigkeit ihres Schicksals von dem ihrer Eltern, sodass jeder Schritt in die eigene Autonomie von Schuldgefühlen begleitet ist: Kann ich es meinen Eltern zumuten, ein eigenes Leben zu beginnen?

Hinter diesen Schuldgefühlen steckt die Überzeugung, dass die Trennung den Elternteil, an den die unbewusste Bindung besteht, verstören oder gar zerstören würde. Um dem Konflikt zwischen den Autonomiewünschen und der schuldhaften und schambesetzten Abhängigkeit von den Eltern zu entgehen, kann es zu „Sabotageakten" des Unbewussten kommen: Ein Studium wird bis knapp ans Ende erfolgreich durchgezogen, doch die Abschlussprüfung misslingt. Ein Beruf wird zufriedenstellend ausgeführt, doch als ein Aufstieg mit mehr Verantwortung und Einkommen angeboten wird, kommt es zu einer schweren Erkrankung, die an den Rand der Berufsunfähigkeit führt.

Im erwachsenen Beziehungsleben zeigt sich die Abhängigkeitsscham in zwei Extremen. Auf der einen Seite steht das anklammernde Muster, mit dem jemand seinen Partner immer bei sich haben muss oder zumindest genau wissen muss, wo er gerade ist, was er macht und wann er wiederkommt. Hier wird die Abhängigkeitsscham in kontrollierender und beziehungsmaximierender Weise ausgelebt. Um die Scham nicht spüren zu müssen, wird der Partner rund um die Uhr überwacht und muss fortwährend präsent sein. Auf der anderen Seite steht das beziehungsvermeidende Muster. In diesem Fall muss sich die Person immer wieder vom Partner zurückziehen, bis hin zum Beziehungsabbruch. Denn sobald das Gefühl auftaucht, dass die eigene sensible Innensphäre vom Partner bedroht wird, wird jener Innenbereich bedroht, in dem sich die Scham verborgen hält.

Im ersten Fall provoziert das anklammernde Verhalten allzu schnell, dass der Partner geht, und das, was eigentlich Sicherheit geben sollte, wird vertrieben. Im zweiten Extrem wird die Scham, die durch den Beziehungsabbruch vermieden werden sollte, umso stärker aktiviert, sobald die Trennung vollzogen ist. Selbstanklagen und Selbstzweifel sind ihr Ausdruck und bilden den Antrieb, die abgebrochene Beziehung wiederaufzunehmen – was dann auf diese Weise mehrfach im

Kreis gehen kann –, oder rasch eine neue Beziehung zu knüpfen – was ebenso zu einem wiederkehrenden Muster wird.

Auf der einen Seite dieser Dynamik liegt ein besonders wachsames Augenmerk auf jeder Androhung eines Beziehungsendes, auf der anderen steht eine hohe Sensibilität für Unstimmigkeiten und Fehler des Partners, die scheinbar die Distanzierung rechtfertigen. Beide Möglichkeiten bewirken eine fortdauernde Unsicherheit für die Beziehung.

In der Psychotherapie begegnen wir Personen mit Abhängigkeitsscham als Klienten, die genau auf mögliche Schwächen des Therapeuten achten und sie als Anlass für die Beendigung der Therapie nehmen, vor allem dann, wenn die therapeutische Arbeit an empfindliche Aspekte der Scham heranführt. Sie können der Therapeutin mangelnde Einfühlung oder mangelnde Konfrontationsfähigkeit vorwerfen, um vor sich selber den Abbruch der Innenerforschung zu rechtfertigen – und die Therapeutin durch einen abrupten Abbruch stellvertretend für eine Elternfigur beschämen.

Es gibt einen grundsätzlichen Konflikt, der in der Polarität zwischen dem „Wunsch nach totaler Verschmelzung mit dem allmächtigen Objekt" und dem Versuch, „Schutz und Macht … in der Getrenntheit, letztlich in der absoluten Isolation, zu finden" (Wurmser 2007, S. 299). Bei Borderline-Störungen und Psychosen kann dieser Konflikt besonders stark ausgeprägt auftreten und oft mit zerstörerischer Wut zum Ausdruck kommen.

Auch das Thema Eifersucht spielt in diesen Zusammenhängen eine wichtige Rolle. Es wird aktiviert, um den Partner stärker an sich zu binden und von sich abhängig zu machen, aber auch, um das Beenden einer Beziehung zu rechtfertigen. (Vgl. Kapitel 7)

Abhängigkeitsscham und Alter

Krankheit und Alter sind besondere Herausforderungen für diese Form der Scham. Es gibt Menschen, die eine notwendige Behandlung hinauszögern, weil sie sich vor dieser Form der Scham fürchten und lieber Illusionen über den eigenen Gesundheitszustand aufrechterhalten, als sich in die Obhut eines Arztes oder Spitals zu begeben. Oft bedarf es für Menschen mit solchen Schamprägungen einer enormen inneren Überwindung, um die Hilfsbedürftigkeit zulassen zu können, sich in die Abhängigkeit von anderen Menschen zu begeben und ihnen das Schicksal des eigenen Lebens zu überantworten.

Im Alterungsprozess ist das ein ganz besonderes und gravierendes Problem, weil die zunehmende Hilflosigkeit und Kompetenzverminderung als linearer Prozess erfahren wird, als nicht mehr rückgängig machbare Zwanghaftigkeit. Z.B. ist eine im Alter auftretende Inkontinenz oder Gedächtnisschwäche nicht mehr mit der Hoffnung auf Heilung verbunden wie es bei Erkrankungen, die früher im Leben aufgetreten sind, der Fall war. Vielmehr meldet sich die Perspektive auf die Unweigerlichkeit des fortschreitenden körperlichen Verfalls, der irgendwann im Tod enden wird. Die Abhängigkeitsscham will vor diesem schauerlichen Blick auf das endgültige Ende schützen.

Die Ausgeschlossenheitsscham

Diese Gestalt der Scham tritt auf, wenn ein Kind bereits ein Grundgefühl von Zugehörigkeit aufbauen konnte, ihm aber dann irgendwann deutlich wird, dass es Tabubereiche und Exklusivzonen gibt, zu denen es keinen Zutritt hat. Jedes Kind verfügt über einen natürlichen Erforschungsdrang, mit dem es sukzessive in die Welt der Erwachsenen eindringen möchte. Die Scham kann die kindliche Neugier dämpfen, indem sie auf Grenzen aufmerksam macht, die unüberwindlich erscheinen. Wo das Kind etwas Verhülltes entdeckt, zu dem ihm der Zutritt verweigert wird, stößt es auf Scham, denn es ist Scham, die das Verhüllte beschützt. Hinter dem Vorhang verbirgt sich etwas geheimnisvoll Verbotenes, das nicht gesehen werden darf, und etwas schamvoll Geschütztes zu begehren, sei es auch nur in der erforschenden Neugier, etwas sehen zu wollen, was den Blicken entzogen ist, ist in sich beschämend. Diese Dialektik der Scham läuft im Zwischenmenschlichen zwischen dem von Scham geschützten Bereich und dem durch diese Scham betroffenen beobachtenden Blick. Im Inneren sind beide Seiten repräsentiert, denn wir bemerken beides: Den „verbotenen" Blick und das „ertappende" Angeschautwerden. Zwei Schamquellen finden zusammen und verdoppeln das innere, unangenehme Gefühl.

Es geht dabei um die notwendige Abgrenzung zwischen der Kinder- und der Erwachsenenwelt in Bezug auf Intimräume, mit der Kinder lernen müssen zurechtzukommen. Von der sexuellen Intimität der Eltern ist das Kind prinzipiell ausgeschlossen, denn selbst wenn es währenddessen im Raum anwesend ist, kann es dabei nicht mitmachen. Es kann auch nicht wirklich verstehen, was geschieht, weil ihm die Eigenerfahrung der genitalen Sexualität abgeht.

Diese Lernerfahrung ist wichtig und natürlich und wirkt deshalb nicht automatisch schamauslösend. Ob sie sich mit Scham auflädt, hängt davon ab, wie die Sexualität von den Eltern erlebt und bewertet wird. Ist sie über die Intimitätsscham, die ein natürlicher Teil der Sexualität ist, mit anderen Schamformen behaftet, dann wird sie in die Erfahrung der Nichtzugehörigkeit in diesem Bereich etwas von diesen Themen einmischen und dieser Bereich mit Gefühlsenergien aufgeladen, die dazu beitragen, dass sich das Kind auf eine beschämende Weise und nicht nur auf eine das eigene Neugierstreben kränkende Weise ausgeschlossen fühlt.

Die neugierigen Impulse gehören schon von ganz früh an zum Wachstumsrepertoire des Kindes – das Bestreben nach Erforschung und Erkundung der Welt (Wurmser 2007, S. 269). Frühe Interaktionsstörungen können dieses Streben mit Angst und Scham in Verbindung bringen: Wenn die Mutter die Expansionsbewegungen des Kindes mit Festhalten und Anklammern beantwortet, überträgt sich die Angst der Mutter vor etwas Neuem und Unbekanntem auf das Kind, und die Lust an der Ausweitung wird durch Angst ersetzt; zumindest gerät das lustvolle Wachstum in eine ambivalente Spannung mit ängstlicher Zurückhaltung.

Dort, wo das Kind auf eine Grenze stößt, die von einem Nein der Erwachsenen bestimmt ist, meldet sich die Scham als Wächter: „Wenn du über diese Markierung hinausgehst, wird das eine unangenehme Konsequenz haben und du könntest eine Strafe erleiden, auf jeden Fall jene der Beschämung."

Grenzen in der Familie

Ein Thema gehört in diesen Zusammenhang: Ob überhaupt, wie oft und wie lange Kinder im Bett der Eltern schlafen dürfen oder sollen. Die noch heiklere Frage ist, ob sie beim Sex der Eltern im Raum sein dürfen. Damit hängt auch zusammen, wie mit Nacktheit in der Familie umgegangen wird. Wie immer diese Fragen entschieden werden, ist es für die Kinder wichtig, dass die entsprechenden Regeln eindeutig gelten und ohne Scham kommuniziert werden.

Es braucht eine Abgrenzung, damit die Positionen klar definiert bleiben, und es braucht ein gutes Grenzmanagement, um unnötige Schamprägungen zu vermeiden. Die Kinder sollen sich nicht ausgeschlossen fühlen, sondern verstehen lernen, dass es intime Bereiche der Eltern gibt, zu denen sie keinen selbstverständlichen Zugang haben. Das kann das Ehebett sein, ein Küchenschrank oder eine Schreibtischlade. Kinder lernen diese Form des Respekts für die Wünsche nach Privatheit anderer Menschen, wenn sie geduldig auf die Grenzen hingewiesen werden, deren Einhaltung die Eltern einfordern.

Unklarheiten, die aus Unsicherheiten der Eltern stammen, schaffen unklare Grenzen, und an solchen schwankenden Grenzen taucht leicht eine vage Scham auf. Ist z.B. das Thema der Sexualität bei den Eltern mit einer versteckten Intimitätsscham belegt, kann sich das Gefühl auf das Kind übertragen. Es entsteht der Eindruck, dass es einen Bereich im Leben der Eltern gibt, der rätselhaft, geheimnisvoll und unter Umständen sogar unheimlich erscheint und der mit strengen und zugleich vagen Schamgrenzen umgeben ist.

Hier kann sich das Kind ausgeschlossen fühlen, ohne zu verstehen, warum das notwendig ist. Es spürt nur, dass es sich für seine Neugier, sein Interesse schämen muss, das ihm als natürlich erscheint. Die Welt der Erwachsenen wird ein Stück unzugänglicher und fremder. Die ganze Sache mit der Sexualität gerät in der Fantasie des Kindes in ein mysteriöses, faszinierendes und zwiespältiges Licht.

Nicht nur die Sexualität ist ein Bereich, der in vielen Familien tabu und damit schambesetzt ist. Geheimnisse, die auf einer Familie lasten, können ebenso belastend werden und das Gefühl des Ausgeschlossenseins bewirken. Familiengeheimnisse werden immer mit einem Mantel der Scham umgeben, die wie ein Wächter wirkt. Und diese Scham wird von den nicht eingeweihten Kindern als diffuses Gefühl wahrgenommen, dass es Bereiche gibt, in denen irgendetwas nicht stimmt. Das daraus resultierende Misstrauen ist dann wiederum Anlass für Scham bei den Kindern.

Wenn eine Atmosphäre des Nichtverstandenwerdens und Übergangenwerdens vorherrscht, in der die Zugehörigkeit zum Familiensystem als bedingt und eingeschränkt wahrgenommen wird, abhängig vom Grad der Anpassung an die Vorgaben der Großen, kommt es unweigerlich zum Auftritt und zur Ausprägung von Scham. Verstärkt wird diese Scham durch die wiederkehrende und strikte Betonung des grundsätzlichen und unüberbrückbaren Unterschieds zwischen der Erwachsenen- und der Kinderwelt.

Es geht also bei dieser Schamform nicht nur um Sexualität, sondern vor allem um den Umgang mit den Grenzen zwischen den Großen und den Kleinen. Die Kleinen sind immer auf Expansion bedacht, das ist ein ganz wesentlicher Entwicklungs- und Wachstumsfaktor. Wenn sie in einer verständnisvollen Weise lernen können, dass es Bereiche der Erwachsenen gibt, auf die sie Rücksicht nehmen sollen, braucht es keine übermäßige Scham, die die natürliche Neugier einschränkt.

Die ödipale Scham

Die ödipale Scham, die in der Psychoanalyse thematisiert wird, stellt aus dieser Sicht nur einen Spezialfall eines allgemeinen Entwicklungsthemas dar. Es geht dabei um den von Sigmund Freud erstmals erforschten Ödipus-Komplex. Das Kind erkennt irgendwann beim Größerwerden, dass es aus der intimen sexuellen Beziehung der Eltern ausgeschlossen ist, und gerät in einen Konflikt zwischen Vater und Mutter. Ich möchte hier nicht in die Details dieses komplexen Themas und dessen Weiterentwicklung des analytischen Verstehens in den letzten hundert Jahren einsteigen, sondern ein paar Aspekte hervorheben, um unser Verständnis von der Scham zu vertiefen.

Nach Freud besteht der „Untergang des Ödipuskomplexes" darin, dass das Kind die Beziehung der Eltern anerkennt und versteht, dass es in deren Intimraum nichts verloren hat. Es macht sich frei von dieser Richtung der Neugier und konzentriert sich auf andere Dinge im Leben.

Die narzisstische Kränkung, die mit der Einsicht des Kindes verbunden ist, dass die Beziehung zwischen Vater und Mutter genauso wichtig ist wie die Beziehung der Eltern zu ihm, ist ein notwendiger Entwicklungsschritt hin zur Selbständigkeit des Kindes. Auf diesem Weg verhilft die Scham zu einem ausgeglichenen Selbstwert zwischen Anmaßung und Unterordnung und zu einer gleichwertigen Achtung für Vater und Mutter als Basis für das spätere Heraustreten aus der Herkunftsfamilie.

Um diese Kränkung des kindlichen Größenselbst verarbeiten zu können, braucht das Kind die verständnisvolle Unterstützung der Eltern, die auf einem guten Mittelweg zwischen harscher Ausgrenzung und distanzloser Einbeziehung beruht. Es ist wichtig zu verstehen, dass das Kind Sicherheit und Halt braucht, wenn es den Umgang mit diesen Grenzen lernt. So kann die Festsetzung einer tiefergehenden Scham vermieden werden, die aus der Angst vor dem Ausgeschlossenwerden entsteht.

In den Fällen, in denen dieser Schritt misslingt, wird sich das Kind als Außenseiter fühlen und durch die damit verbundene Scham den eigenen Selbstwert in Frage stellen. Als Folge kann es zu Problemen in der Gesellschaft mit Gleichaltrigen kommen, in denen sich das Kind dann als weniger wert oder uninteressanter fühlt, was die anderen Kinder leicht als seltsam und ungewöhnlich wahrnehmen und dann in ihrer oft unverblümten oder sogar grausamen Art kritisieren, womit erneut eine schmerzhafte Ausgrenzung geschieht. Wenn sich solche Erfahrungen in der Folge immer wieder bestätigen, werden spätere Rückzugstendenzen und depressive Erkrankungen grundgelegt.

Kinder brauchen das Gefühl, besonders zu sein und in ihrem Sosein liebevoll angenommen zu sein. Wenn dieses Grundbedürfnis ignoriert, abgelehnt oder durch das Gegenteil ersetzt wird, kommt es zu einer Befleckung des eigenen Soseins mit Scham, wo eine Wertschätzung sein sollte. Denn wenn bei einem Kind die Wertschätzung nicht von außen gegeben wird, übernimmt das Kind die Ablehnung durch die Eltern nach innen, was den eigenen Selbstwert schwächt und nach unten drückt. Kinder gehen ursprünglich davon aus, dass die großen Erwachsenen mit ihren Bewertungen richtig liegen und sie selber, weil sie noch so klein und unerfahren sind, falsch gepolt sind.

Die ödipale Scham kann in der Bezugsgruppe zum Gefühl führen, weniger kompetent, kleiner oder minderwertiger zu sein. „Es geht dabei auf der Erlebensebene um das *Ausgeschlossensein*, das zutiefst beschämend ist, und um die eigenen feindseligen, rivalisierenden und liebenden Gefühle, die als beschämend erlebt werden." (Tiedemann 2013, S. 87) Alleinsein als Folge des Ausgeschlossenseins kann eine demütigende Erfahrung sein – im Eck stehen, den abwertenden und distanzierenden Blicken der anderen ausgesetzt. Prägt sich diese Erfahrung ein, wird sie zu einem Schamkreislauf führen: Beschämt am Rand stehen, mit dem Gefühl, weniger wert zu sein, und dann ein Verhalten zeigen, das von den anderen nicht ernst genommen wird, sodass allzu leicht die ursprüngliche beschämende Erfahrung bestätigt wird.

Die fremde Welt der Erwachsenen

In einem weiteren Sinn ist die Welt der Erwachsenen für das ganz stark von seinen Gefühlen bestimmte Kleinkind fremd. Sie wissen nicht, wovon geredet wird und welchen Sinn das Tun der Großen hat. Sie wollen in diese Welt hineinwachsen, fühlen sich ihr gegenüber aber unterlegen und dadurch auch leicht ausgeschlossen. Oft hören sie: „Davon verstehst du nichts, das ist noch nichts für dich". Sie entwickeln aus solchen Erfahrungen ein Minderwertigkeitsgefühl, das ins Erwachsenenalter weiterwirken kann: Menschen, die sich immer wieder mit anderen vergleichen und dabei schlecht abschneiden, sich im Vergleich zu den Mitgliedern einer Gruppe als unwissend, uninteressant, unerfahren bewerten, oder in Gruppen lange brauchen, um sich akzeptiert zu fühlen, leiden unter dieser Form der Scham. Das Gefühl, nicht dazuzugehören und nur mit Mühe Anschluss zu finden, macht es vielen Menschen schwer, ein befriedigendes Sozialleben aufzubauen.

Noch schlimmer ist das Gefühl, nicht in diese Welt zu gehören, fremd auf diesem Planeten und unter den Menschen zu sein. Doch dieses Gefühl hat seine Wurzel wohl in einer Urscham, als Sein von Anfang an nicht gewunschen und geliebt zu sein. Denn wie soll sich jemand in einer Welt heimisch fühlen, in der er nicht gewollt ist?

„Die radikalste Scham ist es schließlich doch, sich selbst der Liebe anzubieten und als liebensunwert verstoßen zu empfinden – sich als nicht der Liebe und damit der wesentlichsten Achtung würdig zu wissen. Man wird dabei nicht gesehen, fühlt sich in dieser Individualität unsichtbar, des Respekts beraubt." (Wurmser 2007, S. 158)

Die Intimitätsscham

Hier geht es um die uns allen vertraute Schutzfunktion der Scham vor der Preisgabe der Intimzone besonders in Bezug auf unsere Geschlechtlichkeit. Alle Kulturen kennen diese Tabuzonen, die im Deutschen sogar mit dem Wort „Scham" bezeichnet werden. Von früh an lernen die Kinder, diese Bereiche zu verhüllen. In der Pubertät tritt dann ein neuer Schub zur schamhaften Bewahrung der Intimität auf, da diese jetzt zum persönlichen Bereich der Sexualität wird und besonderen Schutz und spezielle Rücksichtnahme verlangt.

Der Bereich der Intimität wird über den Körper hinaus symbolisch auf weitere Zonen ausgedehnt. Die Intimbereiche im weiteren Sinn können z.B. sein: Eine Handtasche, das eigene Auto, die Wohnung, ein Kasten, eine Schublade oder ein Mail-Account. Ein Klassiker ist das Tagebuch, das oft mit einem Schloss versehen ist, damit der Inhalt vor fremden Blicken bewahrt wird. Wir brauchen private Räume, die unser Eigen sind und in die andere nur mit ausdrücklicher Einladung hereingelassen werden. Genauso geht es um Bereiche unseres Inneren, die wir vor anderen geschützt halten wollen, z.B. den Bereich innerer Geheimnisse oder privater Gedanken und Bestrebungen, oder Überraschungen, die wir für andere planen.

Diese Form der Scham meldet sich auch dann, wenn intime Bereiche überraschend und ohne eigene Kontrolle sichtbar werden – eine plötzliche Bloßstellung. Dann entsteht der Eindruck, als würden alle auf einen starren und die Blöße missbilligend bemerken. Schnell muss eine Bedeckung gefunden werden, um die Macht der Blicke abzuwehren.

Die peinliche Enthüllung einer Intimitätsscham hat jedoch hat nicht die Schärfe einer existentiellen Scham, die unser ganzes Sein in Frage stellt, sondern bezieht sich vor allem auf Situationen, die wieder vorübergehen, indem der Fehler behoben wird, wie bei einem peinlichen Traum, aus dem wir erwachen, und alles ist wieder gut. Übrigens können Nacktträume diese Funktion einnehmen, indem sie uns auf unsere Fragilität in den sensiblen Bereichen unserer Persönlichkeit aufmerksam machen und einen Weg zur Überwindung der Peinlichkeit anzeigen, sei es auch nur durch das befreiende Erwachen.

Tragen wir allerdings ein hohes Maß an Urscham und anderer Formen traumatischer Schamerfahrung in uns, kann die Intimitätsscham schnell ausgelöst werden. Auch emotionale Grenzüberschreitungen können dann retraumatisierend wirken. In diesen Fällen werden bei verletzenden Grenzüberschreitungen starke Emotionen ausgelöst, die die Persönlichkeit tief erschüttern.

Besonders betroffen von der Intimitätsscham sind alle Erfahrungen, die mit der gewaltsamen Missachtung der körperlichen Intimitätsgrenzen verbunden sind: Sexueller Missbrauch, Vergewaltigung, erzwungene Bloßstellung. Auch verbale Gewalt mobilisiert die Intimitätsscham, wenn sie auf die eigene Geschlechtlichkeit und andere Intimbereiche zielt. Emotionale Übergriffe und Grenzverletzungen führen praktisch immer zur Intimitätsscham und bewirken oft noch stärkere und nachhaltigere Verletzungen und belasten mehr als körperliche Misshandlungen.

Fallbeispiel:

Herr A. erzählt von einer Vergewaltigung, die er erlitten hat, sagt aber, viel schlimmer als diese Traumatisierung hat er die Abhängigkeit und Manipulation erlebt, die er über Jahre durch einen „Freund" durchmachen musste, bei dem er in der Firma arbeitete und der ihn nach Strich und Faden ausbeutete, während er sich unfähig fühlte und nicht die Kraft hatte, zu gehen. Auch diese Unfähigkeit war von einer schweren Scham begleitet.

Die Intimitätsscham kann in einem weiteren Sinn auf die eigene Körperlichkeit ausgedehnt werden: Ist der Körper nicht nur sexuell attraktiv genug, sondern auch schön, ebenmäßig, gesund, sportlich, harmonisch usw.? Der Körperkult der postmodernen Kultur erzeugt hohe Anforderungen und Selbsterwartungen. Entsprechend sind die Schambelastungen, wenn es nicht gelingt, den vorgegebenen Idealen zu entsprechen. Die Idealitätsscham paart sich in diesem Fall mit der Intimitätsscham und verstärkt das Leiden z.B. bei fettsüchtigen oder bulimischen Menschen. Das gestörte Körperbild wird kompensatorisch mit einem brüchigen Stolz überhöht. Es kann erst gelingen, das Leiden zu überwinden, wenn die Scham eingestanden und mit ihr Frieden geschlossen wird.

Fallbeispiel:

Frau G. kommt wegen ihren Schwierigkeiten mit intimer Körperlichkeit in die Therapie. Es fällt ihr nicht leicht, das Thema anzusprechen, weil sie befürchtet, dafür bewertet zu werden; sie bringt aber dennoch den Mut auf, trotz der Scham darüber zu reden: Sie schafft es nicht, präsent und im Spüren zu bleiben, wenn sich ihr Partner mit sexuellen Absichten annähert und zu spielen beginnt. Stattdessen schaltet sich ihr Kopf ein und findet etwas am Partner, das ihr nicht gefällt und das sie innerlich kritisieren muss. Der Körper verspannt sich währenddessen, und sie muss sich aus dem Kontakt zurückziehen.

G. ist in einer körper- und sexualitätsfeindlichen Familie aufgewachsen. Es gab kaum Körperkontakt, geschweige denn Zärtlichkeiten. Die Sexualität war ein Tabuthema, das nie besprochen wurde. Deshalb konnte sich G. auch nicht vorstellen, dass ihre Eltern jemals Sex hatten, so distanziert und körperlos war der Kontakt im Alltag. Sie hatte keine Erinnerung und keine Vorstellung von körperlicher Nähe, weder mit Vater noch mit Mutter. Die Intimitätsbereiche waren zugleich verschwiegene und verbotene Bereiche. Erst bei einem Doktorspiel mit Nachbarskindern am Ende des Kleinkindalters kam es zu einer Körpererfahrung, bei der allerdings eine Schamgrenze überschritten wurde. Offenbar war sie in diesem Alter schon so unsicher, dass sie das Spiel nicht abbrechen konnte, als es für sie unangenehm wurde. Die Bereiche der Intimscham waren in ihrer Familie mit so viel sozialer Scham umgeben, dass das Gefühl für das, was in diesem Bereich stimmt und was nicht, nur rudimentär entwickelt war.

Dieses Ekel- und Schamgefühl meldete sich immer, wenn sich ihr ein Mann mit erotisch-sexuellen Absichten näherte. Ein Teil von ihr wollte sich zwar auf die Begegnung einlassen und die Komfortzone verlassen, der stärkere jedoch, vom Unbewussten gesteuert, führte sie vom Körperspüren ins Denken und damit weg aus der aktuellen Erfahrung. Sie fühlte sich nicht mehr wohl und musste die Begegnung unterbrechen, um sich damit vor einer Wiederholung der ursprünglich beschämenden Erfahrung schützte, ohne dass sie verstand, was wirklich ablief. Sie schämte sich für ihr Unvermögen vor dem Mann, konnte aber nicht anders, als sich immer wieder ab einem bestimmten Punkt der erotischen Annäherung abrupt abzuwenden.

Indem sie lernte, ihre Schamgefühle und damit ihre Körperlichkeit anzunehmen, konnte sie schließlich die Scheu vor der intimen Begegnung überwinden und den Bann der missgeleiteten Intimitätsscham lösen.

Die Kompetenzscham

Wenn wir etwas nicht schaffen und in einem Bereich nicht so gut sind, wie wir gerne wären, tritt diese Form der Scham auf. Wir sind im Ausland unterwegs und versuchen mit ein paar Brocken der Landessprache weiterzukommen; gleich korrigiert uns eine freundliche Auskunftsperson, weil wir die Aussprache nicht richtig hinkriegen, und wir reagieren leicht beschämt. Jemand stellt uns eine Frage, die mit unserem Fachgebiet zu tun haben, und wir wissen es nicht. Wir haben eine neue Fertigkeit erlernt, z.B. ein Computerprogramm, und kommen nach einiger Zeit drauf, dass wir nichts mehr hinkriegen. Wir werden eingeladen, über ein Thema einen Vortrag zu halten, befürchten aber, dass wir vom Publikum kritisiert und belächelt werden, und lehnen deshalb ab.

Missgeschicke, Misserfolge und Mängel in unseren Fähigkeiten, die von anderen Menschen beobachtet werden oder beobachtet werden könnten, führen zu dieser Form der Scham. „Scheitern löst Scham aus, deshalb wird Misserfolg gerne versteckt – was dann die Illusion auslöst, dass andere Menschen von Erfolg zu Erfolg eilen, in glücklichen Partnerschaften leben und wohlgeratene Kinder haben." (Sipos & Schweiger 2017, S. 203 f) Die Scham hindert uns daran, zu unseren Fehlern zu stehen und zu lernen, stattdessen beneiden wir die anderen, wie kompetent sie doch ihr Leben meistern; ob das der Realität entspricht oder nicht, ist sekundär.

Es geht bei dieser Form der Scham aber auch um das Versagen bei emotionalen Kompetenzen, z.B. wenn wir in der Öffentlichkeit unsere Contenance verlieren und uns ungebührlich „aufführen", die Nerven oder die Fassung verlieren oder ein Blackout zu haben. Wir ertappen uns dabei, wie wir bei einer Feier zu laut mit dem Nachbarn plaudern, worauf uns plötzlich alle verdutzt anschauen. Wir klatschen zum falschen Zeitpunkt bei einem klassischen Konzert. Wir lachen an der falschen Stelle bei einem Vortrag – vielfältig sind die Anlässe für die Kompetenzscham im emotionalen Bereich.

Jede Form von mangelnder Kompetenz ist in der Lage, Schamgefühle auszulösen, die mit dem Wunsch einhergehen, die Defizite vor anderen und vor sich selbst zu verbergen (Hilgers 2012, S. 78). Sehr rasch können sich Schamkreisläufe bilden, bei denen die schamhafte Vermeidungshaltung die Kompetenz weiter verringert und damit die Scham verstärkt.

Die Kompetenzscham entsteht im Lauf der Kindheit, sobald das Kind merkt, dass es manches besser und manches schlechter tun kann. Es beginnt, die eigenen Handlungen zu vergleichen und zu bewerten, indem es die abwertenden Rückmeldungen durch die Erwachsenen übernimmt oder auf die fehlenden Rückmeldungen mit Verunsicherung reagiert.

Insbesondere bieten die kognitiven und intellektuellen Anlass für hemmende Schamprägungen. In diesem Bereich gibt es, angeregt von Jean Piaget, eine gut erforschte Entwicklungsrichtung mit unterschiedlichen Reifungsniveaus in der Komplexität des Denkens. Die Eltern und ältere Geschwister sind den Kleineren immer überlegen und können sie – aus unbewussten Reaktionen heraus – beschämen, indem sie ihnen das Gefühl geben, dumm zu sein und nichts zu verstehen. Geschwister (und später Kindergartenkollegen und Mitschüler) sind oft in dieser Hinsicht recht grausam; die nicht leichte Aufgabe der Eltern (und später der Erzieher und Lehrer) besteht darin, solche Abwertungen mit Einfühlung auszugleichen: „Auch wenn du das noch nicht verstehen kannst, schätzen wir dich und haben dich lieb. Und du wirst es auch bald einmal verstehen."

Fallbeispiel:

Herr M. trägt sich mit dem Gedanken, ein Buch zu schreiben, befürchtet aber, von anderen dafür belächelt und verspottet zu werden, schließlich hat er keinen akademischen Abschluss und war auch in der Schule nicht besonders gut. Andererseits weiß er, dass er aus seinen Erfahrungen viel zu sagen und mitzuteilen hat und seine Gedanken gerne in Buchform zusammenstellen möchte. Er erinnert sich an die abwertende Haltung seiner älteren Schwester, die ihn als Kind immer wieder verspottet hat, wenn er ungeschickt oder unwissend war. Zu diesen Verletzungen und Beschämungen kam auch die indifferente Haltung der Eltern, die manchmal mitlachten, wenn die Schwester einen Witz auf seine

Kosten machte und nicht für ihn Stellung bezogen. So blieb er allein mit dem Gefühl der Scham und Hilflosigkeit, und ein Zweifel an seinen kognitiven Kompetenzen nistete sich in seiner Seele ein.

In der Therapie lernt er durch das Eingeständnis und Durchspüren all dieser Gefühle, mehr zu sich selber zu stehen und die eigenen Kompetenzen zu schätzen. Er löst sich aus der Position der Abhängigkeit von den Urteilen anderer und fasst den Mut, seine Kreativität nach außen zu bringen.

Die Kompetenzscham schält sich zumeist aus Vorstufen von Schamerfahrungen heraus. Kinder, die in ihrer Frühgeschichte wenig Anlass vorgefunden haben, beschämt zu werden, neigen weniger zum Bezweifeln der eigenen Kompetenz. Alle Beschämungen hingegen, die nicht durch Wertschätzungen ausgeglichen wurden, schmälern das Selbstgefühl und den Selbstwert. Sobald persönliche Kompetenzen eine zunehmend wichtige Rolle im Ablauf des Lebens zu spielen beginnen, nämlich vor allem ab dem Kindergartenalter und in der Schule, werden sie zu einem Thema für die eigene emotionale Positionierung im Kontinuum zwischen Stolz und Scham.

Deshalb sollte der Grundsatz von den verantwortlichen Personen hochgehalten und immer erinnert werden, dass das Beschämen in der Erziehung und im Bildungssystem nichts verloren hat. Jede Beschämung schädigt die Seele der Kinder und beschneidet ihre Lebenschancen.

Eltern, die selber mit Kompetenzproblemen kämpfen, haben die Neigung, ihre Kinder verstärkt durch diese Brille wahrzunehmen: Schon wenn die eigenen Kinder noch ganz klein sind, kann sich die Angst melden, dass sie einmal in der Schule versagen werden, weil sie später zu sprechen beginnen als andere, weil sie oft verträumt sind, weil sie sich beim Erlernen des Radfahrens oder Schwimmens schwer tun usw. Eltern beleben häufig ihre eigenen Schultraumen und schambesetzten Misserfolgserlebnisse wieder, wenn sie in die Rolle der Erziehungsverantwortung für ihre Kinder kommen. Sie identifizieren sich mit ihnen und wollen die eigenen Mängel über sie gutmachen. Sie belasten dabei allerdings ihre Kinder frühzeitig mit den eigenen unerledigten Aufgaben, geben ihnen Aufträge mit, die nicht zu ihnen gehören, und belasten sie mit der Kompetenzscham.

Diese Form der Scham bewirkt, dass Kinder annehmen, dass sie größer und erwachsener, reifer und vernünftiger sein müssen, um Anerkennung und Liebe zu bekommen. Sie können aber nur so sein, wie sie sind, entsprechend den Reifungsschritten, die ihr Gehirn durchläuft und gemäß den Umständen, die die Reifung fördern oder bremsen. Die Diskrepanz zwischen dem, was ist, und dem, was sein soll, gebiert Scham, sobald sie mit Erwartungen und Liebesbedingungen zusammengespannt wird.

Der Chef verteilt die Arbeit: Als letzter kommt der neue Angestellte dran. „Nehmen Sie mal den Besen und kehren Sie den Parkplatz" – „Aber erlauben Sie. Ich komme schließlich von der Uni!" – „Ach so, dann geb ich Ihnen den alten Lehmann mit. Der kann Ihnen zeigen, wie's gemacht wird."

Die Scham vor der Kompetenz und die Naivität

Die Scham tritt nicht nur bei einem Mangel an Kompetenz auf, sondern spielt auch mit, wenn zu viel von ihr vorhanden ist. Eine gut versteckte Spielart dieser Variante der Kompetenzscham ist die Naivität.

Unter Naivität kann man die Tendenz zur Vereinfachung der Realität verstehen, unter der Annahme, mit ihrer Komplexität nicht zurechtzukommen. Wir kennen sie alle, sie kann einfache Fehlleistungen bewirken oder hinter dem Vergessen von Terminen stecken. Wir nutzen sie, wenn wir uns in einem bestimmten Bereich nicht näher informieren wollen. Z.B. sind wir naiv, wenn wir ein elektronisches Gerät benutzen, ohne einen blassen Schimmer, was da im Inneren abläuft, oder wenn wir die komplexen Zusammenhänge in der Wirtschaft mangels ökonomischer Bildung für unseren Hausgebrauch vereinfachen. Sie spielt auch eine Rolle, wenn wir ungeprüfte Aussagen oder Theorien anderer übernehmen, weitererzählen oder weiterposten.

Es gibt Menschen, die die Naivität als Gewohnheitsmuster ausgebildet haben. Oft handelt es sich um eine erlernte Selbstunterschätzung, eine Form der erlernten Hilflosigkeit, mit dem Gewinn, sich vor Anforderungen und Leistungserwartungen zu schützen: Ich gebe vor, etwas nicht zu können, was ich wohl könnte, weil ich es nicht machen will oder weil es mir zu anstrengend ist oder weil ich befürchte, mich zu blamieren. Ich verfüge zwar über die entsprechende Kompetenz, die vorweggenommene Scham hindert mich aber daran, sie auszuüben und für die eigenen Ziele einzusetzen.

Das Eingestehen von Inkompetenz bringt Aufmerksamkeit, wenn auch auf negative Weise. Die Naivität als erwachsene Infantilität (Storfer 1935, S. 257) fällt auf und wird bemerkt. Das scheint manchmal vorteilhafter zu sein, als missachtet und ignoriert zu werden und kann sich deshalb in der Kindheit als Verhaltensmuster etablieren. Der Schamkreislauf ist auch in diesem Fall nicht zu vermeiden: Etwas nicht oder schlechter zu können, sich ungebildet oder uninformiert zu zeigen, ist beschämend, und dafür negative Aufmerksamkeit zu bekommen, ebenso. Zugleich schützt das Muster vor Überforderung und Nichtbeachtung.

Häufig liegt der Ursprung dieser erlernten Verleugnung der eigenen Intelligenz und Leistungsfähigkeit in der Geschwistersolidarität. Die Erfahrung, besser, schneller oder klüger zu sein als ein Bruder oder eine Schwester löst die Angst vor einem Liebesverlust durch die Eltern und die Geschwister aus, die das Bessersein missbilligen oder auch übermäßig hervorstreichen könnten. In beiden Fällen wird die Scham aktiv, die auf die Gleichrangigkeit unter den Geschwistern und auf die Aufrechterhaltung einer tragenden Elternbeziehung pocht. Es wird die Angst mobilisiert, mit den eigenen Begabungen alleine dazustehen, von den anderen abgeschnitten und ausgegrenzt.

Die Geschwistersolidarität ist ein starkes Band, das oft überdeckt wird von heftigen Streitigkeiten, die in diesem Rahmen ausbrechen können. Sie bestehen meist im Ringen und Ausfechten der Regeln dieser Solidarität. Sie wird allerdings insbesondere dann zerbrechlich, wenn das Ausmaß der emotionalen Zuwendung durch die Eltern begrenzt ist. Es entsteht das Gerangel um die Mangelware Elternliebe. Obwohl jedes Kind mehr davon für sich gewinnen will, ist es zugleich immer belastend und schambehaftet, bevorzugt von den Eltern behandelt zu werden und mehr als die anderen Geschwister von ihrer Liebe zu bekommen.

Die Verleugnung der eigenen Kompetenzen kommt nicht nur in Bezug auf die Geschwister vor, sondern auch in Bezug auf die Eltern. Kinder, die mehr können als ihre Eltern oder es weitergebracht haben oder weiterbringen könnten als sie, entwickeln oft Scham- und Schuldgefühle, weil sie die Scham und den Neid der Eltern spüren und aus diesem Grund um deren Liebe bangen. Sie wollen sie nicht mit der eigenen Überlegenheit beschämen und stellen deshalb gern ihr Licht unter den Scheffel.

Fallbeispiel:

Herr B. kommt in die Therapie, weil die Beziehungssituation durch häufige Streitereien belastet ist. Die Freundin beschwert sich immer wieder, dass er sie nicht anerkennen und wertschätzen kann.

Er ist mit Mutter und Schwester aufgewachsen. Die ältere Schwester war strebsam und gut in der Schule, während er immer zu den Schlechteren zählte und gerade so durchkam. Er zog sich gerne zurück und beschäftigte sich viel mit sich selber, um den häufigen Konflikten zwischen Mutter und Tochter aus dem Weg zu gehen. Später, im Studium, „ging ihm der Knopf auf", und schließlich wurde er sehr erfolgreich in einem anspruchsvollen technischen Beruf.

Als Kind hatte er von sich den Eindruck, unbegabt und faul zu sein, entsprechend den Rückmeldungen, die er bekam. Da die Schwester die Position der Fleißigen schon besetzt hatte, suchte er die noch unbelegte Nische der Naivität und Mangelbegabung, und bekam dafür zumindest die Aufmerksamkeit in der Form von Sorgen und Vorwürfen seitens der Mutter und abschätzigen

Bemerkungen seitens der Schwester. Diese Selbstwahrnehmung entsprach überhaupt nicht seinem Intelligenzgrad und seinen Begabungen. Erst mit dem Herausbewegen aus der familialen Rollenstruktur konnte er zu seiner Motivation finden, seine Talente entfalten und konstruktiv umsetzen.

Er erkennt jetzt durch das Verständnis der Zusammenhänge, warum er sich schwertut, seiner Partnerin positive Anerkennung zu geben. Seine Kindheit war geprägt von negativen Rückmeldungen, Kritik und Vorwürfen. Die positiven Anerkennungen waren für die Schwester bestimmt. Also sind in seiner Innenwelt Wertschätzungen mit einem unangenehmen Beigeschmack versetzt. Das Verständnis der Zusammenhänge ermöglicht ihm, sich auf das Neuland der positiven Anerkennungen zu wagen.

Die Idealitätsscham

Es sind nicht die Vollkommenen, die unserer Liebe bedürfen. (Oscar Wilde)

Zu unserer Selbstintegrität gehört das Gefühl, dass wir in Übereinstimmung mit uns selber sind. Bemerken wir Diskrepanzen zwischen dem, wie wir sein sollten (Ich-Ideal) und wie wir aktuell sind, entsprechen also unsere Taten oder unsere Denkinhalte nicht unseren Werten, so kommt es zur Idealitäts- oder Gewissensscham. Es geht dabei vor allem um Erwartungen, die wir an uns selbst richten.

Wo wir uns etwas zuschulden haben kommen lassen, wo wir gegen unsere innere Wertordnung verstoßen haben, tritt diese Scham auf, aber auch in Fällen, wo etwas Schlimmes in unserer Nähe vorgefallen ist und wir nicht eingegriffen haben. Es kann auch zu Scham führen, wenn wir das Gefühl haben, mit einem Menschen zusammenzuleben, den wir nicht aushalten, aber es nicht schaffen, uns zu trennen. Ein anderes Beispiel ist die Scham, die auftritt, weil wir eine Arbeit ausführen, die weit unter unserem Ausbildungsniveau liegt oder den Statusvorstellungen unserer Umgebung nicht entspricht.

Fallbeispiel:

Herr F. hat ein abgeschlossenes Studium, als einziger in der Familie. Er hat zwar lange für den Abschluss gebraucht, aber während des Studiums schon gearbeitet. Er fand nach dem Abschluss eine gute Anstellung. Die Firma geriet jedoch in wirtschaftliche Schwierigkeiten und er wurde gekündigt. Nach einigen Fehlversuchen, in seinem Fach einen Job zu finden, blieb er schließlich bei einer karitativen Organisation hängen, bei der er wenig verdiente und unterfordert war.

Er leidet unter dem geringen Status seiner Arbeit, sodass er das Thema bei Freunden vermeiden muss und sich deshalb immer mehr von ihnen zurückzieht. Erst als er die Scham, seinem Ideal, eine anspruchsvolle und angesehene Arbeit zu verrichten, nicht gerecht zu werden, erkannt hat, gelingt es ihm, zu seiner Tätigkeit zu stehen. Er gesteht sich ein, dass sie einem anderen Ideal, dem Einsatz für soziale Gerechtigkeit entspricht, und kann sich deshalb innerlich mit ihr anfreunden. Schließlich gelingt es ihm, im Rahmen der Organisation zu einer leitenden Position aufzusteigen.

Drei Varianten der Idealitätsscham

Die Idealitätsscham ist von komplexer Natur. Sie wirkt in der Beziehung, die wir zu unserem Über-Ich haben. Diese Überinstanz in unserer Seele hat die Funktion eines Leitfadens für unsere Werte und Normen, aber auch der Ort der übernommenen Erwartungen und irrealen Selbstbilder. Deshalb werden hier drei Varianten der Idealitätsscham unterschieden.

- Wir schämen uns, wenn wir dem Ideal von uns selber, das wir in uns tragen, nicht entsprechen. Wir werden unseren eigenen Ansprüchen nicht gerecht oder handeln nicht konform mit unseren Werten. Mit diesem inneren Widerspruch kommen wir schlecht zurecht, und die Scham meldet sich.
- Wir schämen uns in Folge von schuldhaftem Handeln: Wir haben einen Fehler gemacht, durch den wir uns und anderen Schaden zufügen, und fühlen uns nicht nur schuldig, sondern schämen uns zusätzlich dafür, dass uns das passieren konnte. Wir schämen uns also, dass wir uns schuldig gemacht haben, was dem Ideal, das wir von uns selber hegen, nicht entspricht. Damit bewerten wir nicht nur unsere Handlung (was zum Schuldgefühl führt), sondern auch uns selbst als Person (was zur Scham führt).
- Wir schämen uns, weil wir aufgrund schwieriger und verwirrender Umstände in unserer Lebensgeschichte keine konsistenten Werte und Normen aufbauen konnten. Unsere Überlebensimpulse haben uns zur Anpassung gezwungen, sodass wir von Anfang an versuchen mussten, äußere Erwartungen zu erfüllen und die inneren Strebungen zu verleugnen. Wir schämen uns also, dass wir es nur zu einem schwachen und inkonsistenten Ich-Ideal gebracht haben und deshalb mit einer fortwährenden inneren Diskrepanz leben.

Die Idealitätsscham folgt in der Entwicklung häufig auf die Kompetenzscham. Sie benötigt einen bestimmten Grad an Bewusstheit über die eigenen Ideale und Werte, die sich in der späteren Vorschulzeit entwickelt. Diese Ideale entsprechen zu einem großen Teil den verinnerlichten Idealen der Eltern – oder deren striktem Gegenteil; sie enthalten aber auch immer Teile, die aus dem eigenen Selbst und der weiteren gesellschaftlichen Umgebung stammen.

Vorbilder und die Idealitätsscham

Wir stoßen immer wieder auf Menschen, die wir bewundern. Sie beeindrucken uns durch die Art, wie sie ihr Leben meistern, ihre Fähigkeiten entfalten und Besonderes zuwege bringen. Wir vergleichen uns mit diesen Personen und schneiden dabei als die Unterlegenen ab. Wir haben nun zwei Möglichkeiten, mit dieser Situation umzugehen: eine kreative und eine reaktive. Die kreative Möglichkeit besteht darin, das Vorbild als Ansporn zu nehmen und die eigene Motivation zu stärken, um uns in die Richtung weiterzuentwickeln, die uns das Vorbild vorzeichnet.

Die reaktive Möglichkeit wird gewählt, wenn sich die Idealitätsscham einmischt. Sie macht Druck und blockiert uns. Denn sie lässt uns spüren, dass wir, im Unterschied zum bewunderten Vorbild, unseren eigenen Ansprüchen nicht gerecht werden. Da gibt es Menschen, die z.B. trotz einer Behinderung an sportlichen Wettkämpfen teilnehmen, und wir kriegen unseren Hintern nicht hoch, um selber aktiv zu werden. Wir verurteilen uns selbst und lähmen uns zugleich, solange die Scham in uns wirkt, ohne als solche identifiziert zu werden. Denn die Scham sagt uns, dass wir es nie schaffen werden, weil mit uns grundlegend etwas nicht stimmt.

Erst wenn wir erkennen, dass es ein innerer Konflikt ist, der uns behindert, ein Konflikt zwischen dem eigenen Ideal und der entsprechenden Realität, und dass es dabei um Scham geht, können wir wieder handlungsfähig werden. Es sind die persönlichen Ziele und Ambitionen, die im inneren Ideal aufbewahrt sind. Die Begegnung mit dem Vorbild hat uns an das erinnert, was wir aus uns selber entwickeln wollen. Jetzt können wir die Schritte tun, um diese Ideen auf unsere Weise zu verwirklichen oder der Verwirklichung näher zu bringen – oder auch nicht: Indem wir uns klar entscheiden, die entsprechende Absicht fallenzulassen.

Die Idealitätsscham steht typischerweise an nachgeordneter Stelle in einem Schamkreislauf, der sich bei vielen Menschen in der Kindheit festsetzt. Wir schämen uns, weil wir nicht so sind, wie wir sein sollten. Wir entsprechen den Erwartungen und Wünschen unserer Eltern nicht. Diese Erkenntnis beschämt uns. Da wir in der schwächeren Position sind, können wir nur danach trachten, uns so zu verändern, dass wir zu den vorgegebenen Normen und Werten passen, wir müssen uns also anpassen, einpassen in eine vorgeprägte Form. Dazu müssen wir unser Wesen zu einem wichtigen Teil verleugnen. Der Preis dieser Verbiegung ist die Idealitätsscham, die uns damit konfrontiert, dass wir uns gegen uns selbst verhalten. Wir schämen uns dafür, aus Scham nachgegeben zu haben, indem wir den Weg der Anpassung gewählt haben. Denn die ursprüngliche Scham, die wir für unser Überleben in Kauf genommen haben, äußert sich in Verhaltensweisen, mit denen wir meist unbewusst versuchen, das unangenehme Schamgefühl loszuwerden: Trotz, Lügen, Geheimnisse, Ausreden, Vertuschungen usw. Als Haltung prägt sich dann mit der Zeit eine dieser Formen der Schamabwehr aus. Für solche Handlungen verurteilen wir uns selber und schämen uns, weil sie nicht unseren eigenen Normen entsprechen.

Bei Kindern laufen diese Prozesse auf der Gefühlsebene ab, sie können nicht benennen, was in ihnen passiert, sie spüren nur, dass etwas nicht szimmt. Mit zunehmender kognitiver Einsicht erkennen wir mehr über die Bedeutung dieser Gefühle, was aber nicht unbedingt zur Erleichterung der Scham führt. Vielmehr kann uns eine bewusst gewordene Idealitätsscham noch viel mehr plagen als deren unbewusste Wirkung. Sie kann sich in Denkschleifen festsetzen, die immer wieder auftauchen, uns in der Kommunikation behindern und uns manchmal nächtens den Schlaf rauben.

> Der Fußballtrainer nach einem verlorenen Spiel: „Wir wollen ein Vorbild für unsere Fans sein – wir schlagen niemanden."

Die Regulation der Scham durch das Ich-Ideal

Für eine gute seelische Entwicklung ist es wichtig, dass das Ich-Ideal in die Regulation der Scham eingebunden ist (Schore 2012, S. 75). Diese Regulation nutzt zwei Komponenten, die hintereinander ablaufen. Zunächst kommt aus dem Schamsystem ein Signal, das eine Bedrohung des Selbst anzeigt und die Schamreaktion einleitet. Damit sich die Scham nicht festsetzen und chronifizieren kann, braucht es die Modulation des Schamgefühls durch ein ausgleichendes Ich-Ideal, das dem automatischen Abwertungsvorgang eine Aufwertung entgegensetzt. Wenn dieser Prozess immer wieder gelingt, bildet sich ein stabiles Selbstwertgefühl zwischen Scham und Stolz, das eine große Rolle bei der Aufrechterhaltung des inneren Gleichgewichts spielt.

Die schamerzeugende Komponente:

- Reduktion von Übererregung und Überstimulierung.
- Beeinträchtigung der positiven Selbstrepräsentationen.
- Nimmt das Selbst in die Pflicht.
- Verringert Selbstachtung, aktive Anpassung, Interesse und Neugier.
- Stört die Kognition.
- Verstärkt die bewusst erlebte Scham.
- Verstärkt die passive Anpassung und wird vom Parasympathikus unterstützt.
- Führt zu Erröten, Blickabwenden und depressiver Stimmung.

Die schammodulierende Komponente:

- Vermindert die bewusst erlebte Scham.
- Vermindert die negativen Selbstrepräsentationen.
- Vermindert depressive Zustände und passive Anpassungsstrategien.
- Ermöglicht die Wiederherstellung von positiven Stimmungen mit Hilfe des Sympathikussystems.
- Erleichtert die Erfahrung des Selbst.
- Steigert die Selbstachtung und die Fähigkeiten zur Stressanpassung (Schore, ebd.).

Nach Schore balancieren diese beiden Prozesse das autonome affektive Funktionieren und unterstützen auf diese Weise die Identität des Selbst und dessen Kontinuität und Weiterbestehen angesichts der wechselhaften äußeren Umstände. Die schammodulierende Komponente in diesem Modell ist mit dem Gefühlsareal des Stolzes verwandt.

Ich-Ideal und Gesellschaft

Einer der grundlegenden Lebenskonflikte, mit denen die Menschen konfrontiert sind, ist das Spannungsfeld von Individuum und Gesellschaft, zwischen eigener Lebensplanung und sozialen Erwartungen. Für Konflikte dieser Art gibt es keine endgültigen Lösungen, sondern nur vorläufige Versuche des Zurechtkommens und laufende Adaptionen.

„Der Wunsch, zu sich selber zu stehen, ja der innere Imperativ, sich selbst loyal zu bleiben, steht der ebenso tiefen Notwendigkeit gegenüber, sich dem Ganzen, der Gesamtheit der Mitwelt unterzuordnen und die Solidarität mit der Gemeinschaft nicht einzubüßen." (Wurmser 2007, S. 385) Selten decken sich die eigenen Ideale mit denen der unterschiedlichen Kreise der Mitwelt, zu denen wir gehören wollen. Konflikte können zu schmerzlichen Entscheidungen führen, durch die eine Seite des Innenlebens auf Kosten der anderen bevorzugt wird.

Es geht darum, die eigene Identität in einem spannungsgeladenen Feld zu positionieren, sodass flexibles Handeln gemäß eigener Werte mit Rücksichtnahme auf die Erfordernisse der Gesellschaft möglich bleibt. Die ins Konstruktive gewendete Idealitätsscham wirkt wie ein Kompass bei der Navigation durch diese Scheidelinie des Lebensprozesses, auf die wir immer wieder stoßen. Wir dürfen unsere Ideale nie vergessen oder aufs Spiel setzen und brauchen zugleich die barmherzige Nachsicht mit uns selber, die uns in unseren Schwächen menschlich bleiben lässt.

Die depressive Scham

In dieser Form der Scham manifestiert sich die Selbstverleugnung, die durch die Scham ausgelöst wird. Die sich schämende Person fühlt sich überflüssig und störend. Sie möchte verschwinden, weil ihre Mangelhaftigkeit so überwältigend ist, dass es keinen Grund zum Weiterbestehen gibt. Die Selbstverachtung hat ihr Ziel in der Auslöschung, in der Tilgung der eigenen Existenz. Wer in dieser Hinfälligkeit und Wertlosigkeit von anderen gesehen wird oder meint, gesehen zu werden, will aus deren Augen verschwinden. „Geh mir aus den Augen" sagen wir, wenn wir jemand anderen beschämen wollen, und das Verschwinden erscheint als die adäquate Reaktion.

Das Versiegen der Lebenskraft und Energie ist das Hauptkennzeichen der Depression. Sie wirkt wie ein Dahinsiechen am Gift einer chronifizierten Scham. Die Gefühle von Ohnmacht und Hilflosigkeit, die mit tiefen Schamerfahrungen einhergehen, setzen die depressiven Kreisläufe in Gang: Das Gefühl, abgewertet und ausgegrenzt zu sein und nichts gegen die Abwertung und Ausgrenzung tun zu können, lähmt und führt zu einer kontinuierlichen Selbstbestätigung und Verstärkung des Schammusters.

Die Scham zählt damit zu den wichtigsten Auslösern und Nährstoffen der Depressionen in ihren vielfältigen Formen. Sie spielt bei jeder dieser Erkrankungsformen mit. Außerdem wirkt sie als Katalysator für die typischen depressiven Abwärtsspiralen, indem sich die betroffene Person wegen der Störung und all ihrer Auswirkungen auf das eigene Leben und auf andere schämt.

Die Scham als Wächterin

Eine weitere Möglichkeit, die Gestalten und Formen der Scham zu verstehen, besteht darin, sie auf ein Modell der Grundbedürfnisse zu beziehen (Marks o.J. b). Die vier wichtigen Grundbedürfnisse, die auch das enthalten, was wir die Geburtsrechte nennen, sind:

- Zugehörigkeit
- Anerkennung
- Schutz
- Integrität

Wir brauchen für unsere Überlebenssicherheit das stabile Gefühl, Teil einer sozialen Gemeinschaft zu sein, für unser Selbst anerkannt und wertgeschätzt zu werden, vor Gefahren innerhalb unserer körperlichen und emotionalen Grenzen sicher zu sein und in Übereinstimmung mit uns selbst und unseren Werten leben zu können. Diese Grundlagen für ein menschenwürdiges Leben können wir als Grundrechte formulieren, weil sie uns gemäß unseres Menschseins zustehen. Wir verstehen ihre „Rechtmäßigkeit" auf intuitive Weise von den Anfängen unseres Lebens an und fordern sie von früh an durch unsere emotionalen Reaktionen ein. Die Scham und die mit ihr verschwisterten Gefühle melden sich sofort, sobald diese Grundbedürfnisse verletzt werden.

Die Zugehörigkeit und der sichere Platz in der Gemeinschaft stehen in Gefahr, wenn wir uns unpassend verhalten, Normen übertreten und Standards nicht beachten. Mit der Schamreaktion signalisieren wir, dass wir verstanden haben, was wir falsch gemacht haben, und dass wir bereit sind, uns zu bessern, und darum bitten, wieder aufgenommen zu werden, damit wir unseren gebührenden Platz in der Gemeinschaft einnehmen können.

Wenn uns die Anerkennung und liebevolle Zuwendung versagt wird, reagieren wir mit Scham, weil wir glauben, dass es an unserer Unzukömmlichkeit liegt, dass wir abgelehnt und abgewertet werden. Der Zusammenhang zwischen mangelnder Anerkennung und Scham wurde schon ausführlich besprochen.

Werden die Grenzen unserer persönlichen Zone überschritten, reagieren wir mit der Intimitätsscham, die uns auf unerlaubtes Eindringen aufmerksam macht und uns vor Verletzungen schützen soll. Die Sicherheit innerhalb unserer Körpergrenzen in unseren Emotionalräumen und im sozialen Umfeld kann nur entstehen, wenn sie von außen bestätigt, gefördert und respektiert wird.

Das Bedürfnis nach Integrität, nach der inneren Übereinstimmung zwischen unseren Werten und unseren Gedanken und Handlungen wird durch die Idealitäts- oder Gewissensscham bewahrt. Diskrepanzen zwischen „Sein und Schein" werden uns innerlich schmerzhaft bewusst, und dieses schamvolle Erkennen motiviert uns dazu, unsere Handlungen besser an unsere Werte anzupassen und unsere Position in der Gemeinschaft zu festigen. Die Fähigkeit zur Wahrung der Integrität hängt ab vom Ausmaß an Wertschätzung und emotionaler Bestätigung durch die Menschen in unserer Frühzeit. Wieweit also unsere Integrität wahrgenommen und geachtet wurde, bestimmt die Sicherheit unseres Selbstgefühls.

Zusammenfassung

Die einzelnen Gestalten der Scham haben spezielle Ursprungsbedingungen in den Phasen der pränatalen und Kindheitsentwicklung. Wir alle sind durch diese Stadien hindurchgegangen und kennen von da her jede dieser Schamformen aus unserem Erleben. Es kommt uns zunutze, diese Bekanntheit zu vertiefen, weil wir unsere

Reaktionsweisen besser verstehen lernen und einschätzen können, wie und in welcher Form die Scham bei anderen wirksam ist.

Im nächsten Kapitel werden einige Besonderheiten der Scham besprochen: Ihre Form der Verdoppelung, die Möglichkeiten der zwischenmenschlichen Übertragung und Ansteckung und die Rolle der Scham in der Kommunikation.

6. Die zyklische Scham

Da die Scham durch ihre Sichtbarkeit den Makel bloßstellt, tritt zu der ursprünglichen Scham stets eine zweite hinzu: Die Scham über die Scham. (Günther Anders)

Die bekannteste Beschreibung eines Schamkreislaufes findet sich im Kleinen Prinzen von Antoine de Saint-Exupery:

> *Den nächsten Planeten bewohnte ein Säufer. Dieser Besuch war sehr kurz, aber er tauchte den kleinen Prinzen in eine tiefe Schwermut. „Was machst du da?" fragte er den Säufer, den er stumm vor einer Reihe leerer und einer Reihe voller Flaschen sitzend antraf. „Ich trinke", antwortete der Säufer mit düsterer Miene. „Warum trinkst du?" fragte ihn der kleine Prinz.*
>
> *„Um zu vergessen", antwortete der Säufer. „Um was zu vergessen?" erkundigte sich der kleine Prinz, der ihn schon bedauerte. „Um zu vergessen, dass ich mich schäme", gestand der Säufer und senkte den Kopf. „Weshalb schämst du dich?" fragte der kleine Prinz, der den Wunsch hatte, ihm zu helfen. „Weil ich saufe!", endete der Säufer und verschloss sich endgültig in sein Schweigen. Und der kleine Prinz verschwand bestürzt.*

Die zyklische Form der Scham ist ein charakteristischer Wesenszug dieses Gefühls und ein Grund für seine schwierige Identifikation und Auflösung. Sich zu schämen, ist beschämend. Sobald die Scham sichtbar wird, verdoppelt sie sich: Zur Scham über den Anlass kommt die Scham über die Scham, die von anderen bemerkt wird. Diesen Effekt kann eine anwesende Person noch zusätzlich verstärken, wenn sie die Pose der Beschämung verbal oder nonverbal einnimmt. Sie signalisiert, dass man sich schämen soll und muss.

In solchen Kreisläufen bestätigt sich die Scham selbst, und die betroffene Person fühlt sich immer mehr gefangen, als würde sie sich mit jeder Wendung und Bewegung noch mehr von den Spinnenfäden eingesponnen werden, bis zur völligen Lähmung. Solche Schamspiralen führen fast unweigerlich in den Rückzug, in ein verschlossenes „Schweigen", in den Kontaktabbruch und schließlich in eine Depression, wenn sie nicht rechtzeitig abgefangen werden können.

In jeder Form des Suchtverhaltens und der suchtartigen Ablenkung (Alkohol, Essen, Sex, Drogen, Computerspiele usw.) spielen Schamzyklen eine wesentliche Rolle. Dabei erleben wir zuerst eine Erleichterung und ein erhebendes Gefühl durch den Genuss der Substanz oder Tätigkeit; irgendwann später kommt der Kater mit dem Schamgefühl. Denn nach jeder Suchthandlung meldet sich verlässlich die Scham, weil bewusst wird, nicht den eigenen Vorsätzen und Idealen gemäß gehandelt zu haben, die eigene Gesundheit zu gefährden, schlechter auszuschauen und von andern verachtet zu werden. Die bekannte Linderung für diese Schamgefühle ist eben das gewohnte Suchtverhalten, das im ersten Moment das Gefühl von Entlastung bietet. „Dies ist der Teufelskreis der Sucht." (Niederwieser 2019, S. 58) Schamkreisläufe spielen eine stabilisierende Rolle bei jeder Sucht, wie schon der Kleine Prinz beobachten musste.

Ein weiteres Beispiel liefert die Scham, Nein zu sagen. Mit der Ablehnung eines Wunsches oder Bedürfnisses eines anderen Menschen entsteht das Risiko, eine negative Reaktion zu bekommen und das Wohlwollen zu verlieren. Die Bindung steht in Gefahr, also tritt die Scham in Aktion und motiviert zu einer unklaren oder halbherzigen Antwort. Darauf meldet sich gleich die nächste Scham, weil man zu feige ist, zur eigenen Wahrheit zu stehen, und diese Scham blockiert gleich mehr von der Kraft der Abgrenzung und Selbstbehauptung (Niederwieser ebd.).

Auch bei Zwangsstörungen bewirkt die Scham das Zyklische und Rituelle, mit dem sich die leidende Person einspinnt. Das Müssen im Zwang („Ich muss mir jetzt nochmals die Hände waschen") wird als Ohnmacht erlebt, und Ohnmacht ist immer schamvoll. Dazu kommt das Wissen um die Absurdität der Zwangshandlung, die mit Scham erfüllt. Doch steckt hinter jeder Zwangshandlung die noch tiefere Scham, unwert, unrein, unzulänglich und nicht liebenswert zu sein. Das Zwangsritual bestätigt genau diese Selbstabwertungen, von denen sich die betroffene Person mittels des Zwangsverhaltens befreien will.

Ähnlich wirkt sich, wie schon erwähnt, die zyklische Scham bei depressiven Störungen aus. Die depressive Person findet sich selbst ungenügend und wertlos und schämt sich dafür. Die Scham drückt das Selbstgefühl weiter nach unten. Die Antriebskräfte werden noch mehr geschwächt, bis die völlige Passivität eintritt, in der nur mehr die Scham das Leben bestimmt.

Das Pflegen von Geheimnissen und Lügengebäuden ist mit Schamzyklen verbunden. Es ist zunächst die Scham, die Erlebnisse oder Gedanken vor anderen Menschen verbirgt. Damit geht die Scham einher, den eigenen Idealen von Offenheit und Ehrlichkeit nicht zu entsprechen. Je länger das Geheimnis aufbewahrt wird, desto größer wird die Scham, die ein Lüften des Geheimnisses verhindert.

Auch delinquente Verhaltensweisen werden durch kreisförmige Schamprozesse in Gang gesetzt, aufrechterhalten und schließlich auch gerechtfertigt. Die unbewussten Antriebe führen zu sozialschädlichen Handlungen und Handlungsgewohnheiten, die versteckte Schamthemen ausgleichen sollen und zugleich das Ausmaß der Scham im inneren System – in Verbindung mit Schuldgefühlen – erhöhen.

Die ursprüngliche Scham hat mit frühen, oft ganz frühen belastenden und traumatischen Erfahrungen zu tun, die unter Umständen noch vor dem bewussten Schamerleben stattgefunden haben. Der Zyklus entsteht, sobald dem Kind deutlich wird, welches Verhalten von ihm erwartet wird, obwohl es der Erwartung nicht entsprechen kann oder konnte. An diesem Punkt wird die frühe Schamerfahrung von der späteren überlagert. Frühere und nachfolgende Schamerfahrungen bestätigen und verstärken sich gegenseitig und bauen ein zunehmendes Geflecht auf, das sich mit verschiedenen anderen Gefühlen verbindet und zunehmend die eigenen Verhaltensmöglichkeiten einschränkt, also zu dem führt, was man im Allgemeinen als Neurosen benannte.

Schamspiralen

Ursprüngliche Schamerfahrungen, die uns in Zuständen von Hilflosigkeit und mangelnder Ressourcen betroffen haben, nämlich primäre Beschämungen, können wiederum nur mit Hilfe von Scham verarbeitet werden, wenn keine erleichternde Unterstützung von außen eingreift. Es legt sich also über die erste Erfahrung eine zweite Scham. Das Absprechen des Eigenwertes und der Zugehörigkeit durch die Beschämung ist schmerzhaft und schamvoll. Die Integrität und Identität sind in Frage gestellt. Die Abwertung, die von außen kommt, wird ins Innere übernommen. Die Schambelastung hat sich damit verdoppelt. Oft verbleibt die Kränkung im Inneren, auch wenn die Herabsetzung im Außen zurückgenommen wird.

Bei der nächsten beschämenden Erfahrung wird die vorher eingeprägte Wunde erneut aufgerissen und vertieft. Die Fähigkeit, das eigene Selbst durch sichere Grenzen vor Beschämungen zu schützen, wird vermindert und untergraben. Das Selbstgefühl und der Selbstwert werden noch weiter geschwächt.

Mit zunehmender Selbstreflexivität, die im Aufwachsen erworben wird, mit zunehmender Bewusstheit über die eigenen emotionalen Reaktionen und über die Reaktionen von anderen differenziert sich auch das Schambewusstsein. Es kommt zu sekundären Beschämungen, wenn die erwachsene Person mit unmäßigen Erwartungen, ungerechten Anschuldigungen oder aggressiven Unterstellungen konfrontiert ist. Erkennt sie außerdem, dass es ihr nicht gelingt, die eigenen Grenzen zu wahren und in sich selber geschützt zu sein, meldet sich die nächste Schicht der Scham als tertiäre Beschämung.

Eine nicht vollständig verheilte Schamwunde aus der Kindheit kann wie eine chronische Entzündung das Selbstgefühl schädigen und reduzieren. Ein angeschlagener Selbstwert gerät leicht ins Schwanken, wenn er vor schwierigen und komplexen Herausforderungen steht, wie sie im erwachsenen Sozialleben häufig auftauchen. Jede misslungene Aktion in einer umstrittenen Situation öffnet die alte Schamwunde. Aus der latenten Verletzung wird eine akute Schamerkrankung. Der Schmerz vertieft sich, je mehr Schichten der Scham übereinander abgelagert sind.

Die ansteckende Scham

Scham ist der Anfang der Besserung und ansteckend wie Lachen und Gähnen. (Joseph von Eichendorff)

Der Spiralcharakter der Schamerfahrung spielt sich im Inneren ab und verfestigt die entsprechenden Muster, obwohl er durch äußere Einflüsse aktiviert wird. Es gibt im zwischenmenschlichen Feld das Phänomen der Ansteckung durch Scham. Hier zieht die Scham ihre Kreise in der mitmenschlichen Umgebung und befällt die sozialen Netze wie ein Virus. Ähnlich wie jemand traumatisiert werden kann, der in der Nähe einer Person ist, die ein Trauma erleidet, ohne selbst Opfer dieser Situation zu sein (Sekundärtraumatisierung), kann jemand angesichts der Scham eines Mitmenschen selber in Scham geraten. Wir werden an eigene Schamerfahrungen erinnert und fühlen mit der anderen Person mit, die sich in diesem schwierigen Gefühl befindet. Wenn unsere Sinne offen sind, ist es unvermeidlich, dass es zur Schamübertragung kommt.

Ärzte, Pfleger und Therapeuten sind besonders von diesem Phänomen betroffen. Sie haben viel mit Menschen zu tun, die sich in einem schamvollen Zustand befinden. Ihre Aufgabe ist es, eine emotionale Brücke zu schlagen, die empfänglich für die Gefühle der anderen Person macht, insbesondere für das subtile Gefühl der Scham. Viele Formen des Leidens sind mit Scham verbunden, weil sie mit einem Verlust an Kompetenz und Selbstverantwortung einhergehen. Ältere Menschen, die ihre körperlichen Bedürfnisse nicht mehr selbständig abdecken können, Personen, die nicht von Drogen loskommen können oder an einer ekeligen Hautkrankheit leiden, schämen sich und lösen bei den Mitmenschen Schamgefühle aus, wenn sie sich in ihrer Not zeigen. Personen, die viel mit solchen Fällen arbeiten, brauchen ein gutes Schambewusstsein, also eine innere Kenntnis zu den eigenen Schamneigungen, um eine unbewusste Ansteckung durch die Scham zu vermeiden. Denn solche Schamreaktionen, die von den betroffenen Personen mit ihrer speziellen Sensibilität sofort registriert werden, führen leicht in der Rückwirkung zu einer weiteren Beschämung der leidenden Menschen (Veit 2008).

Viele Formen der Schamabwehr, die im Abschnitt 8 diskutiert werden, haben den Sinn, die Übernahme der Scham zu verhindern und zu unterdrücken. Jede Schamabwehr erfordert eine unbewusste Anstrengung, um die bestehenden Sozialkontakte zu unterbrechen. Auf diese Weise soll die Anfälligkeit für eine Schamansteckung geschwächt werden. Das Gefühl der Scham wird als eine schlimme Erfahrung wahrgenommen, sodass die inneren Schutzinstanzen darauf ausgerichtet sind, nur nicht in eine Scham hineingezogen zu werden, vor allem, wenn sie zu anderen Menschen gehört. Da aber durch die unbewusste Schamabwehr der Kanal für das Mitgefühl geschlossen wird, verstärkt sich natürlicherweise die Scham in der schamvollen Person.

Dieses Phänomen tritt in Familien auf, in denen ein starkes Schamthema herrscht, z.B. durch ein Verbrechen oder eine Missbrauchserfahrung, und in denen diese Themen mit dem Siegel der Verschwiegenheit aufbewahrt werden. Jüngere Mitglieder gehen oft den Weg, sich von ihrer Familie zu distanzieren oder ganz mit ihr zu brechen, um sich vor der Ansteckung durch die Scham zu schützen.

Eine Funktion der Scham sowohl in ihrer Physiologie als in ihrer psychologischen Bedeutung besteht im Appell an das Mitgefühl angesichts der Einsicht in die eigene Fehlerhaftigkeit, Unfähigkeit und Makelhaftigkeit. Sie signalisiert das Teilen der Angst vor der Verachtung und Ausgrenzung und die Bitte um Verständnis und Anerkennung der Zugehörigkeit. Schamerleben und Kontaktabbruch sind Erfahrungen, die viele Menschen als belastend und traumatisierend erlebt haben.

Gerade deshalb ist es wichtig, die soziale Kompetenz zu entwickeln, angesichts der Scham eines Menschen in unserer Umgebung in mitfühlendem Kontakt zu bleiben, ohne die Scham zu übernehmen. Diese Kompetenz können wir in dem Maß erwerben, in dem wir unsere eigenen Schamreaktionen und Schamabwehren kennengelernt haben. Gerade, wenn Menschen hilfe- und ratsuchend kommen, braucht es einen achtsamen und achtungsvollen Umgang mit dieser Gefühlslage. Gelingt es, die Brücke des Mitgefühls aufrechtzuerhalten, ohne dass sich unbewusste Schamreaktionen einmischen, so erfahren die betroffenen Menschen eine wichtige seelische Entlastung (vgl. Bohrn 2015, S. 33).

Das Fremdschämen

Das Wort „Fremdscham" scheint erst seit 2009 im Duden auf, ist also eine relativ junge Sprachschöpfung. Das Phänomen selber ist vermutlich so alt wie die Menschheit und geht auf die frühen Epochen der tribalen Sozialformen zurück. Die Scham ist, wie besprochen, ein ansteckendes Gefühl, weil es an der Schnittstelle zwischen dem Ich und den anderen entsteht. Wir entwickeln durch unsere Schamerfahrungen eine hohe Sensibilität für dieses Gefühl, bei uns selber und bei unseren Mitmenschen, in unseren kleineren Gruppen und in Kollektiven. Von dieser Empfindlichkeit ist den meisten von uns nur ein Bruchteil bewusst, der große

Rest wirkt auf feineren und vageren Ebenen unseres Erlebens. In all diesen Zusammenhängen spielt das Fremdschämen eine wichtige Rolle.

Das Phänomen des Fremdschämens ist das einzige Gefühl, das wir für jemand anderen, also an der Stelle einer anderen Person empfinden. Wir sind nicht für jemand anderen traurig, wütend oder eifersüchtig; das geht nur bei der Scham, auch ein Grund, warum sie ein derartig komplexes Gefühl ist. Dazu kommt, dass wir das Gefühl für vollkommen fremde Personen empfinden können, z.B. für jemanden im Fernsehen, dem ein blödes Missgeschick passiert oder der bei einer gestellten Aufgabe versagt oder während der Sendung völlig den Faden verliert. Forscher haben außerdem herausgefunden, dass das Gefühl des Fremdschämens genauso stark sein kann, wenn der peinliche Fehler absichtlich oder unabsichtlich passiert und unabhängig davon, ob die Person überhaupt bemerkt, was geschieht. Allerdings ist das Gefühl stärker, wenn wir den Menschen, für den wir die Scham empfinden, näher kennen oder sympathisch finden (Hilgers 2012, S. 338).

Zum Unterschied von der ansteckenden Scham, die unbewusst übertragen wird, geht es beim Fremdschämen um eine stellvertretende Scham. Der Auslöser der Scham steht klar vor Augen, und die Übertragung ist verbal erklärbar und nachvollziehbar. Meist wird sie nicht explizit als Fremdscham bewusst, aber die Person, auf die sich die Scham bezieht, ist bekannt und wird mit einem Gemisch aus Ekel, Verachtung und Peinlichkeit erlebt.

In der Fremdscham liegt eine Ambivalenz. Wir sind mit den betreffenden Personen über-identifiziert oder von ihnen mangelhaft abgegrenzt. Wir tun so, als wären die kritischen Blicke der Außenwelt genauso streng auf die Person gerichtet, für die wir uns schämen, wie auch auf uns. Wir maßen uns Verantwortungen an, die gar nicht zu uns gehören (Krach et al. 2011). Andererseits signalisiert uns das Schamgefühl, dass wir uns von diesen Personen oder deren Verhalten distanzieren sollten.

Psychologische Forschungen haben gezeigt, dass es individuelle Unterschiede beim Ausmaß des Fremdschämens gibt. Es reagieren nicht alle Menschen gleich stark und gleich oft. Offenbar besteht ein Zusammenhang mit der Fähigkeit zur Empathie, die unter den Menschen verschieden ausgeprägt ist. Das könnte der Grund sein, warum diese Form der Scham bei Frauen stärker ausgeprägt ist als bei Männern, denn Frauen sind durchschnittlich besser in der empathischen Kommunikation als Männer. Autisten dagegen, die sich mit Empathie schwertun, haben auch schwächere Tendenzen zum Schämen für andere.

Verstärkend wirkt eine empfundene Nähe durch die Rolle, die jemand einnimmt, z.B. als Chef oder als Mitarbeiter im eigenen Betrieb, als Vorsitzender einer Organisation oder Partei, die man schätzt usw. Wenn der Chef der politischen

Partei, der man sich verbunden fühlt, eines peinlichen Fehltritts überführt wird, schämt man sich dafür und fühlt sich verraten. Eigentümlicherweise nehmen wir es der Person nicht nur übel, dass sie sich in die Lage gebracht hat, die uns dann Peinlichkeit verschafft, sondern auch, dass wir sie bisher sympathisch gefunden haben, dass sie uns also scheinbar getäuscht hat – und dass wir uns täuschen ließen.

Die Fremdscham wird selbst dann wirksam, wenn wir einer anderen Person neben ihrem normverletzenden Verhalten auch vorwerfen, dass sie sich weniger schämt als sie es nach unserer eigenen Vorstellung über das Schamempfinden tun sollte. Wir bedienen uns also des Fremdschämens, um wirkliche oder vermeintliche Unverschämtheiten anderer Menschen ins Lot zu bringen und damit ein imaginäres Schamkonto auszugleichen.

Ein weiterer Fall für das Fremdschämen entsteht, wenn wir mit jemandem mit peinlichem Auftreten in Verbindung (als Verwandter, Bekannter oder Bewunderer) gebracht werden. Es kann auch genügen zu glauben, dass wir mit solchen Personen etwas zu tun haben könnten, und schon geraten wir in die Fremdscham.

Wir sehen an diesen Beispielen, dass die Fremdscham ein reichlich komplexes und vielschichtiges Phänomen darstellt, und die Schwierigkeiten, die sich schon beim Verstehen der „einfachen" Scham stellen, treten noch deutlicher zutage.

Fremdschämen in der Kultur und fürs Kollektiv

Ähnlich wie die Scham von kulturellen Trends und Standards abhängig ist, gilt das auch für das Fremdschämen. Kleidungsstile, die vor einigen Jahrzehnten peinlich und unmöglich empfunden wurden, können heutzutage Teil der Mode sein, an der sich niemand stößt. Es scheint so, als würde die Schamabhängigkeit der Kunden vom Modemarketing ausgenutzt, um sie davon zu überzeugen, die Garderobe regelmäßig zu erneuern, nach dem Motto: „Sie wollen doch nicht das Objekt des Fremdschämens Ihrer Mitmenschen werden, also ziehen Sie an, was die Mode gerade diktiert!"

Die Kultur, in der wir leben, prägt nicht nur die Schamthemen, sondern bietet auch reichlich den Anlass für den Aufbau von Identifikationen bei ihren Mitgliedern. Wenn andere Mitglieder aus dem kulturellen Konsens ausscheren, meldet sich schnell das Fremdschämen. Im Jahr 2014 gewann die österreichische Sängerin Conchita Wurst den Europäischen Songcontest, und vielen ihrer Landsleute war es äußerst peinlich, bis hinauf zum damaligen Vizekanzler, auf eine transsexuelle Kunstfigur und einen besonderen Menschen wegen einer ausgezeichneten künstlerischen Leistung stolz sein zu sollen. Kulturen sind allerdings nur dort lebendig, wo sie Grenzen des Gewohnten überschreiten.

Ein beliebtes Fremdschäm-Thema ist in vielen Ländern der Sport, insbesondere der Fußball: Die Nationalmannschaft des eigenen Landes hat eine blamable Vorstellung abgegeben und das wichtige Spiel kläglich verloren – wie konnte „uns" das nur passieren? Wie stehen „wir" jetzt da vor allen anderen, die uns ab jetzt nur mehr abschätzig bemitleiden?

Auch andere, vom Mainstream abweichende Kulturproduktionen können Fremdschäm-Reaktionen hervorrufen – abstrakte Denkmäler, atonale Musikstücke, unkonventionelle Inszenierungen, provokante Filme usw. bieten Anlass für peinliches Berührtsein bei Menschen, die nur Äußerlichkeiten oder Nebensächlichkeiten wahrnehmen und den Kontext und die künstlerische Aussage nicht verstehen. Um solche Schamreaktionen zu vermeiden, tendieren autoritäre Staaten dazu, solche Werke einfach zu verbieten und aus der Öffentlichkeit zu verbannen, vgl. die Bücherverbrennungen und die Brandmarkung von „entarteter Kunst" im Nationalsozialismus.

In der Nachgeschichte von solchen autoritären Systemen spielt die Fremdscham ebenfalls eine wichtige Rolle: Da sich die Mitglieder eines Kollektivs mit diesem identifizieren, müssen sie auch dessen dunkle Seiten übernehmen, ob sie es wollen oder nicht. Als Deutscher oder Österreicher, das wieder in unterschiedlichem Sinn, ist der Nationalsozialismus Teil der Geschichte, und der Rest der Welt weiß das (soweit ein historisches Wissen vorhanden ist).

Körpervorgänge bei der Fremdscham

Laut Gehirnstudien werden bei dieser Art der Scham die gleichen Areale aktiviert, die bei körperlichem Schmerz und beim Beobachten von schmerzhaften Situationen von Mitmenschen reagieren. Unsere Spiegelneurone sind beim Fremdschämen hoch aktiviert. Es tut also buchstäblich weh, jemand anderen in einer peinlichen Situation zu beobachten. Genauer gesagt, sind es zwei Areale des mesolimbischen Systems, nämlich der vordere zinguläre Kortex und die anteriore Insula, die mit dem Fremdschämen beschäftigt sind. Das sind die Gehirnareale, die arbeiten, wenn man Mitleid mit Menschen hat, die eine körperliche Verletzung erlitten haben, und dabei den Schmerz des anderen in sich selber spürt (Krach et al. 2011).

Zur Psychologie der Fremdscham

Wir vollziehen die Schamreaktion an der Stelle der anderen Person, wir nehmen ihr gewissermaßen ab, was sein soll, damit die soziale Ordnung nach der Störung wieder ins Gleichgewicht kommt. Es ist etwas Blamables geschehen, das muss mit

Scham zur Kenntnis genommen und entschuldigt werden, und dann kann das Leben nach den gewohnten Regeln weitergehen. Wir wollen für die andere Person ausbessern, was durch deren Fehlverhalten, Unachtsamkeit oder Missgeschick aus dem Lot geraten ist.

Derartige stellvertretende Manöver, die ja vom Unbewussten unseres Seelenlebens gesteuert sind, wirken ein wenig schräg und tragen zu dem zwiespältigen Bild bei, das wir vom Fremdschämen haben. Einesteils trägt es den Anschein des Altruismus, einfühlend mit einer Person in einer Notlage zu sympathisieren und ihr ein Stück der Last abnehmen zu wollen. Allerdings passiert das Ganze nur in der Vorstellungs- und Gefühlswelt der nichtbeteiligten Person. Die vom Fremdschämen betroffene Person hat nichts davon, im Gegenteil, es kann ihre Notlage sogar noch verstärken. Jemand stolpert vor laufenden Kameras auf die Bühne; sofort meldet sich die eigene Scham, aber das Wissen, dass alle sehen, was geschehen ist, und dass sich alle für einen schämen, erschwert die Situation zusätzlich. Die Peinlichkeit erleichtern würde es, wenn alle Zuseher einfach über das Missgeschick hinwegsähen und nicht davon Kenntnis nähmen, geschweige denn selber beschämt wären.

Und das ist die andere Seite: Je stärker das Fremdschämen wirkt, desto mehr sind wir mit der Person, für die wir uns schämen, identifiziert. Wir schaffen es nicht, ihr zuzutrauen, aus dem Schlamassel herauszufinden und die Situation aus eigenen Kräften zu meistern. Wir nehmen ihr einen Teil der Verantwortung ab, ohne Rücksicht darauf, ob sie den nicht ohnehin selber tragen könnte. Dazu kommt: Wir nutzen unsere sichere Position des Außenstehenden, um uns ein Stück besser zu fühlen als die in ihrer Peinlichkeit bloßgestellte Person. Denn unsere Fremdscham tut uns zwar weh, aber wir spüren diesen Schamschmerz im Rahmen einer moralischen Rechtschaffenheit, dem Objekt unseres Schämens scheinbar das Leben zu erleichtern und nach dem Fehltritt die Rückkehr in die Gesellschaft der Normalos zu beschleunigen.

Die Identifikation liefert uns die Brücke: Wären wir selber in der Situation, würden wir uns schämen. Wir versetzen uns in die Person und in deren peinliche Situation, leiden mit, aber genießen zugleich die Gewissheit, tatsächlich auf der sicheren, unbetroffenen Seite zu sein, ähnlich wie wir uns mit dem Opfer eines Verbrechens in einem Krimi identifizieren und zugleich auch wissen, dass uns nichts geschehen kann, weil wir sicher im Lehnstuhl vor dem Fernseher sitzen.

Darin liegt offenbar der Gewinn beim Fremdschämen: Wir fühlen uns als Mensch, der Gutes geleistet hat und sozial eingestellt ist, als jemand, der sich um andere kümmert und stets bereit ist, ihnen eine Last abzunehmen. Dafür verdienen wir Anerkennung und Wertschätzung. Wir nehmen das Schicksal anderer Menschen ernst und bleiben deshalb im sozialen Netz verbunden. Ob die Form des

Ernstnehmens und Tun des Guten beim Fremdschämen tatsächlich hilfreich ist, ist dabei weniger von Belang.

Die Spiegelneuronen sind der Schlüssel zur Fremdscham. Studien konnten zeigen, dass das bloße Beobachten von jemandem, der gerade in einer peinlichen Situation feststeckt, in unserem Hirn die gleichen Areale anspringen lässt, als wenn wir selbst in der Situation wären. Dafür ist es aber nötig, dass der andere sich auch selbst darüber bewusst ist, dass er sich gerade die Blöße gibt.

Ist dem nicht der Fall, können wir uns natürlich trotzdem fremdschämen. Nur spiegeln wir jetzt eben nicht die Scham des anderen, sondern schämen uns an seiner statt – dafür vielleicht manchmal auch doppelt so stark.

Die Grundlage für eine verstärkte Ausprägung der Neigung zum Fremdschämen liegt in der eigenen Kindheitsgeschichte mit ihrem Ausmaß an Beschämungen. Eltern oder später andere Autoritäten, die besonders erpicht auf Ungeschicklichkeiten, Fehler und Peinlichkeiten der Kinder sind, sorgen dafür, dass diese ein spezielles Sensorium für beschämende und peinliche Situationen entwickeln. In der Folge bildet sich eine starke Neigung zum Selbst- wie zum Fremdschämen. Hier kann auch der Grund dafür liegen, warum Millionen Menschen Youtube-Videos anschauen, in denen alle möglichen Peinlichkeiten dargestellt werden, von Prominenten wie von Normalsterblichen.

Eine Funktion der Scham sowohl in ihrer Physiologie als in ihrer psychologischen Bedeutung besteht im Appell an das Mitgefühl angesichts der Einsicht in die eigene Fehlerhaftigkeit, Unfähigkeit und Makelhaftigkeit. Sie signalisiert das Teilen der Angst vor der Verachtung und Ausgrenzung und die Bitte um Verständnis und Anerkennung der Zugehörigkeit. Schamerleben und Kontaktabbruch sind Erfahrungen, die viele Menschen als belastend und traumatisierend erlebt haben.

Fremdschämen und Erwachsenwerden

Wenn sich Kinder in der Öffentlichkeit danebenbenehmen, schämen sich die Eltern oft für sie, vermutlich weil sie meinen, dass sie die Verantwortung haben und als schlechte Eltern gesehen werden, sodass die Mitmenschen mit verstecktem Zeigefinger auf sie zeigen. Wenn Kinder sich für ihre Eltern schämen (meist erst in der Pubertät), dann meinen sie vielleicht, dass ihre Eltern verzopft und altmodisch sind und bei ihren Freunden als uncool ankommen. Auch sie nehmen an, dass sie dafür verantwortlich sind, wie ihre Eltern sind und was sie so in ihrer Überalterung und Weltfremdheit von sich geben. Gleichzeitig hilft ihnen das Fremdschämen, sich ein Stück aus der Abhängigkeit von den Eltern zu lösen.

Jugendliche brauchen also diese Scham, um aus dem Schatten der Eltern und den Identifikationen mit ihnen heraustreten zu können. Die Scham hilft ihnen, ihre eigene erwachsene Identität genauer zu fassen und zu festigen. Sie distanzieren sich mit diesem Schamgefühl von den Werten und Normen der Altvordern, um ihre eigenen Orientierungen finden zu können. Unweigerlich ist der Schritt aus der Abhängigkeit, aus den Erwartungen und Vorgaben mit Schuld und Scham verbunden, und zugleich ist es ein notwendiger Schritt aus der Schuld und Scham der Kindheit.

Denn die adoleszente Ablösung beinhaltet auch die Lösung von den Beschämungen und Beschuldigungen, die die Jugendlichen als Kinder von den Eltern erfahren haben – oft jedoch um den Preis, sich aufs Neue Beschämungen und Beschuldigungen aussetzen zu müssen. In vielen Fällen reagieren die Eltern nicht verständnisvoll und gelassen auf die Abwertungen, die von ihren Kindern kommen, sondern mit ihren eigenen Abwehrformen gegen die Scham, denen die Kinder im Lauf ihrer Erziehung bereits hinlänglich ausgesetzt waren.

Diese Dynamik ist ein wichtiger Teil der Ablösekonflikte, die in der Adoleszenz auftreten und oft wie ein letztes Gefecht wirken. Die Eltern kämpfen um ihre Autorität und die Jugendlichen um ihre Freiheit. Es ist ein Kampf, bei dem es nur einen Sieger geben kann und soll: Die Freiheit. Denn setzt sich die Autorität durch, kann der Kampf nicht beendet sein, sondern geht weiter, und die innere Abhängigkeit und Unfreiheit wirkt oft über den Tod der Eltern hinaus weiter.

Die Schadenfreude

Die Schadenfreude ist gewissermaßen das Gegenteil des Fremdschämens. Statt den anderen Menschen, der sich gerade eine Blöße gegeben hat (manchmal sogar im wörtlichen Sinn), zu verstehen und ihm helfen zu wollen, vergönnen wir ihm das Problem. Schadenfreude ist eine Form der Rache und setzt voraus, dass uns die andere Person bereits Böses angetan hat. Wir mögen z.B. bestimmte politische Parteien nicht, weil wir den Eindruck haben, dass sie mit ihrer Politik uns und uns nahestehenden Menschen Lebenschancen beschneiden und Möglichkeiten einschränken. Wenn nun solchen Parteien oder deren Protagonisten Missgeschicke (schlechte Wahlergebnisse, imageschädigende Korruptionsfälle, Gerichtsverurteilungen usw.) widerfahren, freuen wir uns, weil wir hoffen, dass damit die Bedrohung für uns und unsere Ziele und Ideale verringert wird.

Bei der Schadenfreude geben wir uns nicht den Anschein der altruistischen Menschenliebe wie beim Fremdschämen, sondern überlassen unserem Egoismus das Feld. Wir fühlen uns als Sieger in einem Kampf, zumindest auf Zeit, und können unsere Racheimpulse befriedigen. Gerade deshalb ist die Schadenfreude nur eine insgeheime Freude und geht immer mit Scham einher – wir sollten eigentlich nicht so empfinden, weil es unserem Ideal von Menschenfreundlichkeit widerspricht. Andererseits zeigt das Phänomen der Schadenfreude, dass wir eben nur Menschen sind.

Die Weitergabe von Scham

Was ist dir das Menschlichste? – Jemandem Scham ersparen. (Friedrich Nietzsche)

Die Scham kann ganze Familiensysteme in Bann ziehen wie eine genetische Störung. Wenn es z.B. in der Familie oder in der Familiengeschichte einen Verbrecher gegeben hat, wird die ganze Familie mit Scham belastet. Die Schambelastung führt leicht dazu, dass es in den folgenden Generationen zu weiteren Verbrechen kommt. Um die Scham in Schuld umwandeln zu können, wie es in vielen Fällen strafbarer Handlungen geschieht, werden Menschen zu Tätern, und die Belastung wird wie eine Erbkrankheit weitergeben. Jedes Verbrechen verstärkt den Makel, der auf der Familie liegt, und verstärkt den unbewussten Druck bei den Nachkommen, mit erneutem verbrecherischen oder selbstschädigenden Verhalten die schamgebundene Opferhaltung in eine schuldbeladene Täterhaltung umzuwandeln. Durch die Wiederholung der Schamdynamik wird die Loyalität zu den Vorfahren aufrechterhalten.

Fallbeispiel:

Frau N. weiß von Verbrechen, die von ihrem Großvater und Urgroßvater verübt wurden und hat die Themen, die damit zusammenhängen, schon bearbeitet. Als sie in einer Sitzung an einem Schmerzgefühl, das sie in der Brust spürt und das sie sich nicht erklären kann, arbeitet, taucht ein Generationenthema auf. In der Rückführung entdeckt sie eine Person, die weit hinter dem Urgroßvater auftaucht und die mit viel Schmerz, Wut, Angst und Scham beladen ist. Es gelingt ihr, diese Gefühle anzunehmen und zu integrieren. Das unangenehme Gefühl in ihrer Brust hat sich aufgelöst.

Die Scham und Grenzerfahrungen

Wie gerade erörtert, springt die Scham leicht von einer Person zur anderen, ist also hoch infektiös. Sie teilt sich über die zwischenmenschlichen Grenzen mit und trägt einerseits dazu bei, dass die Grenzen wahrgenommen und respektiert werden, verursacht aber andererseits Irritation und Leiden, wenn Grenzen unklar, schwammig und unzuverlässig erscheinen. In solchen Fällen verliert die eigene Identität ihre Sicherheit gebende Kontur. Wenn wir nicht genau wissen, wo wir anfangen und wo wir aufhören, wissen wir nicht genau, wer wir sind. Die Ungewissheit über unsere eigene Identität wirkt beschämend.

Die Scham entsteht an der Grenze zwischen Ich und Du. Sie vermeldet Grenzüberschreitungen oder Grenzverletzungen – solche, die erlitten und solche, die zugefügt werden. Wenn wir jemanden im Gedrängel rempeln, sagt uns die Scham, dass wir eine Grenze überschritten haben und uns entschuldigen sollten. Die Scham zeigt sich auch, wenn uns jemand unachtsam behandelt: Wir werden nicht zur Kenntnis genommen, berücksichtigt und geachtet. Jemand ist ohne unsere Zustimmung in unsere Privatzone eingedrungen.

Ein klares Grenzbewusstsein ist notwendig, um eine stabile innere Selbstbeziehung aufbauen zu können. Wenn Eltern die Grenzen des Kindes nicht erkennen und respektieren können, dann wird diese Selbstbeziehung geschwächt und es entsteht ein unsicheres Gefühl zu sich selbst und zu seinen Grenzen. Das Bedürfnis, sich nach den äußeren Umständen und Menschen zu richten, steigt. Die Grenzen werden allzu durchlässig Auch die Entwicklung des Schamgefühls ist durch diese Unsicherheit in Mitleidenschaft gezogen. Wo unklare Grenzen sind, bleibt das Schamempfinden unklar. Da es in diesem Fall keine sicheren inneren Kriterien für die äußere Realitätsprüfung gibt, z.B. ob jemand vertrauenswürdig ist oder nicht, ob es angebracht ist, freundlich zu sein oder misstrauisch, kann sich kein verlässliches Schamgefühl aufbauen, das für klare Grenzen und Grenzübertrittsregeln sorgt.

Abgrenzung und Durchlässigkeit

Die Beschaffenheit von persönlichen Grenzen befindet sich auf einem Kontinuum zwischen extremer Abgrenzung und extremer Durchlässigkeit. Die individuelle Position auf diesem Kontinuum ist ein Abbild der interaktiven Grenzregulation mit den Eltern, vor allem mit der Mutter, mit der die ersten Erfahrungen im Mutterleib stattfinden. Ist der mütterliche Körper (auf der physiologischen wie auf der emotionalen Ebene) an seinen Außengrenzen hart und undurchlässig, so wird das Kind die Abgrenzung als Überlebensstrategie wählen. Denn es kann nicht ewig vor verschlossenen Türen warten, bis sie einmal einen Spalt weit aufgehen. Im anderen Fall einer wahllosen Offenheit für alle Außeneinflüsse fehlt dem Kind der Bezug zum eigenen emotionalen Kern, der ihm einen sicheren Orientierungspunkt gewähren würde. Es weiß nicht, wonach es sich richten sollte und gerät leicht in Verwirrung.

Von den Grenzprägungen hängt die Identitätsbildung ab. Bei einer gelingenden Affektabstimmung zwischen den Eltern und dem Kind entwickelt sich ein variables und flexibles Grenzbewusstsein mit situationsangepasster Durchlässigkeit und

Abgrenzung. Werden die Bedürfnisse des Babys nach Kontakt und Rückzug, also der beständige Wechsel zwischen Außen- und Innenbezug verstanden, respektiert und erwidert, so stärkt es das verlässliche Gefühl für seine Grenzen. Es fühlt sich im Innenraum sicher und kann sich leicht nach außen öffnen, weil es darauf vertraut, dass es sich jederzeit wieder ins Innere zurückziehen kann, wenn es zu viel wird. Die Identität entwickelt sich organisch im dynamischen Wechselspiel von Außen- und Innenorientierung.

Im Fall einer überbetonten Abgrenzung, wie sie bei emotional kalten Eltern wahrscheinlich ist, erfolgt der Aufbau der Identität beim Kind über die Negation: „Ich will nicht sein wie meine verständnislose Mutter"; die Innenseite bleibt leer. Der Negativismus als Form der Schamabwehr hat hier seine Wurzel. Bei unsicheren und ambivalenten Eltern entwickelt das Kind mangelhafte oder verschwimmende Grenzen. Die Suche nach der eigenen Identität ist ein verzweifelter Prozess: „Wer bin ich? Wo ist mein Selbst?" Quälende Selbstzweifel und Schamgefühle erwachsen aus dieser Prägung. Das Selbst- und Weltvertrauen ist geschwächt.

Fallbeispiel:

Frau O. berichtet, dass sie gegen alle Männer, ihren Ehepartner mit eingeschlossen, misstrauisch ist, so als könne man nie sicher sein, ob nicht im nächsten Moment etwas Bedrohliches auftauchen könnte. Da ihr Mann zu Ärgerausbrüchen neigt, wenn ihm etwas missfällt, bestätigt sich diese Vorannahme immer wieder. Sie ist mit einem Vater aufgewachsen, der sich ihr, wenn er zu viel getrunken hatte, mit anzüglichen Bemerkungen und allzu jovialen Gesten näherte. Sie konnte, soweit ihr Gedächtnis reichte, immer wieder auf Distanz gehen, um sich vor diesen Übergriffen zu schützen. Dennoch entstand in ihr ein Gefühl des Misstrauens, das sich auf alle anderen Männer erstreckte. Die Grenzüberschreitungen erzeugten in ihr ein unsicheres Gefühl bis hin zu Selbstzweifeln und einem brüchigen Selbstgefühl, dem sie in verschiedenen Bereichen ihres Lebens begegnet.

Scham in der Kommunikation

Die Scham ist ein derart weitverbreitetes Phänomen und in vielen Interaktionsprozessen enthalten, dass sie uns in den meisten Fällen gar nicht auffällt. Wir haben uns daran gewöhnt, die kleinen Schamelemente, die in unsere Gespräche einfließen, zu übersehen und zu übergehen. Dennoch stören sie den Austausch und das kommunikative Eingehen aufeinander und erzeugen Misstöne und Spannungen. Typisch sind Schamzyklen, die zwischen den Kommunikationspartnern ausgespielt werden. Dieses weite Wirkungsfeld der Scham wird hier aus Platzgründen nur ansatzweise beleuchtet.

Es folgt ein kleines Beispiel aus einer typischen Alltagskommunikation, in der eine Störung der Kommunikation entsteht, die mit Scham zu tun hat. Das Beispiel dient dazu, unsere Aufmerksamkeit auf subtile Elemente in der Kommunikation zu lenken, die mit Scham und Beschämung zu tun haben. Mit dieser Bewusstheit können wir unsere Sensibilität verbessern, um unseren Gesprächspartnern Beschämungen zu ersparen.

A: Du hörst mir gar nicht zu.

B: (war in Gedanken woanders und reagiert leicht ungehalten): Doch, ich höre dir zu, du hast gerade von deiner Firma erzählt.

B möchte gerne ein aufmerksamer Zuhörer sein, und deshalb ist es für ihn mit Scham verbunden, wenn er nicht ganz bei der Sache ist. Um diese Idealitätsscham nicht spüren zu müssen, weicht er aus, rechtfertigt sich und gibt damit den Vorwurf zurück. So entspricht es einer früheren Lernerfahrung und daraus entwickelten Schamabwehr.

B könnte auch gleich auf den latenten Vorwurf in der Botschaft von A reagieren:

A: Du hörst mir gar nicht zu.

B: Natürlich höre ich dir zu – was du nur immer hast!

Die Scham wird hier nicht durch Ausweichen und Rechtfertigen vermieden, sondern durch einen Angriff: Du willst mir ein Problem rüberschieben, ich nehme es nicht und lasse mich nicht von dir schlechtmachen. Auch hier rutscht B in eine alte Geschichte, in deren Verlauf er gelernt hat, dass es riskant ist, eigene Fehler zuzugeben und sich beschämt zu zeigen. Dadurch wird die Kommunikation verkompliziert und mündet schnell in Missverstehen und Streit.

Es kann natürlich auch sein, dass schon in der Meldung von A („Du hörst mir gar nicht zu") Vorerfahrungen von A mitschwingen, kein Gehör zu finden, die auch mit Scham verbunden waren. Es wäre daran merkbar, dass die Aussage verärgert und genervt kommt. In diesem Fall reagiert B auf diese mitgelieferte Geschichte und auf die in ihr enthaltene Verärgerung und Scham und übernimmt aus ihr die Schamvermeidung. Dafür wählt er unbewusst die Form, die ihm aus seiner Kindheit am vertrautesten ist.

Natürlich muss B, wenn A eine alte Geschichte in eine Rückmeldung verpackt, nicht automatisch auf die Geschichte reagieren. Wenn ihm bewusst wird, was abläuft, hat er die Wahl, die Kommunikation in die Gegenwart zu bringen, statt auf die alte Geschichte von A zu reagieren oder in die eigene Geschichte zurückzufallen.

Spulen wir nochmals zurück. Es könnte auch so laufen:

A: Du hörst mir gar nicht zu.

B: Es tut mir leid, ich war gerade in Gedanken woanders. Jetzt bin ich wieder ganz Ohr.

B stellt sich seiner Scham, entschuldigt sich, und die Kommunikation kann weiterlaufen.

In dem Maß, in dem wir an solchen kritischen Punkten zu unserer Scham stehen, bleibt die Kommunikation offen und authentisch. Wir brauchen dazu allerdings das Vertrauen, dass die andere Person achtsam mit unserem Einbekennen von Scham umgeht. Hier gleich das Gegenbeispiel:

A: Du hörst mir gar nicht zu.

B: Es tut mir leid, ich war gerade in Gedanken woanders. Jetzt bin ich wieder ganz Ohr.

A: Ja typisch, immer wenn ich dir was Wichtiges erzähle, hörst du nicht zu.

Hier nutzt A aus, dass sich B für seine Scham öffnet und ein Risiko eingeht, um eine frühere Rechnung zu begleichen. B begibt sich in eine vulnerable Position, und A fährt drüber, mit dem verallgemeinernden und indirekten Verweis auf selbst erlebte beschämende Situationen: Wenn einem nicht zugehört wird, fühlt man sich beschämt, weil der Gedanke entsteht: Ich bin es nicht wert, dass sich jemand für mich interessiert. Auch hier kann die Kommunikation schnell entgleisen.

Im Fall, dass A nicht in eine reaktive Falle geht, sondern die Öffnung von B für seine Scham respektiert, wäre die Antwort vielleicht:

A: Okay, dann erzähle ich dir mein Erlebnis nochmals.

An diesem Punkt kann die Kommunikation entspannt und friedlich weitergehen.

Die Moral von der Geschichte: Wenn wir unsere eigenen Schamgefühle, auch die ganz subtilen und versteckten, übersehen und nicht beachten, kann es leicht zu Spannungen und Konflikten kommen. Endlosschleifen von kommunikativen Ping-Pong-Spielen sind die Folge. Denn die Scham ist ein missliches Gefühl, das jeder gerne loswerden will, das aber umso heftiger wird, je mehr man sich dagegen sträubt. Scham erzeugt Stress, und Stress reduziert die Gesprächsfähigkeit und das wechselseitige Verstehen, wie wir aus der Polyvagaltheorie wissen.

Die unbewusste Scham ist eine subtil wirkende Kraft hinter Missverständnissen und Streitigkeiten, dem lästigen Sand im Getriebe der Alltagskommunikation, der sich so schnell einschleicht und so schwer zu entfernen ist. Sie nutzt die Projektion, um die eigenen unangenehmen Gefühle loszuwerden. Dem Partner schlechte oder böse Absichten zu unterstellen, dient zur Entlastung vom Schamdruck.

Kommunikationsschleifen sind Schamzyklen mit zweifacher Wirkungsweise: Es werden die Schamthemen von den Kommunikationspartnern wechselseitig aktiviert und verstärkt und zugleich intern in beiden angeheizt. A beschämt B, B beschämt A, eine klassische kommunikative Interpunktion nach Paul Watzlawick (1969), und A verfängt sich ebenso wie B gleichzeitig in einem inneren Schamzyklus. Denn jede misslungene Kommunikationseinheit mobilisiert Schamgefühle.

Hinter vielen Konflikten – im Beziehungs- aber auch im politisch-gesellschaftlichen Bereich – stecken nicht wahrgenommene oder unausgedrückte Schamgefühle. Die Sensibilisierung für diese Gefühle und die Bereitschaft, sie zu spüren und anzunehmen, kann viel Konfliktpotenzial entschärfen, die Kommunikation vereinfachen und entspannen und mehr Achtsamkeit ins Zwischenmenschliche bringen. Je mehr wir uns selber auf die Schliche kommen, wie wir unsere Mitmenschen in der Kommunikation beschämen, und je mehr wir uns selber klarmachen, wie wir beschämt werden, desto besser wird es uns gelingen, unsere Gespräche von Scham freizuhalten.

Beziehungsende und Scham

Wenn Liebesbeziehungen enden, ist die Scham nicht weit. Zunächst ist verständlich, dass sich die verlassene Person gekränkt und entwertet fühlt. Dabei handelt es sich um eine narzisstische Wunde – in Beziehungen haben wir häufig die Neigung, uns mit dem Partner zu identifizieren und an seinen Stärken mitzunaschen. In diesem Fall fühlen wir uns durch die Erfolge, Leistungen und Schönheitsattribute der geliebten Person selber aufgewertet und wachsen an Wichtigkeit. Unser Selbstwert hängt daran, dass uns eine andere Person liebt, bei der wir die zentrale Stelle im Leben einnehmen.

Werden wir stehen gelassen, verlieren wir nicht nur einen wichtigen Menschen, sondern auch etwas, das wir als Teil unseres Selbst definiert haben, obwohl es eigentlich zur anderen Person gehört. Bei manchen Menschen geht diese Identifikation so weit, dass sie aus der ganzen Person der Partnerin ihren Wert beziehen. Der Verlust der Beziehung wirkt dann wie ein totaler Selbstverlust, wie ein Sturz in ein unermessliches Loch.

Fallbeispiel:

Frau K. hat sich in einen Mitstudenten verliebt und mit ihm eine Beziehung begonnen. Sie schätzte seine stabile Persönlichkeit und seine intellektuellen und praktischen Fähigkeiten. Sie geriet in ihrem Studium nach zwei Jahren in eine Krise, dazu kamen noch familiale Probleme. Eines Tages erklärte ihr der Partner, dass sich seine Gefühle zu ihr verändert hätten und er deshalb die Beziehung beende. Sie fiel aus allen Wolken und war am Boden zerstört. Sie erhielt keine weitere Erklärung von dem Mann, den sie liebte und von dem sie glaubte, dass er sie auch lieben würde.

Sie erfuhr eine zweifache Beschämung: Offensichtlich war sie als Mensch nicht mehr liebenswert, wenn sie Probleme hatte und daran litt, wenn sie also emotionalen Zuspruch und Trost brauchte, und zudem war sie es nicht wert, dass ihr ein Grund für die Beziehungstrennung mitgeteilt würde. Sie fühlte sich völlig wertlos und verlor jede Lebensfreude. Sie stürzte sich in ihr Studium und konnte sich langsam aus der Depression befreien. Als Reaktion entwickelte sie bald einen tiefen Hass auf den Mann und suchte sich Trost bei einem gefühlvollen und emotional offenen Freund, mit dem sie dann eine Beziehung anfing.

In der Therapie erkannte sie, dass sie in dieser Beziehung ein Muster wiederholt hatte, das sie von ihrem Vater kannte, der auch emotional verschlossen war und sie vor allem wegen ihrer Leistungen schätzte, aber nicht auf ihre Gefühle eingehen konnte.

Trennungen lösen häufig depressive Erkrankungen aus, die mit starken Schamreaktionen in Zusammenhang stehen. Der Verlust an Selbstwert durch eine Trennung schneidet von der Lebens- und Schaffensfreude ab. Eine häufige Reaktion nach einer Trennung besteht darin, sich von anderen Menschen zurückzuziehen, sich vor sich selber zu verstecken und sich nicht mehr zu mögen. Es kommt sogar vor, dass sich Menschen, die verlassen wurden, in den Selbstmord stürzen, so stark erleben sie ihren Wertverlust. Es erscheint ihnen nicht einmal mehr sinnvoll, das eigene Leben weiterzuführen, wenn sie alleine sind.

Fallbeispiel:

Herr L. hat sein Arbeitsverhältnis beendet, das ihn lange Zeit belastet hat und immer unpassender wurde. Die Arbeit als Altenpfleger war anstrengend, wenig abwechslungsreich, unangenehm und sozial schlecht bewertet. Er nahm sich Zeit, um eine berufliche Neuorientierung zu finden. In dieser Zeit trennte sich die Freundin von ihm, mit der er viele Jahre eine schwierige und quälende Beziehung geführt hatte. Obwohl er immer wieder massive Abwertungen und Beschimpfungen von ihr ertragen musste und sich in vielen Aspekten den oft absurden Wünschen der Freundin anpasste, schaffte er selber den Ausstieg nicht, im Gegenteil gab es in ihm eine Stimme, die sagte, für die Beziehung würde er alles geben. Die Trennung stürzte ihn in ein tiefes emotionales Loch. Er merkte, dass er nicht alleine leben konnte und zog zu seinem Vater. Über Wochen konnte er nicht oder nur wenig schlafen, was seinen inneren Zustand zunehmend erschütterte. Er suchte therapeutische Hilfe, die urlaubsbedingt nur eingeschränkt möglich war. Nachdem ihm der Vater mitgeteilt hatte, dass er nur begrenzt bei ihm wohnen könne, beging er einen Selbstmordversuch, den er nach einem Fall auf eine Betonplatte mit einer Querschnittslähmung überlebte.

Die Entwertung, die für L. das Beziehungsende bedeutete, konfrontierte ihn mit einer tiefsitzenden Scham. So musste er erleben, dass er die Sinnhaftigkeit seiner Existenz davon abhängig machte, eine Freundin zu haben. Dahinter steckte die Angst, alleingelassen zu werden, die aus einer frühkindlichen Erfahrung stammt und durch das Beziehungsende aktiviert wurde. Diese Angst, verbunden mit dem Schamgefühl, das der eigenen Existenz die Grundlage entzieht, brachte L. zu dem folgenschweren Schritt, dem eigenen Leben ein Ende setzen zu wollen.

Auch bei solchen gravierenden Themen zeigt sich die Scham doppelgesichtig: Zum einen markiert sie den Selbstwertverlust durch den Partnerverlust, zum anderen versteckt sich dahinter noch die Scham darüber, im Selbstbild so abhängig von der Wertschätzung durch einen Beziehungspartner zu sein. Die Scham infolge des Beziehungsendes enthält in sich die Scham über die fehlende Selbständigkeit und den mangelhaften Selbstwert. Diese Verdoppelung der Scham wirkt immer als Verstärkung des depressiven Zustandes und gibt das Gefühl, überhaupt nicht mehr begehrenswert und liebesfähig zu sein. Führt diese Spirale weiter ins Loch des Verlassenseins, so kann sie in quälenden Selbstzweifel und Selbsthass münden. Die Aggression als Folge der Kränkung wendet sich nach innen, gegen sich selbst, und führt zu verschiedenen Formen der Selbstauslöschung: Unfälle, Selbstverletzungen, gesundheitsschädliches Verhalten und eben im extremen Fall Selbstmordversuch oder Selbstmord.

Eine andere verwandte Möglichkeit liegt darin, dass sich Menschen durch eine Depression unbewusst vor der eigenen Scham nach einer Trennung schützen. Sie wollen das äußerst unangenehme und schmerzhafte Gefühl nicht spüren und entwickeln stattdessen die Depression, die sie antriebslos und abgestumpft macht, sodass sie zwar keinen Zugang zu freudigen Gefühlen haben, aber dafür auch keine besonders unangenehme Emotionen fühlen müssen (Mollon 2018, S. 44f). Die Depression dient in diesem Fall wie ein Betäubungsmittel gegen die Scham.

Aber auch die Person, die aktiv die Beziehung beendet und vielleicht noch darauf stolz ist, den Schritt als erste vollzogen zu haben und den vormaligen Partner im Regen stehen zu lassen, ist nicht frei von Scham. Denn häufig ziehen solche Menschen selber die Reißleine in einer für sie unerträglich gewordenen Beziehung, um einer Beschämung zuvorzukommen, die darin bestünde, der Verlassene und möglicherweise Betrogene zu sein. Es ist also die Schamabwehr, die zur Proaktivität anstachelt. Auf diese Weise kann das Verlassen eine gewisse Befriedigung bewirken, indem der „Täter", der aktive Trennungsteil der Beziehung, das „Opfer", den passiven, verlassenen Teil, herabschauend bemitleidet oder verachtet. Die Trennung wird zum Akt der Beschämung im Dienst der eigenen Schamvermeidung. Für solche Menschen ist es scheinbar naheliegender und einfacher, andere zu verletzen, als selbst verletzt zu werden. Bevor die eigene Depression ausbricht, wollen sie den Expartner leiden sehen. Sie nähren sich an der Bestrafung, die sie dem Opfer antun wollen. Sie leben also, wenn man so will, den sadistischen Part aus, während für das Opfer nur der masochistische Teil bleibt.

Auch beim sadistischen Beziehungsabbrecher finden wir eine Verdoppelung der Scham. Die erste Beschämung entsteht aus der Erkenntnis, mit einem Menschen zusammen gewesen zu sein, der so unmöglich, lieblos, langweilig oder was immer auch war. Es meldet sich die selbstbezweifelnde Frage: „Wie konnte ich mich nur in diesen Menschen verlieben?" Die zweite Selbstbeschämung liegt im Beschämen, die dem Partner angetan wird, eine Scham, die besonders wirksam verdrängt werden muss, weil sie an die Substanz der eigenen Integrität geht: „Was bin ich für ein Mensch, dass ich mich am Leid anderer aufrichten muss?"

Diese Form der Gefühlsvermeidung steckt hinter den Aktionen der Serien-Beziehungsabbrecher, die eben selber in der narzisstischen Falle stecken: Denn auch sie definieren sich über ihre Beziehungspartner und präsentieren sie zunächst stolz als Eroberung oder Gewinn aus einer Verführung. Nach der Trennung wird aber der Stolz über den tollen Partner umgewandelt in den Stolz über den mutigen und selbstbewussten Schritt zur Rettung der eigenen Würde, und das vorherige Objekt der Verehrung wird einer möglichst gründlichen Verachtung preisgegeben. Manchmal brüstet sich jemand sogar über die Anzahl der gebrochenen Herzen, die er oder sie gewinnen konnte, um sie dann ebenso souverän wieder fallenzulassen, sobald sich deren Mangelhaftigkeit und Schlechtigkeit geoffenbart hat.

Diese Formen des selbstbesessenen Stolzes sind nur Bemäntelungen der Scham, die im Hintergrund die Fäden der Regie in der Hand hat. Sie wählt zuerst solche Partner aus, die dem eigenen Drang nach Bewunderung und dem Bedürfnis nach Bewundertwerden entsprechen. Damit ist eine mögliche Form der Beschämung hinan gehalten. Die Scham registriert und signalisiert dann aber auch weit im

Vorhinein, wo es zu möglichen Verletzungen des inneren Selbst kommen könnte und motiviert gleich zum vorzeitigen Beziehungsabbruch.

Nun wirkt sie an der Umwertung mit: Was vorher bewundert wurde, muss jetzt verachtet werden. So bleibt scheinbar das Selbst intakt: Vorher war es durch die Idealisierung der tollen Partnerin vor der Scham beschützt, nachher durch das Bild einer hässlichen und grauslichen Person, von der man sich nur trennen kann. Und tiefer drinnen gibt es noch eine Scham, die sehr wohl registriert, dass es die gleiche Person ist, die zuerst hochgehoben und danach in den Dreck gezogen wird, und dass das niemand anderer macht, als man selbst.

Außerdem steckt mit hoher Wahrscheinlichkeit im notorischen Beziehungsabbrecher die Scham, keine längerfristigen Beziehungen zustande zu bringen und immer wieder von neuem beginnen zu müssen. Dazu kommt, dass es gerade diese notorische Neigung zur Unverschämtheit als Folge der Schamverdrängung ist, die die Beziehungspartner zu Reaktionsweisen motiviert, die dann scheinbar den Abbruch rechtfertigen. Das Unbewusste liefert alle Themen, die den Partner verletzen könnten. Sie werden in der sadistischen Beziehungsrolle wie selbstverständlich eingesetzt, sodass die Weise, wie der Partner auf die Verletzung reagiert, den Anlass bietet, ihn abzuwerten, zu verachten und schließlich zu verabschieden. Im unbewussten Beziehungsspiel mischen die Schamthemen fleißig mit, eben besonders die verdrängten.

7. Die vielen Geschwister der Scham

Es gibt in unserem Gefühlsleben die Erfahrung einer reinen Scham, ohne die Beimischung anderer Gefühle. Sie ist in den meisten Fällen äußerst unangenehm und bedrückend, weil sie uns hilflos, wehrlos und abhängig werden lässt. Die Scham tritt zudem häufig in Verbindung mit anderen Gefühlen auf, bzw. verbindet sich nachbarschaftlich mit ihnen oder hat andere Gefühle als Vorläufer oder Nachfolger. Die Scham kann bei vielen Gefühlsabläufen mitmischen oder die Fäden ziehen, weil sie auf deren soziale Dimension aufmerksam macht: Was bedeutet das Ausdrücken eigener Gefühl für andere? Darf ich in der Anwesenheit anderer zornig sein, Ekel empfinden oder überbordende Freude ausdrücken? Wie reagieren die Mitmenschen, wenn ich meine Traurigkeit zulasse? Wie bewerte ich mich selber, wenn ich so häufig ängstlich oder wütend bin? Diese Zusammenhänge zwischen dem Gefühlserleben und –ausdrücken und der Scham werden im Folgenden näher beleuchtet.

Zu beachten ist auch, dass hinter vielen Gefühlen, die wir im Vordergrund spüren, die Scham versteckt ist. Andere Gefühle dienen dazu, die Scham nicht wahrnehmen zu müssen. So hilft uns z.B. die (Scham-)Wut oder die (Scham-)Traurigkeit dabei, die extreme Erfahrung der reinen Scham, die noch viel unangenehmer wäre, nicht machen zu müssen. In der Wut und in der Traurigkeit stecken auch Überlebensressourcen: Die Wut beinhaltet eine starke Kraft, die wir für die Durchsetzung unserer Überlebensinteressen nutzen können, und die Traurigkeit enthält einen intensiven Appellcharakter an andere Menschen, damit sie helfen, Zuwendung geben und Trost spenden. Durch die Verbindung von Scham mit Wut oder Trauer bleibt ein gewisses Maß an Kontrolle über das eigene Leben erhalten, das bei der alleinigen Schamerfahrung völlig preisgegeben erscheint.

Ob wir mehr dazu neigen, das Erleben von Scham mit Traurigkeit, Wut oder anderen Gefühlen zu verbinden, richtet sich danach, welches Gefühl bei den Eltern eher Resonanz und Empathie erzeugt hat. Es gibt Mütter, die zwar auf das Weinen des Kindes reagieren, aber nicht auf seine Scham. Also lernt das Kind, mit Traurigkeit aufzufallen, wenn es sich schämt. Oder die Eltern werden aufmerksam, wenn das Kind wütend wird. Dann wird es das Muster entwickeln, die Scham mit Wut zu überdecken. Häufig liegt der Grund für diese Verbindungen in der mangelnden Fähigkeit der Eltern, die Scham ihrer Kinder zu erkennen und zu beheben. Diese

Fähigkeit ist nur in dem Maß ausgebildet, in dem sich die Eltern mit ihren eigenen Schamthemen beschäftigt haben.

Scham und Angst

Es gibt keine Grenzen. Weder für Gedanken, noch für Gefühle. Es ist die Angst, die immer Grenzen setzt. (Ingmar Bergman)

Die Verbindung von Scham und Angst ist von einem anderen Kaliber als jene zwischen den oben diskutierten zwei anderen prominenten Gefühlen. Denn jede Scham enthält einen Kern von Angst und ist, anders betrachtet, ein spezieller Ausdruck von Angst, wobei die Angst die individuelle Seite der Überlebensbedrohung spürbar macht, und die Scham die soziale Seite. Wir können die Scham demnach als die innere Repräsentation der sozialen Überlebensangst verstehen, als die Weise, wie wir erleben, dass unser soziales Überleben in Gefahr ist. Die an der Scham beteiligten Ängste können in ganz leiser, kaum merklicher Form auftreten oder als massive Affekte bis zur Panik und zu suizidalen Impulsen, mit allen Nuancierungen dazwischen.

Mit Angst reagieren wir auf Gefahren, mit existentieller Angst auf existentiell bedrohliche Gefahren. Denn diese wird sofort aktiviert, wenn etwas unser Überleben gefährdet. Sie signalisiert also wie eine Ampel, die schnell auf Rot schaltet: Achtung höchste Gefahr, es muss alles getan werden, damit das Weiterleben gesichert wird.

So reagiert unser Nervensystem auch bei den kleinen und kleinsten Bedrohungen, die im Alltag auftauchen: Ein Glas fällt runter, wir erschrecken. Ein Auto biegt um die Ecke, wir zucken zusammen. Ein hartes Wort kommt vom Chef, der Magen krampft. Ein finsterer anklagender Blick vom Beziehungspartner, das Herz schlägt schneller. Die Angst liegt nicht in den Reizen, die von außen auf uns einströmen. Es gibt keine objektiven Angstauslöser. Vielmehr entsteht sie durch die Bewertung, die wir unbewusst vornehmen, nach dem einfachen Schema: sicher/gefährlich. Unsere Bewertungssysteme in den Mandelkernen des limbischen Systems sind dabei sehr großzügig, sie wollen uns in jedem Fall warnen, auch wenn gar nicht klar ist, ob wirklich eine Bedrohung vorliegt. Sie reagieren selbst bei sehr kleinen Wahrscheinlichkeiten so, als läge bereits akut eine Bedrohung vor. Sie wollen verlässliche Überlebenshelfer sein und speichern deshalb möglichst alles ab, was jemals gefährlich war.

Ängste lenken also die Aufmerksamkeit auf mögliche Gefahren. Die beteiligten Gehirnareale bemerken aufgrund von früher gespeicherten Erfahrungen, dass ein äußerer Umstand, der dem ursprünglichen Erfahrungsgehalt ähnlich ist, unser Überleben bedrohen könnte. Sie mobilisieren unser Angriffs- oder Vermeidungsverhalten und erzeugen im Extremfall eine Erstarrung, die den Körper schützen soll, indem gleichzeitig die Schmerzleitungen blockiert werden. Im ganz frühen Stadium unserer Entwicklung stand uns nur die letztere Form der Angstreaktion zur Verfügung, denn das Kampf-Flucht-Verhalten benötigt das sympathische Nervensystem zu seiner Aktivierung, das sich erst im späteren Lauf der Fetalentwicklung herausbildet, und es braucht einen Bewegungsraum, in dem es das Verhalten ausleben kann.

Da wir als Organismus von Anfang an in einem riskanten und störungsanfälligen Umfeld entstanden sind, ist die Angst eine Begleiterin von unseren Ursprüngen her. Wir nehmen vielleicht an, dass die Scham erst viel später dazukommt, etwa im 2. Lebensjahr, in dem wir Kinder in ihrer schamvollen Reaktion beobachten und erleben können. Dennoch gibt es triftige Gründe, die Anfänge der Scham mit den Anfängen der Angst zu koppeln.

Denn die Überlebensbedrohungen, die dem Leben in unsicherer Umgebung innewohnen, haben zwei Seiten: Sie betreffen die Selbstbeziehung und die Außenbeziehung. Beide Orientierungen sind konstitutiv und wesentlich für jedes Lebewesen. Im eigenen Inneren können Störungen des organischen Gleichgewichts gefährlich werden, und ungünstige Außenbedingungen können das Überleben bedrohen. Jeder Organismus muss beide Aspekte permanent überwachen, um sich selbst regulieren zu können und überlebensfähig zu bleiben. Bei Menschen sind diese Außenbedingungen immer mit anderen Menschen verknüpft, sind also immer auch sozial. Nicht nur wachsen wir in einem Menschen als Embryos und Feten heran, sondern spüren bei diesem Aufwachsen zusätzlich die emotionale und vielleicht auch geistige Komponente der Beziehung zur Mutter und auch zu anderen Menschen in ihrer Umgebung. In diesem Kontext spielt die Scham eine wichtige Rolle als Regulatorin nach innen und nach außen, Hand in Hand mit der Angst. Man könnte sagen, dass die Angst eine stärkere Innendimension hat, weil sie als Emotion sehr stark und mächtig nach innen wirkt, während die Scham zusätzlich eine stärkere Außendimension trägt, die eine soziale Appellfunktion beinhaltet, mit der die aktuelle Hilflosigkeit signalisiert wird. Im Schämen ist immer eine soziale Botschaft enthalten, und das trägt dazu bei, dass die Scham als Emotion wesentlich komplexer ist als die Angst.

Obwohl die Scham erst im späteren nachgeburtlichen Leben in der Innenerfahrung als von der Angst unterscheidbare Emotion auftritt, macht es Sinn, davon auszugehen, dass sie vor allem bei massiven und traumatischen Ängsten als „Nebenwirkung" eintritt und damit schon ganz früh im emotionalen Konzert mitspielt. Denn mit der Einbeziehung der Scham verstehen wir besser, wie unser Überleben und die daran geknüpften Ängste immer in einen zwischenmenschlichen Zusammenhang eingebettet sind. Unser Überleben ist von anderen Menschen abhängig; ist es gefährdet, meldet sich die Angst. Mit der Angst geht die Scham einher, die darauf hinweist, dass etwas mit einem selber nicht stimmen wird, dass es zu dieser Existenzbedrohung kommen kann. Sie stellt also den inneren Kern, die eigene Identität nicht nur auf einer organischen Ebene in Frage, wie es die Angst tut, sondern in ihrer Ganzheit. Damit wirkt die Scham umfassender als die Angst.

Im Allgemeinen handelt es sich vor allem um die Angst vor dem Nicht-Geliebtwerden, vor Nicht-Anerkennung sowie vor Bloßstellung und Demütigung, also die Angst vor dem Verlust der ursprünglichen Bedingungen unserer Existenz. In Form der Urscham gehört dazu auch die elementare Angst vor dem Verlust der Zugehörigkeit zur Herkunftsgemeinschaft, die für die Lebensberechtigung zuständig ist, also die Angst vor dem sozialen Tod.

Scham, Angst und Entwicklungsschritte

Jeder Entwicklungsschritt konfrontiert mit einer neuen, bisher unbekannten Situation. Z.B. wissen wir vor der Geburt nicht, wie es nachher sein wird. Diese Unsicherheit ist mit Angst verbunden. Eine starke Kraft in uns sagt aber, dass wir uns dieser Erfahrung aussetzen müssen. Wir können zögern und zaudern, bis die Kraft so stark wird, dass wir uns auf den unbekannten Prozess einlassen müssen und über unsere Angst hinausgehen.

So läuft es bei den größeren Lebensveränderungen wie bei kleineren Entscheidungen. Wir spüren den Drang nach einer Aktion, die Angst lässt uns zurückschrecken, und irgendwann gehen wir doch in die Erfahrung hinein – oder auch nicht. Manchmal siegt der Mut, manchmal die Angst. Das ist auch gut so, weil uns die Angst darauf aufmerksam macht, wenn ein Schritt unsinnig, selbstschädigend oder verfrüht ist.

Die Schamangst kontrolliert das Verhalten, sodass sich die betreffende Person im Selbstausdruck und im sozialen Verhalten hemmt, um dem Risiko einer Beschämung zu entgehen. Menschen mit Neigungen zu Zwangshandlungen sind häufig von Schamängsten beherrscht, die ihnen als innere Stimmen das Zwangsverhalten diktieren. Mit dem ritualisierten Verhalten soll die Angst gebannt und die Scham beruhigt werden.

Die vorweggenommene Scham

Im weiteren Aufwachsen, mit dem Ansammeln von Beschämungssituationen in der Erinnerung, meldet sich die Angst bei der Vorstellung einer möglichen peinlichen Situation oder Bloßstellung in der Zukunft, z.B. in der Form, vor einer Herausforderung zu zweifeln, ob sie bewältigt werden kann oder ob es zu einer beschämenden Niederlage kommen wird. Die vorweggenommene Scham beschwört das Angstgefühl aus der fantasierten Erwartung heraus. Häufig ist die Folge ein gehemmtes und verschüchtertes Verhalten. Die Betroffenen versuchen, Situationen tunlichst zu vermeiden, in denen früher schon einmal eine Beschämung aufgetreten ist und deshalb auch in Zukunft wieder passieren könnte. Da Ängste eine Tendenz zur Verallgemeinerung haben, kann es geschehen, dass sich jemand wegen der Schamangst immer mehr zurückzieht und einschränkt, was dann wieder zu Schamgefühlen führt, als Folge der Selbstanklage, ein Angsthase zu sein oder im Leben nichts weiterzubringen. Auf diese Weise gebiert die Scham die Angst, die wiederum Scham hervorbringt – ein Teufelskreis der schamvollen Selbstabwertung und der ängstlichen Selbstzurücknahme etabliert sich.

Psychodynamisch betrachtet, steckt hinter der Schüchternheit und sozialen Ängstlichkeit häufig ein besonders starker Wunsch nach Gesehen- und Bewundertwerden. Die Betroffenen leben dieses Bedürfnis, das sie im Alltagsleben unterdrücken, oft in Träumen aus (Tiedemann 2007).

Kinder entwickeln ein natürliches Zeigebedürfnis, den Wunsch, in ihrem Sein wahrgenommen und wertgeschätzt zu werden. Sie wollen vor den Großen auftreten, ihre Stimme erheben und zustimmendes Gehör finden. Dadurch soll der eigene Wert bestätigt und gestärkt werden, als Basis für weiteres inneres Wachstum. Stößt dieses Bedürfnis auf Ablehnung, Ignoranz oder gar abwertenden Spott, so ist die Scham eine unweigerliche Folge. Sie macht darauf aufmerksam, dass jedes Sich-Zeigen riskant und gefährlich ist, sodass alle Formen des Heraus- und Vortretens an die Öffentlichkeit mit Angst assoziiert werden, unter Umständen sogar mit der Macht eines Traumas. Denn viele wegen schroffer und unsensibler Ablehnung missglückte Auftritte auf der Bühne des Lebens können zu massiven Verletzungen und zu überwältigenden Gefühlsprozessen der Angst und Scham führen, die in vielen Fällen ein Leben lang weiterwirken.

Die Angst, nicht ernst genommen zu werden, steckt hinter vielen Formen des sozialen Rückzugs. Ein Beispiel dafür der Spott, der in einer Wechselwirkung mit der Scham steht, denn diese kennt das Gefühl, für einen Narren gehalten zu werden, der getäuscht und lächerlich gemacht wurde (Wurmser 2007, S. 306). Das spöttische Auslachen stellt eine tiefe Demütigung dar, vor der eine ausgefeilte Schamangst schützen soll. Sie kann sich wieder eine Haltung von Arroganz, Verachtung oder Zynismus antrainieren, mit der andere beschämt werden sollen, bevor es einem selber widerfährt. Sie kann aber auch dazu führen, dass sich jemand konsequent von jeder prägnanten Selbstäußerung zurückhält, um die Gefahr einer beschämenden Abfuhr zu bannen.

Scham, Schmerz und Traurigkeit

Der Schmerz ist der große Lehrer der Menschen. Unter seinem Hauche entfalten sich die Seelen. (Marie von Ebner-Eschenbach)

Die Scham ist ein äußerst schmerzhaftes Gefühl, auf der emotionalen Ebene möglicherweise das schmerzhafteste überhaupt. Denn es ist im schlimmsten Fall mit der extremsten Ablehnung verbunden, die vorstellbar ist: Dem Ausschluss aus der Bezugsgruppe, der Auslöschung der sozialen Identität, dem Verlust aller Beziehungen und Bindungen, dem Abhandenkommen der individuellen Bedeutung. Nachdem wir soziale Wesen sind, die sich selber über ihre menschliche Umgebung verstehen und definieren, ist dieses Wesen, das wir sind, bedroht, sobald es um Ausschluss oder Ausgrenzung geht. Solche Grenzerfahrungen lösen nicht nur massive Angst, sondern auch tiefen, unter Umständen unendlichen Schmerz und heftige Trauer aus.

Abwertungen, Beschämungen und Demütigungen, denen wir ausgesetzt sind, lösen Schamgefühle aus und verletzen uns. Sie tun uns in der Seele weh. Schamerfahrungen gehen immer mit Schmerz- und Trauergefühlen einher, ob wir sie spüren oder nicht. Die verschiedenen Abwehrformen und Kompromissbildungen der Scham, die noch eingehender besprochen werden (Kapitel 8), dienen hauptsächlich der Schmerzvermeidung.

Wozu haben wir überhaupt Gefühle der Trauer? Wir lieben sie nicht, wir wollen schließlich keine Kinder der Traurigkeit sein. Wir wollen ein Leben voll Freude und Spaß, wir wollen jeden Tag bester Laune sein. Wir wollen genießen und alles vermeiden, was dem im Weg steht. Allerdings, ohne die Traurigkeit würde dem Leben eine wichtige Dimension fehlen.

Die Traurigkeit gehört zu den Grundgefühlen, die auch interkulturell invariant sind, also allen Menschen vertraut sind. Sie steht insbesondere mit Situationen des Abschiednehmens und mit Erfahrungen der Hilflosigkeit und Verletzung in Verbindung. Wir verlieren etwas, was uns ans Herz gewachsen ist und eine wichtige Stelle in unserem Leben einnimmt, und das stimmt uns traurig. Beziehungen, die in Brüche gehen, Menschen, die sterben, Leid, das wir um uns herum sehen, Arbeit, die wir verlieren, Menschen, die uns verletzen und kränken oder uns Böses zufügen, Krankheiten, die uns plagen – all das kann in uns Traurigkeit hervorrufen. Wir brauchen dann den Trost von anderen Menschen. Auch der Kontakt zur Natur kann uns gut tun, und wenn die Traurigkeit nicht weggehen will, kann uns körperliche Bewegung wieder auf andere Gedanken bringen. Denn unser Denken an das, was wir verloren haben, tritt häufig in Schleifen auf und nährt damit die Traurigkeit.

Haben wir das Weinen verlernt, was oft passieren kann, wenn Eltern vor allem ihre Söhne schelten, weil sie weinen, dann vergraben wir den emotionalen Schmerz tief in uns und verlieren im gleichen Maß an Lebensfreude. Andere erleben uns dann als oberflächlich, kalt, trocken oder verschlossen. Diese Eigenschaften hemmen den Fluss in Beziehungen und bereiten gefühlvollen Personen Probleme im Kontakt. „Was fühlst du gerade?" „Nichts Besonderes, und wenn ich etwas fühlen würde, wäre es nicht von Belang", so könnte jemand antworten, der den Kontakt zu seiner Traurigkeit verloren hat.

Traurig zu sein, heißt nicht, depressiv zu sein. Depression zählt zu den psychischen Erkrankungen, während das Traurigsein eine wichtige und gesunde Reaktion darstellt, um mit seelischen Verletzungen umgehen zu können. Depressive können auch sehr traurig sein, aber noch schwerer leiden sie an der Energielosigkeit, an Konzentrationsproblemen, kreisenden Gedanken, Leeregefühlen und Ängsten. Dazu kommen unangenehme Körperphänomene wie Schlafstörungen, Antriebsmangel, Essstörungen und andauernde Unruhe. Die Traurigkeit ist in diesen Fällen in ein Netz von anderen Gefühlen eingesponnen, bei denen die Scham eine zentrale Rolle spielt. Es wird als beschämend erlebt, so viel und so oft traurig zu sein. Außerdem wird die Traurigkeit dort so hartnäckig, wo sie mit Schamthemen verbunden ist, mit Gefühlen des Unwertseins und Ungeliebtseins. Die gesunde Trauer dagegen kommt, erreicht einen Höhepunkt und löst sich dann wieder, meist verbunden mit einer vertieften Entspannung. Sie wirkt also am Ende heilsam.

Der See der Traurigkeit

Der See der Trauer, auf den manche Menschen auf dem Weg durch das Land der Seele stoßen, ist das Symbol für eine Traurigkeit, die nie zu enden scheint. Sie geht mit dem Gefühl einher, dass sie nie durchweint werden kann, weil sie sich vermutlich immer wieder aufs Neue mit Schmerz füllen wird. Es scheint, als ob die Quellen des Trostes versiegt, versteckt, verloren sind.

Es gibt ihn in tieferen Schichten unserer Seele, diesen See der Traurigkeit, der sich unendlich weit und tief anfühlt, randvoll mit nicht enden wollendem Schmerz. Wenn wir mit ihm in Kontakt kommen, brauchen wir eine achtsame und geduldige Begleitung, damit wir nicht in Hoffnungslosigkeit und Verzweiflung stecken bleiben. In diesem See vereinigen sich alle verletzenden und schmerzenden Erfahrungen unseres Lebens, und er ist vor allem aus den Wunden unserer frühesten Kindheit, der Geburt und der Zeit davor gespeist. Denn emotionaler Schmerz ist eine der ersten Formen des Selbsterlebens in schwierigen und belastenden Situationen.

Die vielen ungeweinten oder unverstandenen Tränen haben sich im See gesammelt. Wer diesen See bereist hat, hat eine Ahnung davon, dass jede Träne, die damals in den frühesten Zeiten des eigenen Lebens nicht geweint werden konnte oder die auf unfruchtbaren Boden gefallen ist, weil sie kein Verständnis und keinen Trost gefunden hat, irgendwann geweint werden muss. Erst dann kann Friede einkehren.

Es zeigt sich letztlich, dass auch der scheinbar unendliche See des Schmerzes seine Grenzen hat. Wenn wir allerdings mitten in ihm versunken sind, können wir das nicht glauben. Wir sind ganz im Erleben eines Kleinstkindes, das noch keinen Zeithorizont kennt: Es weiß nicht, ob ein Leiden, dem es ausgesetzt ist, jemals enden wird. Es weiß nicht, ob die Mutter, die nicht da ist, jemals wieder kommen wird. Es ist ganz dem Erleben im Moment ausgeliefert und muss die Not durchleiden, auch wenn im Moment die Überzeugung besteht, sie werde nie wieder aufhören.

Wir können andere Menschen sicher durch diese tiefgreifende Erfahrung begleiten, wenn wir selber um die Beschaffenheit dieses Sees Bescheid wissen, wenn wir ihn selber in seiner Unheimlichkeit und Unbegrenztheit erfahren haben. Aus dieser Erfahrung nehmen wir die Gewissheit mit, dass wir immer den Weg ans Ufer finden werden und können in Geduld den Beistand und den Halt gewähren, bis wieder fester Boden unter den Füßen spürbar ist.

Zugleich hat dieser See eine archetypische Rolle, denn er bildet eine wichtige Schwelle zum Loslassen des Egos. Wenn wir in den See eintauchen, ohne zu wissen, ob wir je wieder aus ihm herausfinden, geben wir alle Kontrollen her, die uns die gewohnten Sicherheiten gewähren. Die seelischen Schmerzen auf sich zu nehmen und ihre Unerschöpflichkeit zu akzeptieren, hat eine tiefe reinigende Wirkung auf uns und befreit uns von der Notwendigkeit und Last, unser Leben beständig überwachen und kontrollieren zu müssen. Denn tief am Grund des Sees der Traurigkeit und der Verzweiflung herrscht Vertrauen, das Urvertrauen, das darauf wartet, entdeckt und angenommen zu werden.

Wichtig für das Herausfinden aus den Tiefen der Traurigkeit und des emotionalen Schmerzes ist das Beiseitestellen der Scham, die in sie hineingeflochten ist. Sie hindert die Traurigkeit am Abfließen, am Durchlaufen ihres organischen Zyklus. Es gilt, die Traurigkeit als Traurigkeit, den Schmerz als Schmerz zu akzeptieren und alle einschränkenden Wertungen und Selbstzuschreibungen loszulassen, die von einer Spielart der Scham gesteuert sind. Es ist in Ordnung und ich bin in Ordnung, wenn ich traurig bin und wenn meine Tränen fließen. Ich habe ein Recht auf all meine Gefühle und auf mein Fühlen. Ich brauche mich nicht zu schämen, wenn ich schwach und bedürftig meinen Gefühlen ausgeliefert bin.

Fast immer sind die Tränen des Babys und Kleinkindes in uns mit dabei, wenn wir weinen. Selbst wenn wir als Erwachsene schmerzhaften Erfahrungen ausgesetzt sind, wenn etwas Schlimmes geschieht wie der plötzliche Tod eines Angehörigen oder Freundes, weint auch das kleine Kind in uns mit, das unter einem Verlust gelitten hat. Und das ist auch gut so. Wir geben diesem schluchzenden Baby in uns den Halt und die Sicherheit, die es vielleicht in dieser frühen Zeit vermissen musste. Wir nehmen die Rolle eines schützenden und Geborgenheit und Trost bietenden Erwachsenen ein, einer optimalen Beziehungsperson, die in der früheren Erfahrung gefehlt hat, sodass der seelische Schmerz verdrängt werden musste.

Auf diese Weise können wir das Urgefühl des Schmerzes zulassen, ohne uns für das Fühlen zu schämen und ohne es mit Scham zu vermischen. Die Scham, die vielleicht am Ursprung der Traurigkeit beteiligt war, löst sich mit dem Zulassen der Traurigkeit auf und kann schrittweise in die Vergangenheit verabschiedet werden.

Scham und Wut

Jeder kann wütend werden, das ist einfach. Aber wütend auf den Richtigen zu sein, im richtigen Maß, zur richtigen Zeit, zum richtigen Zweck und auf die richtige Art, das ist schwer. (Aristoteles)

Die Scham ist die Wächterin der Würde und die Wut ihre Beschützerin. Sie stellt die Selbstmächtigkeit wieder her, die in der Scham abhandenkommt. Wer über eine konstruktive Verbindung zur eigenen Wut verfügt, kann sich mit auftauchenden Schamgefühlen sicher fühlen und sie zeigen, wenn es angebracht ist. Wem der Zugang zur Wut und ihrer Kraft fehlt, wird sich schwertun, den Eigenraum zu schützen, in dem die Scham ihren angemessenen Platz einnehmen kann. Vielmehr ist die Person schutzlos immer weiteren Beschämungen ausgesetzt, vor allem wenn das Umfeld empathiearm ist und viele Gewaltanteile enthält. Manchmal ist in Kindergruppen oder Schulklassen zu beobachten, dass Kinder, die sich für etwas schämen, von den anderen noch zusätzlich ausgelacht oder verhöhnt werden, sodass sich die Schambelastung potenziert und unter Umständen chronifiziert. Die erfahrenen Grausamkeiten schädigen den Selbstwert und zwingen das Unterbewusstsein dazu, eine der Formen der Schamabwehr zu nutzen.

Ohne Wut ist die Scham hilflos, und eine Situation der Beschämung gerät leicht zur Demütigung. Deshalb ist die Wut eine wichtige Dienerin der Scham. Das kleine Mädchen, von dem der Onkel möchte, dass es ihm seine Unterhose zeigt, wehrt sich und schreit, dass es das der Mama sagt. Es reagiert empört und mit der Kraft des Selbstschutzes, die vor einer Beschämung bewahrt. Der Angestellte, dem zu Ohren kommt, dass von seinen Kollegen hinter seinem Rücken eine Intrige gesponnen wurde, mit dem Ziel, ihm wichtige Entscheidungsbefugnisse zu nehmen, konfrontiert die Kollegen und fordert eine gemeinsame Besprechung mit dem Vorgesetzten. Er setzt seine zornige Energie ein, um seine Interessen zu vertreten und seine Würde zu wahren.

Die *MeToo*-Bewegung ist ein wütender Aufschrei über sexuelle Beschämungen, die schon geschehen sind. Aber die Täter sollen anprangert und künftige Übergriffe damit verhindert werden. Es handelt sich dabei vor allem um die Rückgewinnung der Eigenmacht und Würde, nachdem Intimbedürfnisse verletzt und Schamgrenzen gewaltsam übertreten wurden. Mit dem kraftvollen Eintreten für sich selbst können die Betroffenen ihre Schamwunden heilen.

In diesen Fällen wird die Wut durch Scham ausgelöst. Wenn wir merken, dass uns etwas beschämt, indem uns z.B. jemand anderer abwertet oder verachtet, kann schnell die Wut hochsteigen. Unser innerer Zustand wechselt vom parasympathischen zum sympathischen Modus, und wir kommen von der Passivität in die Aktivität. Wir werden vom Opfer zum Täter und können uns über die widerfahrene Respektlosigkeit beschweren. Damit gewinnen wir die Kontrolle zurück, die uns in der Scham verlorengeht. Wir werden auch wieder handlungsfähig. Die Wut verbindet uns mit der angriffslustigen Kraft des Sympathikussystems und führt uns aus der parasympathischen Lähmung und Resignation heraus.

Manche Menschen haben gelernt, auf jede Form der Beschämung mit Aggression zu reagieren und sofort in den Angriff zu gehen: Bevor die Scham noch voll spürbar ist, wird schon die Wut aktiviert und bekämpft sogleich die Quelle der Beschämung im Außen. Scheinbar stellt dieser Weg einen konstruktiven Ausweg aus der Selbstisolation und Selbstverleugnung der Scham dar. Denn es erfolgt eine Bewegung von der Hilflosigkeit zur aktiven, wenn auch nicht immer konstruktiven Einflussnahme auf die Umgebung.

Die Krux bei dieser Form des Umgangs mit der Scham liegt in der Unbewusstheit der Reaktion: Während zwar die Scham eine ältere Form einer Überlebensstrategie darstellt, ist die Wut auch nicht differenzierter oder höher entwickelt; sie stammt nur aus einem etwas späteren Niveau der psychosozialen Entwicklung, schwerpunktmäßig aus dem zweiten Lebensjahr und enthält starke zerstörerische und sozial destruktive Komponenten. Beide Gefühle haben sich lange vor der Entwicklung von kognitiven Kontrollsystemen gebildet und können deshalb ihre urtümliche Macht auf die erlebende Person ausüben, gleich, in welchem Alter.

Das Wutdrama

Wegen ihres archaischen Ursprungs ist die ungezügelte Wut ungeeignet für eine Beziehungsverbesserung. Sie stärkt zwar in eingeschränkter Weise die Selbstbeziehung, weil sie von der Ohnmacht zur Kraft führt. Sie bietet aber keine konstruktiven Kontaktmöglichkeiten zur anderen Person. Denn diese hat im Wesentlichen nur die Möglichkeit, sich zurückzuziehen oder in den Kampf von Wut gegen Wut einzusteigen. Die Wut dient in diesen Fällen als Weg, um die eigene Hilflosigkeit und Beschämung zu verstecken. Sie ist aber nicht dazu geeignet, diese Kränkungen zu überwinden. Denn die Situation, auf die sich Scham und Wut beziehen, ist durch eine Beziehungsstörung verursacht worden, und die dadurch ausgelösten Gefühle können nur verarbeitet werden, wenn die Beziehung wiederaufgenommen wird und eine kommunikative Brücke entsteht.

Sonst spult sich nur das Wutdrama eines Kleinkindes ab, auch wenn die Person schon weit im Erwachsenenalter steht: Das Kind wird von einer Erziehungsperson nicht verstanden und fühlt sich beschämt, hat aber schon gelernt, seine Wut auszudrücken, und findet auch diesen Ausweg. Allerdings verbessert der Zornausbruch in der Regel die Unterbrechung in der Beziehung nicht, vielmehr kommt es zu einer Verschlimmerung, falls die Betreuungsperson die Wut noch weniger versteht und sich emotional noch weiter entfernt. Erwachsene, die dieses Muster nutzen, haben noch immer die Hoffnung, dass endlich jemand kommen wird, der sie in ihrer Wut halten kann, sodass sie das Gefühl bekommen, dass es in Ordnung ist, wütend zu sein und dass auf diese Weise die Beziehung wieder heilen kann. Sie hoffen also bei jedem Wutausbruch, jemanden zu finden, der für diesen verletzten inneren Anteil ein besserer Elternteil sein kann als die eigenen Eltern. Diese Hoffnung ist meist vergeblich, weil die Adressaten der Wut nur in seltenen Fällen besser als die eigenen Eltern damit umgehen können.

Die Scham ist nicht nur der wahrscheinliche Vorläufer von Wutgefühlen und Wutanfällen, sondern auch deren Nachhut. Wenn die Wut verebbt ist, was aufgrund der physiologischen Abläufe nach einer gewissen Zeit passiert, indem die Energieressourcen aufgebraucht sind, meldet sich die Scham wieder, falls es zu keiner verstehenden Reaktion durch die Personen im Umfeld kommt. Denn es wird klar, dass die Wut keine Verbesserung auf der sozialen Ebene gebracht, sondern unter Umständen noch mehr ruiniert hat. Die Scham signalisiert jetzt noch stärker, dass es die eigene Unzulänglichkeit ist, die die Misere bewirkt und jetzt durch das, was die Wut angerichtet hat, noch zusätzlich verschärft hat.

In dieser Dynamik liegt der Grund, warum manche Menschen unter zyklischen Wutausbrüchen leiden und keinen Ausweg aus dem Muster finden können. Die Scham führt zur Wut, auf die wiederum Scham folgt, die, wenn das als Verhaltensmuster im Unbewussten eingeprägt ist, gleich darauf mit Wut beantwortet wird, sodass die Scham nicht gespürt werden muss. Erst wenn es gelingt, die Scham anzuerkennen und anzunehmen, zunächst für sich selber und dann auch in der

Kommunikation, gelingt ein Ausweg aus solchen Kreisprozessen, die sowohl für die betreffende Person als auch für deren Umgebung äußerst belastend sind.

Die Wutkontrolle

Neben dem Wut-Scham-Teufelskreis, der manche Menschen ein Leben lang gefangen hält, gibt es die andere, nicht weniger bekömmliche Möglichkeit, mittels der Scham die Wut zu zügeln und deren destruktive Impulse zu unterdrücken. In der Wut liegt ein konstruktives Potenzial, das durch einen Prozess der Kultivierung entsteht, aber auch ein zerstörerisches Potenzial, das gebändigt werden muss. Die Kultivierung und die Bändigung der Wut sind für den Bestand jedes Sozialsystems notwendig. Die Scham wirkt als effektive Zornbremse auf allen Ebenen der Erziehung von der Kleinfamilie über die Schule bis ins Berufsleben.

Diese notwendige Wutkontrolle, die jeder Mensch im Lauf seines Aufwachsens in verschiedenen Phasen (vor allem im zweiten Lebensjahr und in der Pubertät) erlernen muss, kann übers Ziel schießen, indem durch elterliche Strenge eine übermäßige Wutunterdrückung installiert wird. Die Wutunterdrückung wird in diesem Fall von einer übermäßigen Scham bewirkt, die durch eine chronisch angespannte kommunikative Atmosphäre in der Familie grundgelegt wird: Jeder zornige Impuls des Kindes wird mit Liebesentzug oder Gegenaggression erwidert, sodass das Kind lernen muss, dass das Wutempfinden etwas ganz Schlimmes und Gefährliches ist, das um jeden Preis zum Verschwinden gebracht werden muss. Unter diesen Bedingungen kommt es, sobald ein Wutgefühl auftaucht, zur Aktivierung der Scham und der Angst vor der Beschämung, sodass der Zorn schon im Ansatz erstickt wird.

Die Kraft, die in der Wut steckt, steht dann nicht mehr zur Verfügung. Sie würde gebraucht, wenn es darum geht, sich gegen ungerechtfertigte Anforderungen von außen abzugrenzen oder eigene Wünsche und Ansprüche zur Geltung zu bringen.

Zur Physiologie der Wut

Chronisch unterdrückte Wut, die von der Scham zurückgehalten wird, wandelt sich fast unweigerlich in Selbstaggression und Selbstsabotage um. Das nächtliche Zähneknirschen, das viele Menschen plagt und ihr Gebiss ruiniert, wird damit in Zusammenhang gebracht. „Ein chronisch erhöhter Pegel von Wut geht mit einem erhöhten Zytokinlevel einher, was Entzündungen zur Folge hat und das Immunsystem dauerhaft belastet." (Niederwieser 2019, S. 73) Autoimmunerkrankungen können als Folge einer extremen Wutkontrolle verstanden werden.

Physiologisch zeigt sich bei einer Schamerfahrung, die mit Demütigung verbunden ist, sowohl eine Aktivierung des Sympathikus als auch des Parasympathikus.

Deshalb ist davon auszugehen, dass bei extremen Schamtraumatisierungen eine enorme Wut entsteht, die zunächst noch vom Parasympathikus in Schach gehalten wird. Es handelt sich um eine gefesselte und geknebelte Zerstörungskraft, die die äußere Macht, die die Demütigung zufügt, mit aller Gewalt zerstören will. In der abhängigen Position der Kindheit wird sie von der Angst vor dem Ausgestoßenwerden unterdrückt und kann dann später, wenn die Abhängigkeit schwindet und eine ideologische Rechtfertigung gefunden wird, ausbrechen. Der fanatische Gewalttäter ist entstanden.

Die mildere Form der Wut ist der Trotz. Er dient einerseits zur Aufrechterhaltung von Selbstachtung und Eigenwillen. Die Intention ist, sich nicht durch die Willkür anderer beugen und verbiegen zu lassen. Es geht um die Kraft des Standhaltens und Beharrens, die sich freilich zur starren Pose verfestigen kann. „Bevor man sich durch erzwungene Unterwerfung zu einem falschen Selbst verformt, opponiert man – blind, irrational, selbstschädigend, aber in einem Winkel immer noch stolz." (Wurmser 2007, S. 307)

Andererseits stellt dieser Stolz die Kompensation einer schamvollen Schwäche dar. Im Trotz fühlen wir uns stark und schwach zugleich. Wir behaupten unseren Willen und merken zugleich, dass er nicht an sein Ziel gelangt. Die Selbstschädigung im Trotz folgt aus der Weigerung, einen konstruktiven Weg aus dem inneren und äußeren Konflikt zu finden.

Rache und Gewalt

In der schwereren Form mündet die Wut in Gewaltaktionen und Zerstörung. Köhler weist auf diesen Zusammenhang hin, dass allzu leicht Beschämungen und Demütigungen mit Aggression und Wut kompensiert werden: „Scham ist vielleicht sogar einer der häufigsten Auslöser für Gewalt – sowohl im alltäglichen Umgang als auch in politischen Kontexten. Denn wo Selbstrespekt und Würde – real oder imaginär – verletzt worden sind, entsteht häufig ein emotionaler Abgrund, aus dem ein Sturm an Rachegelüsten hochkochen kann. Wer von ihnen erfüllt ist, kennt keine Rücksichten mehr." (Köhler 2017, S. 92) Die Rache will nicht nur anderen schaden, sondern auch den verletzten eigenen Selbstwert wieder aufrichten. Das Opfer muss sich zum Täter machen, um den durch die Beschämung ramponierten Eigenwert zurückzugewinnen. Die verlorene Ehre soll durch die gewaltsame Erniedrigung und Bestrafung des Beleidigers und Beschämers oder eines Stellvertreters wiederhergestellt werden. Das ist der unselige Pakt zwischen Scham und Gewalt.

Die Verknüpfung von Scham und Gewalt funktioniert nur, wenn sie unbewusst bleibt. Denn die Selbsterkenntnis wäre ein Bekenntnis zur eigenen Schwäche, zur eigenen Verletzlichkeit. Das selbst erlittene Schicksal wird auf die Opfer projiziert. „Gewalttätige Menschen erkennen oft ihr eigenes Gekränktsein nicht als Motiv ihrer Aggression. Sie nehmen die Empfindung von Kränkung und Scham vor allem bei ihren Opfern wahr." (Hell 2018, S. 160)

Das ist die Tragik der Gewalt, der sie so hartnäckig am Leben erhält, obwohl dafür alle Gesellschaften harte Strafen androhen. Der Zwang zur Aggression kommt von der massiven Angst und Scham vor den inneren Verletzungen. „Der Schmerz der Täter ist tiefer vergraben als jener der Opfer. Dicht verriegelt in Schuld und Scham droht er an sich selbst zu ersticken, kippt in Arroganz oder erneute Aggression." (Alberti 2010, S. 338)

Scham und Delinquenz

Der Wechsel vom Opfer zum Täter kann bei Straftätern als Umwandlung von Scham in Schuld beobachtet werden. Sie münzen erlittene Demütigungen in Rachetaten um: Um die Ohnmacht und Passivität angesichts der Verletzung des Selbstwertes nicht ertragen zu müssen, werden sie aktiv und begehen eine Straftat, auch wenn sie damit eine empfindliche Strafe riskieren. Eine Täterschaft mit gerichtlich festgestellter Schuld fühlt sich besser an als die Opferrolle mit ihrem beschämenden Ehr- und Selbstwertverlust. Die Gewalttat gibt das Gefühl zurück, die Kontrolle über das eigene Leben und auch über andere ausüben zu können. Auf diese Weise wird die Schamwut ausagiert und andere werden zum Opfer gemacht.

Offensichtlich manövriert sich der Gewalttäter in einen Scham-Schuld-Kreislauf, der durch die Aggression angefacht wird. Die Bestrafung ist wiederum eine Demütigung und Beschämung, sie rückt den Delinquenten außerhalb der Gesellschaft, was die Schamwut erneut mobilisiert. Der Zwang zum Sich-Schuldigmachen resultiert aus der Unerträglichkeit der Scham, führt aber gleichzeitig wiederum zur Beschämung (Hilgers 2012, S. 258).

Langeweile

Chronisch unterdrückte Wutgefühle sind eine Quelle für Langeweile. Die Wut ist in ihrer Form ein unangenehmes Gefühl, doch sie erlaubt eine starke Selbsterfahrung und stellt eine heftige Energieerfahrung dar. Sie repräsentiert die zerstörende Seite des Lebendigseins. Als Sympathikuserregung hat sie einen mächtigen mobilisierenden Aspekt. Die dauerhafte Unterdrückung dieses Gefühls blockiert allerdings die damit verbundene Vitalität. Dort, wo die feurige Energie der Wut sein sollte, entsteht eine fahle Ödnis in der inneren Gefühlslandschaft, und Langeweile breitet sich aus.

Wurmser spricht von „Menschen, für die es eine unerträgliche Schwäche darstellt, Gefühle zu haben oder sie gar zu zeigen, eine unerträgliche Bloßstellung." (2007, S. 308) Diese Scham vor Gefühlen und vor dem Fühlen von Gefühlen, vor allem der Wut mündet in farbloser innerer Leere. Langeweile „ist auch die Manifestation einer machtvollen Abwehr gegen das Erleben von Gefühlen; wenn Gefühle an sich als unpassend angesehen werden, wenn ihr Glanz sozusagen ausgelöscht wird, dann zieht der feuchtkalte Nebel der Langeweile auf." (Ebd.)

> Zwei Kinder gehen spät nach Hause. Der eine sagt: „Ohje, mein Vater wird vor Wut kochen." Sagt der andere: „Du hast es gut, ich kriege um diese Zeit nichts Warmes mehr zuhause."

Scham und Ekel

Herr, gib mir die Kraft und den Mut, mein Herz und meinen Körper ohne Ekel zu betrachten. (Charles Baudelaire)

Der Ekel gehört zu den Schutzgefühlen und macht, wie die Angst, auf Gefahren und Bedrohungen aufmerksam. Die Angst ist mehr auf die Fernsinne (Sehen, Hören) und der Ekel auf die Nahsinne (Riechen, Schmecken, Fühlen) bezogen. Beide lösen starke und auffällige Reaktionen aus, die nicht übergangen werden können (Gieler et al. 2010, S. 31). Ekel und Scham sind unangenehme Gefühle, die etwas Bedrohliches oder Schädliches abwehren wollen. Der Ekel richtet sich vor allem gegen das Fremde, während die Scham auf das Eigene ausgerichtet ist (Wirth 2010, S. 87). Allerdings gibt es auch die Gefühlsvarianten von Selbstekel und Fremdscham, die als Folge von Kompensations- und Abwehrvorgängen gegenüber den eigentlichen Emotionen entstehen. Die Nähe der beiden Gefühle drückt sich auch darin aus, dass einige Autoren von der „toxischen" Scham sprechen, also einer Scham, vor der es einen ekeln sollte.

Ursprünglich diente das Ekelgefühl dem Schutz des Organismus vor giftigen und schädlichen Substanzen. In psychodynamischer Sichtweise wird diese Reaktion auch auf emotionale Bereiche im Beziehungsgeschehen übertragen. In der Pränatalpsychologie ist bekannt, dass negative und ablehnende, „giftige" Gefühle der Mutter vom Fetus wahrgenommen werden können und in ihm Ekelreaktionen auslösen. Möglicherweise kommen über die Nabelschnur die negativen Gefühle der Mutter als bedrohliche Substanzen in den Körper des Kindes, das mit der Angst, emotional vergiftet zu werden, konfrontiert ist und sich mit Ekelempfindungen zur Wehr setzt.

Klienten, die mit dem Thema des verlorenen Zwillings arbeiten, stoßen häufig auf intensive Ekelgefühle, die vor allem dann auftreten, wenn der Tod des Zwillingsgeschwisters relativ spät erfolgt ist. In diesen Fällen löst sich der Organismus des verstorbenen Fetus im Fruchtwasser auf. Die Überreste werden toxisch, sodass sich der überlebende Zwilling dagegen schützen muss (Austermann & Austermann 2006).

In der Geburtspsychologie (Grof 1991) wird das Ekelgefühl der Austreibungsphase zugeordnet, in der das Baby durch den engen Geburtskanal hindurchgedrückt wird und mit den Körperarealen der Mutter in Kontakt kommt, die für diese unter Umständen mit Scham- und Ekelgefühlen behaftet sind.

Ekelthemen nach der Geburt stehen vor allem mit emotionalen Abstimmungsproblemen zwischen Mutter und Baby im Zusammenhang. Mütter, die den Wunsch des Babys nach Rückzug und Distanz nicht verstehen oder nicht beachten, können eine Ekelreaktion beim Baby auslösen. Wenn z.B. eine Mutter ihrem Baby weiter Nahrung aufdrängt, obwohl dieses signalisiert, nichts mehr zu wollen, schützt sich das Baby mit der Ekelreaktion. In der Psyche kann ein Muster entstehen, dass jederzeit unerwünschte Übergriffe und Grenzüberschreitungen geschehen können, vor denen eine permanente Vorsicht notwendig ist. Die nicht geachteten Grenzen werden als Fehlen von Schutz erlebt. Eine durchlässige Grenze ist der Willkür von außen ausgesetzt, als ob es kein Recht gäbe, sich vor dem Eindringen anderer in die eigene Sphäre zu schützen (Joraschky & Cory 2010, S. 53). Verfügt jemand über keine oder sehr schwache Ekelgefühle, kann das ein Hinweis auf Mängel im Erlernen, Aufbauen und Schützen von gesunden Körper- und Selbstgrenzen sein.

Eltern nutzen häufig ein Ekelgesicht, um ihre Kinder von einem bestimmten Verhalten abzubringen. Sie ziehen die Nasenflügel und die Oberlippe hoch und kneifen die Augen zusammen. Es konnte beobachtet werden, dass sich die Kinder sofort von diesem Gesichtsausdruck abwenden und wie blockiert erscheinen, offenbar fühlen sie sich auf der Stelle beschämt. Das ist auch der Zweck dieser Grimasse: Ein Verbot durchzusetzen. Dem Kind kann ein solcher Gesichtsausdruck Angst machen und ein Gefühl vermitteln, liebensunwert zu sein, wodurch eine tiefe Scham ausgelöst wird (Marks 2007, 54 f).

Zwei gegenläufige Gefühle

Wie wir sehen, sind Ekelreaktionen häufig mit Scham verknüpft. Beide Gefühle haben den Sinn, die Grenzen des Selbst zu schützen. Der Ekel wendet sich nach außen, um Eingedrungenes abzuwehren, indem es z.B. ausgespuckt oder erbrochen wird. Die Scham entsteht, wenn die Grenzen einer anderen Person verletzt wurden und unterbricht die Handlung, z.B. durch eine Entschuldigung, wenn wir irrtümlich auf den Fuß von jemandem treten. Wir sind jemandem zu nahe gerückt und schämen uns, sobald wir das bemerken, während die andere Person mit Abwehr oder Ekel reagiert und damit ihre Grenze wahrt.

Die Scham richtet sich auf das eigene Innere, sowohl um unverschämtes Verhalten zu korrigieren als auch um Verletzungen des Innenraumes anzuzeigen. Wird die eigene Intimzone missachtet, so braucht die Scham den Ekel, um die Abwehr effektiv nach außen zu richten. Die Scham ist ein passives und der Ekel ein aktives Gefühl, erstere dem Parasympathikus und zweiterer dem Sympathikus zugeordnet.

Wenn die Selbstgrenzen im Lauf der frühen Kindheitsgeschichte oftmals missachtet wurden, entsteht im Bereich zwischen dem Selbst und dem Anderen statt einer klaren Abgrenzung ein Raum von Unsicherheit und Verschwommenheit. Die Grenzen sind verwischt und die Notwendigkeit der Grenzziehung wird mit einer ambivalenten Scham blockiert und in Schwebe gehalten: Grenze ich mich ab, verletze ich die Bedürfnisse anderer und muss mich schämen; grenze ich mich nicht ab, wird mein Innenraum verletzt und beschmutzt, und ich muss mich mit Scham und Ekel schützen.

Klare Außengrenzen entwickeln sich nur dann, wenn sie von den Bezugspersonen der Kindheit respektiert und gefördert wurden. Übergriffe und Manipulationen erzeugen Scham- und Ekelreaktionen, die dann häufig verdrängt werden, sodass später Schwierigkeiten in der Interaktion auftreten, sobald es um Abgrenzung geht. Themen können dabei ungerechtfertigte Erwartungen, Ansprüche, Vorwürfe, Unterstellungen usw. sein, wobei sich eine mangelhafte Kompetenz im Grenzschutz einerseits in überzogener Aggression oder andererseits in unnotwendigem Nachgeben und unterwürfigem Rechtgeben äußern kann. Es handelt sich dabei um Vorgänge einer sekundären und tertiären Beschämung, deren emotionaler Gehalt sich aus der primären Beschämung nährt: Die ursprüngliche frühe Missachtung der eigenen Grenzen hat eine Schamreaktion hervorgerufen und den Aufbau sicherer Selbstgrenzen behindert. Die erwachsene Person schämt sich dann, wenn sie mit Vorwürfen oder Anschuldigungen konfrontiert wird (sekundäre Beschämung), die das eigene Selbst angreifen. Falls es nicht gelingt, sich dagegen zur Wehr zu setzen, kommt es zur tertiären Beschämung darüber, die eigenen Grenzen nicht wahren zu können.

Über Ekel zu reden, ist selbst mit Scham verbunden, vor allem, wenn es andere Menschen anbetrifft. Deshalb taucht dieses Thema nur selten in der Therapie auf – die Klientin und der Therapeut scheuen sich beide, diesen unguten Bereich zum Thema zu machen. Was ekelig ist, wollen wir vermeiden, und was beschämt ebenso. Erst recht sind wir zurückhaltend, wenn beide Gefühle aktiviert werden könnten. Anzusprechen, dass wir andere Menschen ekelhaft finden (schmutzig, übelriechend, ungepflegt), konfrontiert mit einer Scham, weil wir spüren, wie wir die andere Person dadurch abwerten und bloßstellen und uns selber in einem besseren Licht präsentieren.

Der Selbstekel

Der Selbstekel ist zunächst eine Form der Scham, also ein Teil des inneren Schamerlebens, der das Schamgefühl auf destruktive Weise vertieft. Jede Form von Körperfeindlichkeit und Abwertung des eigenen Aussehens hat mit diesem Komplex zu tun. Aus therapeutischer Sicht können solche Einstellungen zu sich selbst aus verinnerlichten Ablehnungserfahrungen stammen: Die Zurückweisung und Beschämung vonseiten wichtiger Bezugspersonen wird vom Kind übernommen und gegen sich selbst gerichtet. Wenn mich die Eltern ekelhaft finden, muss ich ein ekelhafter Mensch sein, den ich selber ablehnen und garstig finden muss. Aus dieser Mischung von Scham und Selbstekel bildet sich die Wurzel für Essstörungen, Sexualstörungen, Zwänge und andere Probleme, die mit der Entfremdung vom eigenen Körper zusammenhängen. „Das Selbstgefühl inklusive des Körpergefühls wird mit Schamaffekten negativ besetzt. So wird der ganze Körper abgelehnt, ‚zum Kotzbrocken'. Die Scham hat dann die Funktion, den Körper auszugrenzen und das Selbst abgespalten in seiner kognitiven Selbstregulation zu erhalten." (Joraschky & Cory 2010, S. 55)

Der Ekel kann sich auch auf einzelne Aspekte des Körpers beziehen, die abgelehnt werden; häufig ist das der Bauch, wenn er zu umfangreich ist. Die Motivation zu Schönheitsoperationen, mit denen bestimmte als mangelhaft eingestufte Teile des Körpers in die erwünschte Form gebracht werden sollen, stammt aus dem Selbstekel. Die Scham, die mit dem Blick auf diese Körperbereiche einhergeht und zur permanenten Qual werden kann, soll durch die Operation verschwinden.

Ekel und Verachtung

Die Verachtung, die zu den Formen der Schamabwehr zählt und in Kapitel 8 noch eingehender besprochen wird, kann als sozialer Abkömmling des Ekels verstanden werden und mit ähnlichen Körperempfindungen einhergehen. Sie dient im gesellschaftlichen Zusammenhang der Absicherung der sozialen Unterschiede, indem den oberen Schichten ein Ekelgefühl gegen die Untergeordneten eingeimpft wird. Die Schichten unterscheiden sich deshalb in vielen Kulturen durch ihr Reinlichkeitsverhalten.

Ähnliches kann auch bei der Abgrenzung von Inländern und Ausländern, insbesondere von Migranten beobachtet werden. Rechtsgerichtete Politiker und Demagogen verwenden häufig Metaphern aus dem Umfeld des Ekels, um ihre Gegner oder Hassobjekte herabzuwürdigen und zur Ausgrenzung aufzurufen (vgl.

die Bezeichnung der Juden und anderer gesellschaftlichen Gruppen als Ungeziefer oder Abschaum, also als ekelhafte Kreaturen durch die nationalsozialistische Propaganda).

Wer mehr hat oder ist, verachtet jene, die weniger haben oder sind, um damit die Scham abzuwehren, die mit dem Bewusstsein der Ungleichheit verbunden ist. Wird dazu ein Ekelgefühl mobilisiert, so erfährt diese innere Dynamik eine zusätzliche Unterstützung und Rechtfertigung.

> Ich mache kein „social distancing". Nach dreißig Jahre Sozialangst und tiefem Ekel vor der Menschheit als Ganzer befinde ich mich schon längst auf einer Expertenebene.

Scham und Schuld

Nur einen Dummkopf interessiert die Schuld des anderen, an der sich nichts ändern lässt. Nur von der eigenen Schuld lernt der Kluge. (C.G. Jung)

Scham und Schuld werden manchmal als Geschwister bezeichnet, soviel haben sie gemeinsam und so viel ist ähnlich zwischen beiden. Dennoch gibt es wichtige Unterschiede. Beide sind Emotionen, die mit der Zwischenmenschlichkeit zu tun haben, von sozialen Interaktionen ausgelöst werden und auf sie bezogen sind. Beide weisen auf Störungen des Sozialgefüges hin und sorgen dafür, dass die Störung wieder behoben wird. Beide werfen die fühlende Person auf sich selber zurück. Die Schuld fordert dazu auf, eigene Handlungen oder Versäumnisse nachträglich neu zu einzuschätzen und Konsequenzen daraus zu ziehen. Die Scham will eine Überprüfung des ganzen Selbst, das in Frage steht und grundlegend geändert werden sollte.

Und hier kommen wir schon zu den Unterschieden zwischen Scham und Schuld. Die meisten Autoren teilen die Ansicht, dass die Scham im Lauf der Kindheit früher und die Schuld später auftritt. Schuldgefühle brauchen eine Vorstellung von Zeit, indem sie vergangene Ereignisse mit deren zukünftigen Folgen in Zusammenhang bringen. Diese Formen des Denkens entwickeln sich erst langsam im Lauf der Kindheit, während die der Scham zugrundeliegende Erfahrung des völligen Infragegestelltseins (am Rand der Auslöschung) zu ganz frühen Traumatisierungen passt. Deshalb finden wir hinter vielen Schuldgefühlen Schamerfahrungen, während es viele Schamerfahrungen ohne Schuldgefühle gibt. Nathanson (1987) beschreibt die Schuld als Scham, die eine Erinnerung an frühere Bestrafungen enthält und deshalb eine Vergeltung in der Zukunft befürchtet.

Die Schuld hängt eng mit Handlungen und deren möglichen negativen Konsequenzen zusammen. Es geht um Handlungen, die bei anderen Menschen materiellen oder emotionalen Schaden angerichtet haben. Damit liegt die Intention der Schuld darin, den Schaden zu erkennen, wiedergutzumachen und das beschädigte Sozialgefüge dadurch zu kitten. Außerdem soll das Schuldgefühl bewirken, dass die sozialschädlichen Verhaltensweisen in Zukunft unterbleiben und sozialverträgliche an ihre Stelle treten. Im Schuldgefühl liegt ein Appell an das Tun, an die Aktivität und an die Verankerung von neuen Einstellungen, die prosoziales Verhalten stärken. Schuld sollte einbekannt werden und zur tätigen Reue führen. Dadurch wird das soziale Gleichgewicht restauriert.

Schuldthemen sind meistens konkret und detailliert, oft sogar fest umrissen; die Schuld kann in manchen Fällen bis auf den Cent berechnet werden. Eine begangene Schuld wird angeklagt, manchmal auch mit Aggression und Hass angeprangert, die Strafe wird angedroht und Bedingungen werden formuliert: Wenn nicht die Besserung schnell eintritt, hat das schlimme Konsequenzen. Trotz aller Beurteilung und Anklage bleibt jedoch die Menschenwürde und damit auch die Handlungsfähigkeit des Schuldigen gewahrt.

Bei der Scham hingegen stehen nicht Handlungen am Prüfstand, sondern das Selbst und seine grundlegenden Qualitäten. Sie ist oft ein diffuses Gefühl, das manchmal ohne klaren Anlass und Inhalt auftritt, und gerade deshalb quälend und nagend wirkt. Dieses Gefühl zielt auf den Kern der Persönlichkeit und erschüttert ihn. Es gibt keine Entschämung im Sinn von tätiger Reue oder Wiedergutmachung, wodurch die Scham aufgehoben werden könnte. Deshalb mündet sie im Extremfall in einen Selbstmord – die Tat, die das ultimative Urteil über das eigene Selbst, das in der Scham enthalten ist, zur Ausführung bringt. Die Strafe bei der Scham besteht nicht in einer Anklage, sondern im Absprechen der Menschenwürde. Dem Beschämten wird häufig mit Verachtung begegnet. Der harte und kalte, „erfrierende" Blick der verachtenden Person signalisiert, dass die beschämte Person die Augen senken und in sich selbst oder als Ganze verschwinden soll. Die Scham wird deshalb mit dem Gesichtssinn in Verbindung gebracht: Der kontrollierende Blick der anderen übt die Macht über uns aus. Für das Erleben der Schuld ist hingegen der akustische Sinn typisch: Ein innerer Dialog beginnt zu laufen, sobald der Schuldige auf sein Gewissen „hört".

Auf eine einfache Formel gebracht, liegt der grundlegende Unterschied zwischen Schuld und Scham in folgenden Versprachlichungen: Bei der Schuld sagt jemand: „Ich habe etwas Schlechtes getan, gesagt oder geglaubt", während bei der Scham der Satz: „Ich bin schlecht" lautet (Brown 2005, S. 50). Anders ausgedrückt: Die Scham ist ein Gefühl, das auf einen Fehler folgt, wobei aber der Fehler nicht darin liegt, etwas Falsches getan zu haben, sondern grundsätzlich falsch zu sein (Tiedemann 2013, S. 59).

Wie schon bekannt, ist die Scham mit Passivität, Ohnmacht und Abhängigkeit von anderen verbunden. Sie führt in den Rückzug und den resignativen Verfall, sie enthält keine Perspektive auf Taten, die die Scham aufheben könnten. Denn in der Scham verzweifeln wir an der eigenen Identität, die nicht einfach durch einen Willensentschluss, durch korrektive Handlungen oder eine Verhaltenstherapie von Grund auf geändert werden kann. Es kann nicht wiedergutgemacht werden, so zu sein, wie man ist. Es sollte nämlich von vornherein und für jeden ganz selbstverständlich gut sein, so wie man ist. Wenn andere diesen Wert nicht erkennen können, ist es schwer, aus der Scham herauszufinden; das ist die Abhängigkeit, die unweigerlich in diesem Gefühl enthalten ist.

Aus diesem Grund fällt die Klärung des inneren Konflikts bei der Scham schwer. Sie muss einerseits mit sich selbst ausgehandelt werden und ist zugleich von einer bedingungslosen Wertschätzung durch andere abhängig. Die Aufhebung der Scham unterliegt nicht der eigenen Macht und Kontrolle. Die Schuld hingegen kann durch eigenes Handeln im Sinn der tätigen Reue aufgehoben werden. Dazu ist die Einsicht in die eigene Schuld im Dialog mit der geschädigten Person notwendig, wie es im Täter-Opfer-Ausgleich im modernen Strafrecht vorgesehen ist.

Scham und Schuld sind also durch die Qualität des Gefühls unterschieden: Unter Schuld muss man nicht leiden, obwohl es auch quälende Schuldgefühle gibt, vor allem, wenn die Aussicht auf eine Tilgung der Schuld fehlt. Die Scham ist hingegen an sich unangenehm und schmerzhaft (Tisseron 2000, S. 23) und geht häufig mit anderen Gefühlen wie Trauer oder Angst einher. Die Scham ist selbstbezogen, monologisch und rückbezüglich, die Schuld kann hingegen als dialogisch verstanden kann, weil sie immer die andere Person, der etwas angetan wurde oder die vernachlässigt wurde, im Blick hat.

Fallbeispiel:

Frau T. konnte sich von ihrem Vater nicht verabschieden, als er todkrank im Spital lag. Sie hatte ein Rendezvous, um einen jungen Mann kennenzulernen, der sich für sie interessierte. Am nächsten Tag starb der Vater. Seit diesem Ereignis plagen sie Schuldgefühle. Sie reihen sich ein in eine ganze Serie von Schuld ihrem Vater gegenüber. Immer hatte sie versucht, ihm zu helfen, wenn es ihm schlecht ging, hatte aber immer den Eindruck, es nicht zu schaffen – er blieb unglücklich und depressiv. Das Schuldgefühl sagte: Ich schaffe es nicht, dir nicht helfen und dir das Leben erleichtern, obwohl ich müsste. Dahinter steckte noch tiefer die Scham: Ich bin nicht nur unfähig oder zu schwach, dir das zu geben, was du brauchst; dazu kommt noch: Ich bin eine Belastung alleine dadurch, dass ich da bin.

Erst als sie in sich verstehen und verankern kann, dass sie ihr Bestes gegeben hat und dass es nicht ihre Aufgabe war, den Vater aus seinen Problemen zu erlösen, kann sie die Schuldgefühle verabschieden. Im nächsten Schritt erkennt und anerkennt sie, dass sie als Geschenk für den Vater ins Leben gekommen ist; die Belastung, als die er sie empfunden hat, hat mit seinem Schicksal zu tun, das ihn daran gehindert hat, die Liebe zu geben, die sie verdient hätte. Die Schuld schob sich vor die Scham, und daraus kann ein unbewusster Impuls entstanden sein, der sie daran gehindert hat, sich von ihrem Vater zu verabschieden. Denn oft führte hinter dem Schuldgefühl die Scham die Regie und suggerierte ihr, dass es sinnlos ist, dem Vater zu helfen, weil sie von Grund auf dafür nicht geeignet wäre. Die Schuld zu tragen ist im Vergleich zu dieser Selbstverurteilung immer noch das leichtere Los.

Scham-Schuld-Spiralen

Wir können immer wieder beobachten, wie sich in unserem Inneren die Scham in Schuld verwandelt und umgekehrt. Das passive Ausgeliefertsein in der Scham ist sehr schwer auszuhalten und es erleichtert, wenn aus einer diffusen Scham eine konkrete Schuld werden kann, mit der Möglichkeit, sie aktiv abzutragen. Oft bedeutet das, statt der Resignation handlungsfähig zu werden, manchmal entsteht daraus allerdings eine ziellose Überaktivität, im Extremfall Destruktivität und Gewalttätigkeit.

Für viele Menschen ist es das kleinere Übel, sich als Täter Schuld auf sich zu laden denn als Opfer beschämt zu bleiben. Die Hilflosigkeit und Ohnmacht in der Schamposition ist in so hohem Maß belastend, dass jeder Ausweg willkommen ist, auch wenn dadurch oft größerer Schaden verursacht wird. Andere anzugreifen, um sich von der Scham zu befreien, ist ein beliebter Ausweg, der allerdings unweigerlich destruktive Folgen zeitigt und schließlich wieder Schamgefühle auslöst.

Sobald ein Opfer der Beschämung in die Täterrolle überwechselt, um sich vom Schamdruck zu entlasten, wird die Scham weitergegeben, wodurch die Schambelastung im ganzen System steigt. Wenn sich die Beschämungsgeschichten aneinander reihen und übereinander legen, wird das soziale Netz immer stärker infiziert und die Kur immer schwieriger.

Immer, wenn wir andere Menschen durch unser Verhalten verletzt und beschämt haben, bleibt ein schlechtes Gewissen, das auf der Scham aufbaut. Eine verbreitete Möglichkeit, die Belastung durch den Gewissensdruck zu lindern, besteht darin, das Verhalten zu einer Gewohnheit werden zu lassen, was zwar die Scham vermehrt, aber tiefer ins Unbewusste absinken lässt. Diese Dynamik lässt sich bei Gewalthandlungen und Kriegserfahrungen beobachten.

Denn Scham-Schuld-Spiralen sind häufig die Drahtzieher bei Gewalttätigkeit, wobei die Scham immer den Anfang macht. In der Täter-Opfer-Dynamik bleibt dem Opfer oft nur die Option, mit der Beschämung leben zu können, wenn es den Täter entschuldigt und damit vor seiner eigenen Scham schützt.

„Möglicherweise führen gerade unerträgliche Schamgefühle zu einem ‚Kippen' von traumatisierten Persönlichkeiten in psychische Erkrankungen oder in eine Übernahme der Täterrolle. Dieser ‚Ausweg' wird Männern immer noch gesellschaftlich angeboten bzw. durch den weiterhin überproportionalen Täterschutz bei Körperverletzungsdelikten leicht gemacht. Letztlich ermöglicht die Identifikation mit dem Täter dem Opfer, seine totale Ohnmacht und die Scham darüber, sich als so schwach zu erleben, auszuhalten. Aus Frauen werden bei dieser Art ‚Lösung' dann Mittäterinnen. Diesen Teufelskreis, der immer neue Opfer produziert, gilt es zu durchbrechen. Aus dem Szenario lässt sich unschwer erkennen, dass eine frühzeitige therapeutische Intervention durch Schambegrenzung für das Opfer, egal ob Frau, Mann oder Kind, auch unendlich viel Schadensbegrenzung leisten kann." (Kluwe-Schleberger & Baumanns 2010, S. 189)

Die Autorinnen weisen in diesem Zusammenhang auch auf die Scham-Ekel-Verbindung hin: „Ekel und Scham sind zwei Seiten einer Medaille, deren Rand von Verachtung gebildet wird: Wer von anderen Ekel gegenüber sich, seinen Handlungen oder Erlebnissen verspürt, reagiert auf diese starke Abwehr häufig mit einem Gefühl von Scham und Schuld. Denn wenn man sich für das Ekelobjekt schämt, ist das Gefühl einer Schuld nicht mehr weit. Deshalb zeigen die Opfer von sexuellen Übergriffen in vielen Fällen mehr Schuld- und Scham-Gefühle als die Täter." (Ebd. S. 194)

Schuldig zu sein hat immer eine schamvolle Seite; sich beschämt zu fühlen, hat nichts direkt mit Schuld zu tun. Schuld entwickelt sich aus der Scham und führt leicht zu ihr zurück (Wurmser 2007). Die Scham hingegen steht oft alleine da: „Häufig liegt der Scham gar keine Schuld zugrunde, etwa wenn Menschen sich dafür schämen, dass sie krank oder arbeitslos sind oder wenn sie gemobbt, vergewaltigt oder erniedrigt werden." (Marks 2007, S. 59f)

> Der Richter zum Angeklagten: „Bekennen Sie sich schuldig?" „Das kann ich zurzeit noch nicht sagen, ich muss erst mal hören, was die Zeugen alles wissen."

Scham und Stolz

Stolz ruft Unheil herbei; Demut lässt die Ernte reifen. (Chinesisches Sprichwort)

Der Stolz wird gerne als Gegenspieler zur Scham angesehen. Wir fühlen uns stolz, wenn wir ein Ziel erreicht haben oder ihm nähergekommen sind. Psychologisch gesprochen, haben wir uns unserem Ideal-Ich angenähert. Mit dem Stolz stärken wir unseren Selbstwert und holen uns die Motivation für weitere zielgerichtete Aktionen, während Misserfolge von Scham begleitet sind. Im Stolz wollen wir uns zeigen, wir wollen gesehen und bewundert werden. In der Scham hingegen wollen wir uns verstecken und den Blicken entziehen.

Beide Gefühle haben eine Nähe zum Gesichtssinn, zur Macht des Blickes, zur Kraft der Augen: Sie geben Bestätigung oder Ablehnung, sie senden den Wunsch nach Anerkennung und Wertschätzung aus, sie öffnen und weiten sich, wenn sie vertrauen, und ziehen sich zusammen, wenn sie sich schützen.

Die Freude in den Augen kleiner Kinder, die etwas geschafft haben, was ihnen vorher unmöglich erschien, wie z.B. die erste krabbelnde Fortbewegung oder das Bezwingen eines Kletterturms, zeigt dieses Selbstgefühl, die Lust an den eigenen Fähigkeiten, das Genießen einer neuen Kompetenz. Später kommen Aktivitäten wie Radfahren oder Schwimmen, die beim ersten Gelingen Hochgefühle auslösen können. Bei all diesen Errungenschaften geht der Blick zu den Großen, die das alles schon längst können, aber bestätigen und anerkennen sollen, was dem Kind gelungen ist und was es geschafft hat. Es braucht das Gefühl, in diesem Bereich zu den Großen zu gehören.

Wichtige Grundlagen für den Aufbau eines positiven Selbstgefühls liegen in der Atmosphäre im Elternhaus, inwieweit und wie Erfolgserlebnisse bestätigt und anerkannt wurden. Denn ein wesentliches Element des Stolzes liegt darin, dass auch andere die eigene Errungenschaft und Leistung bestätigen und anerkennen. Wir wollen unsere Freude teilen und dadurch noch zusätzlich verstärken. Die strahlenden Gesichter vermehren unsere Freude. Oft erinnern wir uns in Momenten des Erfolgs an andere Erfolge und genießen das Gefühl, an unserer Erfolgsgeschichte weiterzuschreiben.

Der Stolz ist also ein mächtiges und erhebendes Gefühl, das unsere Selbstbestätigung zum Ausdruck bringt. Er verbindet uns mit uns selbst und mit unseren Handlungen, damit auch mit der Welt um uns herum. Er zeigt uns, dass wir etwas Besonderes sind, dass wir herausragen aus unserer Umgebung.

Die Scham hingegen drückt unsere Stimmung, weil sie uns mit unseren Misserfolgen und Fehlern konfrontiert. Wir haben unseren eigenen Vorstellungen nicht entsprochen, wir sind schwächer und unfähiger als wir es gerne hätten. In der Scham leiden wir an unserer Mittelmäßigkeit, an unserem Nicht-Besonders-Sein oder gar an unserer Wertlosigkeit.

So pendeln wir auf der Selbstwert-Achse zwischen Momenten, die uns stolz machen und anderen, die uns beschämen. Die Regulierung des Stolzes, damit er nicht in kritiklose Selbstverherrlichung kippt, geschieht durch die Scham. Und die Regulierung der Scham, damit sie uns nicht mit Selbstzweifeln überhäuft und in die Depression stürzt, leistet der Stolz, der sich in Selbstanerkennung und –wertschätzung ausdrückt. Für die ausgeglichene Entwicklung des Selbstwertgefühls sind diese beiden Pole wichtig (Tiedemann 2013, S. 74).

Die Kindheitserfahrungen, die diese Schaukel steuern, sind mit frühkindlichen Macht- und Ohnmachtssituationen verbunden. Wir mussten uns unser Selbstwertgefühl durch vielerlei Versuche und Irrtümer aufbauen. Zum einen lernten wir das Ideal kennen, das sich aus den Erwartungen der Eltern zusammensetzt, wie wir sein sollten, was wir als Potenziale entwickeln und welche Charaktermängel wir überwinden sollten. Zum anderen zeigte uns die Wirklichkeit immer wieder die Grenzen unseres Bewältigungsstrebens, sodass uns Erfolg und Misserfolg von früh an begleitet haben, verbunden mit den Gefühlen von Stolz und Scham (Tisseron 2000, S. 21).

Stolzvermeidung und Stolzüberhöhung

Das wichtigste Thema für den Stolz ist die richtige Dosierung. Wie von allem, braucht es auch hier das richtige Maß, zu wenig oder zu viel ist stets von Nachteil. Wir brauchen die Fähigkeit, Stolz zu empfinden, weil wir darin auf eine besondere Weise zu uns selbst, unseren Fähigkeiten und Leistungen und zu unserem Sein stehen. Wir unterstützen und unterstreichen unsere positiven Qualitäten und unsere erfolgreichen Handlungen. Ein Mangel an Stolz führt zu Selbstzweifeln, neidvollen Vergleichen, inneren Abwertungen. Allerdings: Ein Übermaß an Stolz macht uns arrogant, kritikresistent, ignorant für unsere Fehler und hemmt unsere Kreativität und Lernfähigkeit.

Beide Pole können wir als Kompensationsmechanismen verstehen. Die Verleugnung des Stolzes – manchmal im Sinn eines schief geratenen Lobes der Bescheidenheit – soll ein Minderwertigkeitsgefühl überhöhen: Ich fühle mich schlechter als andere. Indem ich aber auf den Stolz verzichte, bin ich denen moralisch überlegen, die sich so großspurig in Szene setzen, obwohl ja bei ihnen auch nicht alles in Ordnung ist. Ich fühle mich zwar von anderen wegen meiner Mängel verachtet, verachte sie aber im Gegenzug für ihre Arroganz.

Mit übertriebenem Stolzes kompensieren wir das Minderwertigkeitsgefühl durch das Behaupten des Gegenteils: Die eigenen Qualitäten werden hervorgestrichen und pompös präsentiert, manchmal auch mittels Überzeichnung retuschiert. Ich fühle mich besser als die anderen und gestehe mir diese Überlegenheit zu. Schließlich habe ich hart dafür gearbeitet und verdiene die Bewunderung, ohne die ich mich wertlos fühlen würde. Deshalb tue ich alles, um die Menschen immer wieder auf meine Leistungen aufmerksam zu machen. Dafür muss ich manchmal als Angeber auftreten. Ich bin vollauf damit beschäftigt, die eigenen Schwächen und Mängel zu verleugnen oder zu kaschieren.

Stolz und Scham sind wichtige selbstwertregulierende Gefühle, die ein gutes Gleichgewicht finden müssen, damit der Innenkontakt mit den Außenkontakten zusammenstimmt. Diese Achse regelt den Selbstwert in Bezug auf das Ich-Ideal, aber auch in Bezug auf die Tragfähigkeit von sozialen Beziehungen. Der Stolz schwächt die Scham, und die Scham setzt dem Stolz Grenzen.

Selbstwertschätzung – Selbstbescheidung

Die Selbstabwertung ist die kognitive Seite der Scham. Sie drückt sich in Sätzen aus wie: Ich bin schwach, dumm, unfähig, unbeholfen, schlecht usw. Um die Schambewertungen, die durch kritische Außenbeobachtungen ausgelöst werden, auszugleichen, sind für die Entwicklung des kleinen Kindes Momente, in denen es auf sich stolz ist, besonders wichtig, weil sie einen positiven und wachstumsorientierten Selbstregulationsmechanismus in Gang setzen. Wenn man ein einjähriges Kind beobachtet, dem nach vielen tapsigen Versuchen erstmals die „Ekstase des aufrechten Ganges" gelingt, kann man dieses Gefühl des Stolzes über eine eigene, vorher noch unvorstellbare Leistung nachvollziehen. Ein Vierjähriger, der erlernt hat, die komplexen Bewegungen beim Fahrradfahren geschickt zu koordinieren, ist glücklich und genießt den Erfolg.

Ausschlaggebend für die Entwicklung der Lust und Freude an Leistungen, Interessen und Kompetenzen ist die Präsenz anderer, die diese Erfahrungen bestätigen und bestärken. Menschen wollen positive Gefühle und Erfahrungen miteinander teilen und austauschen und für Erfolge bewundert und anerkannt werden.

Identitätsbildung durch Scham und Stolz

Das „Neuroaffektive Beziehungsmodell" (NARM) nach Laurence Heller (2012) verwendet die Dualität von Scham und Stolz zur Erklärung von Überlebensmustern bei Entwicklungstraumatisierungen, also bei Störungen, die durch dysfunktionale Erziehungsstile über längere Zeit beim Kind eingeprägt werden.

In diesem Modell werden fünf Überlebensstrategien unterschieden, durch die es zu Identifizierungen über die Scham und über den Stolz kommt. Diese Überlebensstile sind mit menschlichen Grundbedürfnissen verbunden, die im Lauf der frühen

Lebensgeschichte in bestimmten Lebensphasen besonders in den Vordergrund treten. Es gibt dabei zwei Möglichkeiten, einer frühen Traumatisierung Sinn zu geben: Die Identifikationen, die aus der Scham stammen, und jene, die auf Stolz beruhen. Auf der einen Seite steht eine übertrieben negative und abwertende Selbsteinstellung (die Scham-Identität), auf der anderen eine übertrieben positive und selbstüberschätzende Selbsteinstellung (die Stolz-Identität). Die Schamidentifikationen wirken regressiv, indem sie an frühen Verletzungen festhalten, während die Stolzidentifikationen kompensatorisch eingesetzt werden, weil sie die Schamverletzungen verdrängen und durch eine Gegenreaktion ausgleichen sollen. Das wahre Selbst befindet sich in der Mitte und wird gefunden und gefestigt, wenn die in den Identifikationen abgebildeten Störungen aufgelöst sind.

Die fünf Überlebensstile orientieren sich an den Entwicklungsphasen der Kindheit und sind auch in ihrer zeitlichen Abfolge einleuchtend:

1. Kontakt
2. Einstimmung
3. Vertrauen
4. Autonomie
5. Liebe und Sexualität

ÜBERLEBENS-STIL	AUF SCHAM BERUHENDE IDENTIFIKATION	AUF STOLZ BERUHENDE IDENTIFIKATION
Verbindung	Urscham: für die eigene Existenz, sich wie eine Last fühlen, nicht dazugehören.	Stolz, ein Einzelgänger zu sein, stolz, niemanden zu brauchen, stolz, nicht emotional zu sein.
Einstimmung	Bedürfnisscham: Gefühle von Leere und Unerfülltsein, Unwürdigkeit (nichts steht mir zu).	Kümmerer, stolz, für andere zu sorgen, sich unentbehrlich machen.
Vertrauen	Kompetenzscham: sich klein, machtlos, benutzt und betrogen fühlen.	Stolz auf die eigene Stärke, die Kontrolle haben, erfolgreich sein, andere ausnutzen, betrügen.
Autonomie	Abhängigkeitsscham: Zornig, rebellisch, Autoritäten gegenüber aufgebracht. Heimliche Freude daran, andere zu enttäuschen.	Nett, süß, angepasst, brav, Angst, andere zu enttäuschen.
Liebe/ Sexualität	Intimitätsscham: Verletzung der geschlechtlichen Identität, Zurückweisung,	Aus Stolz zuerst zurückweisen, bevor man selbst zurückgewiesen wird,

	makelhafte Körperlichkeit, ungeliebt und nicht liebenswert.	Ansprüche an die eigene Perfektion, sich keine Fehler gestatten, alles zu schaffen.

1. Kontakt/Verbindung:

Die Nichterfüllung des Grundbedürfnisses, ohne einschränkende Bedingung gewollt und geliebt zu werden, führt beim Kind zu einer tiefsitzenden Scham, in der es die Sinnhaftigkeit und Berechtigung der eigenen Existenz anzweifelt, so wie sie von den Eltern angezweifelt wurde. Diese Scham kann als Kompensation in den Stolz über die eigene Bedürfnislosigkeit und Unabhängigkeit umgewandelt werden. In diese Kategorie fallen alle frühen Beziehungsstörungen und Ablehnungstraumen, angefangen vom Empfängnistrauma.

Fallbeispiel:

Herr R. ist als voreheliches Kind zur Welt gekommen, in einer dörflichen Umgebung, in der eine Schwangerschaft ohne Ehe als Schande galt. Die jungen Eltern waren unter einem starken moralischen Druck durch die eigenen Eltern, die Verwandtschaft und die „Leute". Obwohl die Eltern später heirateten und stabile Verhältnisse für das Kind und die späteren Geschwister schaffen konnten, blieb die Unsicherheit in R. und begleitete ihn durch seine Schullaufbahn und seine berufliche Karriere. Er hatte permanent das Gefühl, mehr leisten zu müssen als die anderen und es dennoch nie so weit zu bringen wie sie. Psychosomatische Beschwerden, die aus der Stressüberlastung stammten, führen ihn zur Therapie, wo er die Scham, die über seiner Empfängnis lastete, aufarbeiten kann.

2. Einstimmung:

Die Nichterfüllung des Grundbedürfnisses, ausreichende emotionale Nahrung und genug empathisches Verstehen zu bekommen, bewirkt beim Kind die Scham, dieser essenziellen Zuwendung unwürdig zu sein. Die Gegenbesetzung führt zum Stolz des Trösters und der Zuständigkeit für die emotionalen Mängel der anderen Personen. Die Bedürfnisscham kann auch schon pränatale Wurzeln haben, wenn das werdende Leben beginnt, für die Bedürfnisse der Mutter zu sorgen, deren Schwäche und Bedürftigkeit es wahrnimmt.

Fallbeispiel:

Frau A. ist das letzte und achte Kind in einer langen Geschwisterreihe. Sie hat wenig Zuwendung und Aufmerksamkeit von den überforderten Eltern erhalten, die einen landwirtschaftlichen Betrieb führten. Viele Jahre ihres Lebens hat sie neben ihrer beruflichen Tätigkeit damit verbracht, für die Freunde, die sie hatte, und für das Kind, das sie dann bekam, zu sorgen, bis sie mit 45 in eine Burnout-Erkrankung mit Depressionen schlitterte. Sie erkannte, dass sie ihre eigenen Bedürfnisse lange Zeit vernachlässigt hatte. Langsam lernte sie, ihre eigene Bedürftigkeit anzunehmen und sich selber mehr zu gönnen.

3. Vertrauen:

Die Nichterfüllung des Grundbedürfnisses, in seinem Eigenwert anerkannt und gefördert zu werden, löst die Scham aus, in seinem So-Sein unbedeutend und unwichtig zu sein. Wird sie in Stolz umgewandelt, so entsteht die Einstellung, stark und erfolgreich sein zu müssen, gleich ob mit lauteren oder unlauteren Mitteln, nur um sich dieses Wertes würdig zu erweisen. Wenn Eltern die Tendenz haben, ihr Kind narzisstisch zu vereinnahmen, es also als Erweiterung des eigenen Selbst zu betrachten, kann das Kind von früh an spüren, dass es nur die Wahl hat, sich unwert zu fühlen oder um die Anerkennung des Wertes zu kämpfen.

Fallbeispiel:

Frau L. ist als Baby von ihren Eltern, die das Kind nur schwer ernähren konnten, weggekommen und zur Adoption freigegeben worden. Bei ihren Zieheltern wurde sie aufgrund ihrer sozialen Herkunft geringgeschätzt und auf eine unterschwellige Art abgelehnt. Im Ort und in der Schule musste sie um Anerkennung kämpfen. Wegen der Ablehnung durch ihre Eltern trug sie einen schweren Zweifel an ihrem Selbstwert mit sich, obwohl sie die Schule gut abschloss und einen angesehenen Beruf ergreifen konnte.

4. Autonomie:

Die Nichterfüllung des Grundbedürfnisses, als eigenständige Person mit Willen und Tatkraft anerkannt zu werden, erzeugt die Scham in Bezug auf den eigenen Willen und dann auch über den Trotz und Zorn, mit dem durchgesetzt werden muss, was von den Eltern nicht einfach gewährt und gegeben wird. Im Gegenpol bildet sich der Stolz aus, sich gut anpassen zu können und es allen rechtzumachen, sich damit willfährig unterzuordnen und hintanzustellen. Pränatal gibt es Themen, die mit der erwachenden Lebendigkeit des Ungeborenen im Mutterleib zu tun haben und Ängste und Unsicherheiten bei der Mutter auslösen können, worauf das Kind mit Scham und Kontrolle der Bewegungen und Impulse reagiert.

Fallbeispiel:

Herr N. hat aus seinen Anfängen das Programm mitbekommen, nicht wollen zu sollen, also den eigenen Willen zurückzustellen. Seine Eltern waren noch sehr jung, und die Nachricht von der Schwangerschaft ein Schock. Die Eltern haben sich dann zwar zum Kind bekannt und waren bereit, für es zu sorgen, aber im entstehenden Wesen ist der Schock als Nichtgewolltsein angekommen. Es hat daraus den Schluss gezogen, selber nichts wollen zu dürfen, was später zur Schwierigkeit führte, sich zwischen einfachen Alternativen zu entscheiden. Entscheidungen zu treffen oder unbescheidene Wünsche zu äußern ist bis heute mit einer Scham blockiert.

5. Liebe/Sexualität:

Die Nichterfüllung des Grundbedürfnisses, in der eigenen Geschlechtlichkeit anerkannt zu werden und adäquate Orientierung zu bekommen, lässt die Scham entstehen, als Mädchen oder als Junge fehl am Platz oder mangelhaft zu sein, nicht gut genug, in der eigenen Geschlechtszugehörigkeit geliebt zu werden. Die Kompensation liegt im Stolz, jeder Zurückweisung aus dem Weg zu gehen und sich möglichst wenig in Beziehungen einzulassen. Die Perfektionierung der eigenen Leistungen sichert die eigene Identität unabhängig vom Geschlecht. Eine Wurzel für diesen Überlebensstil kann in der Urscham des falschen Geschlechts liegen, wenn also das reale Geschlecht des Ungeborenen nicht das von den Eltern erwünschte und erhoffte ist.

Fallbeispiel:

Frau E.'s Eltern haben sich nie die Mühe genommen, E. mit ihrer Geschlechtsrolle vertraut zu machen. Weder als Kind noch als Jugendliche hat sie eine Orientierungshilfe für dieses komplexe Feld der eigenen Identität bekommen. Erst eine über Jahrzehnte gehende Suche mit vielen intensiven Begegnungen mit der Scham hat sie zunehmend verstehen lassen, was es heißt, eine Frau zu sein.

Die Abfolge dieser Überlebensstile kann chronologisch verstanden werden. Das Kontakt- und Verbindungsthema führt ganz an die Anfänge, während das Liebe- und Sexualitätsthema erst in der Vorschulzeit manifest wird. Allerdings kann es bei all diesen Themen pränatale Wurzeln geben, wie auch an den Beispielen sichtbar wird. Jedenfalls nehmen die Fixierungen mit dem Alter der Ausprägung an Komplexität zu und an emotionaler Intensität ab. Die Urscham ist die einfachste und zugleich mächtigste, mit der meisten Wucht und Gewalt, und damit auch der Ursprung vieler Gewalt- und Selbstzerstörungstendenzen bei Erwachsenen. Die Intimitätsscham tritt erst später auf und ist mit dem komplexen Thema der Sexualität und der Dynamik des Ödipus-Komplexes verknüpft. Sie weist in die Zukunft der Geschlechtsreife und der Rollenübernahme als Mann oder als Frau, ist aber existenziell weniger bedrohlich.

Scham und Stolz im Wechselspiel

Scham und Stolz sind nicht nur Gegenpole auf dem Kontinuum des Selbstwertes, sondern liefern auch die Gelegenheit für Gegenreaktionen. Beschämte Menschen können, meist unbewusst, aus dem Schamkontext aussteigen, indem sie sich eine Stolzfixierung aneignen. Diese Haltung kann sich darin zeigen, dass die Person, die einen in die Schamlage gebracht hat, nun mit Verachtung bestraft wird. Die Beschämung wird damit, zumindest in der Fantasie, zurückgegeben, und der Selbstwert kann wiederaufgebaut werden, indem mit Hilfe des Stolzes eine überlegene Position eingenommen wird. Allerdings kann der Selbstwert mit diesem Manöver, welches das Unbewusste manchen Menschen zur Verfügung stellt, nicht stabilisiert werden, sondern bleibt abhängig vom Herabschauen auf andere Menschen.

Fallbeispiel:

Frau D. erforscht das Bedrohungsgefühl, das sie empfindet, wenn sie mit Männern in einen näheren Kontakt tritt, wie das in Selbsterfahrungsgruppen war, die sie besucht hat. Irgendetwas schreckt in ihr zurück und sie kann auch einfache Körperberührungen nicht entspannt genießen.

In der Innenschau entdeckt sie, dass das Bedrohungsgefühl aus der Generationenreihe stammen könnte. Vom Therapeuten zurückgeführt, kommt sie zu einer Urgroßmutter, bei der es zu einer schlimmen Verletzung gekommen sein könnte. Nachdem sie diese übernommene Verletzung in sich befrieden konnte, geht sie in ihrer Vorstellung zurück zu den Männern in der Selbsterfahrung, und erlebt dabei, dass das Gefühl der Bedrohung verschwunden ist und einem Gefühl der Lächerlichkeit Platz macht. Sie kann die Männer plötzlich nicht mehr achten, sondern fühlt sich ihnen auf eine arrogante Art überlegen. In der weiteren Arbeit findet sie eine Position gegenüber den Männern, die weder von Bedrohung noch von Arroganz geprägt ist, sondern von der sie mit ihrer weiblichen Kraft der männlichen Kraft begegnen kann und zugleich Weichheit und Sanftheit zulassen kann.

In dieser Dynamik zeigt sich der Schritt von der Scham- zur Stolzposition, zwischen denen schließlich die eigene Mitte und Kraft gefunden wird. Im Geschlechterkampf kann diese Bewegung immer wieder beobachtet werden: Die verletzte Frau, die sich schämt, überwindet die Erfahrung durch eine Umkehr ins Gegenteil, durch eine Kompensation, durch die sie der Bedrohung die Macht nimmt. Der Preis ist die Abwertung und Verachtung der Männer, die in ihrer Unachtsamkeit und Gewaltneigung bloßgestellt, also beschämt werden. Auch hier bietet die Täterposition einen Ausweg aus der Opferrolle. Die ursprüngliche Verletzung findet aber erst zur Heilung, wenn auch die Täterrolle aufgegeben wird und einer Achtung für das

Männliche weicht. In dieser Weise finden dann, im Sinn der Archetypenlehre nach C.G. Jung, innerer Mann und innere Frau, Animus und Anima zusammen.

Fallbeispiel:

Herr R. spricht zu Beginn einer Sitzung darüber, dass er befürchtet, eines Tages den Therapeuten so zu reizen, dass dieser die Fassung verliert und streng und aggressiv interveniert, z.B. in der Form: „Gehen Sie endlich tiefer!" Oder: „Reden Sie etwas Sinnvolles!" Dann würde er erkennen, dass der Therapeut nicht gut genug ist und einen Grund haben, um die Therapie zu beenden, was er schon öfters in einem solchen Zusammenhang gemacht hat. Zugleich hofft er, dass er diesmal die Bewusstheit hat und versteht, dass es sich um ein Muster handelt.

Der Hintergrund klärt sich bald auf und besteht in einem Wechselbad zwischen Scham und Stolz: Die Schamfixierung in ihm befürchtet, es dem Therapeuten nicht recht zu machen, zu oberflächlich zu reden und die wirklichen Themen geschickt zu vermeiden. Wenn nun der Therapeut seine Geduld verliert, kann er die Stolzkompensation aktivieren: Er hat den Therapeuten aus der Reserve gelockt und ist besser als er; oder: Er ist eben ein so komplexer Fall, dass ihn kein Therapeut knacken kann.

Als erster Sohn nach zwei Schwestern war er das Lieblingskind seiner Mutter, die ihn einesteils vergötterte und anderteils vernachlässigte, je nach Laune. In diesem unvorhersehbaren Wechsel von Zuwendung und Abweisung konnte er nicht nur keine stabile innere Basis aufbauen, sondern erlernte, mit der Verwendung von Scham und Stolz zu überleben. Die Scham, unwert und unwichtig zu sein, ertrug er nur, indem er mit Hilfe der Mutter insgeheim den Stolz pflegen konnte, ganz besonders, hochbegabt und verehrt zu sein.

Eine Scham manifestiert sich dann, wenn das Nichterreichen einer „intendierten Idealität" erlebbar wird und die Wahrnehmung dieser Konstellation in den Augen eines anderen, der nicht real anwesend sein muss, erkannt wird (Seidler 1995, S. 37). In diesem Sinne beinhaltet der Stolz ein erhebendes Gefühl, dieser „intendierten Idealität" ein Stück näher gekommen zu sein.

Die Scham dagegen enthält einen emotionalen und kognitiven Schock – das Gewahrwerden der Diskrepanz zwischen Erwartung und Wirklichkeit. Zum Schamerleben gehört immer die schmerzhafte Bewusstwerdung, nicht mit seinem Ideal-Ich im Einklang zu stehen. Das Gefühl der Selbstbewertung – die „kognitive Phase" der Scham – kann sich auf Erfahrungen beziehen, die um Stärke, Fähigkeit oder Intelligenz kreisen und mit einer Selbstabwertung verbunden sind: „Ich bin schwach, unfähig oder dumm."

Ein Mann hat sechs Kinder und ist sehr stolz auf seine Leistung. Er ist so stolz, dass er anfängt, seine Frau „Mutter von Sechs" zu nennen, trotz ihrer Einwände. Eines Abends gehen sie auf eine Party. Es wird spät, und er entscheidet, es wird Zeit nach Hause zu gehen. Er ruft laut durch das Zimmer: „Gehen wir heim, ‚Mutter von Sechs'?" Sie, sauer ob der Taktlosigkeit ihres Mannes, schreit zurück: „Jederzeit, ‚Vater von Vier'!"

Scham und Gier

Willst du reich werden? Dann plage dich nicht damit, deine Güter zu vermehren, sondern deine Habgier zu verringern. (Epikur)

Die Gier zählt zu den sieben Lastern im katholischen Christentum und zu den drei Geistesgiften im Buddhismus. Sie ist von ihrem Wesen her ein ausgelebter Egoismus, weshalb sie aus der Sicht von Religionen der Mitmenschlichkeit angeprangert werden muss. Die Gier ist asozial: „Ich will nicht teilen, sondern nur für mich haben, viel, möglichst alles. Ich will einverleiben, damit ich spüren kann, dass es bei mir ist und damit es sicher bei mir bleibt und ich es nicht verlieren kann." Deshalb ist sie in der Körperrepräsentation stark im Mund- und Kieferbereich, also im „oralen Segment" nach Wilhelm Reich beheimatet.

Wir können die Gier als Abkömmling der Wut verstehen. Aggression hat etwas mit Bemächtigung zu tun und Gier mit der Einverleibung des Bemächtigten. Aggressiv ist auch die Abgrenzung gegen die anderen, die als Konkurrenten um das von der Gier Begehrte erscheinen. Sie müssen notfalls mit Gewalt davon abgehalten werden, etwas von der Beute zu bekommen. Und schließlich geht es auch um eine Selbstaggression: Die Reduktion der eigenen Seele auf die Objekte der Gier und die versteckte Selbstbestrafung, die z.B. in der Fressgier sichtbar wird, mit der sich der Gierige durch die aggressive Selbstschädigung sein eigenes Grab schaufelt.

Die Gier richtet sich üblicherweise auf materielle Dinge: Güter, Nahrung, Drogen, Geld usw. Wir können aber auch nach Erfolg, Macht, Sex, Unterhaltung und Anerkennung gierig sein. Alles, was eine innere Frustration lindern kann, alles, was der Befriedigung eines Mangelbedürfnisses dient, ist als Objekt der Gier geeignet.

Die Gier ist prinzipiell unendlich, es gibt immer noch etwas, was sie nicht hat, auch wenn schon so viel zusammengerafft wurde. Manchmal erschöpft sie sich für kurze Zeit im Konsum des Angehäuften, bis der Hunger aufs Neue erwacht. Darauf bezieht sich der Begriff des Lasters, eine Dauerbelastung für die Seele.

Der ursprüngliche Sinn dieses Gefühls liegt darin, Ressourcen für das eigene Überleben anzuhäufen, damit für Notzeiten vorgesorgt ist. Da wir aber Gier auch dann empfinden können, wenn wir schon genug zum Überleben haben, spielen emotionale Prägungen mit. Sie bewirken, dass die Gier krankhaft und zwanghaft wird. Diese neurotische Form der Gier hat ihre Wurzeln in unserer frühen Lebensgeschichte und bezieht sich auf eine innere emotionale Leere, die durch die Objekte der Gier gefüllt werden soll. Es sind die emotionalen Mängel der eigenen Kindheit und die Bedürfnisse, die damals nicht erfüllt wurden, die zur Unerschöpflichkeit der Gier führen. Niemals kann sie jedoch die damals versäumte Befriedigung ersetzen. Sie will ein kindliches Größenselbst füttern, eine Verdrehung aus der kindlichen Fantasie, die das riesige Ausmaß der eigenen Hilflosigkeit in sein Gegenteil verkehrt. Das Kind, in seiner großen Not, vermeint, dass ihm als Ausgleich riesige Schätze zustünden, wie es in den Märchen erzählt wird. Deshalb kennt und akzeptiert die Gier später keine Grenzen.

Die Gier stiftet zu einem sozial schädlichen Verhalten an: Nimm alles für dich, bevor es die anderen kriegen. Da meldet sich die Scham als Gegenstimme. Sie klagt die Sozialverträglichkeit ein und benennt den Egoismus in der Gier. Deshalb zeigen wir uns lieber bescheiden und anspruchslos, großzügig und wohltätig als habsüchtig und gierig. Denn die Gier ist für uns selber hässlich und beschämend. Also müssen die von der Gier motivierten Taten geheim und unsichtbar bleiben. Alle Spuren sollen verwischt werden. Für gieriges Verhalten bekommen wir keine Anerkennung, sondern ernten eher Verachtung und Abwertung. Wer will schon einen gierigen Menschen zum Freund?

> Hier eine alte Geschichte, die den Zusammenhang von Scham und Gier recht anschaulich verdeutlicht: Es sitzt eine Runde von Personen zum gemeinsamen Abendessen um einen Tisch. Alle haben schon gegessen, und ein Schnitzel ist auf dem Servierteller in der Mitte des Tisches übriggeblieben. Die Gastgeberin fragt, ob nicht jemand das Schnitzel noch essen möchte, doch alle verneinen bescheiden. Plötzlich geht das Licht aus, und ein Schrei ertönt. Das Licht geht wieder an, und auf dem Schnitzel liegt eine Hand, in der die Gabeln der anderen Gäste stecken.

Solange es hell ist, also solange jeder gesehen wird, zügelt die Scham die Gier. Niemand will das Schnitzel, alle zeigen sich zufrieden und genügsam. Kaum fällt die äußere Kontrolle weg, setzt sich sofort die unverschämte Gier durch. Das ist der heimliche Gang zum Kühlschrank in der Nacht, die versteckte Schnapsflasche, das fette Schwarzgeldkonto auf den Bahamas – die Gier scheut die Öffentlichkeit. Nur der Schamlose lebt seine Gier offen.

Wir erkennen hier die eminent wichtige soziale Rolle der Scham: Sie hält die Gier in Schach, damit sie nicht überhandnimmt und in der Folge die Gesellschaft in selbstsüchtige Individuen zerfällt, die versuchen, alles auf Kosten der anderen an sich zu raffen. Die Scham zügelt den Egoismus und erinnert daran, wie notwendig die wechselseitige Rücksichtnahme und die Gemeinwohlorientierung für eine menschenwürdige Gesellschaft sind.

Frühkindlicher Mangel

Die Panik, zu kurz zu kommen, die die Gier antreibt, stammt, wie schon erwähnt, aus früh erlittenen emotionalen Mangelerfahrungen. Sie ist die Quelle für das Überspielen der Schamreaktion, nach dem Motto, dass das Überleben wichtiger ist als eine gute Presse. Es geht darum, bei Zuwendung und Liebe zu kurz gekommen zu sein, und um die durch solche Erfahrungen ausgelösten und durch häufige Wiederholungen chronifizierten Ängste. Solche Ängste können so stark werden, dass sie später über alle möglichen Schranken hinwegschwappen und extreme und exzessive Verhaltensweisen auslösen können: „Ich muss jetzt alles an mich reißen, sonst gehe ich unter".

Je größer das emotionale Loch ist, das jemand aus seiner Kindheit mitgenommen hat, und je schwächer die moderierende Einwirkung der Scham ausgeprägt ist, desto hemmungsloser und blinder kann die Gier das Kommando übernehmen. Diese Dynamik kann Menschen dazu bringen, dass sie für die Erreichung ihrer von einer maßlosen Gier ersonnenen Ziele bereit sind, sprichwörtlich über Leichen zu gehen.

Die innere Leere ist immer die Folge einer missglückten Bedürfnisregulation in der Kindheit. Sie führt zur chronifizierten Angst vor dem Mangel, die wiederum die Bereitschaft zur Gier aktiviert und die von der Scham errichteten Hemmungen überwindet. In der Gier äußert sich die maßlose Forderung nach einem Ausgleich, nach einer Entschädigung für die erlebten Frustrationen. Manche gierige Menschen verhalten sich aus diesem Grund so ungeniert, weil sie meinen, sie hätten einen Rechtsanspruch auf alle materiellen und immateriellen Güter, auf alle Objekte des Begehrens.

Klarerweise kann die Gier nie zu einer dauerhaften Befriedigung führen, weil sie nach etwas lechzt, was unwiederbringlich versäumt wurde. Die fehlende Mutterliebe kann durch keine Luxusvilla, noch durch einen Liebes- oder Sexpartner ersetzt werden. Deshalb mündet jede Gier in einer tendenziell unendlichen Schleife, sich nie zufrieden geben zu können, sondern immer mehr fordern zu müssen.

Fürsorgliche Personen, denen es von früh an gelingt, die Bedürfnisse ihrer Kinder zu erkennen und angemessen zu erfüllen, legen die Basis für eine solide Selbstzufriedenheit und emotionale Erfüllung. Gelingt es außerdem, das Kind zu einem gut balancierten Schamerleben zu führen, so wird die Ausbildung einer zwanghaften Gier im späteren Leben überflüssig und die Neigung zu exzessivem Verhalten eingedämmt.

Gier nach Geld, Gier nach Macht

Manche Menschen haben eine ausgeprägte Gier nach Geld, andere nach Macht. Die Geldgier hat ein anonymeres, unpersönlicheres Objekt. Geld ist eine abstrakte Größe, eine Zahl auf einem Kontoauszug. Wenn die Geldmenge am Konto wächst, gibt es scheinbar niemanden, dem es weggenommen wurde. Die Geldgier kann als Antwort auf eine Form der emotionalen Vernachlässigung verstanden werden, die atmosphärisch gewirkt hat, also nicht an einzelnen traumatisierenden Momenten festgemacht werden kann, sondern sich aus tagtäglichen Missachtungen zusammensetzt. Geld als universal einsetzbares Mittel zur Absicherung gegen jede Art von Bedrohung und Mangel dient dann als Gegenstand der Anhäufung. Massenhaftes Geld am Konto verheißt die Sicherheit, nie mehr wieder ein frustriertes Bedürfnis erleiden zu müssen. Die Falle dieser Form der Gier ist offensichtlich: Zahlen können letztlich keine Sicherheit garantieren.

Die eigene, im Inneren aufgebaute Mangelwelt wird zur wahnhaften Richtschnur für das eigene Tun, und die Kraft dieses Wahns kann erstaunliche Leistungen hervorbringen: komplexe Lügengespinste, Verschleierungsaktionen und Scheinrealitäten. Der anfänglich von vielen beneidete Betrüger Bernard Madoff wickelte über Jahrzehnte Scheingeschäfte ab, überzeugte 4800 Kunden davon, ihm ihr Geld anzuvertrauen, darunter seine beiden Söhne, war Vorsitzender der Technologiebörse NASDAQ und ein bekannter Philanthrop. Die Gier war perfekt getarnt. Seine Betrügereien verursachten jedoch einen Schaden von schätzungsweise 65 Milliarden Dollar. Es bedurfte eines äußeren Umstandes (die Finanzkrise von 2008), dass das betrügerische Fantasiegebäude aufgedeckt wurde. Nicht nur Privatpersonen, sondern auch Investmentfirmen waren auf seine Täuschungen hereingefallen, und die Börsenaufsicht hatte jahrelang die zahlreichen Hinweise auf den Betrug ignoriert.

Menschen mit diesem Reaktionsmuster können großen Schaden anrichten, weil sie nicht nur ihre eigenen Möglichkeiten überschätzen, sondern auch blind sind für die Folgen ihres Handelns – blind sein müssen, um sich vor ihrer eigenen schmerzhaften und beschämenden Minderwertigkeitsüberzeugung zu schützen. Sie sind so beschäftigt, sich selbst im besten Licht darzustellen, dass die anderen Menschen nur am Rand Platz haben, als Beklatscher und Bestätiger der eigenen Großartigkeit.

Fallbeispiel:

Frau A., die bei ihrer Scheidung von ihrem Mann 5 Millionen Euro und dazu eine stattliche Summe für die fortlaufende Lebensführung bekommen hatte, geriet in massive Existenzängste, als sich ihr Vermögen im Zug der Finanzkrise um eine halbe Million verringerte. Sie hatte ihre innere Sicherheit auf eine Zahl auf ihrem Kontoauszug gesteckt. Erst indem sie ihre jetzige Lage mit früheren Phasen ihres Lebens verglich und sich auf ihre eigenen Fähigkeiten besann, konnte sie entspannen.

Die Gier nach Macht ist anders gestrickt. Sie muss sich mehr der Konkurrenz aussetzen und benötigt die Aggression, um an ihr Ziel zu kommen. Macht muss anderen weggenommen werden, damit man sie haben kann. Die machtgierige Person braucht einen höheren Grad an Unverschämtheit.

Die Machtgier kann als Antwort auf eine direkte Unterdrückung durch eine autoritäre Elternperson verstanden werden, die die Entwicklung der Eigenmacht des Kindes unterbunden oder stark eingeschränkt hat. So dient die Strategie der Machtgier der Sicherstellung der eigenen Autonomie gegenüber der Bedrohung durch andere Menschen. Die Gier soll den Autonomiemangel ausgleichen, der schmerzhaft in der Kindheit erlitten wurde.

Machtgier und Geldgier stellen zwar unterschiedliche Strategien dar, doch sind sie in der Realität eng miteinander verflochten. Machtgierige Menschen sichern sich die Macht, um in ihrem Schatten Geld anhäufen zu können. Geldgierige Menschen wollen reich werden, weil sie wissen, dass die Macht käuflich ist. Ein Sicherungssystem sichert das jeweils andere, ein Giersystem kurbelt das andere an. Die neurotische Sucht nach der Absicherung der Sicherheit potenziert die destruktiven Kreisläufe, die von der Gier angestachelt werden.

In dieser Dynamik gedeiht das weite und hartnäckige Feld der Korruption – Einzelne oder Netzwerke, die sich öffentliche Güter für eine private Nutzung aneignen. Den Antrieb liefert die Gier, die wiederum von den nagenden Gefühlen des inneren Mangels gefüttert wird.

Alle Gierstrategien dienen einem Ziel, dem Inneren, der Seele Sicherheit zu bieten, eine Sicherheit, die freilich im Außen vergeblich gesucht wird. Das ist die Tragik der Gier und aller von ihr angetriebenen Handlungen: Sie führen nie zu mehr Sinn und Glück, vielmehr richten sie unvermeidlich große Schäden in den Seelen der von ihr Getriebenen und im Leben der Mitbetroffenen an.

Das Missverständnis, im Außen eine Erfüllung zu suchen, die nur im Inneren gefunden werden kann, ist verständlich, denn der Mangel an Zuwendung und Fürsorge, der hinter der Gier steckt, war ursprünglich vom Außen, von den nahestehenden Menschen geschuldet. Die innere Verarmung ist die Folge einer fehlenden Unterstützung durch andere. Dennoch bedeutet Erwachsensein, die

Verantwortung für die eigenen Bedürftigkeiten zu tragen. Solange das nicht gelingt, – was immer der Fall ist, wenn die Gier aktiv ist –, führt das unersättliche innere Kind die Regie und nimmt den Erwachsenen in Geiselhaft. Diese Rollenumkehr führt in allen Zusammenhängen des erwachsenen Lebens von Liebesbeziehungen bis zu den Staats- und Weltgeschäften unweigerlich zu katastrophalen Auswirkungen.

Gierökonomie und Gierkultur

Kultur und individuelle Entwicklung wirken immer zusammen. Diese Verflechtung ist besonders auffällig bei der Gier. Seit der Kapitalismus die Regulierung der Güterproduktion übernommen hat, hat die Gier eine riesige Spielwiese erhalten. Das nahezu unendliche Angebot an Dingen, die mit allen Tricks angepriesen werden, konfrontiert die Menschen mit Glücksversprechen der unterschiedlichsten Art und entfesselt die Bemächtigungsgefühle, die im Inneren der frustrierten Seelen schlummern. Der hemmungslose Konsum wurde im Prozess der Zivilisation aus der Sphäre des Sündhaften und damit der Scham herausgelöst (der Protestantismus hat die Verdammung der Habgier nicht übernommen, sondern im Gegenteil religiöse Rechtfertigungen für die kapitalistische Bereicherung eingeführt) und schließlich zur Norm erklärt.

Im Zug der Demokratisierung wurde der Luxus und der demonstrative Konsum, der vorher den Adelshöfen vorbehalten war, von der breiten Masse eingefordert und in der modernen Konsumwelt und Verbraucherökonomie zur Realität. Gier wird geil. Die Menschen sollen arbeiten, um zu konsumieren. Dem Imperativ des permanenten Wachstums der Wirtschaft steht die unersättliche Gier der Marktteilnehmer nach mehr und noch mehr Gütern zur Seite. Die Räder von Produktion und Konsum sollen sich immer schneller drehen, gemäß dem sich permanent beschleunigenden Rhythmus der Gier, ohne Rücksicht auf Verluste.

Die Gierkultur ist ein Stadium der kulturellen Evolution der Menschheit und zugleich eine Sackgasse. Die Entwicklung der Menschheit auf diesem Planeten kann nur weitergehen, wenn die Gier entscheidend eingedämmt wird, sowohl individuell als auch institutionell. Der Kollaps des Finanzsystems 2008 ist ein Mahnmal für diese Forderung; der immer sichtbarer werdenden Kollaps des Klimasystems ein weiteres Indiz für die destruktive Kraft der Gier und der von ihr gesteuerten Wirtschaft und Kultur. Es sind kindliche Ängste, zu wenig Aufmerksamkeit und Zuwendung zu bekommen, die mit dem Treibstoff Gier die Prozesse der überhitzten Güterproduktion und -konsumation in Gang halten – fast lächerliche Ursachen im Vergleich zu den ungeheuren Wirkungen und Bedrohungen für die gesamte Menschheit, die dadurch entfesselt werden.

Die hemmungslose Ausbeutung der Natur, und darunter fällt auch die Körperlichkeit der Menschen, spiegelt die Selbstaggression, die in der Gier enthalten ist: Das letztliche Ziel der Gier liegt in der Selbstzerstörung. Das ist eines der frappierendsten Widersprüche der Menschen: Die Gier, mit der wir uns die Unsterblichkeit durch das Anhäufen von Gütern sichern wollen, führt pfeilgerade und schnurstracks in den individuellen und kollektiven Tod.

Die Jungen, die sich für *Fridays for Future* engagieren, haben diesen Selbstzerstörungszwang schon durchschaut und weigern sich, mitzuspielen. Für ihre Zwecke setzen sie allerdings auch das Mittel der Beschämung ein: Alle, die bei der Zerstörung der Lebensgrundlagen mitmachen, müssen an den öffentlichen Pranger gestellt werden, damit sie ihr Verhalten ändern.

> Ein Investmentbanker klagt: „Die Finanzkrise ist schlimmer als eine Scheidung. Ich habe die Hälfte meines Besitzes verloren und bin noch immer verheiratet."

Scham und Geiz

Geiz und Glück werden sich nie kennenlernen. (Benjamin Franklin)

Ganz in der Nähe der Gier wohnt der Geiz, das Gefühl, das Eigene nicht teilen zu wollen, sondern für sich selber zu horten. Was die Gier anhäuft, hält der Geiz fest und will verhindern, dass jemand anderer davon profitieren könnte. Die Gier geht mit dem Impuls der Bemächtigung aggressiv nach außen, der Geiz bleibt innen und möchte von all den angehäuften Dingen, die für einen verlorenen Wert des Inneren stehen, nichts hergeben. Die Gier ist also egoistisch im Raffen der Objekte und der Geiz im Festhalten und Verteidigen des Eroberten. Der Unterschied liegt darin, dass die Gier ihre Objekte einverleiben will, während sie der Geiz auf Ewigkeit im Außen erhalten will.

Interessant ist in diesem Zusammenhang das „Diktator-Spiel", das von dem Psychologen Paul Piff in Berkeley entwickelt wurde. In diesem Spiel gibt es zwei Teilnehmer, der eine erhält vom Spielleiter Geld und kann dem anderen davon abgeben so viel er will, auch überhaupt nichts. Das Experiment wurde oft wiederholt und ergab immer wieder den gleichen Befund: Reiche geben weniger als Arme, im Laborexperiment sogar absolut (Piff et al. 2010). „Individuen mit Oberklassen-Hintergrund verhielten sich sowohl in der realen Welt wie im Labor unethischer", so Piff in einem Interview. Er ergänzte allerdings, dass genug Ausnahmen die Regel bestätigen.

Geiz und Gier sind asozial und haben deshalb die Scham als Gegenspielerin. Der Geizige muss seine Leidenschaft im Verborgenen leben, sodass er sich der Scham nur aussetzt, wenn sein Verhalten an die Öffentlichkeit kommt. In der Haltung des Geizes steckt ein blanker Egoismus. Die anderen sind Bedrohungen für die eigenen Besitztümer und Erwerbungen, die vor ihnen versteckt oder verteidigt werden müssen. Der Geiz kämpft also mit der Scham, die auf die Bedürfnisse und Nöte der Mitmenschen aufmerksam macht. Der Geiz gilt vielen Menschen als verwerflichste unter den Verfehlungen. Der Salzburger Theologe und Sozialforscher Anton Bucher (2011) hat in einer Befragung von mehreren hundert Menschen herausgefunden, dass unter den Hauptsünden der Geiz am negativsten bewertet wird.

Der Geizige macht die Sicherheit des eigenen Lebens vom Besitz abhängig – vor allem handelt es sich um materiellen Besitz, doch auch immaterielle Güter können mit Geiz festgehalten werden, z.B. ein Expertenwissen über lukrative Geldanlagen oder ein Geheimtipp über einen einsamen Badestrand.

Dem Geiz zugute kommt die zunehmende Anonymisierung und das Schwinden der zwischenmenschlichen Sozialkontrolle. In einem kleinen Dorf wusste jeder, wie viel jeder andere hat, und es war sozial geregelt, was die Reicheren an die Ärmeren zu geben hatten, seien es auch nur Almosen. Heutzutage ziehen sich die Reichen hinter hohe Mauern zurück, die ihre Anwesen umgeben, und niemand weiß um die Höhe ihres Vermögens und den Glanz ihres Reichtums. Deshalb kann auch niemand über den Geiz urteilen, er bleibt unsichtbar und auf diese Weise frei von Beschämung.

Der Geiz braucht also die Augen der Kritiker, um offensichtlich zu werden. Die geizige Person muss mit ihrem Laster konfrontiert werden, um es zu bemerken. Denn meist fehlt die Eigenerkenntnis; oft erlebt sich die geizige Person selbst als sparsam und bescheiden, ohne zu beachten, was sie den anderen wegnimmt und welche Ängste das eigene Verhalten steuern.

Der Geizige hängt an der Vergangenheit, in der er die Güter angehäuft hat, mit denen er sein Jetzt absichern kann. Er ist meist misstrauisch und ängstlich, was die Zukunft anbetrifft, deshalb will er festhalten, was er jetzt hat. Eine Herausforderung für diese Gefühlsprägung ist der unausweichliche Gedanke, dass wir alle einmal aus dem Leben scheiden werden und nichts mitnehmen können.

Die Offenbarung des Geizes durch die äußeren Kritiker führt zur Bloßstellung und Beschämung, und die Kritik will Scham erzeugen mit der Absicht, das angeprangerte Verhalten zu verändern. Viel vom Pathos der Sozialkritik ist allerdings mit Neid infiziert und versucht damit zu beschämen. Die berechtigten politischen Anliegen für einen Ausgleich zwischen Arm und Reich verlieren durch solche Emotionalisierungen und Moralisierungen an Glaubwürdigkeit und Durchschlagskraft.

Der Schotte kommt völlig außer Atem und wütend von der Arbeit nach Hause. Seine Frau fragt ihn, warum er so wütend sei. Er antwortet: „Ich habe den Bus knapp verpasst und bin dann den ganzen Weg nach Hause knapp hinter ihm hergelaufen!" – „Freu dich doch", antwortet seine Frau, „so hast du 1 Pfund Fahrgeld gespart!" – „Ja, schon, aber wenn ich einem Taxi hinterhergelaufen wäre, hätte ich 20 Pfund gespart!"

Scham und Neid

Um vor Neid weiß zu erblassen, muss man schwarz sich selber hassen. (Andreas Tenzer)

Für Neid steht im Lateinischen invidia, was ursprünglich so viel heißt wie „den bösen Blick werfen", scheel, neidisch ansehen, durch den bösen Blick schaden. „Das *invidere* ist also ein Hineinschauen, den Blick durch das Fenster des Auges in die Seele zu werfen, und zwar mit magisch böser Kraft. Und die Wirkung ist die Erfüllung der Rachsucht, doch nun gegen das eigene Selbst gewendet." (Wurmser 2019, S. 156)

Wenn wir jemanden um etwas beneiden, schämen wir uns, dass wir etwas nicht haben, was die andere Person hat: Ein tolles Haus, eine liebenswerte Partnerin, eine ausgeglichene Persönlichkeit, eine makellose Schönheit, eine dauerhafte Gesundheit, eine unerschütterliche Disziplin, eine erfolgreiche Karriere usw. Alles, über das Menschen verfügen – Dinge, Eigenschaften, Qualitäten –, kann Anlass für den Neid sein, und alles, wofür wir uns schämen können, weil wir es nicht haben, verbindet sich leicht mit dem Neid. Er soll uns helfen, weil wir vermeinen, der Scham zu entfliehen, wenn wir hätten, was andere haben.

Neid und Scham verbindet das Vergleichen, und zwar in dieser Weise, dass wir dabei selber als die Schlechteren abschneiden. Beim Neid hat jemand anderer mehr oder ist in einer Hinsicht besser als wir selbst. Wir fühlen uns der anderen Person gegenüber minder und meinen, dass es uns besser ginge, wenn wir hätten, was die andere Person hat, oder so wären, wie sie ist.

Deshalb meint der griechische Philosoph Hippias: „Die neidischen Menschen sind doppelt schlimm daran: Sie ärgern sich nicht nur über das eigene Unglück, sondern auch über das Glück der andern."

Bei der Scham ist das Vergleichen weniger offensichtlich. Wir schämen uns immer vor jemand anderem und nehmen die Beziehung zu dieser Person mit einem Gefälle wahr, bei dem wir am unteren Ende stehen. Die andere Person ist auf sicherem Terrain, während wir in der Unsicherheit der Scham stecken. Insofern ist in jeder Scham ein Vergleich enthalten, allerdings ein ganz extremer und drastischer, denn es geht um nicht weniger als um die eigene Menschenwürde: Wir selber billigen uns weniger davon zu als den anderen. Wir setzen unsere Würde zurück, während wir sie den anderen belassen. Wir steigen bei diesem Vergleich als die Schlechteren aus, aber nicht in Hinblick auf Güter oder Eigenschaften wie beim Neid, sondern in Hinblick auf unseren Wert als Menschen. Wieder zeigt sich, dass die Scham tiefer an unseren Fundamenten rüttelt als alle anderen Gefühle.

Neid und Scham sind ganz offensichtlich Gefühle, die unseren Selbstwert verringern und die Wertschätzung nach außen richten und von uns selber abziehen, wobei bei der Scham das Innere und beim Neid das Äußere im Vordergrund steht. Die Scham, wenn sie nicht übermächtig auftritt, enthält immer auch Impulse zur Reparatur des Selbstwertes, während der Neid im Vergleichen steckenbleibt. Aus dem Neid gibt es kein wirkliches Entkommen, außer wir erkennen die Verirrung des Vergleiches und besinnen uns auf unsere eigenen Stärken und Ressourcen. Wenn wir diesen Bewusstseinssprung nicht schaffen, können wir nur darauf hoffen, dass eine magische Hand in unser Leben eingreift und aus ihrem Füllhorn alle Schönheiten und Vorzüge herbeizaubert, die wir in der beneideten Person wahrnehmen.

Viele Menschen lesen die Klatschspalten in den Zeitungen, um für ihren Neid Trost zu finden, wenn deutlich wird, welche Lebensprobleme Prominente und Superreiche haben, die sich nicht wesentlich von den eigenen unterscheiden. Zugleich liefert die Lektüre Nahrung für den Neid, denn es kommen in dieser Welt ausschließlich die Berühmten, Schönen und Reichen vor, mit deren Erfolg, Glanz und Glorie wir uns niemals messen können.

Der Neid dient als Maske für die Scham, weil er uns von der Selbstentwertung bewahrt, die mit jedem Vergleich vollzogen wird, bei dem wir als die Schlechteren aussteigen. Der Neid lenkt uns von uns selber ab, indem wir eine harmlosere und unmerkliche Form der Selbstverleugnung wählen.

Dazu kommt, dass wir unseren Selbstwert aufbessern können, wenn wir in den Neid ein Stück arroganter Abwertung als Kompensation einflechten. Neben dem Beneiden und Bewundern lassen wir gerne ein wenig Verachtung oder Spott mitschwingen: Der Nachbar hat zwar ein größeres Auto, aber glücklicher macht ihn das sicher nicht. Ich wäre gern so wortgewandt wie der Redner im Fernsehen, aber vieles von dem, was er sagt, ist schwammig.

Mit dieser Taktik können wir uns entlasten – die anderen, die wir beneiden, haben auch ihre Schatten und Schwächen. Unser Problem, mit dem der Neid an unserem Selbstwert nagt, liegt nicht in uns selbst, sondern irgendwo draußen, wo uns das

Leben gegenüber anderen benachteiligt hat. Wir werden zwar „grün vor Neid", fallen aber nicht in die Bodenlosigkeit der Scham.

Im Neid spielt die Projektion, die in Kapitel 8 näher besprochen wird, eine komplexe Rolle: Es werden die eigenen Schwächen und Unzulänglichkeiten auf andere projiziert, dort ins Gegenteil umgedreht und dann wieder relativiert. Die Scham, selber im Vergleich schlecht abzuschneiden, wird mit dem bittersüßen Blick auf die beneideten Personen vermieden, und die Fantasie erlaubt sich gelegentlich den Ausflug mit der Vorstellung, in der Haut des Neidobjekts zu stecken und all das zu genießen, was einem selber versagt ist. Das macht den Neid eher erträglich als die dahintersteckende Scham.

Selbstüberhebung als Abwehr

Es gibt auch die Abwehr des Neides. Sie hat den Zweck, die Minderwertigkeitsgefühle, die mit dem Neid verbunden sind, nicht spüren zu müssen. Dazu dienen aktive Strategien, vor allem die Verwandlung des neidvollen Mindergefühls in ein selbstüberhebliches Größengefühl, und passive Strategien, vor allem der Rückzug und die Konkurrenzverweigerung.

Übertriebene Größenvorstellungen, übersteigerte Versionen des eigenen Selbst, die in der Fantasie erfunden werden und von dem inneren Erleben auf das eigene Verhalten übertragen werden, dienen der Verdrängung der empfundenen Minderwertigkeit. Der großspurige Angeber bewältigt seine Schwächen dadurch, dass er sie in der Öffentlichkeit verschwinden lässt und stattdessen nur seine Großartigkeit präsentiert. Scheinbar braucht er niemanden zu beneiden, vielmehr will er, dass ihn alle neidvoll bewundern. Damit entzieht er sich den Qualen der Scham und des Neids, um den Preis des Realitätsverlustes, der mit den eingebildeten Größenvorstellungen verbunden ist. Die Arroganz schützt also vor dem Neid.

> **Fallbeispiel:**
> Herr N. hat seiner künftigen Frau vorgegaukelt, dass er bei seinem „tollen Job" ein hohes Einkommen hat, mit dem er einen aufwändigen Lebensstil finanzieren könne. Tatsächlich verdiente er nur mittelmäßig und hatte keine sichere Arbeitsstelle. Er wollte sie mit dieser Täuschung beeindrucken und für sich gewinnen. Die Hochzeit wurde mit großem Pomp und hohen Ausgaben gefeiert, doch bald stellte sich heraus, dass M. nicht die Mittel hatte, dieses Lebensniveau aufrechtzuerhalten. Er manövrierte sich in Schulden, wurde depressiv, was zum Jobverlust führte, und schließlich verließ ihn auch die Frau, die sich getäuscht und betrogen fühlte. M's Größenselbst zerplatzte, und die Scham, die aufbrach, stürzte ihn in die Resignation und Depression. Er musste eine einfache Arbeit annehmen und schämte sich dafür, weil sie seinen Fähigkeiten und Vorstellungen nicht entsprach. Außerdem baute er die

Überzeugung auf, dass sich keine Frau mehr für ihn interessieren könne, weil er nichts vorweisen konnte.

In der Therapie ging es zentral um den inneren Kampf zwischen einem überhöhten und einem schwer angeschlagenen Selbstgefühl. Das Schwanken zwischen dem narzisstischen und dem depressiven Anteil kostete ihm viel Kraft und lähmte seine Aktivitäten, bis er mehr und mehr den Weg zu seiner Mitte finden konnte, der es ihm ermöglichte, mit bescheideneren Mitteln sein Leben zu führen und damit zufrieden zu sein.

Rückzug als Abwehr

Eine zweite, gegenteilige Abwehrform gegen den Neid und damit gegen die dahinterliegende Scham ist der Rückzug. Wenn niemand da ist, mit dem man sich vergleichen könnte, gibt es auch niemanden, der einen als Verlierer, Versager oder Schwächling dastehen ließe. In der sozialen Isolation ist es sicher; allerdings ist diese Strategie eine selbstauferlegte Vorwegnahme dessen, was als Angst im Hintergrund lauert: Der soziale Ausschluss. Bevor mich die anderen aufgrund meiner Mangelhaftigkeit ignorieren, gehe ich lieber selber. Häufig sind es die Gefühle von Bitterkeit und Verzweiflung, die in der sozialen Isolation warten.

Der Rückzug hat die Funktion, vor Vergleichen und Konkurrenzsituationen auszuweichen, um das Versagen und die Demütigung zu vermeiden. Bevor die Schmach einer Niederlage oder einer Zurücksetzung geschehen könnte, bringt uns diese Abwehrform dazu, rechtzeitig abzubiegen und uns nicht der Herausforderung zu stellen, oft mit fadenscheinigen Begründungen nach außen und inneren Vorwänden – und Vorwürfen. Das sind die schamvollen Ängste, die Jugendliche zu Lernvermeidern oder Schulabbrechern machen, die Menschen in die Drogensucht absinken lassen und berufliche Karrieren zum Scheitern bringen. Bei vielen dieser Problematiken geht es um die passive Form der Neid- und Schamvermeidung, um Überlebensstrategien, die helfen sollen, mit einem tiefsitzenden Gefühl von Minderwertigkeit zurechtzukommen.

Neid und Aggression

Häufig versteckt sich im Neid eine Aggression in Form einer vorweggenommenen Schadenfreude. Wir beneiden jemanden um seinen Wohlstand und wünschen uns insgeheim, dass ihn eine Katastrophe trifft, die ihn um seinen Reichtum bringt. Mit manchmal unverhohlener, manchmal klammheimlicher Freude am Schaden anderer verfolgen wir Medienberichte über Schöne und Mächtige, die plötzlich vor Gericht stehen oder vor den Trümmern einer Beziehung. Das Gift im Neid soll nicht uns schädigen, sondern die anderen ruinieren, die den Neid in uns auslösen. Dann haben wir ein inneres Problem weniger.

Hanzi Freinacht schreibt: „Wenn uns jemand von einem Plan erzählt, der ‚eine Million Leben retten kann' und wir können da nicht mit, was sagt dann deren relativer Erfolg über uns selber aus? Wenn sie dann mit ihren Plänen Erfolg haben, dann deutet das etwas wenig Schmeichelhaftes über uns selbst an, nämlich dass wir eine tolle Gelegenheit verpasst haben oder dass wir eine machtvolle Vision nicht erkannt haben, als sie direkt vor unserer Nase war. Die offensichtliche Größe der anderen weist auf unsere eigene Mittelmäßigkeit und Kleinheit hin. Aus diesem Grund suchen wir subtil, aber begierig nach Anzeichen des Versagens, und wir nehmen dann oft die Rolle eines unverlangten Ratgebers ein. Wenn sie dann versagen, können wir uns sagen, dass das nur passieren konnte, weil sie nicht auf unseren Rat gehört haben." (2019, S. 107, Übers.d.d.A.)

Da sich der Neid überall in der Gesellschaft einnistet, kann er die Funktion übernehmen, die Mittelmäßigkeit zu festigen und besondere, herausragende Leistungen zu bremsen. Er kann selbst begabte Menschen dazu bringen, ihre Anstrengungen zu verringern, weil eine unbewusste Angst vor dem Neid der anderen wirksam ist. Wer die Welt verändern will, muss mit Neid und Widerstand rechnen – wir brauchen nur auf die feindlichen und hasserfüllten Kommentare und absurden Vorwürfe zu schauen, die der schwedischen Klimaaktivistin Greta Thunberg entgegengebracht werden.

Neid und Verachtung

Diese beiden Gefühlskomplexe stehen in einem komplementären Verhältnis, was durchaus nicht ausschließt, dass wir zum gleichen Gegenstand beide Gefühle wahrnehmen können. Beim Neid wird jemand anderer überhöht, indem wir uns selber erniedrigen, und wird dafür gehasst; bei der Verachtung, die vom Affekt her mit dem Ekel verwandt ist, wird die andere Person geringgeschätzt und geschmäht, also erniedrigt, während wir selbst uns erhöhen (Mollon 2018, S. 107). Der Neid reduziert den Selbstwert und aktiviert auf diese Weise die Scham; die Verachtung bläst den Selbstwert auf, um die Scham nicht spüren zu müssen; erst wenn der Blick auf die Hintergründe der Verachtung fällt, wird die Scham umso schmerzlicher bewusst.

Die andere Seite des Neides

Vermutlich möchte jeder lieber beneidet werden als beneiden. Jeder möchte auf der besseren Seite des Vergleiches sein, aus dem sich der Neid nährt. Der Neider leidet am Mangel an dem, was der Beneidete hat. Dennoch ist das Los des Beneideten mitnichten einfach und macht selten grenzenlos glücklich. Vielmehr konfrontiert es mit eigenen Schamgefühlen.

Fallbeispiel:

Herr L. erzählt, dass er schon vor der Schule und erst recht später begabter als sein Bruder war, der an einer Sauerstoffunterversorgung während der Geburt gelitten hatte. Die Folge war, dass er bis heute von seinem Bruder beneidet wird und dieser Neid manchmal in Hass umschlägt. L. war von seinen Eltern und in der Verwandtschaft häufig gelobt worden, während der Bruder viel Abwertung und Schläge vom Vater einstecken musste. Das Leiden des Bruders hinterlässt Spuren im Seelenleben, und L. kann nicht glücklich mit seinen Erfolgen im Leben sein, weil er unter dem Neid des Bruders leidet und sich deshalb für seine Leistungen schämt. Andererseits ist verständlich, dass der Bruder, der über geringere kognitive Ressourcen verfügt und dafür fortlaufend beschämt wurde, L. beneidet, weil er glaubt, das Leben wäre viel einfacher, wenn er dessen Begabungen hätte. Er kann nicht verstehen, warum er schlechter weggekommen ist. Diese tragische Neidverstrickung wurde durch die gewaltsamen Eingriffe des Vaters noch zusätzlich verschärft, und der Hass, den der Bruder vom Vater schmerzhaft ertragen muss, wird dann auch auf L. bezogen.

Auch ein begünstigtes Schicksal kann zur Last werden, wenn der Vergleich mit der Benachteiligung in unmittelbarer Nähe permanent vor Augen geführt wird. Die eigenen Ambitionen geraten in Konflikt mit der Geschwistersolidarität, sodass ein typischer Schamkonflikt entsteht, der sich mit Aggression auflädt.

Fallbeispiel:

Frau I. ist hübsch und intelligent. Sie studiert ein naturwissenschaftliches Fach. Auf Partys hat sie meist den Eindruck, dass sie nur wegen ihrer Schönheit von anderen Männern angesprochen wird. Sie fühlt sich dabei unwohl und vermeidet Themen, in denen sie ihr Wissen einbringen könnte. Sie fühlt sich auf ihr Äußeres reduziert und schämt sich dafür. Zugleich schämt sie sich für ihre Intelligenz. So neigt sie dazu, ihr Licht unter den Scheffel zu stellen und sich schüchtern und ungebildet zu zeigen, um nicht ganz am Rand der Gesellschaft zu bleiben.

Ein 70-Jähriger fragt voll Bewunderung und Neid seinen gleichaltrigen Freund, wie es ihm denn gelungen sei, eine so reizende, bezaubernde 25-jährige Schönheit als seine Frau zu gewinnen. Die Antwort: „Indem ich ihr vorgelogen habe, ich sei schon neunzig."

Neid und Gesellschaft

Viele Faktoren können den Neid in unserer Gesellschaft anstacheln; die überbordende Konsumwelt wird angetrieben von latenten und beständig neu erzeugten Neidgefühlen: Ich muss auch ein so tolles Auto wie der Nachbar oder ein so aktuelles Smartphone wie die Freundin haben. In Zeitungen, Magazinen, im Fernsehen und in den sozialen Medien werden wir permanent mit den strahlenden Gesichtern von erfolgreicheren und schöneren Menschen überfüttert. Wir können uns kaum retten vor den laufend sich anbiedernden Angeboten zur Verbesserung und Erleichterung unseres Lebens. Alle wollen sie uns die unterschwellige Nachricht einflößen, wie hinten dran wir doch sind, wenn wir diese Prunkstücke der Technik nicht erworben, jene unfehlbare Methode zur Selbstverbesserung nicht ausprobiert oder diesen Juwel der Reisewelt noch nicht besucht haben. Wir kennen wohl Menschen, die sich dies oder jenes davon leisten, die dauernd auf Reisen sind, sich sportlich oder spirituell ertüchtigen und da oder dort die Nase vorn haben. Wir vergleichen uns mit ihnen und schon nagt der Neid unseren Selbstwert an.

Mit einigem Recht könnte man sagen, dass der Neid (zusammen mit der Gier und der Konsumscham) als einer der emotionalen Hauptmotoren der neoliberalen Konsumwirtschaft fungiert. Diese Ideologie hat es auf fast unheimliche Weise geschafft, große Segmente der Gesellschaft in den Dienst des bedingungslosen Leistens und der hemmungslosen Selbstausbeutung einzuspannen, angestachelt durch ein zwanghaftes Habenmüssen von kurzlebigen Hochglanzgütern, die nicht zu mehr Lebensqualität führen, sondern die Sucht implantieren, immer noch mehr und mehr zu wollen.

Möglicherweise spielt die Scham die Hintergrundrolle bei dem, was Hanzi Freinacht (2015) mit dem Nietzsche'schen Begriff der Sklavenmoral bezeichnet: Die Unterwerfung unter die Leistungszwänge, die wir für unvermeidlich halten, und die Konsumabhängigkeiten, die uns die postkapitalistische Gesellschaft mit unverschämter Fülle vor den Augen tanzen lässt. Wir tun so, als hätten wir keine Freiheit, sondern als müssten wir nach dem greifen, was die anderen schon haben, damit wir uns nicht wertloser fühlen als sie. Es kommt vermutlich von dieser lethargischen schamvollen Unterwerfung, dass die meisten Menschen der Anhäufung von absurden Reichtumsmengen in den Händen von wenigen Menschen taten- und emotionslos zuschauen und jede Debatte über „Reichensteuern" oder Vermögensabgaben reflexhaft mit dem Neidvorwurf abschmettern.

Die Neidimprägnierungen in der Gesellschaft wirken auch daran mit, dass der Neid von Generation zu Generation weitergegeben wird. Wurmser spricht im Zusammenhang mit dem verdrängten Neid, der abgewehrten Eifersucht und dem unterdrückten Ressentiment davon, dass diese Abwehrformen nicht nur im eigenen Inneren entstanden sind. „Der verdrängte Neid, die abgewehrte Eifersucht, das unterdrückte Ressentiment leben nun im Gewissen, in der Stimme des inneren Richters weiter. Aber das Wichtige dabei ist nicht allein, dass es diese aggressiven Affekte aus der eigenen Seele sind, die so durch das Leben als Bürde im Gewissen weitergetragen werden, sondern sehr oft gerade Neid, Eifersucht und Ressentiments der Eltern, der Vorväter, ja einer ganzen ethnischen und religiösen Gruppe." (Wurmser 2019, S. 158)

Scham und Eifersucht

Die Qual der Eifersucht liegt darin, zu meinen, dass jemand anderer etwas bekommt, was einem selbst gehört oder gebührt: Unser Partner liebt jemand anderen mehr als uns selbst. Die Eltern bevorzugen ein Geschwister und setzen uns zurück. Beim Neid sind wir unglücklich, etwas nicht zu haben, von dem wir annehmen, dass es uns glücklich machen würde. Bei der Eifersucht kommt die Annahme dazu, dass uns das, was jetzt der andere hat, auf ungerechte Weise weggenommen wurde. Als Liebespartner steht uns die hauptsächliche Liebe zu, als Kind verdienen wir die gleiche Aufmerksamkeit wie unsere Geschwister. Alles, was da fehlt, schmerzt und beschämt uns: Sind wir weniger wichtig, weniger wert, gebührt uns weniger Liebe als anderen?

Deutlich wird also auch hier, dass die Scham im Hintergrund die Fäden zieht. Nietzsche nennt deshalb Neid und Eifersucht „die Schamteile der menschlichen Seele" (Nietzsche 1880, 503). Die Scham, die uns unwert fühlen lässt und die Beziehung zu unserem Inneren abschneidet, ist es, die uns eigentlich eifersüchtig macht. Nicht in uns selbst können wir die Erfüllung finden, sondern im Verlangen, das zu bekommen, was andere haben (Neid) oder das zurückzugewinnen, was uns geraubt wurde (Eifersucht).

Die Eifersucht, von Shakespeare im Othello als „grüngeaugtes Scheusal, das besudelt die Speise, die es nährt" charakterisiert, ist ein komplexes Gefühl. Es vereinigt Besitzansprüche, Verlusterfahrungen, Ausgeschlossensein und doppelte Hassgefühle auf andere: Auf die Objekte der Eifersucht (auf die, die bekommen, was einem selber zustünde) und auf die Auslöser der Eifersucht (auf die, die wegnehmen, was für einen selber bestimmt wäre).

Die Wurzeln von Eifersuchtsgefühlen liegen in frühen Rivalitätserfahrungen. Eine Hauptquelle dieser Konflikte sind Geschwister, vor allem dann, wenn die elterliche Zuwendung durch andere Faktoren von vornherein karg und dürftig ist, z.B. durch berufliche Dauerbelastung. Viele Klienten, deren Eltern in der Landwirtschaft tätig waren, berichten von solchen emotionalen Mängeln und von daraus resultierenden Rivalitäten und Streitigkeiten mit den Geschwistern, die sich dann viel später im Leben bei der Regelung der Erbschaft wiederholen und zu oft langwierigen und erbitterten Konflikten führen.

Aber auch Einzelkinder können unter der Eifersucht leiden, wenn sie den Eindruck gewinnen, dass der Mutter oder dem Vater jemand anderer wichtiger ist und mehr Aufmerksamkeit und Liebe bekommt als sie selber. Die Eifersucht des Kindes auf die Liebe der Eltern zueinander, wie sie im Ödipuskomplex von Sigmund Freud beschrieben wurde, tritt vor allem dann auf, wenn das Kind gegenüber dieser Liebe missachtet oder zurückgesetzt wird. Hängt aber z.B. ein Elternteil noch an den eigenen Eltern, sodass dorthin mehr Liebe fließt als zum Kind, so kann daraus leicht ein Eifersuchts- und Ohnmachtsgefühl entsteht, gepaart mit Scham. Oder ein anderes Kind in der Verwandtschaft, ein Freund der Familie wird mit Liebe überschüttet, während das eigene Kind kritisiert und links liegen gelassen wird – viele Konstellationen, bei denen die „Ordnungen der Liebe" (Hellinger 1996) missachtet werden, führen unweigerlich zur Plage der Eifersucht.

Mollon (2018, S. 114) schreibt in Zusammenhang mit einem Fallbespiel, dass die Eifersucht die Folge einer Erfahrung sein kann, in der die Mutter dem Kind etwas wegnimmt, das ihm gehört (die genuine Mutterliebe) und es jemand anderem gibt. Dieser Raub der Liebe führt die Erwachsene in unglückliche Liebesbeziehungen mit dem Grundgefühl, nie das zu bekommen, was ihr gebührt.

Die Smartphone-Revolution seit dem ersten Jahrzehnt des neuen Jahrtausends fügt dem Eifersuchtsthema ein neues Szenario hinzu. Eine Alltagsbeobachtung kann man leicht in öffentlichen Verkehrsmitteln machen: Ein Mutter mit einem Baby oder Kleinkind, die gebannt auf ihr Handy starrt, während das Kind mit sich beschäftigt ist. Wenn das Kind unruhig wird, bekommt es kurz die Aufmerksamkeit der Mutter, die dann schnell wieder zum Touchscreen zurückkehrt. Der Eindruck entsteht, dass der Mutter die digitale Welt wichtiger ist als die emotionale Zuwendung zum Kind. Es wäre leicht nachvollziehbar, dass das Kind eine Eifersucht entwickelt. Jedenfalls erklärt es den massiven Drang, der sich bei vielen Kindern zeigt, möglichst früh selbst so ein Wunderding zu bekommen, um auf diese Weise die Eifersucht und die dahinterliegende Scham auszugleichen.

Zusammenfassung:
Die Geschwister der Scham

Geschwister halten zusammen, gehen immer wieder getrennte Wege, konkurrenzieren, streiten und können sich grundsätzlich aufeinander verlassen. In Bezug auf die Scham bedeutet dieser Vergleich, dass sie mit allen Gefühlen „kann" oder dass sie bei allen Gefühlen mitmischt. Sie hat eine ganz zentrale Stellung in der breiten menschlichen Gefühlspalette und gibt jedem der hier besprochenen Gefühle eine besondere Note. Sie ist, wie immer wieder deutlich wurde, die soziale Mahnerin, die die jeweiligen Gefühlsenergien auf das soziale Umfeld abstimmen möchte. Manchmal drängt sie sich in den Vordergrund und übertönt die gerade aktuellen Gefühle, manchmal versteckt sie sich so gut, dass sie kaum bemerkt wird. Die Botschaft der aus der jeweiligen Gefühlslandschaft herauszulesen, ist eine wichtige Aufgabe für die Selbsterkenntnis und Bewusstwerdung im weiten Land der Gefühle.

In den folgenden beiden Kapiteln werden die Abwehrformen der Scham besprochen. Sie unterscheiden sich von den geschwisterlichen Gefühlen in diesem Kapitel, weil sie komplexere Reaktionsweisen darstellen, die zwar ihre Energie, ihren Antrieb aus einem oder mehreren der Grundgefühle nehmen, aber daraus langfristig wirksame Strategien bilden, die in vielfältiger Weise auf Handlungen, Einstellungen und Werte Einfluss nehmen. Sie verfestigen sich häufig zu Persönlichkeitszügen und Charaktereigenschaften, die scheinbar ein Leben lang prägend sind. Tatsächlich können wir sie als kristallisierte Schlussfolgerungen aus kränkenden und einschränkenden Erfahrungen verstehen, die den integren inneren Kern schützen sollen. Sie können im Zug der Selbsterkenntnis aufgeweicht und gelockert werden und verlieren auf diese Weise ihre selbstschädigende und kommunikationsverstörende Macht.

8. Abwehrformen gegen die Scham

Formen der Schamabwehr nach außen

Die leidvolle und schmerzhafte Seite der Scham – die Bedrohung der sozialen Zugehörigkeit, die ihr innewohnt –, hat verschiedene Abwehrformen hervorgebracht, mit denen wir uns vor der überwältigenden Macht dieses Gefühls schützen wollen. Diese Abwehrformen sind kreative Schöpfungen unseres Unbewussten, die wir früh in unserer Lebensgeschichte erlernt haben, um in schwierigen Situationen die gestörten kommunikativen Kanäle zumindest eingeschränkt offen halten zu können und nicht in die grenzenlose Einsamkeit zu fallen, die mit der grauenvollsten Form der Scham verbunden ist.

Diese Mechanismen werden eigentlich überflüssig, sobald wir erwachsen sind – es gibt die Bedrohungen unserer Kindheit nicht mehr, und wir können uns mit den vielen kommunikativen und kognitiven Kompetenzen, die wir erworben haben, in unserem Leben mit hoher Sicherheit bewegen. Dennoch bleiben unsere früh erlernten Formen der Schamabwehr erhalten und wirken aus dem Unbewussten weiter in unser Leben hinein, solange wir sie uns nicht bewusst machen. Also können wir uns erst entscheiden, ob wir sie weiter aufrechterhalten oder künftig auf sie verzichten wollen, wenn wir sie enttarnt haben.

Eine Faustregel zum Erkennen von Schamabwehr liegt darin, auf die Handlungen und Mitteilungen zu achten, die bei anderen zu einer Beschämung geführt haben. Wenn wir also jemand in eine Scham versetzt haben, kann es dafür in uns einen Auslöser im Sinn einer Schamabwehr geben. Die meisten Abwehrformen der Scham haben nämlich genau dieses Ziel: Andere direkt oder indirekt zu beschämen. Sie dienen dazu, die anderen Menschen zu belasten, um sich von der eigenen Scham zu entlasten. Zugleich aber verlagern sie die eigene Scham tiefer ins Innere.

Die Schamabwehr ist ein unbewusst gesteuerter Vorgang, der, wie jede Schutzreaktion, Energien verbraucht, die anderweitig fehlen. Im Abwehrzustand werden die kommunikativen Fähigkeiten heruntergefahren; wir isolieren uns von unseren Mitmenschen. Der Schutz soll verhindern, dass Schamgefühle aus früheren Lebenserfahrungen auftauchen, aber auch, dass uns andere mit ihrer Scham anstecken.

Es wird nicht verwundern, dass im Katalog der Abwehrformen einige der sieben Tod- oder Hauptsünden der katholischen Moraltheologie (Stolz, Habsucht/Gier, Neid, Zorn, Unkeuschheit, Unmäßigkeit, Trägheit) auftauchen. Sie gelten dort als die moralischen Grundgefährdungen des Menschen, die oft die Wurzel für andere

Sünden sind. Unter Sünde wird das Anrichten eines Schadens bei sich selbst oder bei anderen verstanden.

Die Haltungen, die hinter diesen Sündenkomplexen liegen, werden in unserem Zusammenhang als psychologische Abwehrformen untersucht. Léon Wurmser hat dafür die Metapher der Maske verwendet: Wir setzen der Scham eine Maske auf, damit wir sie nicht erleben müssen. Die Abwehrformen sind keine bewusst gewählten Lebensorientierungen, sondern Notbehelfe, Krücken, denen ein Leiden und ein tiefer emotionaler Mangel zugrunde liegen. Sie dienten der Sicherung des Überlebens in schweren Zeiten und beinhalten immer einen Verzicht auf Lebenskraft und Daseinsfreude. Ihre Tragik liegt darin, dass sie durch ihre Ausübung noch belastender zu werden, wie eine Maske, die mit der Zeit am Atmen hindert und das Gesicht einzwängt und verzerrt.

Richtungen der Schamabwehr

Stephan Marks (2007) unterscheidet zwei Richtungen der Schamabwehr: Die Abwehr nach außen und nach innen. Die Schamabwehr nach außen besteht darin, dass wir unseren inneren Konflikt auf andere Menschen überwälzen. Die Wurzel für viele Aktionen des Beschämens liegt in der Vermeidung der eigenen Schamreaktionen und der damit verbundenen unangenehmen Gefühle.

Im Fall der Schamabwehr nach innen verbleibt der Konflikt als Spannung im eigenen Emotionalraum und schwächt direkt den Selbstwert. Nach außen hin wird ein angepasstes Verhalten gesucht, um zum Schutz vor Beschämung die bewussten und unbewussten Erwartungen der Umgebung zu erfüllen. Im Inneren werden andere Gefühle aktiviert, die an die Stelle der Scham treten, z.B. Aggression, Traurigkeit oder Verzweiflung.

Die Projektion

Wenn wir einen Menschen hassen, so hassen wir in seinem Bild etwas, was in uns selber sitzt. Was nicht in uns selber ist, das regt uns nicht auf. (Hermann Hesse)

„Der Beschämte fühlt sich den anderen unterlegen … Daher meidet er eine Konfrontation, bei der er nur verlieren könnte, und beobachtet aus dem Augenwinkel heraus die Riesen, die ihn beherrschen. Um das Gesicht zu wahren, lächelt er verkrampft, stammelt einen Satz oder greift die Leute an, die ihn ‚gering schätzen', ohne dies beabsichtigt zu haben. Scham empfinden bedeutet, dass man Bitterkeit in eine Beziehung einbringt." (Cyrulnik 2018, S. 61)

Projektionen sind unbewusst ablaufende Verwechslungen von innen und außen: Wir nehmen im Außen wahr, was eigentlich zu unserem Inneren gehört. Beim

Projizieren gehen wir davon aus, dass die anderen nach den gleichen Mustern funktionieren wie wir selber. Wir statten sie mit den Eigenschaften aus, die wir in unserem Inneren nicht annehmen können. Was uns ärgert, muss auch andere ärgern, was uns gefällt, muss auch anderen gefallen. Indem es uns schwerfällt, die Unterschiede in den Erlebensweisen zu akzeptieren, neigen wir dazu, die Welt der Mitmenschen nach unseren eigenen Vorlieben und Gewohnheiten zu konstruieren, statt zu erkennen, dass wir nur ganz wenig über unsere Mitmenschen, selbst über unsere Nächsten, wissen und viel mehr über sie erfinden und ihnen unterstellen als uns lieb und geheuer ist. Die Gehirnforscher erzählen uns, dass unser Gehirn zum größten Teil mit der Selbstorganisation beschäftigt ist, also damit, wie alles verwaltet werden kann, was an Input von außen und von innen kommt. Nur ein geringer Teil unserer Gehirnleistung wird für die Verarbeitung der Informationen, die von außen kommen, eingesetzt. Wir basteln also permanent Konstrukte, die wir für die äußere und objektive Wirklichkeit halten.

Zwar eignen sich im Grunde alle Gefühle für die Projektion, aber die Scham liefert einen wichtigen Schlüssel für das Verständnis des Projizierens selbst. Statt die Scham zu spüren, die hinter einem bestimmten Gefühl steckt, das wir in uns nicht wollen, fällt uns dieses Gefühl bei anderen Personen auf, und wir sind aus dem Schneider. Wenn wir projizieren, versuchen wir, die Verantwortung, die wir eigentlich für unser Erleben und unsere Handlungen tragen, auf andere zu übertragen, nach dem Motto: Schuld sind immer die anderen. Sie sollen sich schämen, so wie sie sind. Damit wollen wir uns von der Last der Verantwortung für unsere eigenen Gefühle und unser Verhalten befreien und andere dazu bringen, sie zu tragen. Die Schuld abstreiten ist ein beliebter Vorgang, der hilft, sich vor der eigenen Verantwortung zu drücken. Es ist auch ein leichter Weg, um die Scham hinter der Schuld nicht spüren zu müssen.

Wir nutzen die Projektion auch dann, wenn wir, statt unsere Scham zu spüren und in uns selbst anzunehmen, die Person, die die Scham in uns auslöst, dafür verantwortlich machen. Auf diese Weise errichten wir ein Opfer-Täter-Gefälle, mit dem wir uns erlauben, die andere Person abzuwerten, moralisch zu verurteilen oder als Bösewicht darzustellen. Wir nehmen uns das Recht, uns vor dieser Person abzuschotten und ihr zu misstrauen. Wir sind zwar das Opfer, aber dennoch die unschuldigen Guten, während sich die anderen als böse Übeltäter schämen sollten. Das eigene Schamthema wird mit dieser Projektionsform wirksam veräußert.

Die Projektion dient wie ein Universalwerkzeug für die Schamabwehr. Sie spielt eine wichtige Rolle bei allen Abwehrformen. Der Mechanismus ist ganz einfach: Gelingt es, die Scham nach außen zu bringen, sie mittels Projektion anderen umzuhängen oder andere für unsere Scham verantwortlich zu machen, brauchen wir sie selber nicht zu spüren und sind das lästige Gefühl scheinbar losgeworden.

Zum Beispiel kritisieren wir andere Autolenker auf der Autobahn wegen der Rücksichtslosigkeit ihrer Fahrweise, vergessen dabei aber, dass wir selber in manchen Situationen unachtsam oder rücksichtslos waren. So brauchen wir die Scham über unser eigenes Fehlverhalten nicht zu spüren und können uns besser als die anderen fühlen.

Fallbeispiele:

Ein Klient erzählt: „Wenn ich einen Fehler mache, befürchte ich, auf eine schlimme Weise kritisiert zu werden, sodass ich mich abgrundtief schämen muss. So habe ich es in meiner Kindheit immer wieder erlebt. Deshalb erzähle ich meinen Freunden nichts davon, wenn ich Fehler mache, sondern behalte es bei mir. Meine Freunde würden mich genauso verständnislos kritisieren – obwohl ich das nie ausprobiert habe."

„Ich bin von lauter Schwächlingen und Versagern umgeben", schimpft ein Betriebsleiter. Seine eigenen Schwächen in der Personalführung erkennt er nicht. Es hilft ihm die Einsicht, dass er in seiner Kindheit gelernt hat, sich für seine Schwächen und Fehler zu schämen. Deshalb greift er seine Mitarbeiter an, bevor sie ihn kritisieren könnten.

Der Anlageberater beschwert sich erbost über seine Kunden, dass diese nicht kapieren, was zu ihrem Vorteil ist und sich uneinsichtig zeigen, wenn er ihnen lukrative Möglichkeiten für die Geldanlage präsentiert. „Wie blöd kann man nur sein, das ist ja kaum auszuhalten, einer dümmer wie der andere." Mit dieser Sichtweise muss er die Argumentationsform, die er bei seinen Kunden anwendet, nicht hinterfragen.

So laufen die Vorgänge bei der Projektion. Wenn wir projizieren, bringen wir Themen, die uns selber unangenehm sind, die wir in uns schwer akzeptieren können, nach außen und entdecken sie überscharf in anderen Personen. Wir verwenden dabei ein Vergrößerungsglas, das die Eigenschaften, mit denen wir uns in uns selber plagen, den anderen in übertriebenem Maß anheftet. Die Scham bietet einen besonderen Anreiz für das Projizieren, denn sie ist auf subtile Weise ein äußerst unangenehmes Gefühl, sodass jeder Ausweg willkommen ist, der davon ablenkt. „Selbst wenn wir Gefühle und Erinnerungen an ein Ereignis in unserem Leben unterdrückt haben, wissen wir auf einer unbewussten Ebene, dass die damit verbundene Scham, die Schuld und die Selbstbezichtigung bleiben werden. Also versuchen wir, uns von diesem Schmerz zu befreien, indem wir ihn aus uns entfernen und ihn auf jemand anderen oder etwas anderes außerhalb von uns projizieren. Diese Projektion gestattet uns zu vergessen, dass wir jemals solche Gefühle hatten." (Tipping 2005, S. 84 f)

Projektionen können positiv oder negativ sein. Beim kritiklosen Bewundern folgen wir positiven Projektionen, beim unbedachten Kritisieren negativen. Beide Richtungen kommen auch in Bezug auf die Scham vor. Im einen Fall bewundern wir z.B. jemanden für seine Schamlosigkeit: Diese Person lässt sich nichts gefallen, sie lässt sich nicht unterkriegen. Im anderen Fall kritisieren oder verachten wir z.B. jemanden für seine Schamreaktion: So ein Weichei, so eine empfindliche Person.

Negative oder positiv übertriebene Urteile über andere enthalten fast immer Projektionen. Wir sollten uns also bewusst sein, dass wir von uns selber ablenken, wenn wir bewerten, vor allem, wenn ein Ärger mit dem Urteilen einhergeht. Nachzuschauen, was wir von dem, das uns im Außen stört, in unserem Inneren kennen, wird uns zur Scham führen, die hinter der Projektion steckt.

Fallbeispiel:

Frau R. berichtet von ihrer Gewohnheit, ihren Mann wegen Kleinigkeiten zu kritisieren, was ihr gleich nachher besonders leidtut. Doch ertappt sie sich immer wieder, wie sie über ihn herzieht. Als sie in sich selber nachschaut, erkennt sie, dass sie sich selber abwertet und diese Selbstkritik gegen ihren Mann nach außen bringt. Der Zorn gilt ihr eigentlich selber, und diese Erkenntnis beschämt sie zunächst, erleichtert sie aber, als sie sich mit diesem Gefühl annehmen kann.

Die Physiologie der Projektion

Aus der Polyvagaltheorie wissen wir, dass sich im Stresszustand unser Wahrnehmungsfeld einschränkt. Die Kontrollübernahme durch den Sympathikus bewirkt, dass das ventrale Vagussystem zurückgefahren wird, das für die Weitung und Entspannung der Sinnesorgane und damit für eine adäquate Wirklichkeitssicht zuständig ist.

Wir verlieren im Stress den Kontakt zu wichtigen Elementen der Wirklichkeit, weil wir von den Angstimpulsen aus den unbewussten Gehirnarealen beherrscht sind. Wir geraten in einen eingeengten Alarmzustand, in dem alle Aspekte der Außenwelt ausgeblendet werden, die nichts mit der Bedrohung zu tun haben. Insbesondere entgehen uns emotionale Nuancierungen bei anderen Personen. Die Augen werden starr und angespannt, fixiert auf mögliche Gefahrenquellen. „Wenn wir nicht präsent sind mit dem, wer oder was direkt in unserem Gesichtsfeld ist, leben wir in der Fantasie." (Heller 2012, S. 159, Übers.d.d.A.) Und diese Fantasie wird gespeist vom Angstgedächtnis, das Bilder produziert, die wir mit der äußeren

Realität verwechseln. Wir können also nie ganz sicher sein, ob das, was wir in einem angespannten, von starken Gefühlen dominierten Zustand wahrnehmen, tatsächlich die Außenwelt ist.

Auch hier wird der Zusammenhang zwischen dem Gesichtssinn und der Scham sichtbar. Bedrohliche Blicke wirken schamauslösend; sie kommen allerdings aus einem Zustand des Bedrohtseins. Der projizierende Blick will die andere Person in die Scham bringen, um sich selber sicherer fühlen zu können.

> Klara suchte einen Psychiater auf und sagte ihm: „Sie müssen meinen Mann behandeln – er denkt, dass er ein Kühlschrank ist." „Ich würde mir da keine zu großen Sorgen machen", antwortete der Psychiater, „viele Leute haben harmlose Wahnideen, das geht vorüber." „Aber Sie verstehen nicht", beharrte Klara. „Er schläft mit offenem Mund, und das kleine Licht hält mich wach."

Scham als Reaktionsbildung

Die Reaktionsbildung ist ein psychologischer Abwehrmechanismus, der bei vielen Formen der Schamabwehr angewendet wird. Dabei wird ein Impuls, der aus dem Inneren kommt, im Verhalten in sein Gegenteil umgewandelt und damit seiner bedrohlichen Macht entkleidet. Zum Beispiel loben wir manchmal jemanden, den wir eigentlich nicht schätzen. Da das Mitteilen einer Abwertung riskant ist und eine Seite der eigenen Persönlichkeit offenbart, die uns selber nicht sympathisch ist, schmieren wir lieber der anderen Person Honig ums Maul. Wir nehmen eher den inneren Konflikt auf uns, dass wir uns heuchlerisch verstellen, als dass wir einen äußeren Konflikt vom Zaun brechen. Wir ziehen die Idealitätsscham der Gefahr vor, die drohen könnte, wenn wir ehrlich unsere Meinung sagen. Es könnte sich ja möglicherweise jemand beschämt oder beleidigt fühlen, wenn wir Kritik üben oder Schattenseiten der anderen Person ansprechen.

Mit dem psychischen Mechanismus der Reaktionsbildung meldet sich eine unbewusste Funktion, die wir spielerisch einsetzen, wenn wir uns im Karneval Masken aufsetzen: Wir wählen eine neue Persona, um Persönlichkeitsanteile zum Ausdruck zu bringen, die uns fremd, unvertraut und wünschenswert erscheinen, z.B. die zarte Prinzessin oder der starke Cowboy. Damit üben wir uns in Rollen ein, die normalerweise mit Scham besetzt sind und abgewertet werden.

Auf der unbewussten Ebene zeigen sich Reaktionsbildungen in verschiedenen Formen der Scham. Es wird beispielsweise bei der exhibitionistischen Zurschaustellung von Intimbereichen des Körpers oder der Seele die Intimscham in ihr Gegenteil verkehrt und soll einer Größenvorstellung dienen. Bei der Gewissenlosigkeit als einer Form der Schamlosigkeit wird die Last von moralischen Normen über Bord geworfen und die Überlegenheit über solche Einschränkungen ausagiert. Die Abhängigkeitsscham kann durch eine demonstrative Unabhängigkeit im Sinn eines rebellischen und provokativen Auftretens abgeschwächt oder scheinbar ausgeschaltet werden.

Die Verachtung

Wie schon besprochen, stammt die Verachtung vom Ekel und verbindet ihn mit einer sozialen Perspektive: Verachtet werden „ekelhafte" Menschen. Wer verachtet, möchte, dass sich die andere Person wegen ihres Verhaltens oder Wesens schämt und aus dem eigenen Gesichtskreis verschwindet. Wenn noch Hass dazukommt, sollte sie sich überhaupt aus der Welt verabschieden. Da die Verachtung den anderen Menschen die Achtung und Würde abspricht, wirkt sie auf die Betroffenen stark schamauslösend.

Die Verachtung hat einen arroganten, anmaßenden Anteil: Man glaubt besser zu wissen, wie ein Mensch sein sollte, und nimmt damit eine höhere moralische Position ein als die verachtete Person. Diese Überlegenheit erzeugt ein Machtgefälle, das gegen den anderen gerichtet wird, um ihn ins Eck der Beschämung zu verbannen.

Auf diesen Zusammenhang bezieht sich Immanuel Kant, wenn er schreibt: „Scham ist Angst aus der besorgten Verachtung einer gegenwärtigen Person und als solche ein Affekt." Dieser Affekt kann sich verselbständigen und verinnerlichen: „Sonst kann einer sich auch empfindlich schämen ohne Gegenwart dessen, vor dem er sich schämt; aber dann ist es kein Affekt, sondern wie der Gram eine Leidenschaft, sich selbst mit Verachtung anhaltend, aber vergeblich zu quälen." (Kant 1798, § 76) Die vergebliche Qual zeigt sich im Übernehmen der schamauslösenden Verachtung. Diese Gewohnheit entsteht, wenn die Verachtung aus dem Mund und Verhalten der Eltern auf einer frühen Stufe der Selbstwertentwicklung übermittelt wurde. Sie wird als bare Münze genommen und führt unweigerlich zur Selbstabwertung, sodass die Scham weiterwirken kann, ohne dass es einen äußeren Anlass gibt.

Andere zu verachten ist ein probates Mittel, die tiefsitzende Scham, die aus einer verächtlichen Beschämung stammt, nicht spüren zu müssen. Aus der reaktiven Umkehrung wird die Anmaßung abgeleitet, sich als der bessere Mensch zu fühlen. Diese Einstellung kann im Extremfall dazu führen, sich berechtigt zu wähnen, gegen verachtete Personen mit verbaler oder physischer Gewalt vorzugehen. Häufig geht die Verachtung in diesem Zusammenhang ein Bündnis mit dem Ekel ein. Der Ekel führt auf der sozialen Ebene zur Verachtung, und die Verachtung senkt die Schwelle für Gewalttätigkeit. Die eigene Scham, die sowohl die Verachtung wie die Gewaltanwendung blockieren würde, wird effektiv unterdrückt.

Die Wurzeln der Verachtung

Die Neigung zur Verachtung entsteht durch eine erlittene Not, extremer als jene, die zur Haltung der Arroganz führt. Eltern, die ihre Kinder gröblich missachtet oder missbraucht haben, werden häufig von ihren Kindern verachtet und mit Kontaktabbruch bestraft. Denn das Objekt der Verachtung will man nicht mehr sehen, es soll aus dem eigenen Lebenskreis verschwinden, so wie sie das Gefühl hatten, als Kind vom Verschwinden und von der Auslöschung bedroht zu sein. Die Verachtung den eigenen Eltern gegenüber wird dann auf weitere Personen übertragen, die nicht ins eigene Lebenskonzept passen, andere Werte vertreten oder den eigenen Plänen im Weg stehen. Sie kann auf eine Gesellschaft, einen Kulturkreis und schließlich auf die ganze Menschheit ausgeweitet werden und mündet dann in Zynismus und Negativismus.

Das Gefühl der Verachtung ist wohl immer die Folge einer Beschämung oder einer Serie von Abwertungen, in Verbindung mit Demütigungen, stammt also aus existenzbedrohenden Erniedrigungen. Die Distanzierung und Verdinglichung, wie sie in solchen Situationen erlebt wurde, wird später auf andere Personen übertragen, die sich der eigenen Wertordnung zuwider verhalten, um sie über die Beschämung hinaus demütigen zu können. Sie sollen so stark in eine Schamposition gebracht werden, dass sie sich ihre Wertlosigkeit als Menschen eingestehen müssen.

Demütigung und Gewalt

Es gibt die destruktive Entwicklungslinie von der Überheblichkeit zur Verachtung und zur Demütigung, und von dort ist der Schritt zur Gewalt nicht mehr weit. Deren Rechtfertigung liegt oft darin, etwas zerstören zu müssen, was ohnehin keine Existenzberechtigung hat. Dort, wo das eigene Recht auf Existenz einstmals bedroht war und womöglich auf des Messers Schneide stand und dennoch das Überleben gelungen ist, lauert eine immense Wut, die sich als Gewalt Bahn brechen kann, wenn zunächst einmal die Verachtung zugelassen wurde. Da das Unwertgefühl, das erlitten wurde, verdrängt bleiben muss, weil es so ängstigend, schmerzlich und schambesetzt ist, darf es mit der Erlaubnis der Verachtung nach außen projiziert und dort mit aller Macht bekämpft werden – als könnte die Vernichtung des verachteten Objekts im Außen die quälenden Gefühle im Inneren für immer tilgen.

Die Aggression, die in der Verachtung steckt, enthält ein massives Zerstörungspotenzial. Psychodynamisch betrachtet, zeigen diese Kräfte, welche tiefe Verletzung des Selbstgefühls sie ausgleichen sollen. Das Zusammenwirken von Scham und Wut im Hinblick auf Gewalt wurde schon besprochen. Es bekommt durch die Beteiligung der Verachtung eine verschärfende Dimension.

Zugleich wirken Aggression und Verachtung nach innen, gegen das eigene Selbst, das mit jedem Schritt in die Verachtung in seiner Würde geschwächt wird. Wer verachtet, verachtet sich immer ein Stück selbst, in genau dem Aspekt, den er bei der anderen Person abwertet. Er schneidet sich ab von sich selbst, indem er seine eigene Schwäche nach außen projiziert und dort mittels Verächtlichmachung bekämpfen will. Es wäre zu beschämend, die eigene Schwäche zuzulassen.

Die angemaßte moralische Überlegenheit ist genauso wenig mit der eigenen Integrität verträglich wie die ausgedrückte Verachtung, die anderen die Würde abspricht. Die innere Diskrepanz, die jeder Akt der Verachtung erzeugt, belastet die Seele mit einer Scham, die unbewusst bleibt, solange die Verachtung als Abwehr in Kraft bleibt. Zudem verengt die Verachtung das eigene Bewusstsein und die kreativen Möglichkeiten, die darin liegen, die Menschen und die Welt in einer differenzierten Form zu erleben.

Verachtung als gesellschaftliche Waffe

Wie die Scham enthält auch die Verachtung als ihre Abwehr eine mächtige gesellschaftliche Komponente. Das Verächtlichmachen des Gegners spielt eine wichtige und destruktive Rolle im politischen und ökonomischen Konkurrenzkampf und trägt auf verschiedenen Ebenen zur sozialen Radikalisierung bei.

Ganz offensichtlich und oft unverblümt wird die Verachtung als rhetorisches Prinzip in der zu Wortradikalismus neigenden politischen Rechten gepflogen. Doch auch auf der Gegenseite, bei den Linken und Liberalen, sind subtilere Formen der Verachtung im Narrativ eingebaut, wie die Journalistin Elisabeth Raether (2016) in einem Essay über Arroganz in der ZEIT analysiert hat. In Bezug auf den Wahlsieg von Donald Trump 2016 hat sie die These formuliert, dass die Liberalen, also die Vertreter der Menschen- und Minderheitsrechte, die Gegner von Rassismus und billiger Politpropaganda, die Verfechter von Bildung und kulturellem Wissen, mit einer versteckten und gut getarnten Überheblichkeit und Verachtung auftreten. Sie sind überzeugt, dass sie die bessere Weltsicht haben, dass ihnen die Zukunft gehört und dass sie menschlicher als ihre politischen Gegner sind. Sie glauben, dass sie genau wissen, wie die Menschen leben müssen, damit alles besser wird.

Diese Arroganz erzeugt als Gegenreaktion bei vielen, die sich als Opfer von Modernisierungs- und Globalisierungsprozessen fühlen, eine Abneigung, weil sie sich als die Objekte dieser Verachtung erkennen. Deshalb wehren sie sich gegen jene, die sich als die Besserwisser aufspielen und sehen sie als die Hauptschuldigen an den eigenen Problemen. Die Liberalen werden als abgehobene und selbstsüchtige Elite erlebt und für das eigene Unglück verantwortlich gemacht. Daraus entsteht ein dumpfer Hass auf die arroganten Weltverbesserer und die Identifikation mit jenen, die sich nicht von solchen Eliten beeindrucken lassen (nicht auf ihre „Lügen" hereinfallen) und stattdessen die Welt in einfachen Formeln erklären können.

Die Rechnung wird bei den Wahlen beglichen. Die Verachteten und Ausgegrenzten wählen Personen, die sie als verachtet und ausgegrenzt erleben, um es den Ausgrenzern zu zeigen. So dienen Wahlen als Ritual der Rache. Erniedrigungen durch schlechte Erfahrungen im eigenen Leben werden vergolten, indem die verachteten Außenseiter die Stimme kriegen. Mit diesen emotionalen Dynamiken wird verständlich, warum vor allem einkommensschwächere Menschen sehr häufig Parteien wählen, die in ihrem Programm und in ihrer Praxis die eigene soziale Schicht und deren Probleme ignorieren und sie sogar noch stärker ausbeuten.

Im liberalen Grundkanon kommt der Begriff der fundamentalen Gleichheit aller Menschen vor. Menschenrechte müssen allen Menschen zukommen, um ihren Namen zu verdienen, unbesehen der Hautfarbe, des Geschlechts usw., und auch der Intelligenz und des Bildungsgrades. Deshalb widerspricht jede Form des Verachtens von politischen Gegnern, mögen sie noch so peinlich auftreten und primitiv argumentieren, dem Grundrecht jedes Menschen auf Respekt und Achtung. Niemand darf verurteilt werden, obwohl jeder sich gefallen lassen muss, dass die eigenen Aussagen und Handlungen kritisch betrachtet werden.

Diese rationale Einsicht ist allerdings schwach gegen den emotionalen Vorgang, der zur Verachtung führt. Er hat seine Wurzel in tiefliegenden Erfahrungen des Verachtet-Werdens. Wegen der Scham, die in der Verachtung enthalten ist, ist sie kein angenehmes Gefühl, und sie schränkt das Bewusstsein und die eigene Lebendigkeit und Kreativität ein. Die Verachtung der Liberalen entspringt dem Schutzreflex, sich in einer Minderheitsposition zu befinden, die von der „Masse" der Benachteiligten überrollt werden könnte; eine Befürchtung, die als Folge der Verachtung als Abwehrreaktion allzu leicht Realität annehmen kann und, bei dem oben angeführten Beispiel, auch hat.

Die Schwächeverachtung

Hilflos und abhängig von Zuwendung und Fürsorge kommen wir in diese Welt, unser Überleben hängt davon ab, dass sich andere um uns und unsere Bedürfnisse kümmern. Alles, was wir mitbringen, um die Menschen um uns zu motivieren, dass sie für uns sorgen, ist unser unschuldiger Charme und unsere Verzweiflung im Schreien. In dieser grundlegenden Bedürftigkeit sind wir auch enorm verletzlich und fühlen uns im Vergleich zu den Erwachsenen um uns herum ohnmächtig und schwach.

Dieser Anfang bildet einen eklatanten Kontrast zum Standard in unserer Gesellschaft: Es gilt, unter allen Umständen Stärke zu beweisen und keine Schwächen zu zeigen. Um eine Stellung in dieser Gesellschaft zu erlangen, sollen wir also die eigenen Schwächen verdrängen und die Stärken zur Schau stellen. Das ist das Ziel der Erziehung, darin sehen die Erwachsenen ihre Pflicht und Aufgabe, wenn ein hilfloses und bedürftiges Wesen in die Welt kommt: Wie kann es möglichst rasch zu einem unverwundbaren und leistungsfähigen Mitglied der Erfolgsgesellschaft werden?

Denn Leistung und Effizienz sind gefragt und gefordert, damit das erwachsene Überleben gesichert werden kann. Folglich arbeiten nicht wenige Menschen buchstäblich bis zum Umfallen und überspielen ihre Krankheiten, bis irgendwann der Körper nicht mehr kann. Den Starken gehört die Welt, die Schwachen müssen sich mit dem zufrieden geben, was übrigbleibt. Stärke heißt dabei, über die Grenzen der eigenen Belastbarkeit hinaus Leistungen erbringen zu können.

Dazu kommt, dass sich die Starken das Recht geben, die Schwachen zu verachten. Bedürftigkeit gilt als Makel, als moralischer Mangel, als selbstverschuldete Unfähigkeit zur Durchsetzung und Selbstbehauptung. Wer mehr leistet, verdient nicht nur einen größeren Anteil am gesellschaftlichen Reichtum, vielmehr steht ihm auch eine moralische Überlegenheit zu – eine Position, von der aus er auf jene, die es nicht geschafft haben, herunterschauen kann.

Rechtspopulistische und neoliberale Politiker bedienen mit Erfolg genau dieses Muster. Sie schüren den Neid auf die Schwachen und fördern die Überheblichkeit der Erfolgreichen. Wenn sie an die Macht gekommen sind, verteilen sie von unten nach oben, von den ganz Armen und Wenigerbemittelten zu den oberen Schichten, mit ausgewählten Zuckerln und Steuerverschonungen für die „besonders Tüchtigen", die Reichen und Superreichen.

Wer den Standard der Leistungsfähigkeit nicht schafft, ist selber schuld und soll nicht mehr als eine möglichst geringe „Mindestsicherung" kriegen, die gerade das Existenzminimum abdeckt. Damit lauert die Angst vor dem Abstieg in die völlige Schwäche permanent im Hintergrund und chronifiziert sich als Basisstress in den Strebsamen der Leistungsgesellschaft und als depressive Erkrankungen bei den Benachteiligten.

Es handelt sich um eine Ideologie; Ideologien dienen immer auch der Schammaskierung und der Kultivierung von Unverschämtheit. Als Vordenker der Ideologie der Schwächeverachtung kann Friedrich Nietzsche gelten. Er schrieb: „Die Schwachen und Missratnen sollen zu Grunde gehn: erster Satz unsrer Menschenliebe. Und man soll ihnen noch dazu helfen." (Nietzsche 1888, 1. Buch 2.). – Bekannt ist auch das allerdings oft missverstandene und für diesen Zusammenhang nicht brauchbare Zitat: „Was fällt, das soll man auch noch stoßen!" (Nietzsche 1883-1885, Kap. 67, 20) – Nietzsche hat seine Polemik gegen die Mitleidsethik und gegen das Mitgefühl des Christentums gerichtet und damit ein Tabu gebrochen, denn bei Paulus steht: „Was schwach ist vor der Welt, hat Gott erwählt." (1 Kor 1,27). Der ungebrochene Wille zur Macht als Kennzeichen des Nietzsche'schen Übermenschen muss alle Hindernisse beseitigen, die eigenen im Inneren und die im Außen, die sein Machtstreben behindern könnten.

Die Nationalsozialisten haben diese Konstrukte aufgegriffen und in ihrem Sinn ideologisiert. Es wurden Bevölkerungsgruppen definiert, die aus ihrer genetisch veranlagten Schwäche und Bosheit die Stärkeren ausnutzen, indem sie als Parasiten, also als biologisches Ungeziefer agieren, und die deshalb unterdrückt oder vernichtet werden müssen. Den Übermenschen, die genetisch definiert werden, stehen die Untermenschen gegenüber, die ausgebeutet und beherrscht werden dürfen und müssen, da sie sonst das Überleben der Starken gefährden.

Der brutale Kampf gegen die vermeintlichen Parasiten, die für die Schwächen der Starken verantwortlich gemacht wurden, hat bekanntlich Millionen an Menschenleben gefordert und eine tiefe Furche von Grausamkeit und Unmenschlichkeit durch das 20. Jahrhundert gezogen. Am Ende waren die arischen „Übermenschen" besiegt und ihr Land in Trümmern, doch die Ideologie wurde weiter am Leben erhalten. Denn ihre Ursachen liegen nicht in den äußeren Umständen der Geschichte, sondern im Inneren, in der seit unseren Anfängen grundgelegten Angst, die mit unserer Bedürftigkeit verbunden ist.

So radikal wird heutzutage nicht mehr gehetzt, aber die grundlegende Stoßrichtung der Schwächeverachtung ist nach wie vor weit verbreitet und dient zur Rechtfertigung vieler politischer Ideen und zur Mobilisierung von aggressiver Machtdurchsetzung.

Die Ursprünge der Schwächeverachtung

Von unseren Anfängen an brauchen wir die bedingungslose Liebe und das bedingungslose Dienen von Menschen, die uns in unserer Hilflosigkeit annehmen. Auf dieser Basis lernen wir, dass Schwäche keine Überlebensgefahr bedeutet, sondern dass uns andere in diesem Zustand helfen können, damit wir aus dem

Zustand herauswachsen. Auf diese Weise entwickeln wir ein schamfreies Verhältnis zu Bedürftigkeit und Schwachsein. Wir tun uns leicht, um Hilfe zu bitten, wenn wir bedürftig sind, und Hilfe zu geben, wenn jemand anderer sie braucht.

Haben wir jedoch diese Hilfe nur in bedingter und begrenzter Form erhalten, so wird jede Form von Bedürftigkeit mit Angst und Scham verbunden: Ich muss für mich selber sorgen können, alles andere ist nicht in meiner Kontrolle und verunsichert mich. Ich bin nur wertvoll, wenn ich mich stark und überlegen zeige. Ich muss mich mit eigener Kraft nach allen Seiten hin absichern, indem ich beständig meine Leistung erbringe und Erfolge erziele. Doch es kann nie genug sein, es gibt keinen Punkt, von dem aus ich mich endlich zurücklehnen könnte, um mich sicher zu fühlen. Die übermäßige Leistung kompensiert den Mangel an innerer Sicherheit, der aus der bedingten Liebe stammt, mit der auf die ursprüngliche Bedürftigkeit reagiert wurde, wie wir noch im Abschnitt über den Ehrgeiz im 9. Kapitel genauer erörtern werden.

Der Zynismus

Der Weg von der Verachtung zum Zynismus ist nicht weit. Was wir verachten, können wir, wenn wir zu dieser Haltung der Schamabwehr neigen, zynisch kritisieren. Umgekehrt steckt in jedem zynischen Kommentar eine Verachtung, die manchmal auf Ideale oder Werte gerichtet wird, aber dabei immer Personen mit meint. Der Zyniker ist also im Grund ein Menschen- und Weltverächter, der sich über andere stellen muss, um von ihnen nicht verachtet zu werden. Er musste wohl selber viel Verachtung erleiden und hat gelernt, vorsorglich heimzuzahlen, was ihm angetan wurde, mit den spitzen sprachlichen Mitteln der Verhöhnung und Verspottung.

„Zynismus (ist) eine besondere Form der Verachtung, die sich ausdrückt in Hohn und Spott über die höheren Werte der anderen und, noch wichtiger, in Hohn und Spott über die eigenen Werte. (...) Da Scham Verachtung gegen sich selbst ist, kann der ‚schamlose' Zyniker in seinem Kern sehr wohl eine traumatisch gedemütigte, grausam beschämte Person sein, die ursprünglich unter einer tiefen Missachtung des Selbst und dessen Autonomie gelitten hatte und nun durch die lebenslange Verkehrung ins Gegenteil versucht, mit dieser Demütigung fertigzuwerden. (...) Auch in ihm wehren narzisstische Grandiosität und Verächtlichkeit eine fatale Brüchigkeit und Verwundbarkeit ab. Narzisstische Verwöhnung ... durch die Familie kann sich als eine ebenso beschämende und das Selbst beraubende ... Kränkung erweisen und sogar zum selben Resultat führen wie schlimme Demütigung: zu hochmütiger, zynischer Anmaßung. Warum? Sie bezeugt nicht weniger hochmütige

Geringschätzung des Selbst in seiner Autonomie als ihr scheinbares Gegenteil." (Wurmser 2007, S. 393)

Die zynische Haltung ist kennzeichnet durch eine verächtliche Haltung zur Wirklichkeit: Was es da so alles gibt, wird hauptsächlich als widerborstig, fehlerhaft, verachtenswert angesehen und angesprochen. Nichts ist dem Zyniker heilig. Er will seine Überlegenheit durch abwertendes und respektloses Nicht-Ernstnehmen von allem und jedem behaupten. Oft gilt er als bissig und will auch bissig wirken (der Begriff ist von *kyon*, dem griechischen Wort für „Hund" abgeleitet). Er weiß schnell an allem etwas auszusetzen, ohne Alternativen anzubieten. Er verhält sich immer distanziert zu dem, was er kritisiert, denn jede Form von emotionalem Betroffensein durch die Ereignisse oder Zustände in der Umgebung wäre riskant. Er möchte um keinen Preis an die eigene Verletzlichkeit erinnert werden, die wiederum die Scham wachrufen würde. Schwäche zu zeigen ist schambesetzt; die Schwächen der anderen und der Welt spöttisch und treffsicher aufs Korn zu nehmen, schützt vor dieser Scham.

Zyniker sind gerne Rechthaber und Besserwisser, sie wollen das letzte Wort und die Lacher auf ihrer Seite haben. Am besten geht es ihnen, wenn sie einen scharfen Kommentar abgeben, der den Zuhörern die Sprache verschlägt, sodass diese beschämt schweigen. Das Thema ist somit erledigt, der Sieg ist errungen. Es ist zwar ein bitterer Sieg, es bleibt ein stumpfes Gefühl der einsamen Überlegenheit, aber das ist weitaus nicht so schlimm wie der Schmerz einer Niederlage.

„Zynismus ist die aggressive Abwehr von Scham und die mit ihr verbundene Angst vor dem Scheitern." (Hilgers 2012, S. 319) Mit der zynischen Überheblichkeit soll vermieden werden, dass es in der Zukunft zur Enttäuschung der eigenen Erwartungen kommen kann: Besser ohne Hoffnungen zu leben, als durch missglückte Pläne frustriert zu werden. Deshalb gilt dem Zyniker der Optimist als Bedrohung, der mit den Waffen des Spotts bekämpft werden muss (Hilgers, ebd.) Ein weiteres beliebtes Objekt des Spottes ist jede Form der Naivität. Denn die Zynikerin hat ihren scharfen Verstand mühsam entwickelt, um der Chaotik einer simplen Weltsicht zu entkommen.

Zynische Statements richten sich nicht nur gegen Zustände, sondern auch gegen Werte, Aktionen und Ideen, also gegen das, was Menschen tun, was sie sich ausdenken und was ihnen wichtig ist. Sie können folglich auf Gefühle bezogen sein, vor allem wenn sie der Zynikerin als übertrieben und hysterisch vorkommen. Alles, was nicht nach dem eigenen Muster gestrickt ist, darf der Lächerlichkeit preisgegeben werden. Hinter der Kritik an Zuständen und ideellen Werten steckt meist ein hintergründiger Angriff auf Personen, die, psychologisch betrachtet, Projektionen abkriegen, die eigentlich den Bezugspersonen aus der Kindheit gelten.

Die Taktik des Zynismus besteht darin, Teile aus der Wirklichkeit herauszupicken und gegen das Ganze zu kehren. Ein Makel an einem Gebäude, an dem sonst alles passt, dient als Zielscheibe des Spottes, der sich gegen den ganzen Bau und den Architekten richtet. Eine unüberlegte Äußerung, schon wird die ganze Person lächerlich gemacht; eine unpassende oder unbeholfene Handlung, und der ganze Mensch ist mit einer spitzen Bemerkung bloßgestellt.

So ist es wohl dem späteren Zyniker in der Kindheit ergangen: Für Kleinigkeiten und Nebensächlichkeiten kritisiert und beschämt zu werden, ohne als ganze Person wertgeschätzt zu werden. Der überlegene Verstand der Eltern missachtet die Gefühle des Kindes und zeigt ihm seine Unterlegenheit, bis es seine mentalen Fähigkeiten soweit entwickelt hat, dass es sich damit zur Wehr setzen und Rache üben kann. Die Vorgehensweise im Beschämen wird übernommen: Ein Detail herauspicken, um das Ganze dem Hohn preiszugeben.

Ein scheinbar gegenteiliges Szenario bildet gleichfalls eine Wurzel des Zynismus: Das Aufwachsen mit schrankenloser Verwöhnung „kann sich als eine ebenso beschämende und das Selbst beraubende Kränkung erweisen und sogar zum selben Resultat führen wie schlimme Demütigung: zu hochmütiger, zynischer Anmaßung" (Wurmser 2007, S. 393). Denn ein verwöhntes Kind wird genauso wenig in seiner Autonomie ernstgenommen wie ein vernachlässigtes. Eltern, die ihren Narzissmus in ihrem Kind ausleben und sich seinethalben großartig fühlen, nehmen das Innere des Kindes nicht ernst, sondern ordnen es den eigenen Größenfantasien unter. Das ist der Hochmut im Verwöhnen. Eine Erziehung, die keine Grenzen setzen kann, bewirkt subtile Verletzungen und Verunsicherungen, und als Rache dafür wird im Zynismus der verächtliche Angriff gegen die Welt als Ganze gerichtet.

Die Zynikerin nutzt den Humor, um die Wunden anderer aufs Korn zu nehmen, die den eigenen so ähnlich sind. Sie agiert deshalb so treffsicher, weil sie genau solche Beschämungen selber erlebt hat. Das Verletzende an diesem Humor ist jedoch, dass er benutzt wird, um anderen weh zu tun, als Ablenkung von eigenen Wunden. Er wird also als Abwehr vor dem Schmerz eingesetzt, der lieber den Mitmenschen zugefügt wird.

Der gegen andere gerichtete Zynismus ist eine gefährliche Waffe, weil er auf den Kern der angesprochenen Person zielt. Das ist dem Zyniker oft gar nicht bewusst, denn er hat sein eigenes schmerzliches Kindheitsschicksal verdrängt. Er wundert sich, dass er zunehmend von den Menschen gemieden wird. Es fällt ihm aber schwer, aus dieser Rolle auszusteigen, denn er braucht deren Schutz und Sicherheit. Dafür nimmt er die Bitterkeit in Kauf, die in jeder vom Zynismus initiierten Aktion steckt.

Robert erfuhr, dass ihm sein todkranker Vater ein Vermögen vererben würde. So beschloss er, sich eine Frau zu suchen, mit der er das Vermögen genießen könnte. Also ging er in eine Singlebar, wo er die schönste Frau entdeckte, die er je gesehen hatte. Er sagte zu ihr: „Ich schaue vielleicht aus wie ein durchschnittlicher Typ, aber in einer oder zwei Wochen wird mein Vater sterben und ich werde 20 Millionen erben." Die Frau war beeindruckt und ging mit ihm nach Hause. Drei Tage später war sie seine Stiefmutter.

Der Negativismus

Während die Zynikerin treffsicher einzelne Aspekte der Außenwelt herauspicken kann, um sie mit einer Abwertung schlechtzureden, steht der Negativist viel größeren Ausschnitten aus der Wirklichkeit mit Abneigung entgegen, eingeschlossen das eigene Leben. Unter Negativismus versteht man eine durchgängig ablehnende Haltung, die sich gegen Leistungsanforderungen und Autoritäten richten kann, aber auch gegen die Meinungen und Ansichten anderer Personen. Außerdem können negativistische Menschen zur Welt insgesamt eine ablehnende und pessimistische Sicht vertreten, bis hin zu den Weltuntergangsprophezeiungen. Sie finden an allem, was sie vorfinden, Schattenseiten und kritikwürdige Schwächen. Sie sind passionierte Pessimisten und präsentieren sich gerne als Missionare der Hoffnungslosigkeit gegen die Naivität der Optimisten.

Negativisten wirken so, als wären sie emotional noch im sogenannten Trotzalter, obwohl sie sprachlich brillant und hochintelligent sein können. Zum Unterschied von den Zynikern geht es ihnen nicht um den Witz mit seinen Fähigkeiten zur Bloßstellung, sondern um die Entkräftung der Argumente von Optimisten und Positivisten. Sie tragen Rucksäcke an Details über die Verkommenheit, Verdorbenheit und Schlechtigkeit der Welt mit sich herum, aus denen sie freigiebig verteilen, sobald jemand ihre geschwärzte Sicht der Wirklichkeit nicht teilt.

Die Scham verkleinert und schwächt. Was vergrößert und stärkt, kann als Gegenmittel gegen die Scham verwendet werden, um den mit ihr verbundenen Schmerz nicht spüren zu müssen. Die mentalen Operatoren, die beim Negativismus eingesetzt werden, eignen sich für diesen Zweck. Es genügt, eine Mitteilung des Gesprächspartners durch einen negativen Kontext zu verstärken. „Ich habe neulich B. getroffen." „Na, das kann ja nur schrecklich gewesen sein." – „Ich war gestern im Zoo." „Furchtbar, wie dort die Tiere eingesperrt werden." – „Ich habe den Nachtzug genommen, weil ich nicht fliegen wollte." „Du Armer, sicher hast du kein Auge zudrücken können, in den Zügen schnarchen die Leute lauter als eine Kreissäge."

Typisch sind auch „Ja-aber-Sätze", die auf Ratschläge gegeben werden: „Du könntest dir einen neuen Beruf suchen, wenn du so unglücklich mit deiner Arbeit bist." "Ja, aber die Jobsuche ist so mühsam." "Vielleicht könntest du in deiner Firma eine andere Position bekommen?" "Ja, aber da müsste ich mit der Personalreferentin reden, und ich glaube, die mag mich nicht." "Vielleicht gibt es jemanden in der Firma, mit dem du mal im Vertrauen reden kannst?" "Ja, aber da weiß ich nie, ob die das, was ich sage, vertraulich behandeln, und dann kriege ich erst recht wieder Probleme. Niemand mag mich dort, alle sind gegen mich, es ist die reinste Katastrophe, ich will das alles nicht mehr, weiß aber nicht, was ich machen soll, und deine Ratschläge helfen auch nicht weiter."

Die Macht des Nein

An einem bestimmten Punkt im Lauf des zweiten Lebensjahres entdeckt das Kind die Macht des NEIN, das Wort, das so viel bewirken kann, weil es eine Unterbrechung im vorgegebenen Ablauf bewirkt und den Einfluss des eigenen Willens signalisiert – ein Stück Autonomie wird erobert. Ein Beispiel: Die Mutter stellt dem Kind sein Lieblingsessen auf den Tisch, dieses schaut kurz hin und fegt es plötzlich mit einer heftigen Bewegung des Armes auf den Boden. Durch den eigenen Willen ist die Welt mit einem Schlag anders. Es folgt allerdings nach dem Moment des Stolzes auch ein Moment der Beschämung, sobald das Kind das Unverständnis und den Ärger der Mutter verspürt. Der eigene Wille stößt auf den Zorn der Erwachsenen und sofort taucht das Risiko der Beschämung auf.

Die Negativistin hält an der Macht des Trotzes fest und versucht immer wieder, mit der selbstbestätigenden Kraft des Neins gegen die Wirklichkeit anzukämpfen. Sie hat gelernt, sich mit diesem Widerstand zu behaupten und Aufmerksamkeit zu bekommen. Jede Zustimmung oder affirmative Unterstützung erscheint ihr falsch und unzureichend, nur das Nein kann die Dinge klarmachen und zeigen, wer auf ihrer Seite steht und wo die Gegner sind. Schließlich meint sie, sich auch dort von einer vorherrschenden Auffassung absetzen zu müssen, wo ihre Autonomie gar nicht in Frage gestellt wird.

Diese Haltung ist eine konsequente Abwehr der Scham, die sich hinter jedem Akt des Verneinens verbirgt. In der negativen Abgrenzung hält die Kraft des Trotzes das Selbst aufrecht. Die Selbstbehauptung in der Ablehnung und im Widerstand leidet allerdings unter dem Risiko, mit Ausgrenzung bestraft zu werden, auf die unweigerlich wieder die Scham folgt.

Wir können **zwei Formen** dieser Haltung unterscheiden:
Die „regressive" Form, die manchmal auch mit passiver Aggressivität in Verbindung gebracht wird, neigt zum Beklagen der Schwierigkeiten der Welt und zum Rückzug vor deren Herausforderungen und Erwartungen. Das Schwelgen in den negativen Aspekten schützt vor dem aktiven Zugehen auf die Aufgaben, die sich stellen und

verdeckt die eigene Ängstlichkeit. Der Rückzug in das pessimistische Weltbild bestätigt die eigene Ohnmacht und Hilflosigkeit, die einzige Kraft kann im Verneinen der Wirklichkeit gefunden werden.

Die „aggressive" Form dieser Haltung zeigt sich im angriffigen Abarbeiten an den Widrigkeiten der Menschen und der Welt als Ganzer. Die kritische Fixierung auf Fehler, Schwächen und Mängel, auf Widersprüche, Unehrlichkeiten und Ungerechtigkeiten, auf Anmaßungen und Willkür gibt ein Gefühl von Überlegenheit. Es geht nicht darum, der Wahrheit näher zu kommen, sich besser zu verständigen oder die Welt zum Positiven zu verändern. Die Negativistin will in sich ein Gefühl des Besserwissens und eine Anmutung der Unberührbarkeit und damit von scheinbarer Sicherheit herstellen. Die aggressive Form paart sich oft mit Zynismus.

In jedem Fall gilt: Der Negativist macht aus der Not eine Tugend, denn er nimmt das Risiko der Ablehnung in Kauf, und wenn die Reaktion auf die eigene Negation negativ ist, interpretiert er das als Bestätigung für die Schlechtigkeit der Menschen. Jeder Widerspruch und jeder Einwand beweist, dass einen doch niemand versteht. Die Nähe des Negativismus zur Depression ist offensichtlich, allerdings schaffen es manche Negativisten, als „Menschenfeinde", Grobiane und missgelaunte Zeitgenossen ein einigermaßen ausgeglichenes Leben zu führen. Bei anderen allerdings macht die Verbindung der negativen Weltsicht mit einer Depression krank. Depressionen bestehen häufig in einem Teufelskreis zwischen negativer Gefühlslage und grundsätzlicher Ablehnung der Welt.

Sagt der Lehrer: Worte, die mit „un-" anfangen, sind meist negativ. Könnt ihr mir Beispiele nennen? Frieda: Unwetter! Tom: Unordnung! Seufzt Fritz: Unterricht!

Fallbeispiel:

Herr B. ist mit einer Mutter aufgewachsen, die immer wieder in Zustände von unkontrollierten Emotionen geraten ist, manchmal verbunden mit einem Streit mit ihrer Mutter, die auch im Haushalt lebte und ein ähnliches irritierendes Muster hatte. In solchen Zuständen war sie nicht ansprechbar und erreichbar, der Kontakt brach ab. Für ein Baby stellt eine derartige Erfahrung eine Katastrophe dar, sein wichtigster Halt ist abhandengekommen und es bleibt nur Angst und Verzweiflung.

Bis heute merkt er, dass seine erste Reaktion, wenn etwas schiefgeht, mit einer Befürchtung des Allerschlimmsten einhergeht. Dabei sackt seine Haltung zusammen, als würde sein ganzes Nervensystem kollabieren. Im Bauch verspürt er ein Loch. Er verliert jeden Antrieb und denkt angstvoll an die drastischste Konsequenz. Störungen des normalen Alltagsablaufes können sofort eine negative Erwartung bewirken, es schwindet jedes Vertrauen in die Zukunft.

Darin spiegelt sich die Erfahrung der Kindheit: Es war kein Verlass auf die Präsenz und Zuwendung der Mutter, es gab keine Sicherheit. Ohne Vorzeichen konnte sie in das aggressive und selbstbezogene Muster rutschen, und dann kamen tiefe Gefühle der Angst und Verlassenheit hoch, die auch den Organismus durcheinanderbrachten und unter Stress setzten. Als Kind hatte er später gelernt, dass er sich zurückziehen musste, wenn die Mutter in ihre emotionale Verwirrung stürzte. Dadurch hat sich ein Grundstress ausgebildet, der ihn als beständiges rastloses Angetriebensein in seinem weiteren Leben begleitete. Als Symptom dieser tiefen Störung entstand nach einem Hörsturz im 30. Lebensjahr ein schwerer Tinnitus, der leider anfangs nicht diagnostiziert wurde und dann nicht mehr kurierbar war.

Treffen sich zwei Planeten. Fragt der eine: „Na, wie geht`s?" „Gar nicht gut. Ich leide furchtbar an Homo sapiens." „Ah…", entgegnet der Fragende erleichtert, "…das kenne ich, das geht bald vorüber!"

Die Arroganz

Hinter der zynischen Maske steckt immer eine gehörige Portion Arroganz, und selbst im depressiven Negativismus steckt ein wenig Überheblichkeit; doch muss sich die Arroganz nicht immer als Zynismus oder offensiver Negativismus präsentieren. Sie hat dazu noch viele andere Möglichkeiten, um im Konzert menschlicher Eitelkeiten prominent mitwirken zu können. Die arrogante Person will andere weniger mit Worten beschämen, sondern einfach mit der Überlegenheit der eigenen Person: „Ich bin besser als du, weil es so ist. Du kannst tun und lassen, was du willst, mir wirst du nie das Wasser reichen können. Aber mach dir nichts draus, nicht jeder muss die Vollkommenheitsstufe erreichen, auf der ich mich schon lange befinde."

Wenn uns ein Mitmensch als arrogant erscheint, nehmen wir an, dass sich die betreffende Person als jemand Besserer vorkommt und über uns stellen will. Wir fühlen uns unwohl und wenden uns innerlich oder äußerlich ab. Wir fühlen uns unterlegen und damit beschämt und verurteilen offen oder insgeheim die arrogante Person, um sie zu beschämen. Zugleich bewundern und beneiden wir die Person und leiden an dieser Ambivalenz.

Es gibt eine Menge von Ausdrücken, mit denen die verschiedenen Nuancen der Arroganz bezeichnet werden – offensichtlich handelt es sich um ein Phänomen, das weit verbreitet ist: Dünkel, Eingebildetsein, Hochnäsigkeit, Hochmut, Blasiertheit, Herablassung. Die Grundaussage der Arroganz lautet: „Alle machen alles in ihrer Blödheit falsch, alle sollten es so machen wie ich, werden es aber nie schaffen."

In den Worten Hochmut und Hochnäsigkeit zeigt sich die körpersprachliche Ausdrucksform der Arroganz: Der Kopf ist leicht nach hinten geneigt, sodass der Blickkontakt zu den Mitmenschen von oben kommt. Das ist die Pose der Überlegenheit als Ausdruck der höheren hierarchischen Rangstufe. Dazu gesellt sich dann vielleicht ein mitleidiges Lächeln und ein nasaler Gesprächston, Zeichen einer gelangweilten und herablassenden Blasiertheit, die mitteilen möchte, was für eine besondere Gnade es doch sei, in den Genuss eines Blicks oder einer Wortspende aus dieser hohen Position zu kommen.

Der Hochmut geht einher mit der Vermessenheit. Das Wort verrät, dass sich jemand vermessen hat, die eigene Größe nicht richtig, sondern übermäßig, übertrieben abgemessen hat. Die arrogante Person will sich mit Hilfe von Größenfantasien aufblasen, um eine ehemals erlittene Demütigung auszugleichen. Wenn einen etwas kleingemacht hat, muss man sich selbst groß machen, am besten gleich um ein beträchtliches Stück größer als man in Wirklichkeit ist. Wenn das gelingt, kann es nie wieder zu einer beschämenden Niederlage kommen.

Einer arroganten Person fällt es gar nicht mehr auf, wenn sie übertreibt, weil das schon zu ihrem Habitus gehört. Der eigene Gehalt ist in jedem Fall höher als der des Gegenübers, das eigene Auto schneller und die Wohnung teurer. Wenn jemand sagt, er macht eine halbe Stunde Sport, so macht man selber mindestens doppelt so viel und mit einer wesentlich anspruchsvolleren Methode, ob es nun stimmt oder nicht.

Der Bezug zur Scham ist ähnlich wie bei anderen Abwehrformen. Ersatzgefühle und -haltungen werden ausgebildet, die die ursprünglichen Schamerfahrungen unschädlich machen sollen – was einmal passiert ist, soll dadurch getilgt werden, dass eine Gegenhaltung geschaffen wird, die die Sicherheit vor Beschämungen verspricht. Die arrogante Haltung disqualifiziert alle Mitmenschen, einen selbst bloßstellen oder demütigen zu können. Niemand anderer ist satisfaktionsfähig, niemandem wird ein höherer Rang zugestanden, von dem aus eine Beleidigung erfolgen könnte. So kann die arrogante Person scheinbar ohne Scham durchs Leben gehen – schämen sollen sich die anderen.

Die arrogante Person ist stets eine Meisterin im Projizieren. Die Eigenwahrnehmung ist auf die positiven Charakterzüge und Qualitäten beschränkt, während die negativen Aspekte auf die anderen Menschen projiziert werden und dazu dienen, die eigene Überlegenheit zu festigen. Die Überheblichkeit, die Schönere, Bessere, Intelligentere zu sein, nährt sich aus den eigenen Schwächen, die nur in den Mitmenschen wahrgenommen werden. „Du hast dir eine neue Kaffeemaschine der Marke X gekauft? Weißt du nicht, dass die die geringste Lebensdauer haben?

Ich kaufe nie Billigsdorfer-Produkte, da zahlt man immer drauf, aber klar, nicht jeder kann sich Qualität leisten."

Arroganz und Bescheidenheit

Eine raffinierte Maske der Arroganz ist die zur Schau gestellte, ostentative Bescheidenheit: Schaut mich an, wie einfach ich lebe, schaut mich an, wie wenig ich brauche, schaut mich an, wie ich über den Dingen stehe, an denen andere leiden, schaut mich an, wie bescheiden ich bin usw. Diese Beispiele zeigen, dass das Wurzelwerk der Arroganz weiter reicht als wir uns eingestehen. Wir können jede als positiv bewertete Eigenschaft nutzen, um andere, die nicht über diese Tugend verfügen, abzuwerten. Im politischen Diskurs stoßen wir immer wieder auf die hier schon besprochene Dynamik, wenn die Linken den moralischen Zeigefinger über die Rechten erheben, die sie genau dafür beschimpfen.

Im Ressentiment gegen die Arroganz stecken Erfahrungen aus Jahrhunderten der Vorherrschaft von Standesgesellschaften, in denen die Geburt die Position in der Hierarchie der Über- oder Unterordnung festgelegt hat. Wer eine Sprosse oberhalb auf der sozialen Leiter stand, konnte die unter ihm Stehenden folgenlos beschämen; die unten mussten einstecken und konnten sich höchstens mit heimlicher Verachtung und Verspottung rächen. Selbst das Wort „Arroganz" kam aus dem Französischen, der Sprache der Adelsgesellschaft, ins Deutsche.

Mit dem Pathos der demokratischen Werte lassen wir uns keine angemaßte Überordnung mehr gefallen, jede Autorität muss sich rechtfertigen. Das Straucheln und Fallen der Mächtigen wird von denen, die es nicht geschafft haben, gerne mit höhnischem Wohlgefallen genossen. Hochmut kommt vor dem Fall, ist der Trost der Niedrigeren und Zukurzgekommenen. Die Arroganten im Sinn der angemaßten Macht werden mit arroganter Verachtung bekämpft.

Unschwer erkennen wir, dass hinter der Maske der Arroganz innere Unsicherheiten und Selbstzweifel versteckt sind. Da wir alle an Unsicherheiten unseres Selbstwertes laborieren, da wir also alle mehr oder weniger schwere narzisstische Störungen aufweisen (ausgenommen natürlich jene, die über jeden solchen Makel erhaben sind), ist das Spannungsfeld von Minderwertigkeit und Arroganz in sozialen Kontakten schnell aktiviert.

Wir alle kennen demnach Arroganzthemen, wenn wir genauer in uns hineinschauen oder unser Verhalten beobachten. Wir neigen deshalb zum Projizieren und sind sensibilisiert auf die leichtesten Nuancen von Überheblichkeit bei unseren Kommunikationspartnern. Dieses Spannungsfeld ist zugleich, auf der tieferen emotionalen Ebene, die in vielen Abwehrformen aktive Dynamik zwischen Scham und Stolz.

Die Heuchelei

Heuchler sind Menschen, die nach außen hin ein heiles Bild von sich vermitteln, das nicht ihrem realen Selbst entspricht. Sie überspielen ihre negativen Seiten oder die Ungereimtheiten in ihrem Leben, indem sie der Außenwelt eine perfekte Fassade anbieten. Sie können die Mängel ihrer eigenen Innenwelt mit Leichtigkeit so ummünzen, dass sie vor den anderen als besonders gute Menschen dastehen: Als besonders intelligent, fleißig, redlich, moralisch oder fromm.

Die Heuchelei ist ein angelerntes Verhalten der Gefühlsmanipulation. Eigene unangenehme Gefühle werden unterdrückt, um andere zu beeindrucken oder um vor ihnen und ihren Urteilen sicher zu sein. Die Unsicherheiten, die hinter dem Heucheln stecken, beruhen auf Schamerfahrungen, sodass das heuchlerische Verhalten samt und sonders der Schamvermeidung dient. Die Heuchlerin fürchtet nichts mehr, als dass ihre Maske durchschaut wird, indem sie z.B. bei einer unmoralischen Handlung ertappt wird und damit ihren anständigen Ruf verliert. Das wäre die größte vorstellbare Beschämung. Sie verbreitet eine vage Aura der Perfektion um sich herum, die für den unbefangenen Beobachter übertrieben und unecht wirkt, ohne dass deutlich würde, worin genau die charakterliche Diskrepanz besteht.

Fallbeispiel:

Herr J. ist mit einer Mutter aufgewachsen, die immer wieder dem Alkohol verfallen ist. Sie war im nüchternen Zustand eine recht aufmerksame und liebevolle Mutter, konnte aber im alkoholisierten Zustand keine Zuwendung geben; sie war emotional nicht erreichbar. Wieder nüchtern, wurden diese Episoden nie besprochen oder erklärt, sodass J. als Kind nicht verstehen konnte, wie es dazu kam und was vorfiel, wenn sie angeheitert war. Heuchelte sie in ihrer Liebe nur, wenn sie nüchtern war? Mochte sie ihn oder mochte sie ihn nicht? Diese verwirrenden Erfahrungen prägten eine emotionale Unsicherheit, die J. in seinem Leben weiter begleitet. In seiner Ehe fällt es ihm schwer, seine eigenen Bedürfnisse anzusprechen, sodass er sich zunehmend mit einem Minimum an Zuwendung begnügt, das für seine Partnerin offenbar ausreichend ist. Die Scham spielte dabei eine subtile Rolle: So wie die Mutter ihre Scham, die sie wohl in ihrem nüchternen Zustand über ihre Trinksucht hegte, unterdrückte, indem sie so tat, als hätte sie diese Schwäche nicht, so scheut sich J. in seiner Beziehung, seine Bedürfnisse und Wünsche auszudrücken, da sie ja auch eine Schwäche ausdrücken, die mit Scham verbunden ist. Als Kind war es ihm nicht möglich, die Mutter anzusprechen, um sich Klarheit zu verschaffen, und spürte die Scham, die um dieses Thema aufgebaut war. Als Erwachsener vermeidet er immer wieder, mit seiner Frau konstruktiv über seine unerfüllten Wünsche nach emotionaler Intimität zu reden, weil er sich nicht traut, die Scham, die vermutlich seine Frau und er selber auch mit diesem Bereich auf unterschiedliche Weise erleben, anzurühren.

Der US-amerikanische Fernsehprediger Jim Bakker führte in den 80er Jahren des 20. Jahrhunderts eine erfolgreiche TV-Show, in der er sein Programm der Vermischung von Christentum und finanziellem Reichtum (Wohlstand sei der Beweis der Gnade Gottes) verkündigte und prominente Gäste interviewte, ehe er wegen einer Vergewaltigung zurücktreten musste und schließlich wegen Betruges ins Gefängnis kam. Sein Kollege Benny Hinn hat eine ähnliche Botschaft vertreten und viele, auch arme Leute dazu gebracht, ihm beträchtliche Summen zu spenden. Davon finanzierte er einen aufwändigen Lebensstil samt Privatjet. Als dieser Schwindel vor kurzem aufgedeckt wurde, musste der Prediger seine Lehre revidieren. Er wolle nie wieder jemanden um 1000,- $ bitten, erklärte er reumütig.

Die Heuchelei stellt eine Form der Überheblichkeit dar. Sie dient dazu, die eigenen Schwächen zu kaschieren und sich besser darzustellen, als man ist. Die Heuchlerin will sich allerdings im Unterschied zur arroganten Person nicht mit anderen vergleichen. Es geht ihr also weniger darum, besser als andere dazustehen, sondern einem inneren Wert, einer inneren Tugend oder einem Ideal zu entsprechen und dafür Anerkennung und Verehrung zu bekommen. Sie ist also eine Funktion oder Abwehrform der Idealitätsscham. Es geht ihr um ein äußeres Bild, das um jeden Preis aufrechterhalten werden muss, um eine glanzpolierte Fassade, auch um den Preis der Täuschung. Hinter dieser Maske lauert die Beschämung, und die stetige Angst nagt, dass jemand die Maske herunterreißen könnte und entdeckt, dass nichts dahintersteckt, dass also die eigene Armseligkeit offenbar wird, die so beschämend sein könnte.

Die Journalistin Jennifer Mendelssohn (2018) hat die Stammbäume von wichtigen Migrationskritikern in den USA untersucht und herausgefunden, dass die Stereotypen und Vorurteile, die diese Kritiker Einwanderern entgegenbringen, genau die Schicksale ihrer Vorfahren widerspiegeln. So konnten z.B. die Urgroßeltern des Trump-Beraters Stephen Miller kein Englisch, als sie in die USA kamen. Ihr Urenkel will jetzt aber keine Immigranten ins Land lassen, die nicht Englisch sprechen. Er wäre also selber gar nicht in den USA, wenn seine Vorfahren auf die gleiche Ausländerpolitik gestoßen wären, die er einfordert. An zahlreichen weiteren Beispielen konnte Mendelssohn belegen, dass die Hauptargumente, die von den Kritikern jeweils vorgebracht werden, jene sind, unter denen die eigenen Vorfahren zu leiden hatten. Diese Unbewusstheit über die eigene Geschichte und Genealogie sowie über den Hintergrund des eigenen Ausländerhasses kann man auch als Heuchelei bezeichnen. Zwar ist niemand für das Schicksal seiner Ahnen verantwortlich, aber dessen Würdigung würde zum Verständnis des oft schweren Loses derer, die ein neues Heimatland suchen, beitragen und die gegenteilige ausländerfeindliche Haltung in Frage stellen. Derartige Einstellungen werden unglaubwürdig und wirken heuchlerisch, wenn klar wird, dass die eigene Familie eingewandert war, aber auf eine tolerantere Gesellschaft gestoßen ist als jene, für deren Migrationsfeindlichkeit die Nachfahren jetzt lautstark eintreten.

In diesen Fällen haben wir es mit einer transgenerationalen Beschämung zu tun, die im Unterbewusstsein weiterwirkte und sich (als Reaktionsbildung) ins Gegenteil verkehrte. Heutigen Immigranten soll die Beschämung, die auftritt, wenn man in einem Land Schutz sucht, aber die Sprache nicht spricht, erspart bleiben, indem sie gleich gar nicht ins Land gelassen werden. Das schambehaftete Thema der Sprachbarriere wird als Munition für Ausgrenzung verwendet.

> Ein Atheist ging im Wald spazieren und genoss die Schönheit der Natur. Plötzlich hörte er ein Geräusch im Gebüsch und sah nach: Da kam ein großer Bär auf ihn zu und begann ihn zu jagen. Er rannte los, doch als er sich umsah, bemerkte er, dass der Bär immer näher kam. Er rannte, so schnell er konnte, stolperte aber über eine Wurzel und fiel. Der Bär war mit seinen Klauen über ihm. Da schrie er auf: „Oh Gott, bitte nicht!" Plötzlich erstarrte der Bär, der Wind hörte auf, und das Wasser im Fluss stand still. Die Wolken öffneten sich und ein helles Licht fiel auf den Atheisten. Eine laute Stimme sagte: „Aha, wenn du dem Tod ins Angesicht schaust, bist du bereit, an meine Existenz zu glauben und mich zu verehren?" Der Atheist antwortete: „Nun, ich möchte kein Heuchler sein, könntest du also den Bären in einen deiner Gläubigen umwandeln?" Der Fluss begann zu fließen, der Wind blies wieder. Der Bär senkte die Klauen, kniete nieder und sagte: „Herr, ich danke dir für das Mahl, das auf mich wartet."

Die Unverschämtheit

Fehlende Scham zeugt von Entwicklungsstillstand und von der Unfähigkeit, sich andere Welten als nur die eigene vorzustellen. (Boris Cyrulnik)

Die konstruktive und sozial konstitutive Seite der Scham wird am deutlichsten, wenn wir uns mit dem Fehlen der Scham beschäftigen. Eine verbreitete Form, mit dem Schmerz der Beschämung zurechtzukommen, besteht darin, die eigene Scham möglichst komplett zu ignorieren und mit dieser Immunisierung durch die Welt zu gehen. Eine wichtige Funktion der Scham besteht darin, die Grenzen der eigenen Integrität zu wahren und auf Verletzungen dieser Grenzen aufmerksam zu machen sowie die Grenzen der Mitmenschen zu achten. Der unverschämte Mensch verliert mit der Verdrängung der eigenen Scham die Achtsamkeit auf die Grenzen anderer und neigt dazu, diese ohne Rücksicht auf Verluste zu überschreiten. Er trampelt gerne in die inneren Gärten seiner Mitmenschen hinein und findet nichts dabei; wenn sich die anderen darüber aufregen, fehlt ihm jedes Verständnis. Es bietet sich vielmehr ein weiterer Grund, über diese Menschen und ihre Dummheit oder Rücksichtslosigkeit abwertend herzuziehen.

Unverschämte Mitmenschen sind schwer auszuhalten und werden früher oder später aus den sozialen Netzen ausgegrenzt. Deshalb müssen sie darauf achten, ihre Unverschämtheiten einzudämmen und bestimmte Personengruppen davon auszunehmen. Sie schauen oft auch darauf, Menschen um sich zu versammeln, die ihnen rechtgeben, sie bewundern und die dafür Wertschätzung und andere Vorteile bekommen.

Unverschämte Menschen haben weniger Angst vor ihrer eigenen Scham als vor dem Beschämtwerden. Es kann ihnen gelingen, sich einzugestehen, dass eigene Handlungen oder Äußerungen peinlich waren und dass sie daraus lernen sollten. Wenn sie jedoch von anderen auf eigene Fehler und Schwächen aufmerksam gemacht werden, reagieren sie mit Aggression, um diese Beschämung abzuwehren. Sie wollen immer die Kontrolle darüber haben, dass die eigene Scham im Außen nicht sichtbar wird, weil sie sonst gegen einen selber gerichtet werden könnte.

Wie jede andere Abwehrform auch, spiegelt diese Variante die Beschämungen der Kindheitsgeschichte wider. Verkürzt gesagt: Unverschämte Eltern erziehen ihre Kinder zur Unverschämtheit. Eltern, die sich ihre eigenen Schamthemen eingestehen können, haben Verständnis für die Scham ihrer Kinder und können sie durch diese Gefühle durchbegleiten. Eltern, denen dieser innere Zugang fehlt, werden nicht merken, wenn sie ihre Kinder beschämen, die dann Abwehrstrategien gegen die schmerzhaften Gefühle aufbauen müssen. Eine davon besteht darin, die Scham in sich selber zu verleugnen und soweit zu unterdrücken, dass sie nicht mehr wahrgenommen werden kann.

Schamlosigkeit kann in Bezug auf die meisten Gestalten der Scham auftreten: Der Gewissenlose (z.B. der reuelose Verbrecher), die Missachterin der Intimität (z.B. demonstrativer Konsum oder promiskuitive Sexualität), das Fehlen oder Verleugnen von Idealen (z.B. beim Zynismus), das schamlose Ausagieren der eigenen Bedürfnisse auf Kosten anderer (z.B. den Sitzplatz in der Straßenbahn behaupten, obwohl eine alte Frau daneben stehen muss), das Negieren aller Abhängigkeiten (in der Kleidung, im Verhalten, in den Überzeugungen zeigen, von den Konventionen und Spießigkeiten unabhängig zu sein).

Selbst traumatische Scham wird immer wieder mit Schamlosigkeit bewältigt. Eine subjektiv effektive und objektiv gefährliche Abwehr besteht darin, andere zu traumatisieren, z.B. den Missbrauch, der einem angetan wurde, anderen zuzufügen. Wir können davon ausgehen, dass Gewalttäter im frühen Leben immer Opfer von Gewalt waren und in ihren Taten die Scham, die mit dem eigenen Leid verbunden war, tilgen wollen.

Aus der Psychiatrie wissen wir, dass es Menschen gibt, denen das Gefühl der Scham scheinbar unbekannt ist oder nur selten oder in nur geringer Intensität auftritt. Eigentlich müsste man aber von verlorener Scham sprechen, denn mit der Scham verschwindet auch der empathische Zugang zu den Mitmenschen. Deshalb ist diese ganz tief verdrängte oder abgespaltene Scham besonders typisch bei antisozialen Persönlichkeitsstörungen, die zu Gewalttaten neigen und dann keinerlei Mitgefühl mit den Opfern empfinden. Wie wir schon gesehen haben, gibt es wichtige Zusammenhänge zwischen Empathie und Schamfähigkeit.

Bei bipolaren Störungen kommt es zu einem phasenweisen Verlust des Schamempfindens: Die betroffenen Personen kaufen z.B. Unmengen sinnloser Dinge ein, wofür sie sich normalerweise schämen würden. In der depressiven Phase peinigen sie sich dann mit Selbstvorwürfen und schämen sich über die Maßen.

Die Promiskuität (sexuelle Kontakte mit häufig wechselnden Geschlechtspartnern), die in den meisten Fällen zur Kompensation fehlender Liebe in der frühesten Kindheit dient, verbindet sich gerne mit der Attitüde der Schamlosigkeit (Krämer 2017). Die ursprüngliche Scham, nicht liebenswert zu sein und keine Liebe zu verdienen, wird z.B. durch die Schamlosigkeit mit wahlloser oder unverbindlicher Sexualität abgewehrt und unterdrückt. Partielle Bestätigungen durch eine gelungene Sexnacht helfen scheinbar über die Schamwunde hinweg, führen aber wie bei jeder Sucht anschließend wieder in eine innere Leere.

Cyrulnik berichtet von einem Mitstudenten, der sich, in seinen Augen, schamlos das Studium leichtmachte, nur das absolut Notwendigste für Prüfungen lernte und möglichst schnell viel Geld verdienen wollte. Er beschreibt die Reaktion seiner Freundesgruppe darauf: „Wir, die Schamhaften, verachteten den Schamlosen, weil wir glaubten, er verdanke seine Stärke und sein einfältiges Glück seinem Mangel an Moral. Wir an seiner Stelle wären vor Scham gestorben. Vielleicht waren wir sogar stolz darauf, zu glauben, dass unser Tod dann unseren moralischen Wert bewiesen hätte. Wir waren weder Ungeheuer noch Maschinen, die nur einfach viel Geld produzieren wollten. Das Gift der Scham, das uns quälte, sprach für unsere Fähigkeit, unter dem Blick der anderen zu leiden, weil wir ihm viel Bedeutung beimaßen; es war ein Beweis für unsere moralische Gesinnung." (2018, S. 12)

Die Schamlosigkeit löst also komplexe Reaktionen bei den Mitmenschen aus. Schamlose Menschen irritieren und machen Angst, weil wir von einer schamlosen

Person Rücksichtslosigkeit und Missachtung befürchten müssen. Wir schützen uns dann durch Verachtung und moralische Abwertung.

Das Wiederfinden der Schamfähigkeit ist ein wichtiger Schritt bei der Heilung aller Störungen, die mit Schamverlust verbunden sind. Schämen ist menschlich, und als Menschen sind wir nur ganz, wenn wir auch fähig sind, in angemessener Form Scham zu empfinden. Die Schamfähigkeit als wichtiger Aspekt sozialer Kompetenz trägt viel zum Gelingen einer menschengerechten Gesellschaft bei; ihr Fehlen ist mitverantwortlich für viele Mängel auf der Ebene des Zusammenlebens und der Politik.

„Es spricht vieles dafür, dass Schamverlust mit überhandnehmenden narzisstischen Kränkungen einhergeht und Scham selbst nicht das eigentliche Problem ist. Beschämung, nicht Scham, ist das Gift, das Empathie und Akzeptanz abtötet." (Hell 2018, S. 176)

Die emotionale Kälte

Die Unverschämten können sehr emotionale Menschen sein, sie haben nur das Schamgefühl ausgeblendet. Gefühlskalte Menschen dagegen haben als Folge ihres Kindheitsschicksals die Option „gewählt", möglichst alle Gefühlsregungen abzustellen und das Überleben allein durch die mentalen Fähigkeiten sicherzustellen. Sie haben auf diese Weise den Kontakt zu ihrem Inneren verloren. Sie fühlen sich selbst kaum und gehen mit einer massiven Gleichgültigkeit durchs Leben, die nur durch kognitive Aktivitäten und intensives Denken belebt wird. Sie haben irgendwann in ihrem frühen Leben die Lebendigkeit ihrer Gefühle gegen den unlebendigen Schutz davor eingetauscht. Sie wollen mit Hilfe ihrer Denkfähigkeit das Überleben sichern und verzichten dafür auf die Buntheit und Vielfalt der Gefühle. Denn mit der Abkapselung vor Schmerz und Angst verschwindet auch der Zugang zu Freude und Lebenslust.

Es ist vor allem die Unfähigkeit, Traurigkeit und Schmerz zu spüren, die das Leben von emotional kalten Menschen eintönig und grau werden lässt. Die Schmerzblockade wird oft wie ein dumpfes Gefühl oder wie ein Loch erlebt. Statt dem Fließen von Tränen bleibt nur die Gram, ein Gefühl, als ob sich auf ewige Zeiten nichts lösen ließe. Wie ein schweres unveränderbares Schicksal lastet die nicht lebbare Trauer auf der Seele und macht sie öd und taub. Tränen wärmen das Herz; Tränen, die nicht geweint werden können, lassen es erkalten.

Das Muster der Gefühllosigkeit könnte auch unter den nach innen gerichteten Formen der Schamabwehr aufscheinen. Die toxische Scham bewirkt eine weitgehende innere Verarmung und Ödnis. Zugleich verursacht dieser Abwehrtypus viel

Leid im zwischenmenschlichen Feld, weil er über extrem eingeschränkte Kommunikationsmöglichkeiten verfügt, sodass sich die Mitmenschen emotional vernachlässigt fühlen. Gefühle können wie Gewürze im Gespräch erlebt werden, und ohne sie fehlt eine ganz wesentliche Komponente, wodurch der Austausch dünner und farbloser wird. Leicht kommt es zu Missverständnissen, wenn das Gespür für die Feinheiten der nonverbalen Ebene fehlt.

Der Eindimensionalität eines emotional verarmten Menschen entspricht das Leiden am emotionalen Hungern auf Seiten der Beziehungspartner, vor allem, wenn dieser schon von seiner Kindheit einen chronischen Mangel an emotionaler Nahrung mitbekommen hat. Häufig bilden sich Beziehungskonstellationen zwischen emotional reduzierten und emotional überbedürftigen Personen, die voneinander die Erlösung aus dem eigenen, früh geprägten Leid und den chronischen Mangelzuständen erhoffen.

Die emotionale Kälte, die manche Menschen mit sich tragen, hat tiefe Wurzeln in der eigenen Lebensgeschichte und beruht auf einer Unterversorgung mit emotionaler Zuwendung. Störungen in der interaktiven Affektregulation führen zu einem Misstrauen in die eigenen Gefühle und zur Angst vor den Gefühlen der Bezugspersonen. Die Abwehrhaltung gegen Gefühle kann bis zur Alexithymie, der Unfähigkeit, eigene Gefühle wahrnehmen zu können, reichen. Die Disposition, Gefühle überhaupt nicht spüren zu *können*, dient als wichtige Abwehrmöglichkeit gegen eine beschämende Bloßstellung (Wurmser 2007, S. 149).

Pränataltherapeutisch betrachtet, kann dieses Muster schon vor der Geburt entstanden sein, vor allem durch eine frühzeitige Ablehnung der eigenen Existenz durch die Eltern oder einen Elternteil, der Anlass für die Urscham. Jede Ablehnung des Daseins wirkt wie ein kalter grauenvoller Schauer, und das Absprechen oder Infragestellen des eigenen Lebensrechts wird als eisig empfunden. Kälte ist dem Tod nahe, denn mit dem Tod hört jede Bewegung auf und damit jede Wärmebildung.

Die Abwehrform der emotionalen Kälte dient dazu, sich vor der Gefahr der eigenen Auslöschung zu schützen und die traumatischen Erfahrungen zu vergraben, die mit Angst, Schmerz und Scham verbunden sind. Mit einer starren Mauer, unter der die Partner und Mitmenschen von emotional kalten Personen leiden, werden die tiefliegenden Verletzungen abgekapselt. Diese Mauer wird mit jedem Angriff, ja selbst schon mit jeder Aufforderung, lebendiger oder gefühlvoller zu werden, dicker und undurchdringlicher. Solche Menschen können nur auf einer oberflächlich-rationalen Ebene kommunizieren. An dem Abtragen der Mauer kann erst gearbeitet werden, wenn das Leiden an dem Sich-nicht-Spüren-Können überhandgenommen hat, manchmal ausgelöst durch den Verlust eines Elternteils oder Liebespartners oder durch einen anderen Schicksalsschlag.

„Sie glauben es nicht! Gestern wollte mein Mann im Keller Kartoffeln holen, ist die Treppe runtergefallen und hat sich das Genick gebrochen." – „Schrecklich! Und was haben Sie dann gemacht?" „Nudeln!"

Exhibitionismus und Voyeurismus

Eine andere Form der Schamabwehr ist das übertriebene Nach-außen-Kehren des schambesetzten Inneren im Exhibitionismus. In der üblichen Wortverwendung (als das Entblößen der Genitalien in der Öffentlichkeit) gilt der Exhibitionismus als sexuelle Perversion oder von der Norm abweichende sexuelle Neigung und als Straftat. Im weiteren Wortsinn gelten aber auch andere Formen der öffentlichen Präsentation von schamvollen Anteilen als Exhibitionismus, vom öffentlichen Geständnis dunkler innerer Anteile bei Fernsehsendungen bis zum exzessiven Selfie-Posten.

Statt sich schamerfüllt zurückzuziehen, präsentiert sich der Exhibitionist gerade in seiner Blöße und will genau damit beschämend auf die Umgebung wirken. Die scheinbare Überlegenheit, die er an den Tag legt, will sagen: „Ich schäme mich nicht und bin deshalb selbstsicherer als alle, die sich doch schämen." Der „klassische" Exhibitionist, der hinter dem Busch hervortritt und sein Glied zeigt, will die Beobachterin beeindrucken und erschrecken und sich damit machtvoll fühlen. Die Exhibitionistin, die sich im Reality-TV nackt mit Dreck beschmiert, will zeigen, dass sie sich beschmutzen kann, ohne sich dafür zu schämen und damit anderen überlegen ist. Jemand, der sich fürs Internet beim Onanieren filmt, möchte seine „Viewer" oder Voyeure mit seiner Potenz und seiner Schamlosigkeit beeindrucken

Hinter dem Zurschaustellen und Öffentlichmachen des eigenen Körpers oder von intimen Seelenbereichen, die eigentlich durch die Intimitätsscham geschützt sind, stecken Minderwertigkeits- und Unterlegenheitsgefühle, die forsch ins Gegenteil verkehrt werden, so als könnte die innere Unsicherheit durch den Akt der öffentlichen Darstellung zum Verschwinden gebracht werden. Es handelt sich also um eine Reaktionsbildung. Aus einer schamvollen Schwäche wird eine demonstrative Stärke, die mittels der Erweckung von Schamgefühlen bei den Beobachtern die überlegene und dominante Position einnehmen will. Die Überwindung der Schamangst soll die Scham als solche tilgen und die innere Unterlegenheit in eine äußere Machtposition verwandeln (Hilgers 2012, S. 286).

Beim Voyeur zeigt sich die komplementäre Prägung. Er will die eigenen Schamschranken überwinden, indem er sich im Außen etwas sucht, das schambesetzt ist, um es über das Schauen oder eine andere Form der Bemächtigung zu erobern. Das Machtgefühl entsteht dadurch, dass etwas Entblößtes ungeschützt erscheint und auf irgendeine Weise gehandhabt werden kann. Dazu kommt der Kitzel des Heimlichen, des Geheimnisses, das einen scheinbaren Schutz vor den Schamgefühlen bietet. Wenn niemand weiß, was man sieht, gibt es keine Scham. Vielmehr ist das beobachtete Objekt, das beschämt dastehen soll, ob es weiß, dass es gesehen wird oder nicht. Der Voyeur weidet sich an der Scham seiner Objekte, die er aus der Sicherheit seines Beobachtungspostens in ihrem Exponiertsein scheinbar zum eigenen Belieben beherrschen kann.

Auch der Begriff des Voyeurismus hat seine Wurzeln im sexuellen Bereich. Er beschreibt Menschen, die Lustempfindungen beim Beobachten sexuell intimer Momente anderer Personen suchen. Doch auch in anderen Belangen gibt es die „Schaulustigen", die z.B. bei Unfällen lieber Fotos schießen als zu helfen und damit unter Umständen sogar die Rettungskräfte behindern. Jeder Kino- oder Theaterbesuch enthält Elemente der Schaulust und damit auch der Schambearbeitung.

9. Die Innenseite der Scham

Formen der Schamabwehr nach innen

Die nach außen gerichteten Formen der Schamabwehr sind relativ leicht durchschaubar, sobald wir erkennen, dass hinter den verschiedenen Formen des nach außen gestülpten Egos, die uns im Alltag negativ auffallen, eine Scham verborgen ist. Die nach innen gerichteten Abwehrvorgänge sind schwerer zu verstehen, weil sie in vielen Fällen soziale Anerkennung genießen und auch offensichtliche konstruktive und förderliche Aspekte enthalten.

Viele dieser Abwehrformen verbindet die Orientierung an hohen Idealen und die innere Abhängigkeit von perfektionistischen Ansprüchen an sich selbst. Es handelt sich um verinnerlichte Vorstellungen, die davon ausgehen, dass nur die vollkommene Anpassung, die perfekte Disziplin oder der maximale Ehrgeiz zu Anerkennung, Wertschätzung und Selbstwert führen kann. Diese Formen sind deshalb mit großen inneren Anstrengungen verbunden, die für ein gelungenes Leben unabdingbar erscheinen, deren Ziele sich aber nie voll verwirklichen lassen. Deshalb ist die Scham, den Idealen trotz aller Bemühungen nicht gerecht werden zu können, in all diesen Varianten versteckt. Es handelt sich bei diesen nach innen gewandten Abwehrformen der Scham vor allem um Stolzidentifikationen im Sinn des NARM-Modells (Kapitel 7).

Die Schamfixierungen, die im Hintergrund bleiben, dirigieren gleichwohl die Schattenseiten, die in jeder Form der inneren Schamabwehr wirksam sind und besondere Beachtung verdienen.

Neben den sozial wichtigen und gut beleumundeten Formen der inneren Schamabwehr kommt in diesem Kapitel auch das Geheimnis als interessantes innengeleitetes Schamthema aufs Tapet. Abschließend wird die Rolle der Scham bei Selbstgesprächen thematisiert.

Anpassung

Die erste Wirkung einer Anpassung an andere ist, dass man langweilig wird. (Elias Canetti)

Jedes neue Leben muss sich an die Umstände, die vorliegen, anpassen. Das ist eine wichtige Qualität aller lernenden Lebewesen: Das eigene Innere auf die Erfordernisse der Umwelt abzustimmen und Kompetenzen zu entwickeln, um die äußeren Herausforderungen bewältigen zu können. Ein einfaches Beispiel ist die

Sprache der Eltern, die das Baby zu lernen beginnt, sobald es auf der Welt ist. Dazu kommen noch die Werte und Normen, die in einer Gesellschaft vorherrschen, und die Persönlichkeiten der Menschen, mit denen das Kind zu tun hat.

Die Anpassungsfähigkeit ist eine wichtige Qualität, die jeder Mensch braucht, um auf wechselnde Außenbedingungen flexibel und effektiv reagieren zu können. Im Zusammenhang mit der Scham ist es allerdings wichtig zu sehen, dass es so etwas wie Überanpassung gibt, schädliche Formen der Anpassung, die mit Selbstverleugnung verbunden sind.

Denn menschliche Lernvorgänge geschehen immer in einem interaktiven Wechselspiel zwischen Innen und Außen, nicht in einem Aufsaugen des Äußeren durch ein leeres Inneres. Menschen bauen aus ihren Erfahrungen individuelle innere Wirklichkeiten auf, in denen sich Elemente des Inneren mit Elementen des Äußeren verbinden. Die inneren Elemente sind beim Kind vor allem Bedürfnisse und Gefühle. Um diese Elemente gut verstehen zu können, braucht es die Rückbestätigung von der Außenwelt: „Deine Innenwelt ist in Ordnung so wie sie ist." Wenn diese Rückbestätigung mangelhaft ausfällt oder völlig fehlt, entsteht eine Leerstelle im Inneren, die als Unsicherheit und Angst erfahren wird und leicht zur Scham werden kann.

An die Stelle dieser Leere tritt das, was von den Eltern kommt, z.B. eine Verhaltenserwartung. Das Kind soll nicht schreien, sondern brav (=leise) sein, auch wenn es das Bedürfnis hat zu schreien. Es soll also sein Inneres an die Erwartungen der Eltern anpassen. Dazu muss das Kind lernen, das eigene Innere so zu manipulieren, dass die Eltern zufrieden sind. Das Kind kann damit seine Angst und Scham reduzieren, der Preis ist allerdings die Selbstverleugnung, die Selbstverbiegung, weg vom inneren Kern und hin zur Fasson der Eltern.

Kinder nehmen oft im Familiensystem Rollen ein, die sie als unbesetzt oder unterversorgt erleben. So kann sich die ältere Schwester um den jüngeren Bruder kümmern, weil die Eltern zu wenig Zeit haben. Oder ein Kind will für die Harmonie in der Familie sorgen, weil die Eltern dauernd streiten. All diese Rollen sind mit der Notwendigkeit der Überanpassung verbunden – Anteile des eigenen Selbst hintanzustellen, um für die Gemeinschaft nützlich zu sein und dafür anerkannt und geliebt zu werden.

Auch in solchen Zusammenhängen geht es um die Scham, die vermieden wird, wenn die Anpassung an die Erwartungen der Eltern bzw. des Familiensystems möglichst perfekt erfüllt werden. Meist wird erst später schmerzlich und schamvoll bewusst, dass die Anpassung einen Selbstverlust bewirkt hat, der schwer nachzuholen ist. Die eigene Autonomieentwicklung ist an diesen Punkten behindert und verunsichert, die Diskrepanz zwischen dem idealen Ich und der erzwungenen Verbiegung zerreißt das Innere.

Anpassung und Sabotage

Jeder Aspekt einer misslungenen Selbstentfaltung ist von einem Schamgefühl begleitet, das meist unbewusst bleibt. Die durch die Anpassungsleistung scheinbar beruhigte Scham meldet sich später umso heftiger: Als Scham über den Selbstverrat, die als unweigerliche Folge der toxische Form der Anpassung auftritt. Deshalb ist in den meisten neurotischen Mustern und Persönlichkeitsstörungen eine übertriebene Anpassung an äußere Erwartungen und die Unterwerfung unter manipulative Einflüsse enthalten.

Der Schatten der Anpassung ist die Sabotage. Der Persönlichkeitsanteil, der unter der Unterordnung leidet, rächt sich durch Fehlleistungen: Vergessen, Verlegen, Verlieren, Verschreiben usw. Die widerwillig getroffene Vereinbarung, die wegen eines Schnupfens nicht eingehalten werden kann; die lästige Reparatur, die versprochen wurde, bei der dann der Schraubenzieher ausrutscht und die Hand verletzt; die Einladung der ungeliebten Schwiegermutter, für die zu viel Salz in der Suppe landet usw.

Jeder Sabotageakt wird zunächst durch eine unbewusst wirksame Scham eingeleitet und mündet dann in ein bewusst erlebtes Schamgefühl. Schließlich ist ein Fehler passiert, für den man Verantwortung übernehmen muss. Ein Schaden wurde angerichtet, der wieder gutgemacht werden soll. Es wird die Kompetenzscham und die Idealitätsscham aktiviert.

Disziplin

Unter den Masken der Freiheit ist die Disziplin die undurchdringlichste. (Ernst Jünger)

Auch die Disziplin ist eine wichtige Tugend, denn ohne sie kämen wir nicht weit im Leben. Längerfristige Ziele können wir nur mit innerer Entschlossenheit und Tatkraft erreichen, die uns helfen, kurzfristige Bedürfnisse hintan zu stellen. Das bekannte Marshmallow-Experiment hat gezeigt, dass Kinder, die einem verlockenden Konsumreiz über einen bestimmten Zeitraum widerstehen können, später erfolgreicher und selbstzufriedener werden als andere, die die Befriedigung ihrer aktuellen Bedürfnisse nicht oder nur schlecht hinauszögern können. Mit Selbstdisziplin können wir es zu einem höheren Grad an Freiheit bringen als mit Bedürfnisabhängigkeit. John Bradshaw schreibt an einer Stelle: „Die Disziplin ist die geheimnisvollste Maske der Freiheit".

Auch in diesem Zusammenhang geht es um das Maß und den Kontext, in dem sich das individuelle Verhältnis zur Disziplin entwickelt. Eltern, die diese Entwicklung mit Hilfe des Schamgefühls steuern, bewirken, dass im Kind eine unheilige Allianz zwischen Disziplin und Zwang gestiftet wird. Wenn es sich gemäß den Vorstellungen der Eltern diszipliniert verhält, wird es geschätzt, wenn nicht, wird es beschämt. Um Liebe zu bekommen, ist es gezwungen, sich zu disziplinieren. Es fällt schwer, ein eigenes, autochthones und autonomes Verhältnis zur Disziplin aufzubauen, wenn jedes Zurückstellen der eigenen Bedürfnisse mit einer erzwungenen Unterordnung unter die Erwartungen der Eltern verbunden ist. Disziplin als Schamvermeidung beruht auf einem schwachen Fundament, das leicht einbricht, sobald die äußere Kontrolle wegfällt, z.B. bei Jugendlichen, die den Schritt ins Erwachsenwerden nicht schaffen, weil sie die dafür nötige Disziplin nicht aufbringen können. Ohne elterliche Überwachung bringen sie keine eigene Lebensordnung zustande; mit ihr verstärkt sich hingegen ihr Schamgefühl und das daraus abgeleitete Verweigerungsverhalten.

Fallbeispiel:

Herr W. ist nach dem Scheitern seiner Ehe und dem damit verbundenen Verlust des beständigen Kontakts mit seinen Kindern in eine schwere Depression gerutscht, die ihm auch den Job gekostet hatte. Die Folge war ein dramatischer Verlust an Selbstdisziplin mit Anzeichen von Verwahrlosung. Jedes Außerhausgehen war mit unsäglicher Überwindung verbunden, so stark war die Scham, sich in der Öffentlichkeit zu zeigen, die Angst, dass das gesamte Umfeld sein Scheitern wahrnehmen würde.

Die umsorgende Mutter hatte ihm immer viel abgenommen, bis ins Erwachsenenleben hinein. Der Vater war schon von früh an enttäuscht von seinem Sohn, der mit seinen Leistungen hinter dem zurückblieb, was er sich erwartet und gewünscht hätte. Nach der Scheidung der Eltern zog sich der Vater in seine neue Familie zurück und kümmerte sich nur wenig um den Sohn. W. fehlte ab dann die männliche Identifikationsfigur. In seinem Inneren hatte sich der strenge, kritische und ständig unzufriedene Vater festgesetzt, dem er es nie rechtmachen könnte. Alles, was er an Disziplin aufgebracht hatte, um seine Schullaufbahn zu absolvieren, einen Job zu finden und eine Zusatzausbildung zu machen, schien dem Vater geschuldet und nicht dem eigenen Wollen entsprungen. Deshalb entstand eine unbewusste Blockade, die ihm die Ausübung seiner beruflichen Fähigkeiten untersagte. So erlebte er jede Anstrengung und Selbstüberwindung als ein Ringen um die väterliche Anerkennung, die letztlich vergeblich bleiben musste.

Die Scham, es dem Vater nicht recht machen zu können, grub sich immer mehr in seine Seele ein und lähmte jede Aktivität. Im Lauf der Therapie und der damit verbundenen Selbsteinsicht sammelte sich die Kraft, die er dann nutzen konnte, um den Vater zu kontaktieren und auch zu konfrontieren und ihn schließlich um Hilfe zu bitten. Dadurch verbesserte sich das Verhältnis, und W. fand tatsächlich wieder eine Arbeit und eine neue Wohnung.

Disziplin und Faulheit

Die für das Erreichen von Zielen notwendige und unerlässliche Tugend der Disziplin fließt nur dann entspannt und fühlt sich gut an, wenn sie mit der Einstellung verbunden ist, mit eigener Zustimmung und unter der eigenen Kontrolle abzulaufen. Sobald Disziplin als ein von außen aufgezwungenes oder eingefordertes Tunmüssen erlebt wird, entsteht im Inneren ein Widerstand. Er holt sich sein Recht, sobald der äußere Druck wegfällt oder ignoriert werden kann, und schlägt dann schnell in Faulheit um, in ein unproduktives und unkreatives Nichtstun, das dann andauert, bis sich der Druck wieder aufbaut.

Faulheit hat, zum Unterschied von Muße, eine schlechte Presse und ist deshalb mit der Scham assoziiert. Wenn wir nicht fleißig und strebsam sind und unsere Zeit für „wichtige" und „nutzbringende" Aktivitäten verwenden, verfallen wir dem Verdikt des Nichtsnutzes, des Faulpelzes. Schon Paulus (2 Tess, 3) hat den Spruch formuliert: „Wer nicht arbeiten will, soll auch nichts essen". Er war dort allerdings auf die Reichen gemünzt, die andere für sich arbeiten lassen. In einem allgemeinen Sinn wurde er sowohl von Stalin als auch von Hitler propagiert. In „Mein Kampf" steht zu lesen: „Nur dem Starken, dem Fleißigen und dem Mutigen gebührt ein Sitz hienieden."

Ehrgeiz

Ehrgeiz ist die letzte Zuflucht des Misserfolgs. (Oskar Wilde)

Ehrgeiz ist zunächst eine konstruktive Einstellung zur eigenen Entwicklung in vielerlei Hinsicht. Wir können ehrgeizig nach mehr Einkommen, spiritueller Reife oder verbesserten Kochkünsten streben. Wir wollen unsere Kompetenzen in bestimmten Bereichen ausbauen und unsere Energien und Kräfte dafür investieren. Ehrgeiz ist ein wichtiger Teil der Selbstwirksamkeit, der autonomen und kreativen Lebensausrichtung. Auch in Bezug auf die Scham kann der Ehrgeiz Hilfe leisten: „Ehrgeiz ist eine konstruktive Form der Bewältigung von Scham." (Marks 2007, S. 163)

Dieser gesunde Ehrgeiz kann allerdings ausufern – und das geschieht vor allem dann, wenn die Überwindung einer Scham im Hintergrund antreibt. Dann wird er zum Erfolgs- und Leistungszwang und geht damit neuerlich eine komplexe Verflechtung mit der Scham ein: „Ehrgeiz ist eine hervorragende Maske für die Scham – der Gedemütigte ist stolz auf seine Revolte." (Cyrulnik 2018, S. 32) Es ist die Scham, die das Verhalten ankurbelt, dessen Resultat den Ehrgeizigen mit Stolz erfüllt, sodass er glaubt, damit die Scham überwunden zu haben. Doch: „Der Beschämte befreit sich damit nicht von seinem Gift, er hat nur ein notwendiges und teuer erkauftes Gegengift gefunden." (Ebd.)

Denn die Orientierung an äußerlichen Zielen wird zum Hauptmotivator für das eigene Handeln. Damit geht der Bezug zum eigenen inneren Wesenskern und seinen Impulsen, zum intrinsischen Wollen verloren, und die Rutsche zur Selbstausbeutung ist gelegt. Es wächst der Drang, sich immer mehr anstrengen zu müssen, und beständig mehr und Besseres leisten zu müssen als die anderen. Übertrieben ehrgeizige Menschen schielen auf ihre Mitmenschen und Konkurrenten und vergleichen sich mit ihnen. Sie stehen unter dem Zwang, sie übertreffen und leistungsmäßig hinter sich lassen zu müssen. Sie können sich nie zurücklehnen und ihre Erfolge genießen, vielmehr gibt es immer noch mehr zu leisten. Nichtstun wäre beschämend. Irgendwann, in einer unbestimmt fernen Zukunft, soll der Lohn warten.

In allen Bereichen, in denen wir Ambitionen entwickeln und besondere Erfolge erzielen wollen, lauert die Scham im Hintergrund. Sie meldet sich sofort, wenn die eigenen Ziele verfehlt werden oder wenn sichtbar wird, dass andere besser sind und mehr leisten. Sie treibt uns an, mit ihnen Schritt zu halten, und schon sind wir im Hamsterrad gefangen.

Der kindliche Ehrgeiz und die Scham

Zwanghaft ehrgeizige Menschen sind häufig in ihrer Kindheit mit Schamerfahrungen konfrontiert worden, die sich vor allem um Leistungen gedreht haben. Sie schämten sich, als unbedeutend und unwichtig zu gelten. Die kompensatorische Wende führt zur Stolzfixierung mit dem Zwang, stark und erfolgreich sein zu müssen, um sich des Eigenwertes würdig zu erweisen.

Beginnend mit frühen Errungenschaften wie dem Laufenlernen und der Ausscheidungskontrolle treten solche Themen zunehmend ins kindliche Leben. In der Vorschulzeit prägt sich das Verhältnis zur eigenen Leistungsfähigkeit. Die Kinder lernen, sich selbst zu beurteilen und zu messen, gemäß den elterlichen Maßstäben, und orientieren sich später, gefiltert durch diese, zunehmend auch an den Normen und Werten der gleichaltrigen Spiel- und Schulkameraden.

In dieser Phase werden oft die Väter besonders wichtig, weil sie die treibende und fordernde Kraft in Bezug auf das Schaffen einbringen. Übrigens findet sich dieser Zusammenhang schon bei Sigmund Freud. Er erzählt in der „Traumdeutung" (Freud 1900), dass er als Zweijähriger noch Bettnässer war und dafür vom Vater gerügt wurde. Der Vater ließ dabei die Bemerkung fallen: Aus dem Buben wird nichts werden. Freud zieht daraus den Schluss, diese Beschämung (das Wort verwendet Freud nicht) als Anlass zur Anstachelung seines Ehrgeizes genutzt zu haben, um dem Vater zu zeigen, dass doch etwas aus ihm geworden wäre (Tisseron 2000, S. 18).

Falls Entwicklungsrückstände, Langsamkeiten und Verspieltheiten eines Kindes überkritisch und ungeduldig kommentiert werden, fühlt sich das Kind beschämt. Fehler in der Leistungsfähigkeit werden mit Mängeln der eigenen Identität in Verbindung gebracht und mit Scham beantwortet. Der Vater sagt z.B. zum Kind: „Kannst du noch immer deine Schuhbänder nicht binden? Wir müssen doch jetzt weg, also mache ich es wieder für dich, obwohl du schon so groß bist." Für das Kind klingt das so: „Weil ich unfähig bin, bin ich nicht in Ordnung und muss um meine Akzeptanz fürchten. Ich muss mich schämen. Wenn ich mich in Hinkunft nicht anstrenge und verbessere, hat das schlimme Konsequenzen."

In solchen Situationen hat das Kind nur die Wahl, sich selber zusammenzureißen, um in Hinkunft der beschämenden Kritik zu entgehen, oder resignativ aufzugeben. Treten diese Beschämungssituationen häufig in ähnlicher Weise auf, prägen sie das Ausmaß des Ehrgeizes und die Grundhaltung für die Leistungseinstellung überhaupt, oft für den Rest des Lebens.

Ehrgeiz und Selbstüberforderung

Bei ehrgeizigen Menschen ist das Nichtstun verpönt. Sie tun sich schwer, sich selbst, ihrem Körper und ihrer Seele, die notwendige Erholungszeit und Muße zu gönnen und leiden deshalb bald an chronischem Stress, der dann alle möglichen psychosomatischen Symptome nach sich zieht. Krankheit kann als Versagen erlebt werden und mit Scham einhergehen. Das Hamsterrad des Leistens, um sich selbst zu beweisen, muss am Laufen bleiben; es betreibt aber über kurz oder lang Raubbau am eigenen Körper und seinen Ressourcen.

Ein Phänomen in diesem Zusammenhang ist die innere Kündigung, also das vom Unbewussten angestiftete Aufgeben der Ehrgeizüberlastung, oft, indem der Körper zu streiken beginnt. Hell schreibt dazu: „Wer innerlich kündigt, kündigt auch sich selbst. Die Identifikation mit der Arbeit führt bei stark leistungsorientierten Menschen dazu, dass sie in ihrer Arbeit aufgehen, wodurch das Risiko entsteht, dass die erfahrene Entfremdung von ihrer Arbeit auch in ihr Selbstverhältnis einsickert. In diesem Zusammenhang wirkt sich die Abwehr von Scham besonders gravierend aus. Denn das Eingeständnis von Scham könnte der Entfremdung insofern entgegenwirken, als ihr ein zwar unangenehmes, aber persönliches Gefühl entgegengesetzt wird. Scham könnte auch zum Überdenken der eigenen Handlungsorientierung beitragen. Bleibt es aber bei der doppelten Entfremdung, so nimmt der Gefühlsverlust zu." (2018, S. 164) Und der Verlust des Fühlens führt mit hoher Wahrscheinlichkeit in die Depression und schließlich in die Arbeitsunfähigkeit. Vor der Scham gibt es kein Entrinnen.

Fallbeispiel:

Herrn M.s Vater zeigte sich meistens streng und emotional unzugänglich, gab wenig Anerkennung und äußerte sich stattdessen häufig unzufrieden und abwertend. Obwohl M. seine Ausbildung erfolgreich abschloss und eine gut bezahlte Arbeitsstelle antreten konnte, war er mit sich kaum zufrieden und hatte dauernd den Eindruck, zu wenig zu leisten und nicht das Richtige zu tun. Die beständige Selbstabwertung führte schließlich zu resignativen und depressiven Phasen. Sein Ehrgeiz flammte auf und versiegte dann wieder, er wusste nicht, was er wirklich im Leben wollte. Außerdem haderte er mit sich, weil er zwar im Vergleich mit anderen keine schwere Kindheit gehabt hatte, mit materiellem Wohlstand und in einer Beziehung lebte, und es ihm doch immer wieder emotional so schlecht ging. Es gäbe ja gar keinen Grund, niedergedrückt zu sein. Die Scham vor dem Vater hatte sich in die Scham über den eigenen Zustand verwandelt, womit er sich in eine Schamspirale verstrickt hatte, als deren Folge die Depression auftrat. Durch die therapeutische Arbeit konnte er lernen, sich selbst besser anzunehmen und die belastende Scham zu bewältigen.

Scham und Geheimnisse

Die Scham – das geheimnisvolle Gefühl: Das heißt auch, dass die Scham viele Geheimnisse in sich verbirgt und zugleich bei diesem Verbergen hilft. Sie ist wie eine Torwächterin vor den intimen Innenbereichen, in denen jeder Mensch seine Geheimnisse aufbewahrt. Sie hütet also alles, was in diesen abgedunkelten Bereich der Seele verlagert wurde, mit klarem Bewusstsein oder durch die verschlungenen Mechanismen des Unbewussten. Jede Lüge enthält eine Geheimhaltung und stammt aus einer Not, nämlich aus der Angst vor einer möglichen Beschämung. Woher kommt diese Neigung, Erlebnisse im Geheimen zu bewahren und notfalls durch Lügen zu schützen? Sind wir nicht mitteilsame Wesen? Wollen wir nicht ehrliche Menschen sein?

Kinder machen Fehler und richten damit Schaden an, das gehört zu ihrer Art der Lebenseroberung und des Sammelns von Erfahrungen. Wenn Kinder etwas kaputt machen, ärgern sich die Eltern und machen das Kind auf den Schaden aufmerksam. Es soll ja das nächste Mal besser aufpassen. Jedes Kind versteht, dass die Eltern verstimmt sind, wenn es etwas falsch gemacht hat. Und es reagiert mit Scham.

Fügen die Eltern zu ihrem Ärger noch eine Abwertung und persönliche Kritik hinzu, dann vertiefen sie das Schamgefühl beim Kind. Das Vertrauen des Kindes zu seinen Eltern wird geschwächt und durch Angst und Scham ersetzt. Es darf um keinen Preis mehr Fehler begehen. Wie wir wissen, verleitet die Angst vor Fehlern häufig genau zum Fehlermachen. Denn Ängste schränken immer unsere Handlungsmöglichkeiten und mentalen Kompetenzen ein. Auf diese Weise spielen sich verhängnisvolle Kreisläufe ein, die die kindliche Seele immer mehr in die Enge treiben.

Ein sicherer Ort

Eine Bewältigungsstrategie für diese missliche Lage besteht darin, dass das Kind in sich einen sicheren Ort errichtet, der geschützt ist vor Abwertungen und Kritik. Es ist eine innere Schatzkammer, von der niemand etwas weiß und niemand etwas wissen sollte. Dort ist die Überlebenssicherheit aufgehoben und verwahrt. Dorthin kann das Kind immer zurückkehren, wenn es kein Verständnis und keine Annahme bekommt. An diesem Platz braucht es sich vor niemandem zu schämen.

Dieser innere Ort ist geheim, und er dient auch zur Aufbewahrung der Geheimnisse. Ein Kind kann schon früh lernen, dass es zu riskant ist, Fehler einzugestehen und dass es einfacher ist, sie zu vertuschen. Das erspart die Abwertung und Verurteilung und die damit verbundene Beschämung. Das bewährte Verhaltensmuster wird dann oft auch dann beibehalten, wenn es gar nicht mehr notwendig und sinnvoll ist.

Fallbeispiel:

Herr D. war in eine finanzielle Notlage geraten. Als Immobilientreuhänder hatte er Zugang zu Kautionszahlungen, und er begann, Teile dieser Zahlungen, geschickt getarnt, auf sein Privatkonto umzuleiten, mit der Absicht, seine Verpflichtungen möglichst bald abzuzahlen und dann das Firmenkonto wieder auszugleichen. So sollte niemand davon erfahren. Allerdings kam es zu einer unerwarteten Finanzprüfung, und die Veruntreuung flog auf. Er verlor seine Anstellung und musste sich einem Gerichtsverfahren stellen.

In der Therapie erkannte er die Hintergründe seiner Handlungen, für die er sich selber sehr stark verurteilte. Wann immer er als Kind etwas falsch gemacht hatte, wann immer er mit schlechten Noten nach Hause kam, hatte es Schelte und böse Worte gegeben. Nie hatte er Mitgefühl und Verständnis bekommen. Seine Erfolge und guten Leistungen wurden für selbstverständlich genommen, während jedes kleine Missgeschick mit Vorwürfen und Kritik bedacht wurde. So entwickelte er die Strategie, mit seinen Eltern möglichst wenig über seine Fehler und Versagenserlebnisse zu reden. „Wenn ich meine Probleme in mir behalte, wenn ich meine Fehler vertusche und vor dem Wissen der Eltern verberge, geht es mir besser, als wenn sie davon erfahren. So schütze ich mich vor weiteren Demütigungen."

Eine weitere Facette dieser Geschichte: D. wurde in der Verwandtschaft und bei Freunden von seinen Eltern immer als das kluge Vorzeigekind präsentiert, während er zuhause vor allem Kritik und kaum Lob erntete. So entwickelte sich eine Doppelpersönlichkeit: Der erfolgreiche Karrieremensch an der äußeren Oberfläche und der fehlerhafte Mensch, der nichts gut genug macht, im Inneren. Sein Unbewusstes bewirkte mit der Straftat, dass die Bilder zu einer neuen Realität verbunden wurden: In der Öffentlichkeit gab es jetzt einen fehlerhaften Mann, der auf einer moralischen Ebene versagt hatte. An den Eltern erfolgte dazu noch ein Stück unbewusster Rache: Sie sollten jetzt daran leiden, dass sie der dörflichen Umgebung ein verzerrtes Bild von ihm vermittelt hatten. So mächtig ist das Unbewusste unter Anleitung durch die Scham, so stark ist seine Regie.

Die verbergende Scham

Das Verbergen ist etymologisch im Wort „Scham" enthalten, und die Scham ist es, die den versteckten Schatz bewacht. Leider meldet sie sich sofort und ganz heftig, wenn das Geheimnis aufgedeckt und seinem Versteck entrissen wird. Deshalb erfolgen auf das Aufdecken von Geheimnissen häufig alle möglichen Dementis. Ausreden, Beschwichtigungen und Rechtfertigungen werden geschmiedet, damit die Macht der Scham in Schach gehalten werden kann und nicht öffentlich sichtbar wird.

Vor allem für Menschen, die über viel Macht verfügen, steht in solchen Situationen quasi alles auf dem Spiel. So gibt es kaum Politiker, die nach dem Enthüllen eines Skandals, in den sie verwickelt sind, vor die Öffentlichkeit treten und einbekennen, was sie falsch gemacht haben und zu ihrer Verantwortung stehen. Stattdessen werden die Aufdecker diskreditiert und die politischen Gegner angegriffen, wodurch das Selbstgefühl der Macht gestärkt wird, bis es irgendwann an der Macht der Realität zerbricht. Diktatoren sorgen dafür, sofort eine Säuberungswelle zu entfesseln, in der alle vermeintlichen Feinde verfolgt werden. Das Eingeständnis der Scham würde den Verzicht auf die Macht bedeuten, an die sich die gesamte Identität klammert, und das macht diesen Schritt so schwer.

Wir wissen schon: Scham neigt ihrem Wesen nach zum Verstecken und Verbergen. Denn die Scham entsteht beim Bloßgestelltwerden, beim Ans-Licht-Kommen von Geheimnissen oder Intimitäten. Also besteht die Hoffnung, dass die Scham verschwindet, wenn sich die peinliche Angelegenheit ins Dunkle zurückzieht.

John Bradshaw (1995) berichtet von der Familiengeschichte von Jane Fonda, die in ihrer Jugend mehrere Jahre an Bulimie litt. Das Symptom entstand, als sie durch Zufall erfuhr, dass ihre Mutter Selbstmord begangen hatte. Ihr Vater hatte den Selbstmord seiner Exfrau geheimgehalten. Die erste Ehefrau von Henry Fonda hatte ebenfalls Selbstmord begangen, und Janes Bruder Peter versuchte sich nach der neuerlichen Heirat seines Vaters das Leben zu nehmen (S. 27f). Wir können das Ausmaß an Scham- und Schuldgefühlen in diesen Tragödien nur vermuten und erkennen das unheilvolle Zusammenspiel von Scham und Geheimhaltung.

Schwerwiegende Ereignisse in der Familiengeschichte, insbesondere solche, die stark mit Scham verbunden sind, werden oft verschwiegen. Den Preis zahlen die sensiblen Mitglieder der Familie, vor allem in den nachfolgenden Generationen, die dann häufig über Symptome die Last des Schweigens ausdrücken.

Das Geheimnis beim sexuellen Missbrauch

In fast allen Fällen von sexuellem Missbrauch ist das Geheimnis ein zentraler Teil der Tat. Solche Geheimnisse zur Vertuschung von Verbrechen sind besonders schwerwiegend. Die missbrauchende Person beschwört die missbrauchte, das Geschehene nicht weiterzuerzählen, meist unter dem Druck von Bedrohungen und durch das Ausnutzen der Schamreaktion: „Du darfst mit niemandem darüber reden, das gehört sich nicht, und ich mag dich dann nicht mehr." Die Verpflichtung zur Geheimhaltung schmiedet ein verhängnisvolles Band zwischen dem Opfer und dem Täter: „Das ist und bleibt unser gemeinsames Geheimnis." Dabei wird die kindliche Loyalität schamlos ausgenutzt. Die geteilte Scham zwischen dem Missbraucher und seinem Opfer macht es diesem äußerst schwer, nach Hilfe zu suchen, und bewirkt oft, dass die Tat oder die Serie von Taten verdrängt und vergessen werden.

Durch das Geheimnis wird das Opfer zum Mittäter gemacht und muss neben der massiven Scham, die durch den Missbrauch entstanden ist, auch mit dem Schuldgefühl des Verschweigens umgehen lernen. Das Verschweigenmüssen kommt allerdings der Scham entgegen, die das Furchtbare, das geschehen ist, von sich aus geheim halten will, und unterdrückt damit alle anderen Gefühlsregungen, vor allem die Wut, die einen Ausweg aus der qualvollen Situation öffnen könnte. Das Geheimnis macht hilflos und verstärkt die Schambelastung durch die Aussichtslosigkeit einer Befreiung.

In vielen Fällen konnte beobachtet werden, dass der scham- und angstgesteuerte Prozess des Verschweigenmüssens so weit geht, dass die Erinnerung an die schrecklichen Ereignisse völlig aus dem Gedächtnis getilgt wird. Der Befehl zur Geheimhaltung wirkt wie ein magischer Bann, der einen dichten Mantel des Schweigens über das Geschehen ausbreitet. Die traumatischen Erfahrungen werden verdrängt, und oft werden die Täter sogar noch idealisiert. Das spurlose Vergessen ist zwar ein sehr effektiver Schutz vor den schmerzhaften Gefühlen, die mit diesen Erfahrungen verbunden sind, erfordert aber wie jede Verdrängung viel Energie und erzeugt alle möglichen Symptome, die das eigene Leben behindern, von sexuellen Störungen über unkontrollierbare Aggressionen und Selbstschädigungen bis zu psychosomatischen Erkrankungen.

Fallbeispiel:

Ein Verwandter und Freund der Familie lockte L. als kleines Mädchen unter einem Vorwand in ein kleines Zimmer und wurde dort übergriffig. Vor Scham konnte L. ihren Eltern nichts von diesem Vorfall erzählen. Einige Jahre später kam der Mann wieder zu Besuch zur Familie und sie erstarrte, als er sie mit einem eigentümlichen Blick anschaute. Sie hatte das Ereignis vergessen, aber der Blick erinnerte sie daran, dass etwas Schlimmes geschehen war. Doch erst im Verlauf der Therapie kann sie sich den ganzen Ablauf ins Gedächtnis rufen und die tiefe Verletzung bearbeiten.

Das geteilte Geheimnis

Es gibt Familien, in denen ein Geheimnis geteilt wird, ein Thema, von dem einige oder alle wissen, über das aber nicht gesprochen wird. Es handelt sich dabei um Themen, die mit Scham behaftet sind, z.B. die Alkohol- oder Drogensucht oder die schwere (mentale) Krankheit eines Mitglieds. Die Familie will ein intaktes Bild nach außen zeigen, vor Nachbarn und Freunden aufrechterhalten und verpflichtet deshalb die Mitglieder zur Geheimhaltung. Die Scham bildet ein eigentümliches Netz, das die Familienmitglieder zusammenhält und nach außen hin abgrenzt (Bradshaw 1995). Zugleich verhindert sie den Aufbau von klaren Grenzen zwischen den Mitgliedern und die Herausentwicklung der Kinder. Sie bleiben, solange das Geheimnis gewahrt wird, in der Kindrolle und können nicht voll erwachsen werden. Denn das voreinander geheimgehaltene Geheimnis ist mit einem in der Familie verankerten Mangel an Verantwortungsgefühl und erwachsener Authentizität und Kraft verbunden.

Fallbeispiel:

Herr F. erzählt von einem Selbstmordversuch der Mutter, den er mit seinem Vater und seiner Schwester miterlebt hat. Danach schärfte der Vater den

Kindern ein, dass niemandem davon erzählt werden dürfe. Weiter wurde auch nie mehr in der Familie darüber geredet. Damit blieb ein Schamthema bestehen, an der jedes Familienmitglied einen Anteil hat und aus der sich niemand lösen kann – eine Scham, die auch auf jeder einzelnen Beziehung im Familiensystem lastet, solange nicht darüber geredet werden kann.

Scham und Geheimnis – eine Studie

Wie sehr sich das Geheimhalten und die damit verbundene Schamangst auf das Seelenleben auswirken, hat eine Studie an der Columbia University in New York unter der Leitung von Michael Slepian (2020) belegt. Versuchspersonen, die die Geheimhaltung mehr mit Schuld als mit Scham verbanden, waren in ihren Gedanken wesentlich seltener mit dem Geheimnis befasst als Personen, die das Geheimnis mit Schamgefühlen erlebten. Schamgefühle führen zu Gefühlen von Wertlosigkeit und Hilflosigkeit, die viel schwerer belasten als Schuldgefühle, die häufig mit Reue einhergehen. Schuldgefühle haben eine Perspektive, die mit dem Übernehmen von Verantwortung verknüpft ist. Diese Aussicht fehlt aber bei der Scham. Deshalb sind diese Personen viel mehr im Denken und Grübeln mit dem Geheimnis beschäftigt.

Diese Gedanken kreisen, so die Untersuchungen von Slepian, um eins von drei Themenkomplexen: Schlechte Taten, Statusmerkmale oder psychische Erkrankungen und Traumata. Sie zeigen die intime Verbindung von Geheimhaltung und Scham in verschiedenen Facetten: Gewalt, Autoaggression, Untreue.

Für Menschen ist es am beschämendsten, wenn sie einem anderen Menschen Gewalt angetan haben. Die Scham ist also eine zwingende Folge von Aggression. Dazu gibt es aber auch die Gegenrichtung: Das Erleben von Scham kann mit Gewalttätigkeit unterdrückt werden. Die Machtlosigkeit in der Scham wird ins Gegenteil verkehrt, indem Macht und Überlegenheit über andere ausgeübt werden. Angriff ist die beste Verteidigung gegen das schmerzhafte Schamgefühl und die damit verbundenen Minderwertigkeitsgefühle. Diese Strategie führt allerdings in einen Teufelskreis, denn jede Aggression, selbst in Gedanken, führt wiederum zu Scham – und der nächste Auslöser für verbale oder physische Gewaltaktionen ist gegeben. Der Vorteil liegt darin, dass die eigene Verantwortung ausgeblendet werden kann und die Scham, die eigene Schwäche und Verletzlichkeit im Geheimen verbleibt und verbleiben muss, wofür das Geheimnis gebildet wird.

Gegen sich selbst gerichtete Aggressionen (Selbstabwertungen, Selbstverletzungen, Essstörungen, Autoimmunkrankheiten, Suizidversuche usw.) sind weitere scheinbar wirksame Hilfen gegen das quälende Gefühl der Scham. Sich selbst zu bestrafen sollte die Scham tilgen, so der unbewusste Glaube hinter diesen Verhaltensweisen. Der eigene Unwert, den die Scham ausdrückt, verdient die Strafe bis hin zur

Auslöschung, und im Spüren des Schmerzes kommt das Selbstgefühl wieder zurück, allerdings in äußerst unangenehmer und im Grunde zusätzlich beschämender Weise.

Auch die sexuelle Untreue ist ein starkes Schamthema und ist ein klassischer Anlass für Geheimhaltung. Nach der Studie von Slepian folgt die Stärke des Schamerlebens bei der Untreue an zweiter Stelle hinter der körperlichen Gewalt. Aus den Medien und aus der Gewaltforschung wiederum wissen wir, wie eng diese beiden Themen im Beziehungsalltag verbunden sind.

> Ein Passant trifft auf der Straße eine Nonne. Die Nonne schiebt einen Kinderwagen vor sich her. Daraufhin meint er lästernd: „Na, ein kleines Kirchengeheimnis?" Die Nonne darauf nur kurz: „Nein, ein Kardinalfehler!"

Wie Scham zu Selbstgesprächen führt

Das Selbstgespräch, das oft auch die Form von Gedankenschleifen hat, dreht sich häufig um Schamthemen. Denn Peinlichkeiten, die uns passiert sind, Fehler, für die wir uns abwerten, persönliche Mängel, für die wir uns geißeln, haben alle mit Scham zu tun. Scheinbar erfüllen solche inneren Dialoge die Funktion, Situationen aus der Vergangenheit, die uns beschämt haben, wieder ins Lot zu bringen. Wir wollen im Denken ausbessern, was uns in der Realität misslungen ist. Deshalb dreht und windet sich das Denken oft so hartnäckig und gleichzeitig so erfolglos um diese Themen herum und hindert uns daran, uns einfach nachsichtig zu verzeihen, dass wir nicht besser waren als wir eben waren.

Stattdessen arbeiten wir an unserer fantasierten Optimierung, die uns die Demütigung erspart hätte, die uns widerfahren ist. Wir wollen wiedergutmachen, was schiefgegangen ist, wir wollen die Niederlage in einen Sieg verwandeln. Jetzt endlich haben wir den treffenden Satz, die schlagfertige Antwort hingekriegt, mit der wir den Opponenten oder die Kritikerin sofort mundtot gemacht hätten – wenn uns die rettende Idee eben rechtzeitig eingefallen wäre. Freilich, statt der Wirklichkeit haben wir nur den nachträglichen Konjunktiv, und sobald wir merken, wie wir uns fruchtlos in uns selber abmühen, ist die Scham schon wieder da und hat noch ein Schäufelchen draufgelegt.

In abgespeckter Form meinen wir, dass wir mit dieser aufwändigen gedanklichen Zurüstung zumindest die nächste derartige Gelegenheit bravourös bestehen würden, ohne uns klar zu machen, dass das nächste Mal immer anders und neu ist im Vergleich zum vorigen Mal. Das Leben wiederholt sich nicht wie eine hängengebliebene Schallplatte, sondern verändert sich fortwährend und stellt immer wieder neue Konstellationen zusammen, mit denen es unsere Lernbereitschaft herausfordert.

Wir unterliegen dabei dem durchaus populären und scheinbar intuitiv überzeugenden Aberglauben, dass Gedanken eine direkte kausale Wirkung auf die Realität haben (Sipos & Schweiger 2017, S. 152) – tatsächlich beeinflussen sie nur einen kleinen Teil der Realität, nämlich unsere innere Erlebniswelt, und auch diese kaum in dem kausal erwünschten Sinn. Wir können nicht Szenen aus der Vergangenheit herausschneiden wie bei einem Film und durch eine bessere Version ersetzen. Die Wirkung auf etwas, das schon geschehen und vergangen ist, kann höchstens indirekt dadurch erfolgen, wie wir unsere Geschichte bewerten, welchen Kontext wir ihr verpassen. Die nachträglichen Selbstgespräche folgen zwar der Absicht, die Geschichte umzuschreiben, was natürlich nie gelingen kann. Aber sie geben uns zumindest ein Stück Macht und Selbstachtung zurück, die wir in der beschämenden Situation teilweise oder gänzlich verloren haben.

Der Wiederaufbau der Selbstbeziehung im inneren Dialog ist ein antreibender Faktor bei dieser – von außen betrachtet – so sinnlosen Tätigkeit. In der beschämenden Situation findet ein inneres Auseinanderdriften statt: Ein Teil bemerkt, dass etwas Unpassendes geschehen ist, ein anderer möchte verschwinden und vom Erdboden verschluckt werden. Beim Selbstgespräch reden diese Persönlichkeitsanteile wieder miteinander, und damit sind wir nicht mehr ganz so allein und verlassen wie in der Schamsituation. Wir wollen wieder eins mit uns selber werden und hoffen, durch den inneren Dialog aus der Schamfalle zu entrinnen.

Die Crux bei der Sache ist, dass wir, im Kreisdenken geübt, schwer aus den Schleifen des Denkens herausfinden. Bald werden wir bemerken, dass die Angelegenheit weiterhin im Kopf herumspukt. Wenn wir genau hinschauen, werden wir leicht erkennen, dass die Scham, oft nur in winzigen Dosen, als Auslöser hinter all diesen Denkbewegungen steckt und sie wie ein Schmiermittel in Gang hält. Jede Kleinigkeit, die wir vergessen oder übersehen haben, ärgert uns nicht nur, sondern ist uns auch peinlich – hätte uns nicht passieren sollen. Das Denken hält all diese lästigen Ereignisse gnadenlos fest und reproduziert sie und die darin enthaltene Scham fortwährend.

Frieden finden können wir erst, wenn wir uns wirklich mit uns selber versöhnen und barmherzig unsere Unvollkommenheit und Fehleranfälligkeit akzeptieren. Auf diese Weise ersetzen wir die rückwärts gewandte Konjunktivitis, mit der wir uns selber quälen („Hätte ich doch, wäre ich doch ..." oder Wienerisch: „*Hedi, hedi, wari wari*"), durch Selbstannahme und Selbstliebe. Schließlich wünschen wir uns ja auch von unseren Mitmenschen Nachsicht und Verständnis für unsere Schwächen und Mängel.

Mit Selbstempathie und auf uns selbst gerichtete Barmherzigkeit können wir leichter die Vergangenheit Vergangenheit sein lassen und milde über uns selber und unsere Fehlerhaftigkeit lachen. Dann haben wir endlich verstanden, dass wir zu jedem Zeitpunkt immer nur zu dem in der Lage sind, wozu wir gerade in der Lage sind, sei es im Handeln oder Nichthandeln, im Reden oder im Schweigen, im Denken oder im Fühlen.

Zusammenfassung

Wir können aus der Übersicht über die Abwehrformen erkennen, dass jede dieser Varianten inneres Leiden bewirkt und auf der zwischenmenschlichen Ebene zu Störungen und Schäden führt. Deshalb ist es wichtig, dass wir uns immer wieder bewusst machen, dass es in Ordnung und wichtig ist, Scham zu empfinden. Wenn wir uns für etwas schämen, können wir die Verantwortung für das Gefühl und die damit verbundene Handlung übernehmen. Dann verzichten wir auf die gewohnte und eingeübte Abwehrform und gehen offen und voll Selbstvertrauen mit uns selber und unseren Mitmenschen um. Außerdem sollten wir uns für den Wachstumsschritt anerkennen, der uns mit jeder bewusst eingestandenen Scham gelungen ist. Wenn wir auf diese Weise zu uns selbst und zu unseren Gefühlen stehen, kommt das unseren Kommunikationspartnern in der Außenwelt zugute. Es ist auch ein kleiner und nicht unerheblicher Beitrag für eine bessere Gesellschaft.

Alle Abwehrformen haben ihre Wurzeln in frühen verletzenden und überfordernden Erfahrungen. Sie sind Strategien und Notbehelfe, um mit schwierigen Situationen zurechtzukommen. Als Erwachsene sind wir im Grund nicht mehr auf diese Abwehrformen angewiesen und können ohne sie auskommen. Jedoch verfallen wir leicht in die Gewohnheiten, die uns als Kindern das Überleben gesichert haben. Wenn es uns gelingt, uns bewusst zu machen, worin unsere eingeübten Methoden der Schamvermeidung bestehen, und wenn wir erkennen, dass wir als Erwachsene andere Fähigkeiten und Ressourcen haben, wird es uns leichter fallen, von diesen alten Haltungen Abschied zu nehmen. Erwachsensein bedeutet, in die eigene Kraft und Autonomie, die auch die Fähigkeit zum angemessenen Schämen umfasst, einzutreten.

10. Die Schamresilienz

Die Scham-Resilienz-Theorie (SRT) wurde zusammen mit einem Trainingsprogramm von der US-Psychologin Brené Brown (2005) speziell für Frauen entwickelt. Ausgehend von der Erfahrung, dass Frauen besonders von Schamthemen betroffen sind, die sie im Leben behindern, hat sie Strategien und Prozesse für den Aufbau von Schamresilienz erarbeitet und in der Praxis erprobt. Als Resilienz wird manchmal das Immunsystem der Seele bezeichnet, die Fähigkeit, Krisen zu bewältigen und sie mit persönlichen und sozial vermittelten Ressourcen zur Weiterentwicklung zu nutzen. Wie kann also die Erfahrung von Scham hilfreich sein, um persönlich zu wachsen?

Auf der Grundlage von empirischen Erhebungen (qualitative Interviews mit 215 Frauen) konnten wichtige Faktoren zur Entstehung der Scham vor allem im gesellschaftlichen Rahmen herausgearbeitet werden. Die allgemeinen Erkenntnisse gelten unabhängig vom Geschlecht, und auch die gewonnenen Wege zur Stärkung der Schamresilienz sind für alle Betroffenen hilfreich. Der Text, der als Vorlage für diesen Abschnitt dient (Brown 2005), wird hier geschlechtsneutral umformuliert und um weitere Sichtweisen ergänzt.

Die SR-Theorie sieht die Scham vor allem als psychosoziales Konstrukt. Auf der psychologischen Ebene zeigen sich die erlebten Emotionen und Gedanken und die daraus erwachsenen Verhaltensweisen. Die soziale Ebene beschreibt, wie die Scham in einem interpersonalen Kontext erzeugt und erfahren wird. Die kulturelle Komponente verweist auf die wichtige Rolle von kulturspezifisch geprägten Erwartungen und die Beziehung zwischen Scham und dem realen oder auch nur eingebildeten Versagen in Bezug auf diese Erwartungen.

Die Hauptkomponenten der Scham gruppieren sich nach diesem Modell in drei Gefühlskomplexe: Gefangensein, Ohnmacht und Isolation. Die darauf aufbauenden Modelle zur Entwicklung der Scham-Resilienz für Selbsthilfegruppen und Therapien werden im Kapitel 14 vorgestellt.

Gefangensein

Es gibt viele Situationen im beruflichen wie im privaten Leben, in denen ein Spannungsfeld zwischen Erwartungen und Optionen entsteht. Auf der einen Seite werden hohe, oft unrealistische Erwartungen formuliert, während die Handlungsmöglichkeiten sehr gering sind. Der Aspekt der Optionen ähnelt einer Doppelbindung: Situationen, in denen es nur ganz wenige Möglichkeiten gibt, die dazu noch alle mit Strafe, Zensur oder Liebesentzug bedroht sind: Was immer du machst, ist falsch.

Die Falle besteht darin, dass dominante Erwartungen im Raum stehen: Du musst so oder so sein, um akzeptiert zu werden. Sonst geht es nicht, sonst gehörst du nicht zu uns. Da bleibt nur die Unterordnung als Reaktion: Ich bin aber nicht so, wie ich sein soll. Um aber dazugehören zu können, muss ich mein Sein verleugnen. Ich muss mich selbst verraten, um von den Menschen um mich herum nicht verstoßen zu werden.

Wer auf seinen eigenen Willen verzichtet – um den Preis des Überlebens –, ist kein freier Mensch mehr, sondern ist den äußeren Zwängen unterworfen. Wo die Macht anderer Menschen, die später oft nur mehr in der Einbildung existiert, die eigene innere Orientierung ersetzt, bleibt das eigene Selbst auf der Strecke und verkümmert. Es entsteht ein Grundgefühl, von den Fesseln einer erzwungenen Anpassung gefangen gehalten zu werden.

Fallbeispiel:

Frau F.s Eltern haben häufig den Satz verwendet, wenn sie aufmüpfig war: „Du bist nicht so, wie es sich gehört." Im Inneren kommt das so an: Wenn du Anweisungen nicht befolgst, wenn du eigene unpassende Meinungen vertrittst, stellst du dich außerhalb des Toleranzrahmens. Du musst dich ändern, sonst gehörst du nicht mehr dazu. Damit ist für ein Kind die Drohung eines Todesurteils ausgesprochen, und F. bleibt nur die Anpassung als einzige Möglichkeit offen. Der Preis ist die Selbstverleugnung, die Unterdrückung der eigenen Lebendigkeit und Kreativität.

Auch wenn sie sich im Berufsleben oft mit Härte durchgesetzt hat, ist das nicht aus ihr selbst gekommen, sondern aus einem von einer verdeckten Überlebensangst gesteuerten Müssen. Deshalb war die Ausübung von Strenge immer mit einem schlechten Gewissen verbunden.

Elterliche Botschaften, die in ihrer Kritik das Wesen des Kindes mit einem Verhalten gleichsetzen, stiften einen tiefen Konflikt zwischen dem Bedürfnis nach Zugehörigkeit und dem Bedürfnis nach Autonomie, einen Konflikt zwischen Bindung und Selbständigkeit. Die Erwartungen der Umgebung wirken ultimativ und mit starkem Druck. Aus dem eigenen Inneren kommen die ebenfalls starken Impulse, das eigene Selbst weiterzuentwickeln. Beim Kind gewinnt letztlich die Angst vor dem Verlassenwerden und dem Tod preisgegeben zu sein, die Oberhand, und die Entfaltung des eigenen Wesens muss unterdrückt und zurückgedrängt werden. Die Scham reguliert diesen Prozess und wird als Wächterin installiert, die auch in Zukunft darauf schaut, dass die Anpassung an den vorgegebenen Erwartungen das Verhalten stärker prägt als der Wunsch nach autonomer Selbstentwicklung. Zusammen mit der Scham hat sich die Angst in die Motivationsstrukturen eingenistet; das Müssen steht immer über dem Wollen, wenn es darum geht, aktiv zu werden.

Der Doppelbindungskomplex tritt in der Praxis oft in Verbindung mit emotionaler Erpressung auf (Forward 2000). Mit diesem Ausdruck wird ein Muster bezeichnet, das in dysfunktionalen Beziehungen aktiv ist. Eine Person versucht, das Verhalten der anderen durch das Erzeugen von Ängsten und Schuldgefühlen zu kontrollieren und zu dominieren, um auf diese Weise den eigenen Willen durchzusetzen.

Ohnmacht

Während des Schamerlebens ist es nahezu unmöglich, etwas zu tun, das die Scham wirkungsvoll bekämpfen könnte. Jede Scham lähmt, weil sie die Basis für das Handeln, ein intaktes Selbstgefühl, schwächt. Die Scham lähmt zusätzlich dadurch, dass sie als unklares Gefühl erlebt wird, das nicht so leicht identifiziert werden kann und deshalb oft gar nicht direkt bemerkt wird. Andere deutlichere und intensivere Gefühle drängen sich in den Vordergrund: Angst, Wut, Traurigkeit, vielleicht auch Ekel. Die Scham verschwindet hinter dem Schwall an Emotionen und kann folglich schwer ins Auge gefasst und noch schwerer überwunden werden.

Fallbeispiel:

Frau S. ist Fachärztin. Sie bekam eine chronische Halsentzündung, die sich zu einer Lungenentzündung ausweitete. Nach dem Entfernen der Mandeln erlitt sie ein Burnout, konnte keiner Tätigkeit mehr nachgehen und fühlte sich zu schwach für die häuslichen Tätigkeiten. Schließlich landete sie in einer psychiatrischen Klinik, die sie vollends traumatisierte: Man teilte ihr nüchtern mit, dass sie von ihrem Leiden nicht genesen würde und nie wieder arbeiten können würde. Sie raffte sich jedoch auf und verließ mit viel Mühe die Klinik. Sie begann, in Teilzeit mit Patienten zu arbeiten. Die Ängste, wieder in die Klinik zu müssen und dort nicht mehr rauszukommen, befielen sie regelmäßig. Deshalb suchte sie therapeutische Hilfe, in deren Verlauf sie die Rolle erkannte, die die Scham in ihrem Leben spielte. Auf einem Bauernhof mit vielen Geschwistern aufgewachsen, musste sie von früh an lernen, mit einem Minimum an Zuwendung und Fürsorge auszukommen. Ihre eigenen Bedürfnisse und Wünsche lernte sie ganz zurückzuschrauben und wandelte sie in ein Geben für andere um. Alles, was mit Selbstbehauptung und Durchsetzung zu tun hatte, musste sie tief begraben, denn die Eltern hatten ihr beigebracht, sich dafür zu schämen. Irgendwann kollabierte ihr psychophysisches System, und sie geriet in den hilflosen Zustand eines Burnouts, Ärzten ausgeliefert, die ihr keine Hoffnung gaben und keine Aussicht eröffneten, und das Kindheitsschicksal der Nichtbeachtung wiederholte sich. Aus dieser Beschämung rettete sie sich durch ihre Willenskraft, und langsam lernte sie in der Therapie, die noch tiefer liegenden Quellen ihrer Lebenskraft zu erschließen, die es ihr erlaubten, sich abzugrenzen und die eigenen Bedürfnisse wichtig zu nehmen.

Wenn die Scham zur Ohnmacht führt, wird weniger ein Konflikt gespürt als vielmehr die Handlungsunfähigkeit und das Ausgeliefertsein. Statt Verwirrung entstehen hier Verzweiflung und Resignation.

Solange die Scham als Quelle der Ohnmacht im Hintergrund bleibt und wirkt, gibt es keine Möglichkeit, ihren Griff zu lockern und sich von ihrem Bann zu befreien. Erst wenn sie gespürt und benannt werden kann, erst wenn verstanden wird, wie tief und weitverzweigt ihr Einfluss auf die Seele wirksam ist, öffnet sich ein Horizont für einen Ausweg, der schließlich zu Handlungsmöglichkeiten führt.

Isolation

Das Gefühl der Isolation ist eine Folge des Erlebens von Gefangensein und Ohnmacht. Bei der Isolation handelt es sich nicht um die Erfahrung eines realen Alleinseins oder der Einsamkeit, sondern um ein Gefühl des Abgetrenntseins, von den anderen Menschen weggesperrt zu sein, ohne jede Chance, daran etwas zu verändern. Die Macht der Wiederzulassung zur Gemeinschaft liegt bei den anderen, und es ist unmöglich, sie in dieser Richtung zu beeinflussen. So bleibt nur das Sichfügen in die Isolation, in den sozialen Ausschluss, in eine Situation der Hoffnungslosigkeit und Verzweiflung.

Ein Isolationszustand ist häufig die Folge der Erfahrung von Kommunikationsabbrüchen. Es gibt Eltern, die ihre Kinder durch ein demonstratives Ignorieren bestrafen. Sie tun so, als wären ihre Kinder nicht da und reden über sie als Abwesende. Personen, die derartige Erfahrungen gemacht haben, beschreiben sie als die grausamste Form der Bestrafung. Da zu sein und zugleich nicht da zu sein, erzeugt eine verstörende Erfahrung von Selbstentfremdung und stellt eine massive Beschämung und Demütigung dar.

Fallbeispiel:

Frau J. hatte mit ihrem Mann ein Gespräch, das tiefer führte als sonst. Am nächsten Morgen war ihr Mann abweisend und feindselig, erklärte aber, nicht über die Gründe seiner Verstimmung reden zu wollen. J. nahm sich diesmal nicht zurück, um zu warten, dass sich die Spannung irgendwann legen würde, wie sie es sonst machte, sondern sagte ihm, wenn er das sage, fühle sie sich wie mit ihrem Vater, der ein Monat nicht mit ihr geredet habe, weil sie ihn einmal geärgert hatte. Ihr Mann sagte daraufhin, er könne das auch doppelt so lang. Sie war schockiert und gab es auf, weiterzureden. Sie erlebte die gleiche Isolation wie in der Beziehung zu ihrem Vater, ohne irgendeine Möglichkeit, diesen Zustand zu verändern. Das Gefühl, etwas grundlegend falsch gemacht zu haben, blieb auf ihr lasten, bis sie in der Therapie die Hintergründe bearbeiten konnte.

Das Netz der Scham

Wenn wir als Menschen auf die Welt kommen, begegnen wir vielschichtigen, widersprüchlichen und konkurrierenden Erwartungen, die die Personen in unserer Umgebung über uns, unser Sein und unsere Entwicklung hegen. In diesem Feld sind die biografischen Themen der Eltern und anderen Verwandten und die vorherrschenden sozio-kulturellen Erwartungen vermischt. Diese Erwartungen gründen meist auf außerordentlich engen Interpretationen, wie Menschen „sein sollten", in Bezug auf verschiedene Aspekte der Identität (z.B. Geschlecht, Rasse, Klassen, sexuelle Orientierung, Alter, Religionszugehörigkeit) und auf Rollenbilder (Wie verhält sich ein wohlgeratenes Kind, wie ein Junge, wie ein Mädchen?). Viele von diesen Erwartungen sind unbewusst, ungeprüft und wirken unausgesprochen. Dazu kommen noch die verstärkenden und manchmal widersprechenden Effekte aus der Vielfalt der Medienkultur.

Kinder, die die Erwartungen der Eltern nicht erfüllen, enttäuschen sie, und die Folge ist die Beschämung beim Kind und bei den Eltern. Wer den Erwartungen nicht entspricht, ist nicht gut genug – als Kind und als Elternteil. Schämt sich das Kind, weil es nicht so sein kann, wie es erwünscht ist, schämt sich schnell auch der Elternteil, der es in diese Lage gebracht hat, weil er oder sie es nicht besser vermocht hat. Ein Netz der Scham ist entstanden, das auf eine hinderliche Art eine starre Form des Zusammenhaltes herstellt.

Die Metapher des Netzes zeigt sehr anschaulich, wie die Scham die Individuen in Beschlag nimmt. Es entstehen Situationen, in denen sich die Handlungsmöglichkeiten immer mehr einschränken und die Ohnmacht mit jeder Wendung verstärkt wird. Jede Bewegung verspinnt einen noch mehr in das Netz mit seinen klebrigen Fäden. Und jede dieser einzelnen Situationen steht in Verbindung mit den vielen anderen Erfahrungen und Beziehungen, in die die Scham in der einen oder anderen Form schon hineingewoben ist. Es gibt keinen Ausweg: Was immer du tust oder nicht tust, du verstrickst dich noch mehr. Das Netz beschreibt auch das Gefühl des Feststeckens und Gefangenseins, das hilflose Opfer zu sein, das auf seine Auslöschung hofft und sich zugleich unheimlich davor fürchtet. Das Netz ist deshalb so komplex, weil es gewissermaßen über zwei Dimensionen verfügt: eine vertikale, die die Schamerfahrungen der Vergangenheit mit denen in der Gegenwart verknüpft und mit der Fantasie als Ängste in die Zukunft hineinprojiziert, und die horizontale, in welche die gesellschaftlich-kulturellen Standards, Normen und Rollenerwartungen einfließen.

Ungewollte Identitäten

Jedes tiefere Schamthema führt zur Ausbildung einer „ungewollten Identität". Wenn z.B. der emotionale Selbstausdruck mit Scham verknüpft ist, werden die eigenen Persönlichkeitsanteile, die sich ausdrücken wollen, schamsensibel, also empfindlich für mögliche Beschämungen, und im eigenen Inneren abgewertet. Im Beispiel: Der Impuls, sich zur Wehr zu setzen oder die eigene Meinung zu sagen, wird von anderen mit Großmäuligkeit oder Aufmüpfigkeit gleichgesetzt, als sozialschädlich eingestuft und muss in Folge dieser Zuschreibung unterdrückt werden. An die Stelle des spontanen Gefühlsausdrucks tritt eine künstliche Identität, mit der sich das Selbst an die äußeren Wünsche und Ängste anpasst: „Ich bin jemand, der den Mund hält, selbst wenn mich jemand unfair behandelt."

Solche „ungewollten Identitäten" sind wichtige Auslöser von Scham. Die Idealitätsscham beruht auf dem schmerzhaften Erleben, mit der eigenen Identität in Widerspruch zu geraten. Um das Leiden zu lindern, muss ein Teil der Persönlichkeit abgelehnt werden, weil er das Selbstideal unterminiert: „So frech und dominant will ich nicht sein. Das bin ich eigentlich gar nicht selbst. Dafür sollte ich mich schämen" Die Scham hat über den spontanen Lebensausdruck gesiegt und die eigene Position im sozialen Gefüge geschwächt.

Fallbeispiel:

Frau D. ist aufgefallen, dass sie viel zu spät merkt, wenn sie etwas ärgert. Zunächst sucht sie immer den Fehler bei sich. Wenn die Situation vorbei ist, kommt der Zorn und zeitgleich mit ihr die Scham, dass sie in der Situation nicht gesagt hat, was sie stört. Sie erkennt, dass ihre Eltern kein aufbegehrendes Mädchen wollten. Der Vater hat sie bestraft, wenn sie ihren eigenen Willen zu laut kundtat, und die Mutter versuchte ihr auszureden, wenn sie etwas für sich wollte. So lernte sie, ihren Ärger zu unterdrücken, was dazu führte, dass sie leichter weinen kann als wütend zu werden. Als sie mit Hilfe des bewussten Atmens ihre Gefühle zulässt, steigt ein starkes Wutgefühl in ihr hoch, über alle Einschränkungen, die ihr auferlegt wurden und die sie nicht länger erdulden will. Sie erkennt, wie sie das Erleben von Zorn stärkt und lebendig macht. Sie kann jetzt diese Identität in sich selbst mehr annehmen.

11. Wie Schamprägungen entstehen

Die interaktive Affektregulation

In den letzten zwanzig Jahren sind die Erkenntnisse in den Bereichen der Traumatheorie, Neurobiologie, Bindungstheorie und Säuglingsforschung zu einem konsistenten Theoriegebäude zusammengewachsen, das praxisnahe sowohl mit der Psychotherapie als auch mit der Erziehungsberatung verbunden ist. Das Modell der interaktiven Affektregulation, das maßgeblich von Allan N. Schore entwickelt wurde, hilft außerordentlich für das Verstehen der Entstehung von Schamreaktionen in der frühen Kindheit. Es verbindet auf leicht verständliche Weise die Physiologie, Psychologie und Kommunikation der Emotionen. Deshalb werden zunächst die Grundbegriffe erklärt, dann wird das Modell in den Umrissen vorgestellt und schließlich auf die Kindheitsgeschichte der Scham übertragen.

Affekt

Affekt ist ein anderes Wort für Gefühl oder Emotion. Es ist sowohl im wissenschaftlichen als auch im psychoanalytischen Sprachgebrauch sehr gebräuchlich, während wir in der Alltagssprache den Begriff für starke Emotionen, vor allem unkontrollierte Wut verwenden: Jemand hat im Affekt eine Tat begangen. Affektiert nennen wir eine Person, die sich besonders selbstgefällig benimmt.

In diesem Buch verwende ich den Begriff des Affekts nur selten, weil ich gut mit den Ausdrücken „Gefühl" und „Emotion" zurechtkomme, um verständlich zu machen, worum es bei der Scham und den mit ihr verbundenen Themen geht. Da aber für die Zusammenhänge, die im Folgenden dargestellt werden, in der Forschung hauptsächlich der Begriff des Affekts verwendet wird, übernehme ich ihn in diesem Abschnitt.

Affektregulation

In unseren Anfängen waren wir stark in unserem Leben und unserer Verarbeitung von Außeneindrücken von Emotionen beeinflusst. Diese Affekte konnten unser Bewusstsein und unseren Organismus zeitweilig völlig überschwemmen. Sie dienten dazu, mit all den neuen Informationen zurechtkommen zu können – eine ganze Welt, die es zu entdecken gab, und die Menschen zu verstehen, zu denen wir sichere Beziehungen brauchten, die für unser Überleben sorgten.

Die Heftigkeit der Affekte, in die die gesamte Kraft des Organismus fließen konnte, war erforderlich, um die Aufmerksamkeit zu bekommen, die wir brauchten.

Babyschreie können durch Mark und Bein gehen, sie appellieren an die Erwachsenen, etwas zu tun, wozu das Baby noch nicht in der Lage ist.

Um mit den starken Gefühlsschüben zurechtzukommen, war eine sorgfältige Abstimmung mit den Betreuungspersonen erforderlich. Diese sollten die Bedürfnisse, die hinter den Affekten steckten, genau erkennen, verstehen und rückmelden. Die möglichst eindeutige emotionale Abstimmung bildete die Basis für die Ausbildung von Vertrauen und Sicherheit.

Interaktive Affektspiegelung

Wenn alles gut läuft, sind Mutter und Baby in einer ausgezeichneten Übereinstimmung miteinander, sodass die Kommunikation von Stimme, Blick und Gesichtsausdruck frei fließend und synchronisiert ist (Mollon 2018, S. 10). Aus der Säuglingsforschung, die die Interaktion zwischen Müttern und ihren Babys mit Videoanalyse untersucht hat, wissen wir, dass dieser Informationsaustausch blitzschnell erfolgt. Die Mutter kann den Gesichtsausdruck ihres Kindes in Sekundenbruchteilen zurückspiegeln und damit dem Kind das Gefühl geben, gesehen und verstanden zu sein. Gelingt es dem Baby, ein Lächeln auf dem Gesicht der Mutter hervorzurufen, so weiß es, dass es in der Lage ist, die Liebe der Mutter zu ihm sichtbar zu machen. Diese Fähigkeit des Babys, eine emotionale Reaktion ihrer Bezugsperson hervorzurufen, ist der Beginn der Selbstwirksamkeit, des Gefühls, in der emotionalen Umgebung Einfluss nehmen zu können und eine vollwertige Rolle in der Interaktion zu spielen.

Aus Experimenten mit dem „starren Gesicht" („*still face*") wissen wir, wie sehr ein Baby diesen lebendigen Spiegel braucht: Wurden Mütter angewiesen, im Kontakt mit ihrem Kind keine Miene zu verziehen, so gerät dieses sofort in Stress und verfällt dann selber in eine Starre, wenn sich der Kontakt nicht verändert. In diesem Fall erlebt das Baby sein Versagen, seine Unfähigkeit, einen befriedigenden Kontakt herzustellen, und seine Bedeutungslosigkeit. Es spürt nicht, dass es geliebt wird, und übersetzt diesen Mangel in die innere Überzeugung, nicht liebenswert zu sein. Hier liegen die Wurzeln für massive Selbstzweifel und Selbstwertbeschränkungen, also für die Urform der Scham.

Noch schlimmer: Wenn das Hin- und Herfließen der Wertschätzung und Liebe unterbrochen wird, wird die Menschlichkeit unterbrochen, die wechselseitige Anerkennung, die sich nur Menschen gegenseitig geben können, verschwindet. Das kann für das Baby zur Folge haben, dass es in ein tiefes Loch fällt, weil es nicht mehr weiß, was Menschsein heißt, und das ist gleichbedeutend damit, dass es nicht mehr weiß, wer es selber ist. Es hört in dem Moment auf, als Selbst zu existieren; was bleibt, ist ein Organismus, der weiterlebt, aber die Verbindung zu seinem ganzheitlichen Selbst verloren hat. Es ist die Erfahrung, vom Subjekt zum Objekt zu werden, vom Menschen zum Ding. Es kommt zu einer scharfen inneren Spaltung, zu einer Selbstentfremdung.

Es heißt nicht, dass jedes Misslingen der Interaktion in der Affektspiegelung zu solchen katastrophalen Auswirkungen führen muss. Eltern können nicht die ganze Zeit im Zustand der optimalen Empathie mit ihrem Kind sein. Es kommt jedoch darauf an, ob die Eltern das Prinzip und die Bedeutung dieser konkordanten Spiegelung der Gefühle verstanden haben und den Unterschied zwischen gelungener und misslungener Abstimmung spüren können. Dann kann jedes Scheitern der Kommunikation schnell am Verhalten des Babys erkannt und mit Gegenmaßnahmen ausgeglichen werden.

Fehlt aber dieses Verständnis oder kann es nur sehr mangelhaft verwirklicht werden und kommt es immer wieder und in unvorhersehbaren Situationen zum Abbruch des Kontaktes, so verliert das Baby nachhaltig seinen Selbstbezug und muss Ersatzreaktionen ausbilden, um emotional überleben zu können.

Interaktive Affektregulation

In diesem Prozess der emotionalen Kommunikation zwischen dem Baby und seiner Betreuungsperson geht es nicht nur um die Selbst- und Existenzbestätigung für das Baby – und auch für die erwachsene Person. Es ist außerdem der Rahmen, in dem das Baby lernen kann, mit der Macht seiner Gefühle umzugehen. Da die Steuerungszentren im Großhirn, die die Emotionen im limbischen System regulieren, anfangs noch sehr schwach ausgebildet sind, wird ein Neugeborenes immer wieder regelrecht vom Schwall seiner Affekte überschwemmt. Sie brechen mit einer massiven Urgewalt aus ihm heraus, und es ist ihnen hilflos ausgeliefert. Diese geballte Gefühlsladung ist auch notwendig, um die Erwachsenen zu alarmieren, dass sie dem Baby aus seiner Notlage heraushelfen.

Konkordante, auf die Bedürfnis- und Gefühlslage des Babys abgestimmte Reaktionen sind die Grundlage für das Erlernen der schrittweisen Regulation der Gefühle. In den gelungenen affektiven Interaktionsprozessen zwischen Mutter und Kind wachsen die entsprechenden neuronalen Verschaltungen, die es dem Kind zunehmend erlauben, seine Gefühle in den Griff zu bekommen.

Systemische Interaktion

Aus diesen Ausführungen, die sich auf eine breite Literatur mit Forschungen und klinischen Beobachtungen stützen, geht hervor, dass die Eltern-Kind-Beziehung nicht als Einbahn-Kommunikation gesehen werden darf, in dem Sinn, dass das Kind gewissermaßen leer auf die Welt kommt und langsam in die Welt der Menschen eingeführt werden muss. Vielmehr betritt das Baby mit einem ausgeprägten Repertoire an kommunikativen Fähigkeiten den Beziehungsraum mit seinen Eltern, und es beginnt ein Lernprozess für beide Seiten, mit stark unterschiedlichen Rollen und Verantwortlichkeiten, aber mit einer Gleichrangigkeit in der Sinnfindung und Bedeutungsgebung. Der Pionier der Bindungsforschung, John Bowlby, spricht deshalb von einer „reziproken Interaktionsbeziehung" (zit. nach Schore 2012, S. 84). Das Kind lernt sich auf die Erwachsenen einzulassen, und diese lernen, die Sprache ihres Kindes zu verstehen und mit ihm auf der emotionalen Ebene in Austausch zu treten. Beide Seiten erwerben die Sprache des jeweilig anderen, bis ein gemeisames Kommunikationsmedium geschaffen ist.

Wo immer dieser Prozess misslingt, tritt die Scham auf, auch hier auf beiden Seiten. Für das Kind ist sie noch nicht als gesondertes Gefühl spürbar, sondern als allgemeines Unbehagen und schmerzhafte Frustration; bei den Eltern kann das Gefühl des „Es-nicht-richtig-Machens" Scham ausgelöst werden. Im günstigen Fall fordert die Scham zu Lernanstrengungen heraus: Ich will herausfinden, wie ich ein guter Vater/eine gute Mutter sein kann. Im ungünstigen Fall wird sie abgewehrt und z.B. in Aggression gegen das Baby umgemünzt, das einfach keine Ruhe geben will und nicht ausdrücken kann, was es wirklich braucht. In solchen Situationen beginnt eine Schamspirale, wieder auf beiden Seiten: Innere Vorwürfe bei den Eltern, Verzweiflung beim Baby bis zum Gefühl, mit seinem Bedürfnis und Spüren, und das heißt so viel wie mit seinem Sein falsch zu liegen.

Im Kind entsteht eine innere Spaltung zwischen der Lebensenergie, die weiterwachsen will, und dem Interaktionsgewebe, dem sich das Kind dann anpassen muss, um sein Überleben in diesem Zusammenhang sichern zu können. Diese Spaltung ist die Wurzel und zentrale Komponente für viele neurotische Verhaltensweisen bis hin zu Persönlichkeitsstörungen.

Jedes Baby kommt mit einem intuitiven Wissen auf die Welt über das, was es braucht und wofür es bestimmt ist. Es hat Erwartungen an die erwachsenen Menschen, die es empfangen: Dass für seine Bedürfnisse gesorgt wird, bis es selber in der Lage ist, es zu tun. Es weiß – auf unbewusster Ebene –, dass es über Geburtsrechte verfügt: Angenommensein, Versorgtwerden, das eigene Selbst zu verwirklichen. Es kommt mit einem hohen Maß an Liebe an, die es mit den Großen teilen möchte. Wenn dieses Potenzial nicht angenommen wird und ins Leere verpufft, dann versiegt langsam, aber sicher der Quell der Liebe und wird zu einem matten Rinnsal – die Seite des Leidens nimmt überhand, umgeben von Scham und Selbstabwertung. Das Leben verwandelt sich von einem Tanz in der Freude zu einem trüben Getriebensein und latenten Unglück, vom lustvollen Genießen zur inneren Unruhe, von der Offenheit zum Verbergen des eigenen Wesens in vielerlei Formen.

Die Physiologie der interaktiven Affektregulation

Gehirnforschung und Neurobiologie haben die Theorie der interaktiven Affektregulation, wie sie erstmals von John Bowlby Ende der sechziger Jahre des vergangenen Jahrhunderts vorgeschlagen wurde, in weiten Teilen bestätigt und vertieft. Es gibt mittlerweile genügend Studien, die die Theorie aus unterschiedlichen Blickwinkeln umfassend bestätigen, sodass die praktische therapeutische Arbeit auf einen sicheren wissenschaftlichen Hintergrund zurückgreifen kann.

Als in den 90er Jahren des 20. Jahrhunderts ein verstärktes Interesse an der Erforschung der Traumareaktion und der posttraumatischen Belastungsstörung (PTBS) bemerkbar wurde, ergab eine breit angelegte US-Studie, dass 50 Prozent der Frauen und 60 Prozent der Männer im Lauf ihres Lebens eine Traumaerfahrung zu verkraften haben. Demgegenüber leiden allerdings nur 5 Prozent der Männer und 10 Prozent der Frauen unter lebenslangen Traumafolgen, die in der Symptomgruppe der posttraumatischen Belastungsstörung zusammengefasst sind. Aus anderen Untersuchungen geht hervor, dass 50 Prozent der Personen, die eine PTBS-Episode erlebt haben, chronische Symptome entwickeln (Schore 2012, S. 103).

Was ist der Grund für diesen Unterschied? Warum entwickeln die einen chronische Symptome und die anderen nicht? Warum sind manche Menschen resilienter als andere? Welche Faktoren bewirken, dass sich manche Menschen besser an Stressbelastungen anpassen können als andere? Es wurde schnell klar, dass eine belastete Frühgeschichte besonders anfällig für PTBS macht. Wenn der Organismus und die Psyche durch frühe Traumatisierungen geschwächt sind, entwickelt sich bei einer späteren Traumaerfahrung viel leichter eine gravierende und anhaltende Störung, die dann immer wieder durch leichtere Probleme im Alltag ausgelöst werden kann und massive Auswirkungen auf die Lebens- und Sozialkompetenz hat. Frühtraumatisierte Personen erleben spätere Belastungen mit einer ähnlichen Intensität wie das ursprüngliche Trauma, sie neigen also zu einer stärkeren Anfälligkeit für Retraumatisierungen.

Im nächsten Schritt gilt es festzuhalten, dass die frühen Traumatisierungen vor allem aus fehlgelaufenen und missbräuchlichen Bindungserfahrungen stammen. Solche Traumatisierungen im Laufe der Frühentwicklung von Feten und Säuglingen haben nicht nur Auswirkungen auf die späteren Bindungsfähigkeiten und auf die sozialen Kompetenzen insgesamt, sondern auch auf die Entwicklung von Gehirn und Nervensystem. Durch unsichere und verstörende Bindungserfahrungen wird die Ausbildung der emotionalen Regulationen im Gehirn maßgeblich beeinträchtigt und die Leistungsfähigkeit der entsprechenden Areale verringert.

Genauer gesagt, geht es um die rechte Hemisphäre unseres Gehirns. Wir wissen mittlerweile, dass Babys mit einer aktiveren und besser ausgebildeten rechten Gehirnhälfte auf die Welt kommen, während die linke Seite noch ein paar Jahre braucht, um die Entwicklung nachzuholen, sodass sich dann gegen Ende der Vorschulzeit ein Gleichgewicht zwischen beiden Hälften einpendelt– was noch lange nicht das Ende der Gehirnentwicklung bedeutet.

Die rechte Hemisphäre ist befasst mit der Sicherung des Überlebens und mit der Steuerung der Stressreaktion, mit der auf mögliche Gefahren reagiert wird. Sie ist über vielfache Nervenbahnen zwischen den höheren Steuerfunktionen, die sich im Stirnhirn befinden, und den Stresssystemen im limbischen System, im Stammhirn und im autonomen Nervensystem (Sympathikus und Parasympathikus) vernetzt. Die höheren, präfrontalen Systeme üben im Normalfall die Kontrolle über die Stressreaktion im limbischen System aus, wie wir in Zusammenhang mit der Polyvagaltheorie in Kapitel 3 besprochen haben.

Eine Reihe von Studien zur Entwicklungstraumatologie konnte nachweisen, dass Misshandlungen und Vernachlässigungen in der Kindheit die Gehirnentwicklung schädigen, während negative Erfahrungen mit nicht-menschlichem Ursprung, also nicht-soziale Stressoren eine wesentlich geringere Auswirkung haben. Die sozialen Stressoren liegen im Bereich der Bindungserfahrungen mit den maßgeblichen Fürsorgepersonen. Meist dreht es sich dabei um wiederkehrend auftauchenden Stress durch chronische Fehlkommunikation, im Sinne einer kumulativen Verunsicherung als Folge von unvorhersehbaren Störungen. Akuter Stress, durch eine Belastungssituation hervorgerufen, hat kurzfristige und reversible Folgen, während wiederholter Stress zu Veränderungen in den Nervenbahnen des Kindes führt, die lebenslang wirksam bleiben können.

Die rechte Gehirnhälfte, die sich früher entwickelt, ist spezialisiert auf die Verarbeitung der sozial-emotionalen Informationen im Sinn der Prüfung in Hinblick auf sicher oder bedrohlich, und auf die Steuerung des sozialen und emotionalen Verhaltens, vor allem in Bezug auf die einfachen oder primären Gefühle. Sie ist damit zuständig für die Affektregulation. Misslingt diese Aufgabe aufgrund von dysfunktionalen frühen Sozialbeziehungen, so entsteht eine hohe Stresssensibilität im späteren Leben. Das ist die Grundlage für eine höhere Anfälligkeit für angstbedingte Erkrankungen. „Die Affektdysregulation kann daher als der fundamentale Mechanismus aller psychiatrischen Störungen erachtet werden." (Schore 2012, S. 108)

Die rechtshemisphärische Fehlregulation besteht genauer betrachtet darin, dass der rechte präfrontale Kortex, also das rechte Stirnhirn, die rechte Amygdala (Mandelkern), die ein wichtiges Zentrum für die Angstentstehung im limbischen System ist, nicht ausreichend beeinflussen kann. Das vordere Gehirn ist für die Realitätsprüfung zuständig. Es liefert Informationen darüber, ob eine Gefahr wirklich so bedrohlich ist, dass eine extreme Reaktion aus der Amygdala gerechtfertigt ist oder nicht. Im letzteren Fall sollte der präfrontale Kortex in der Lage sein, mäßigend auf die Amygdala einzuwirken, sodass die Stressreaktion, falls sie schon gestartet ist, schnell wieder abgebremst werden kann. Deshalb ist es nicht verwunderlich, dass Menschen mit PTBS gerade in diesem Bereich des Stirnhirns Funktionsdefizite aufweisen.

Eine sichere Bindung zwischen Mutter und Kind ist geprägt durch eine dynamische gemeinsame Wellenbewegung im Nervensystem. Beide engagieren sich in einer Spielphase, sodass es zunächst zur Aktivierung des Sympathikus mit schnellerer Herzrate kommt, die dann wieder abklingt, wenn sich beide zulächeln, währenddessen der Parasympathikus den Herzschlag wieder verlangsamt. Mutter und Kind kommunizieren auf der Basis von geteilten vegetativen Rhythmen. Auf diese Weise kommt es zu einer gemeinsam entwickelten Regulation des kindlichen Nervensystems. Eine Mutter kann sich nur dann darauf einschwingen, wenn ihr Nervensystem genau das zulässt. Bezugspersonen müssen für diese Aufgabe nicht über eine perfekte Empathie mit dem Kind verfügen; wenn es zu Fehlern in der vegetativen Kommunikation kommt, reicht es aus, dass in einem angemessenen Zeitfenster die Korrektur und Wiederabstimmung gelingt. Deshalb wird von der „ausreichend guten" Bezugsperson gesprochen, die es vermag, Störungen in der Abstimmung rechtzeitig zu erkennen und zu korrigieren.

Bindung bedeutet also eine interaktive Synchronie, während diese harmonische Abstimmung durch Stress als Folge einer Kommunikationsstörung unterbrochen wird. Diese Unterbrechung wird im günstigen Fall zeitgerecht beendet und in den erneuten synchronen Fluss übergeführt. Dadurch kann sich das Kind vom Stress erholen und zugleich lernen, kurzfristige Unterbrechungserfahrungen zu tolerieren. Das ist der Prozess der Entwicklung der interaktiven Stressregulation im Rahmen einer sicheren Bindung. Auf diese Weise hilft die Mutter dem Kind, sein inneres Stressmanagement, also die Fähigkeit, mittels dem präfrontalen Kortex beruhigend auf das limbische System einzuwirken, aufzubauen und zu festigen – und lernt für sich selber weiter, das eigene Stresssystem und die empathischen Kompetenzen zu verbessern. Beide entwickeln ihr denkendes Emotionalgehirn (ihren rechten Frontalkortex) weiter; allerdings kann das Baby dieses Lernen nur mithilfe einer empathischen erwachsenen Person bewerkstelligen. Ab einem bestimmten Niveau ist es dann in der Lage, die eigenen Emotionen zunehmend selbst zu regulieren, im kommunikativen Kontext (interaktive Regulation) und mit sich selbst (Autoregulation).

Kommt es in dieser frühen Phase der Gehirnentwicklung zu schweren und wiederholten Störungen der Interaktion vor allem durch Misshandlungen, Missbrauch oder Vernachlässigung, dann können sich die Gehirnareale für die Regulation von Gefühlen nicht voll entwickeln, und die betroffenen Kinder und ihre Umgebung werden früher oder später durch gravierende Defizite in ihren emotionalen und sozialen Kompetenzen betroffen sein. Diese Defizite können ihren Ausdruck einerseits in einer starken Schamneigung oder in extremer Schamvermeidung finden. Sie bilden die Grundlage für alle Formen der Schamabwehr.

Die Dissoziation

Die Natur hat den Menschen mit einem Notmechanismus ausgestattet, der es erlaubt, in den intensivsten bedrohlichen Momenten mittels einer inneren Spaltung zu überleben. Situationen, die so belastend sind, dass sie nicht mehr ausgehalten werden, weil sie so schmerzhaft sind – körperlich und emotional –, führen zur Dissoziation. Es kann sich um äußere Einflüsse handeln, die als gefährlich und das Überleben bedrohend erlebt werden, und um innere, wenn besonders heftige Emotionsstürme auftreten. Das Bewusstsein der betroffenen Person zieht sich in diesem Fall in einen ruhigen und sicheren Raum zurück, der manchmal sogar als lichtvoll und friedlich erlebt wird, und kann von dort aus beobachten, was im Außen bzw. im eigenen Körper abläuft. Damit werden die nach wie vor funktionsfähigen und überlebenssichernden Organe des Organismus geschützt. Die Schmerzleitungen im Körper werden stillgelegt, bis er sich regeneriert hat und das Ärgste überstanden ist.

Bei traumatisierten Menschen wirkt die Dissoziation wie ein Frühwarnsystem, das mögliche Traumen vermeidet, bevor sie überhaupt stattfinden. „Traumatisierte Patienten erleben beim Herannahen intensiver Gefühle eine fundamentale Scham, quasi eine ‚Schamüberflutung' (analog zur ‚Angstüberflutung'), da sie fürchten, von ihren eigenen Affekten überrannt und damit erneut hilf- und wehrlos zu werden. Dieser ‚Kollaps des Selbst' wird affektiv durch Scham und Angst signalisiert, kognitiv durch Hilf- und Hoffnungslosigkeit." (Tiedemann 2013, 58f)

Die Scham übt also eine Schutzfunktion aus, allerdings in Zwangslagen, die ursprünglich durch ausweglose äußere Umstände, z.B. ablehnende und abweisende Bezugspersonen verursacht werden. Es mangelt an Anerkennung, die maßgeblich ist für die soziale Überlebenssicherung. Die Scham tritt so massiv auf, weil die Not so intensiv erlebt wird, und stellt den letzten nach außen vernehmbaren Hilfeschrei dar, bevor sich das Bewusstsein spaltet. Die Dissoziation hilft bei der Aufgabe, das Selbst über den Kollaps hinaus zu erhalten.

Sobald die Dissoziation nachlässt, meldet sich der Schmerz zurück, und das Bedürfnis entsteht, dass er geheilt werden möge. Allerdings besteht das Problem bei der Scham darin, dass nur die Person, die den Schmerz verursacht hat, ihn auch wieder beseitigen könnte, und mit dieser Erkenntnis ist wiederum Scham verbunden: „Schamvoll ist dieses Hungern nach Linderung des Schmerzes, weil diese Anerkennung genau von der Person erwartet wird, die sie am wenigsten geben wird, weil sie die Traumatisierung verursacht hat." (Ebd. S. 59)

Traumen, die nicht angemessen verarbeitet werden konnten, verbinden sich mit Scham, die vor der Rückkehr des traumatischen Materials schützt. Die physiologische Reaktion der Scham durch die Aktivierung des parasympathischen Nervensystems ähnelt der Dissoziation; beide Vorgänge üben eine ähnliche Schutzfunktion für den Organismus aus.

12. Die frühen Wurzeln der Scham

Zur Einführung

Der Schwerpunkt in diesem Kapitel liegt auf der Entwicklungsgeschichte der Scham. Wir suchen verschiedene Orte auf dieser Reise auf, die wir alle hinter uns gebracht haben, die aber auch in uns allen Spuren hinterlassen hat. Ein besonderes Augenmerk gilt der pränatalen Phase und der Geburt, Entwicklungsphasen, die in der bisherigen Literatur noch sehr wenig mit Schamthemen in Zusammenhang gebracht wurden. Es wird dann auch überblicksweise auf die Kindheit eingegangen, während die späteren Lebensphasen aus Platzgründen nur kursorisch abgehandelt werden. Da ich als Psychotherapeut viel mit ganz frühen Traumatisierungen arbeite, weiß ich aus zahlreichen Erfahrungen, wie wichtig die ersten Entwicklungsphasen für die Ausprägung von späteren Störungen sind und welche Heilungserfolge erzielt werden können, wenn die vorgeburtliche Phase in den therapeutischen Prozess miteinbezogen wird.

So viele Herausforderungen, so viele mögliche Traumatisierung – übertreiben wir nicht, wenn wir überall im Lebensprozess mögliche Krisen und Katastrophen befürchten? Strapazieren wir uns nicht zu sehr, wenn wir in unserer vielschichtigen Geschichte in jeder Ecke und in jedem Winkel nach möglichen Traumen forschen sollen? Natürlich sollten wir uns auch daran erinnern, dass wir all diese schwierigen Klippen in unserem Leben gemeistert haben und dass wir an jeder dieser Herausforderungen gewachsen sind. Sie haben jedoch auch ihre Spuren im Unbewussten unserer Seele hinterlassen, und deshalb ist es hilfreich, ein Wissen darüber zu haben, aus welchen Ursprüngen Themen stammen können, die uns im aktuellen Leben belasten.

Unsere Entwicklung zum Menschsein ist kompliziert und kennt viele schwierige Schritte, die gemeistert werden müssen, damit wir all das aufbauen können, was wir zum gesunden und guten Leben brauchen. Wollen wir auf der seelischen Ebene ganz zur Einheit mit unserem Wesen finden, so ist es erforderlich, in diejenigen Momente im Wachstum hineinzuspüren, in denen ein bestehendes Organisationssystem in ein neues übergeführt wird. Solche Momente sind immer von Ungewissheiten geprägt, weil nicht klar ist, ob das, was im Moment vor der Veränderung Sicherheit gibt, nach der Veränderung noch zur Verfügung steht, und ob die Voraussetzungen für die neue Ebene vorhanden sind. Diese kritischen Momente können wir als Entwicklungsereignisse oder mögliche Traumatisierungspunkte benennen, und die Bewältigung dieser Stufen wird, wenn sie gut gelingt, Vertrauen und Kraft für die nächsten Schritte mobilisieren; wenn sie hingegen mangelhaft oder nur mit Schwierigkeiten bewältigt wird, können Ängste ausgelöst werden, die sich hemmend auf die weiteren Schritte auswirken.

Für manche, die wenig mit der pränatalen Sichtweise vertraut sind, mag es weit hergeholt erscheinen, Ereignisse aus der Zeit der Schwangerschaft mit Scham in Verbindung zu bringen. Allerdings bestätigen die praktischen Erfolge von pränatalen therapeutischen Ansätzen die Sinnhaftigkeit dieser Forschungsrichtung. Immer mehr Praktiker und Therapeuten nutzen die pränatale Perspektive, um den Wurzeln von Problemen und Störungen auf den Grund gehen zu können. Einige therapeutische Schulen gehen sogar davon aus, dass nahezu alle Traumatisierungen ihre Ursprünge in pränatalen Erfahrungen haben und alle späteren Probleme und Verhaltensmuster nur Wiederholungen dieser frühen Erfahrungen sind (McFetridge 2004). Traumaerfahrungen, die auf zwischenmenschliche Einflüsse zurückgehen, enthalten immer einen Anteil an Scham oder deren Vorläufern.

Viele Autoren gehen davon aus, dass die Scham als soziales Gefühl in den ersten Monaten nach der Geburt entstehen kann und dann ab dem 2. Lebensjahr deutlicher im Verhalten und Erleben hervortritt. Kinder entwickeln ab dieser Zeit ein inneres Verständnis von diesem Gefühl. Allerdings ist es interessant und lohnend, noch weiter zurückzugehen und nach möglichen Quellen der Scham in der vorgeburtlichen Zeit zu forschen. Die Gefühle treten im inneren Erleben nicht erst dann auf, wenn sie im Außen sichtbar sind und auch nicht dann, wenn sie klar benannt und innerlich erlebt werden können. Unser Unterbewusstsein, das eben lange vor unserem Bewusstsein entstanden ist, kennt vermutlich die verschiedenen grundlegenden Gefühlsregungen, darunter auch die Scham, schon von ganz früh an. Wir haben Grund zur Annahme, dass alle kulturinvarianten Gefühle, wie die Scham, genetisch angelegt sind und damit von ganz früh an als eine Form der emotionalen Reaktion zur Verfügung stehen, lange bevor die Gefühle bewusst gespürt werden können. Wie wir gesehen haben, spielt die Scham stets eine Rolle, wenn Störungen im sozialen Feld auftreten, und dieses Feld ist auch ganz wesentlich für die Entwicklung in der vorgeburtlichen Zeit.

Die Annahme von außersinnlichen Wahrnehmungen, über die ungeborene Kinder verfügen (Chamberlain 2013, S. 71-73), zeigt von der Besonderheit dieser Phase. Passionierte Skeptiker werden schon bei dem Ausdruck „außersinnliche Wahrnehmungen" misstrauisch, doch sollten wir nicht vergessen, dass wir alle weit weg sind vom Bewusstseinsstand eines ungeborenen Kindes und deshalb auch über keine solide Grundlage für die Leugnung solcher Informationsquellen verfügen. Da sich die linke Gehirnhälfte, mit deren Hilfe wir unser kritisches und skeptisches Denken betreiben, erst in der frühen Kindheit auszubilden beginnt, ungefähr aber seit dem Schulalter die Vorherrschaft über die rechte Hemisphäre übernimmt, können wir nicht wirklich nachvollziehen, wie unser Innenleben vor dieser Zeit gestaltet war. Jedenfalls gibt es zahllose klinische Befunde für die Annahme von solchen Wahrnehmungen und ihrer Speicherung, die bei Erwachsenen mit der entsprechenden therapeutischen Unterstützung abgerufen werden können.

> **Fallbeispiel:**
> Eine Kollegin sah bei einer angeleiteten Regression das Schlafzimmer ihrer Eltern zum Zeitpunkt ihrer Empfängnis und wunderte sich, warum der Schrank in dem Raum von der Wand abgerückt war. Auf Nachfrage bestätigten die Eltern, dass in der fraglichen Zeit Schimmel an der Wand war, und deshalb der Schrank nach vorne geschoben war.

Neben den vielfältigen physiologischen Umständen, die stimmen müssen, damit sich ein Embryo im Mutterleib zu einem Baby entwickeln kann, spielen auch seelische Zusammenhänge eine wichtige Rolle. Gemäß den Grundannahmen dieses Buches gehen wir davon aus, dass mit den Vorgängen bei der Befruchtung ein leibseelisches Wesen entsteht, das über Vorformen des Fühlens und des Denkens verfügt. Ebenso kann es auf seine Weise mit seiner Umgebung kommunizieren. Es reagiert auf die verschiedensten Reize von außen und von innen und erinnert sich an angenehme und unangenehme Erfahrungen. Es führt ein abwechslungsvolles Leben, das immer vielfältiger in seinen Erfahrungsmöglichkeiten wird, je mehr das Wachsen und Reifen vorangeht.

Schlüsselereignisse

In diesem Abschnitt betrachten wir die Entwicklung der Scham anhand von Schlüsselereignissen, die alle Menschen durchlaufen und unterschiedlich bewältigen. Schlüsselereignisse sind Entwicklungsschritte im Prozess des psychophysischen Wachsens, die mit besonderen Herausforderungen verbunden sind, weil sie den winzigen Organismus auf ein neues komplexeres Entwicklungsniveau führen. Die Kompetenzen, die für die neue Phase gebraucht werden, stehen erst zum Teil zur Verfügung, und es ist unklar, ob sie rechtzeitig mobilisiert werden können. Wenn z.B. die Geburt mit den Wehen beginnt, weiß das Kind nicht, ob es den unheimlichen Prozess, der da gerade mit einem bisher nicht erlebten massiven Druck beginnt, überstehen wird. Deshalb tragen solche Vorgänge einen krisenhaften Charakter und sind mit Unsicherheiten und Ängsten verbunden. Wie wir schon gesehen haben, ist dort, wo Ängste auftauchen, die Scham nicht weit.

Das werdende Kind hat während der Schwangerschaft eine Reihe von solchen Herausforderungen zu bewältigen, Engstellen in der Entwicklung, bei denen es buchstäblich um Leben und Tod geht. Ob und wie es diese kritischen Situationen bewältigen kann, hängt von den eigenen Ressourcen und von den Umgebungsbedingungen ab. Je liebevoller und annehmender diese gestaltet sind, desto leichter ist es für das Kind, mit den Herausforderungen fertig zu werden.

Um welche Entwicklungsereignisse geht es da?

- Die Empfängnis
- Die erste Zellteilung
- Die Einnistung
- Der Zeitpunkt, an dem die Eltern von der Schwangerschaft erfahren
- Der Tod eines Zwillingsgeschwisters
- Die Geburt

Wir sind nicht nur als soziale Wesen geboren, sondern werden schon als solche empfangen. An diesem Ereignis waren zwei Personen in einer intimen sozialen Interaktion beteiligt. Durch dieses Ereignis ist eine neue soziale Einheit entstanden, ein Elternpaar und ein Kind. Nicht nur haben die Eltern ein Kind, sondern es hat auch das Kind Eltern, zwei Personen und deren Beziehung, vom Beginn an. Wir wissen aus vielen pränatalen Befunden, dass die Sensibilität für das Beziehungsgeflecht am Anfang unserer Existenz sehr hoch ist und dass wir darüber oft erstaunlich detaillierte Informationen im Unbewussten gespeichert haben.

Schon für die fetale Entwicklung gilt: „Das Selbstbewusstsein und die Selbstwahrnehmung können ohne die subjektive Rückspiegelung durch eine andere Person nicht aufgebaut werden. Dazu ist also eine Beziehung notwendig." (Hidas & Raffai 2010, S. 97) Die Innenbeziehung entfaltet sich in Übereinstimmung und wechselseitiger Abstimmung mit der Außenbeziehung.

Früher Stress

Empirische Studien zu den Auswirkungen von pränatalem Stress gibt es mittlerweile genügend, sodass wir von einer gesicherten Faktenlage ausgehen können. So hat z.B. eine Forschungsarbeit (Pena et al., 2017) ergeben, dass vorgeburtliche Stressbelastung die epigenetische Entwicklung der Gene in den Belohnungsarealen des Gehirns unterbrechen kann. Als Folge entsteht eine erhöhte Empfänglichkeit für Depression für den Rest des Lebens, die latent bleiben kann, bis die Störung irgendwann einmal durch zusätzlichen Stress ausgelöst wird.

Das frühe Leben ist störenden Einflüssen weitgehend schutzlos ausgesetzt. Der Stress, mit dem die Umgebung (die Mutter als Person, aber auch das emotionale Feld, in dem sie sich aufhält) geladen ist, kann sich auf das heranwachsende Wesen übertragen und dort zu epigenetischen Veränderungen führen. Auf die Ebene der Seele übertragen, bedeutet dieser Befund, dass sich in einem Mensch von früh an die Überzeugung einprägen kann, das Leben sei anstrengend und belastend. Sie wird ihm durch die Gewöhnung an den Stresspegel, den es von der Mutter aufnimmt – die wiederum von ihrer Umgebung gestresst sein kann –, zu einer Selbstverständlichkeit mit körperlicher Gewissheit. Die Gehirnzellen entwickeln in solchen Fällen von ganz früh an, und das bedeutet: Schon während der Schwangerschaft entsteht in ihnen die gierige Erwartung nach Stresshormonen, ähnlich wie bei einer Sucht. Wenn es irgendwann keinen äußeren Anlass für Stress gibt, muss er von innen her erzeugt werden.

Wir wissen auch, dass Depressionen, Angststörungen oder Stress bei der Mutter während der Schwangerschaft beim Kind unterschiedliche Folgen haben können: Emotionale Probleme, Aufmerksamkeitsdefizite, Verzögerungen in der kognitiven Entwicklung und Atemprobleme (Asthma). Schätzungen gehen in die Richtung, dass krankheitswertige Belastungen der Eltern wie Ängste oder Depressionen bei 10 bis 15 Prozent zu später auftretenden Störungen beim Kind beitragen. Die biochemischen Mechanismen, über welche die Emotionen vom kindlichen Organismus aufgenommen werden, sind nicht zur Gänze erforscht, doch dürfte der Kortisolspiegel eine wichtige Rolle spielen: Je mehr Kortisol im Fruchtwasser enthalten ist, das das wachsende Kind im Mutterleib umgibt, desto stärker wird die kognitive Entwicklung behindert. Es könnte aber auch der Botenstoff Serotonin bei der Übermittlung von Stress von der Mutter zum Kind mitspielen. Jedenfalls dürften diese Einflüsse epigenetische Veränderungen im Genom des Kindes bewirken.

Die Keimzellen und ihre Geschichte

Aus einer Eizelle und einer Samenzelle entsteht bei der Empfängnis ein neues Lebewesen. Doch sind diese beiden Zellen keine unbeschriebenen Blätter, vielmehr bringen sie ihre Geschichten mit. Weibliche Feten entwickeln ihre Eizellen im dritten Schwangerschaftsmonat, die dann viel später zum Eisprung und zur Befruchtung kommen. Die Eizelle, aus der wir entstanden sind, hat also zwei Drittel der Schwangerschaft unserer Mutter in der Gebärmutter unserer Großmutter sowie ihre ganze Kindheits- und Jugendgeschichte miterlebt. Sie war den pränatalen Einflüssen ausgesetzt, die unsere Mutter mit ihrer Mutter durchlebt hat. Die männlichen Feten entwickeln ebenfalls im dritten Schwangerschaftsmonat die Keimdrüsen, die dann ab der Pubertät Samenzellen produzieren. So wird uns einleuchten, dass es Grundlagen für eine direkte Informationsvermittlung von unseren schwangeren Großmüttern in unser Genom gibt.

Dazu kommen die epigenetischen Veränderungen, die ebenfalls über die Keimzellen in den neuentstandenen Organismus übergehen. In diesen Veränderungen sind auch traumatisierende Erfahrungen enthalten, die unseren Vorfahren zugestoßen sind und nicht verarbeitet werden konnten. Da Traumen eng mit

Scham verknüpft sind, ist es wahrscheinlich, dass auf diesen Wegen auch Schamprägungen mit überliefert werden und dem neuen Erdenwesen nicht erst in die Wiege, sondern schon in die Erbmasse gelegt werden.

Über diese Informationskanäle gelangt belastendes Material in unsere Seele und sorgt für transgenerationale Traumen, die immer mehr ins Blickfeld der Psychotherapie rücken. Immer wieder berichten Klienten von Themen, die sie ihr ganzes Leben beschäftigen, soweit sie zurückdenken können, die gewissermaßen schon immer da waren. Meist handelt es sich dabei um solche generationenübergreifende Themen, und erst wenn sie an ihren Ursprung zurückverfolgt werden, der mehrere Generationen zurückliegen kann, löst sich die Störung auf.

Die Empfängnis

Der Anfang jedes Lebens ist ein Mysterium. Aus einer riesigen Anzahl an genetischen Möglichkeiten entsteht ein neues Lebewesen, wie ein neuer Stern, der plötzlich in seinem ganz eigenen Licht erstrahlt. Jedes menschliche Wesen hat etwas, was es als besonders und einzigartig auszeichnet, und aus dieser Individualität schöpft es, um der Welt von sich zu geben. Diese schöpferische Kraft speist sich aus einer tiefen und reichhaltigen Quelle, dem unermesslichen Schatz im Inneren des Menschen, dem Vermächtnis seiner Empfängnis.

Jede Empfängnis schreibt eine eigene Geschichte. Das Zusammentreffen von Eizelle und Samenzelle ist ein magischer Moment, in dem etwas völlig Neues, vorher noch nie Dagewesenes in das Universum tritt, um sich als von allen anderen unterschiedenes Wesen zu einem einzigartigen Menschen weiterzuentwickeln. In seinem Kern ist alles schon angelegt, was sich später entfalten wird.

Dieser Beginn ist auch durch eine große Fragilität und Verletzlichkeit gekennzeichnet. Viele winzige Menschen verabschieden sich einige Stunden, Tage oder Wochen nach der Empfängnis wieder. Die Bedingungen, die zum Entstehen und Gedeihen eines neuen Menschen notwendig sind, sind sehr komplex und störungsanfällig. Das Leben befindet sich gerade am Anfang in nächster Nähe zum Tod.

Jedes menschliche Leben entsteht durch den wundersamen Vorgang der Befruchtung oder Empfängnis, nachdem eine Samenzelle in die Eizelle eingedrungen ist und ihre Chromosomen mit den Chromosomen der Eizelle ein neues Genom bilden. Wo es scheint, als würde die Natur ein Freudenfest feiern, weil neues Leben gelungen ist, gibt es auf der menschlichen Ebene nicht immer nur positive Reaktionen. Denn in vielen fortgeschrittenen Gesellschaften ist eine Schwangerschaft nicht einfach ein natürlicher Vorgang, sondern mit vielen Faktoren verbunden, die Stress und Ängste auslösen können.

Dazu kommt, dass unsere Eizelle ihre eigene Vorgeschichte hat, ihren Eisprung und ihre Wanderung im Eileiter erlebt hat, wo sie dann auf die Befruchtung gewartet hat. Unsere Samenzelle hat ihren abenteuerlichen Weg über Hoden, Samenleiter, Harnröhre durch die Scheide, die Gebärmutter hindurch bis in den Eileiter hinter sich. Beide Zellen bringen zusätzlich die Erinnerungen aus dem Leben des jeweiligen Elternteils und ihre individuelle Reisegeschichte mit, wenn sie sich zum Rendezvous treffen.

Die Empfängnis ist tatsächlich in gewisser Weise dem Zusammentreffen eines Liebespaares vergleichbar: Zwei Wesen kommen zusammen und bringen ihre jeweilige Geschichte mit, in der ihre Bedürfnisse, Erwartungen und Sehnsüchte enthalten sind. Indem sie eine Beziehung eingehen, beginnen sie eine neue gemeinsame Geschichte, in die jeder Partner seine Vergangenheit wie einen Subtext einspeist.

Der Unterschied zwischen einer Romanze und der Befruchtung liegt natürlich darin, dass hier ein neues Lebewesen entsteht, ein neues Individuum. Es beginnt ein völlig neues Kapitel in der Geschichte der Menschheit, von dem niemand wissen kann, welche Entwicklung es nehmen wird. Dieses neue Wunderwesen stellt freilich keine *tabula rasa* dar, keine inhaltsleere weiße Tafel, vielmehr bildet es eine Kombination aus zwei umfangreichen Geschichten, die mit ihren Themen, Potenzialen und auch unaufgearbeiteten Traumen auf das neu entstandene Leben einwirken und es mitprägen.

Der zweite wichtige Aspekt, der auf die Empfängnis einwirkt, wird durch die aktuellen äußeren Umstände bestimmt. Es macht einen Unterschied, ob die sexuelle Begegnung zwischen dem Vater und der Mutter, die dann zur Befruchtung geführt hat, liebevoll und entspannt oder stressbelastet oder gar gewalttätig und missbräuchlich war. Noch einmal völlig anders und noch wenig erforscht sind die Auswirkungen auf das neue Leben, wenn die Befruchtung im Reagenzglas stattgefunden hat.

Ein dritter Gesichtspunkt bezieht sich auf die bewussten und unbewussten Erwartungen der Eltern. Jedes neue Wesen braucht, um optimal gedeihen zu können, ein klares und eindeutiges Willkommen. Die Angst vor einer möglichen Schwangerschaft, der Zweifel der Eltern an ihrer Beziehung bis zu den Einstellungen der werdenden Großeltern zur Beziehung der Eltern haben wichtige Auswirkungen auf die weitere Entwicklung des Kindes und seine Lebenssicherheit.

Wir wissen, dass nicht alle Eltern ein künftiges Kind begeistert in Empfang nehmen und die entstehende Schwangerschaft als Grund zum Feiern sehen. Manche Kinder sind gewünscht und werden offenen Herzens willkommen geheißen. Andere gelten als bewusste Wunschkinder, obwohl die Schwangerschaft auf einer unbewussten Ebene angezweifelt oder befürchtet wird. Wieder andere Schwangerschaften „passieren" und führen zu Konflikten im Innen und im Außen. Die Empfängnis ist unerwünscht, und als Folge wird das gezeugte Kind rundweg abgelehnt. Vor allem sehr junge Eltern haben Ängste vor dem Schwangerwerden, da ihnen ihre besorgten Eltern eingeschärft haben, dass sie unter allen Umständen beim Sex „aufpassen" müssen und dass sie noch nicht reif für die Elternschaft sind. Pubertät und Adoleszenz konfrontieren mit viel Unsicherheit und Identitätsverwirrung und mit einer oft mühsamen Orientierungsfindung in der Sexualität. Wenn zu all diesen inneren Konflikten noch die lebensverändernde Botschaft einer werdenden Elternschaft kommt, fehlt verständlicherweise häufig eine klare und eindeutige Bejahung des Kindes. Verstärkend können ablehnende Reaktionen der Umgebung, der eigenen Eltern, Verwandten oder Freunde wirken, vor allem, wenn in diesem Zusammenhang von einer Schande die Rede ist. Der Druck, der durch die Beschämung ausgelöst wird, überträgt sich mit großer Wahrscheinlichkeit auf das werdende Leben.

Viele Eltern sind ambivalent, was eine mögliche Schwangerschaft anbetrifft, und das ist auch nachvollziehbar. Denn jedes Kind bedeutet einen gravierenden und unumkehrbaren Einschnitt in die Lebensplanung und stellt die werdenden Eltern vor Herausforderungen, vor allem, wenn die Schwangerschaft nicht geplant und gewünscht ist. Doch das Kind wird umso mehr von dieser Ambivalenz übernehmen und in seinen Selbstbezug als Fußnote oder Wasserzeichen in die eigene Lebenserzählung eintragen, je nachdem, wann die Eltern die Ambivalenz in ein volles Ja zum neuen Leben umwandeln können und die Ängste und Unsicherheiten durch Freude und Stolz ersetzen.

Von der Seite, die das Leben mit seiner Urkraft schreibt, kommt ein unbedingtes und klares Ja, eine selbstverständliche und grundsätzliche Bestätigung zu jedem neuen Lebewesen. Die andere Seite bilden die aktuellen Umstände und die Persönlichkeiten der Eltern, die beide ihre eigene Geschichte mitbringen und auf einer tief im Unbewussten schlummernden Ebene an das entstehende Kind weitergeben. All die emotionalen Probleme, die sich in einem Erwachsenenleben angesammelt haben, können von dem neuen Wunderwesen in Spuren aufgenommen werden und sein von der Natur vermitteltes bejahendes Selbstgefühl und Lebensvertrauen überschatten.

Scham bei der Empfängnis

In den Umständen, die bei der Empfängnis herrschen, können die ersten Wurzeln für die Entstehung von Schamgefühlen gefunden werden. Hatten die Eltern ein Thema mit Angst und Scham um die Sexualität oder um die Möglichkeit des

Schwangerwerdens (die Schande, ein uneheliches Kind zu zeugen, war vor kurzem noch eine schwere Belastung für ein unverheiratetes Paar und deshalb mit vielen Ängsten und Schamgefühlen besetzt), so kann sich die Scham auf das Kind übertragen. Im Kind wird sich die unbewusste Haltung einprägen: „Ich bin die Schande, ich bin verantwortlich dafür, dass sich die Eltern beschämt fühlen." Aus vielen Berichten wissen wir, dass Kinder häufig die Verantwortung für die belastenden Gefühle der Eltern übernehmen; sie wollen sie damit entlasten. Natürlich geschehen solche Verantwortungsverschiebungen auf einer unbewussten Ebene, doch wirken sie zumeist weit bis ins Erwachsenenleben hinein als psychischer Belastungsfaktor, der die Beziehung zu den Eltern mit Spannung auflädt. Wenn sie zu Bewusstsein kommen, können sie in ihrem Ursprung verstanden und mit entsprechender Unterstützung aufgelöst werden.

Besonders schwerwiegend wirken Gewaltumstände um den Vorgang der Zeugung. Vergewaltigungen werfen einen dunklen Schatten über den Anfang eines Menschenlebens und erzeugen eine schwere Schamlast, die auf das entstandene neue Lebewesen übergeht und ihm eine seelische Hypothek mitgibt.

Fallbeispiel:

Frau Z. kommt mit der Erzählung in die Therapie, dass sie in einer Aufstellung mit der Frage konfrontiert wurde, ob sie im Lauf ihrer Kindheit sexuell missbraucht worden wäre. Sie konnte mit der Vermutung nichts anfangen und spürte in sich keine Resonanz, und will nun in einer Atemsitzung erforschen, ob es doch derartige Erfahrungen in ihrem Leben gegeben habe. Tatsächlich aber erfährt sie während des angeleiteten Atemprozesses in sich, dass der Übergriff nicht in ihrem Leben erfolgt war, sondern bei ihrer Empfängnis, zu der ihre Mutter von ihrem Vater genötigt worden war. Was sie durch die Öffnung ihres Unterbewusstseins während des Atmens verstanden hat, kann sie später in einem Gespräch mit ihrer Mutter bestätigen, die vorher noch nie darüber gesprochen hatte. In Z.s Persönlichkeit hatte sich dieses Ereignis als Scham eingeprägt, so als wäre ihr selbst der Missbrauch widerfahren. Diese Erkenntnis bringt ihr eine große Erleichterung.

Narzissmus bei der Empfängnis

Die emotionale Vereinnahmung des künftigen Kindes durch die Eltern oder einen Elternteil kann sich schon bei der Empfängnis als Belastung einstellen. In den Kinderwunsch mischen sich häufig unbewusste Erwartungen ein, dass z.B. das Kind einen inneren Mangel durch sein Dasein auffüllen soll. Als Beispiel: Was die Mutter von ihrer eigenen Mutter an emotionaler Wertschätzung nicht bekommen hat, soll das Kind wettmachen. In diesem Fall wird das Kind als Zuwachs zum eigenen Selbst erwartet und damit in den eigenen Narzissmus einbezogen.

Für das neue Lebewesen, das im Augenblick der Empfängnis entsteht, spannt sich sofort Konfliktfeld auf, das einen Schatten auf das ganze Leben werfen kann. Das Kind braucht die Mutter (und später auch den Vater), um gut aufwachsen zu können. Aufwachsen heißt aber auch, selbständig zu werden und das eigene innere Wesen zu entwickeln, das nicht den Erwartungen der Eltern entsprechen muss. Dieser Konflikt zwischen Bindung und Autonomie ganz am Anfang ist auch der Entstehungsort der Urscham. Denn er stellt vor eine grausame Alternative: Der individuelle Tod, wenn ich mein eigenes Leben nicht entfalten kann, oder der soziale Tod, wenn ich mich aus der Bindung zu den Eltern löse.

> **Fallbeispiel:**
>
> Herr L. kommt mit einem Gefühl von Verwirrung in die Therapie, die ihn daran hindert, praktische Schritte in seinem Leben zu setzen, die seine berufliche Karriere befördern würden und die er auch durchführen möchte. Doch merkt er, dass er alle möglichen anderen Dinge anpackt, die auch wichtig sind, während aber diese Aufgaben liegen bleiben. Als er zu dem Gefühl hinspürt, das dabei auftaucht, wenn er sich vorstellt, die anstehenden Sachen abzuschließen, spürt er eine Angst, eine sehr alte urtümliche und mächtige Angst. Es stellt sich heraus, dass sie mit dem Anfang seines Lebens zu tun hat. Wenn er sein eigenes Ding macht, wenn er also seinen individuellen Lebensweg geht, riskiert er, von der Mutter verstoßen zu werden, die ihn nur großziehen kann, insoweit er sich an ihre Erwartungen anpasst. Die Verwirrung hängt mit diesem Urkonflikt zusammen und wirkt bis zum heutigen Tag als Blockade für wichtige Schritte in der eigenen Autonomie. Erst die Erkenntnis dieses Konflikts und die Bearbeitung der damit verbundenen Gefühle lösen die Blockierung.

Konflikte um die Schwangerschaft

Eine zweite, nahe verwandte Wurzel für die frühe Scham liegt in der Bezweiflung oder Ablehnung des neuen Lebens durch beide Eltern, einen Elternteil oder nahe Verwandte. Die Gründe für die Zurückweisung können vielfältig sein; für den Selbstbezug des werdenden Lebewesens sind sie in jedem Fall verheerend. Denn der Neubeginn eines Menschenlebens ist äußerst fragil und von beständigen Existenzbedrohungen begleitet. Die Ablehnung eines werdenden Lebens ist mit Scham und Schuld verbunden – für die Eltern und für das Kind. Überall dort, wo ein Leben, das die Natur hervorgebracht hat, in Frage gestellt wird oder zerstört werden soll, und sei es nur in Gedanken oder Gefühlen, meldet sich die Scham als Korrektiv: Du sollst der Natur nicht ins Handwerk pfuschen.

Komplexer ist die Reaktion beim Kind. Es will ja nicht seine eigene Vernichtung, erlebt sich aber als Ursache für die Konflikte bei den Erwachsenen. Deshalb schämt es sich, da zu sein, und schämt sich auch für diese Scham, die ja gegen das eigene Leben gerichtet ist. Und schließlich schämt es sich für seine Eltern, die nicht zu ihm stehen können.

Viele Schwangerschaften enden mit dem verfrühten Tod des Embryos, weil es in den komplexen physiologischen Abläufen zu gravierenden Störungen gekommen ist. Wir können dabei annehmen, dass auch emotionale Konflikte bei Frühabgängen oder Fehlgeburten eine wichtige Rolle spielen. Denn ein bedingungsloses Willkommen ist für das neue Leben von zentraler Wichtigkeit.

Die vermeintlichen Wunschkinder

Manchmal erzählen Eltern ihren Kindern, wie sehr sie erwünscht und willkommen waren. Das kann den Kindern guttun und ihre Lebenssicherheit stärken. Doch was bedeutet es, wenn Kinder die Mitteilung am Grund ihrer Seele nicht annehmen können und sich trotzdem unsicher in der Welt fühlen? Die wohlmeinenden Eltern sind, wie jeder Mensch, vom eigenen Unbewussten beeinflusst, meist ohne es zu merken. Kinder haben für diese Ebene ein Sensorium, ohne allerdings verstehen zu können, was da wirklich abläuft. Es kann sein, dass die Eltern ihre Ängste vor den Pflichten der Elternschaft verdrängt haben. Es kann auch sein, dass die Kinder mit unbewussten Erwartungen überhäuft werden, ohne dass es den Eltern bewusst wäre. Das Unbewusste der Eltern hat starke Neigungen, das neue Leben den eigenen Zwecken unterzuordnen. Ungelöste innere Konflikte, nicht ausgelebte Bestrebungen, unerreichte Ziele und Ideale werden an das Kind delegiert. Das winzige Lebewesen ist ein weitgehend unbeschriebenes Blatt, das sich als Projektionsfläche für das Unbewusste der Eltern anbietet. Es saugt auf, was ihm eingeflößt wird.

Es kommt auch vor, dass die Eltern mit ihrem ostentativen Willkommenheißen des Babys die eigene vorgeburtliche Bindungsunsicherheit kompensieren wollen, sodass das neue Baby dann die Sicherheit nachliefern soll, die ihnen selber in ihrem frühen Leben gefehlt hat. Vielleicht wollen sie dem Kind mitteilen, dass sie es voll und ganz akzeptieren, wie sie es sich selber von ihren Eltern gewünscht haben. Vielleicht wollen sie besonders gute Eltern sein, weil sie aus der eigenen Kindheit so wenig davon erleben konnten. Unzählige Varianten gibt es, mit denen Eltern ihre Kinder in den eigenen unbewusst agierenden Lebensplan einbauen und sie damit für die eigenen Zwecke instrumentalisieren.

Das Kind wird lernen, dass es von Anfang an seine Existenzberechtigung zweifeln muss und dass sein Leben prekär ist, abhängig vom guten Willen der Eltern, der nicht selbstverständlich ist, sondern verdient werden muss. Es soll hinfort Erwartungen erfüllen und emotionale Mängel der Eltern abdecken.

Dort liegt eine Wurzel für die grundlegende Scham: Die Urscham, sich in seinem eigenen Sosein ungewollt zu fühlen. Es prägt sich der Glaubenssatz: „Wie ich bin, bin ich nicht gewollt. Nur wenn und solange ich mich den Erwartungen der Eltern unterordne und sie erfülle, werde ich angenommen und geliebt. Ich darf nicht auf mich und meine Bedürfnisse achten; die Bedürfnisse der Eltern stehen an erster Stelle."

Der fehlende Vater

Wie wir aus der Pränataltherapie wissen, verfügen empfangene Menschenwesen über ein intuitives Wissen über ihre Eltern, also auch über den Vater, auch wenn dieser nach dem Befruchtungsakt nie mehr im Leben der Mutter auftaucht. Nicht erst später, wenn die Kinder von alleinerziehenden Müttern von Gleichaltrigen oder Erwachsenen mit der Frage konfrontiert werden, wo denn ihr Vater sei, werden sie mit Scham konfrontiert. Das Fehlen des Vaters wird schon viel früher als Makel und Mangel erfahren. Das Kind fühlt sich nicht wertvoll genug, einen Vater zu haben und nimmt die Belastung auf sich. Es vermutet, dass es selber fehlerhaft ist, sodass es keinen Vater verdient oder dass es ihm nicht zukommt, von einem Vater gewollt und versorgt zu werden.

Insbesondere Kinder, die lange von ihrer Mutter nicht erfahren, wer oder wo ihr Vater ist, werden mit einer tiefsitzenden Scham imprägniert. In der Fantasie des Kindes wird das Geheimnis um den leiblichen Vater von einer Mischung aus Unsicherheit und Verklärung umgeben. Darin liegt der Grund, warum viele dieser Kinder später auf eine oft verzweifelte Suche nach dem Vater aufbrechen und einige Erleichterung, Klärung und Desillusionierung finden, wenn sie endlich ihren leiblichen Vater kennenlernen können. Die Idealisierung und Verherrlichung, die oft in der Fantasie aufgebaut wird, wird zwar enttäuscht, aber ein Stück der Realität dazugewonnen, insbesondere auch dann, wenn die Erzählung des wiedergefundenen Vaters eine andere Perspektive auf die eigene Entstehungsgeschichte offenbart als die von der Mutter wiedergegebene.

Häufig wird dem Kind nur oder vorwiegend Schlechtes über seinen Vater erzählt, weil die Mutter das Verlassenwerden durch den Vater als tiefe Wunde in sich trägt und sich dafür rächen will. Auch in diesen Fällen wird das Kind mit großer Scham beladen. Denn es weiß auf einer tieferen Ebene, dass es von diesem Vater stammt und deshalb das Schlechte, das dem Vater zugeschrieben wird, auch in sich tragen muss.

Oft entwickeln solche Kinder einen besonderen Ehrgeiz, einerseits, um der Mutter die Last des Alleinerziehens leichter zu machen, andererseits aber auch so, als wollten sie dem abwesenden Vater beweisen, wie toll sie sind, sodass er doch zurückkommen möchte, um sich zu freuen und stolz zu sein. Oft fällt es ihnen aber schwer, trotz Fleiß und Leistungsdrang erfolgreich zu sein, denn die andere unbewusste Seite in ihnen will beweisen, dass sie es mit diesem Mangel nicht weit bringen können. Das väterliche archetypische Prinzip steht für Durchsetzungskraft und Erfolg in der Außenwelt und ist bei vaterlos aufwachsenden Kindern meist schwach ausgeprägt.

Das Potenzial in der gelungenen Empfängnis

Was immer die Schwierigkeiten im Zusammenhang mit unserer Empfängnis waren, wir haben sie überstanden und sind ihnen zum Trotz zu erwachsenen und fähigen Menschen geworden. Es kann uns helfen, wenn wir das ins Gedächtnis rufen und dort behalten. Wir sind alle einzigartige und mit besonderen Talenten ausgestattete Menschenwesen. Diese Einsicht können wir uns mit Dankbarkeit immer wieder klarmachen. Wir haben viel von Vater und Mutter und den hinter unseren Eltern stehenden Ahnen mitbekommen und etwas Individuelles daraus geformt, das uns von allen anderen Menschen unterscheidet. Es ist nicht alles, was wir können und sind, unser Verdienst, das gilt es auch in Bescheidenheit und Demut anzuerkennen. Alles, was Gabe ist, und alles, was Leistung ist, können wir dankbar annehmen und in diesem strahlenden Rahmen den Aspekten unseres Lebens Platz geben, mit denen wir hadern, kämpfen oder unzufrieden sind.

Die erste Zellteilung

Nachdem sich Ei- und Samenzelle vereinigt und ihre Chromosomensätze kombiniert haben, steht die nächste Herausforderung vor der Tür. Die befruchtete Eizelle muss sich teilen, um zu einem Organismus heranwachsen zu können. Bei diesem Vorgang geht es um eine paradoxe Leistung: Die Zelle teilt sich und bildet zugleich eine neue Einheit. Es besteht die Möglichkeit, dass nur die Teilung gelingt und nicht die Vereinigung, dann kommt es zu eineiigen Zwillingen oder zu nicht weiter lebensfähigen Zellen.

Der biologische Vorgang der Zellteilung verläuft in einem äußerst spannenden Prozess, der hier nicht näher ausgeführt wird. Die beiden neu entstandenen Zellen sind genau gleich. Es werden also identische Chromosomen auf die Tochterkerne verteilt, weil die Chromosomen und die darin enthaltene DNA verdoppelt werden. Nach mehreren weiteren Teilungen entsteht eine innere Schicht, aus der sich der Embryo bildet, und eine äußere Schicht, die zur Plazenta wird. Die Komplexität dieses Prozesses erklärt, warum 70 % der befruchteten Eizellen die erste Teilung nicht überleben.

Die innere Seite der Zellteilung

Die spezifische Bedeutung dieses Entwicklungsschrittes besteht darin, dass sich die in der Empfängnis gebildete Einheit sich nun wieder teilen und darauf achten muss, als Geteiltes ein Ganzes zu bleiben. Es gibt vielleicht so etwas wie ein inneres Wissen, wie diese Teilung bewerkstelligt werden kann, und es gibt möglicherweise auch die innere Befürchtung, dass sie nicht funktionieren könnte oder schwierig werden wird, weil sie auch misslingen kann.

Aus dem eigenen Erleben und aus klinischen Beobachtungen ergibt sich ein recht einheitliches Bild mit vielen unterschiedlichen Facetten über die innere Erfahrung bei diesem Prozess. Typisch ist das Erleben eines einschneidenden und einschnürenden Schmerzes, der offenbar mit dieser Teilung verbunden war. Er kann beim Wiedererleben in der Therapie in verschiedenen Körperteilen repräsentiert sein, z.B. im Zwerchfellbereich, im Hals oder wie ein Längsschnitt durch die Mitte des Körpers, der entweder in einen linken und rechten oder in einen vorderen und hinteren Teil trennt.

In diesem Ereignis sind wichtige und zentrale Lebensthemen verschlüsselt. Sie äußern sich in mehreren Komplexen:

- Orientierungslosigkeit, Verwirrung und Verunsicherung
- Identitätsverlust
- Gespaltenheit

All diese Gefühlsverknotungen gehen mit Schamthemen einher. Denn sie tragen eine tiefe Unsicherheit über die eigene Identität in sich. An der Bruchstelle zwischen zwei inneren Anteilen, wie sie in der Zellteilung zum ersten Mal verkörpert wird, tritt die Scham auf. Es gibt vor allem drei typische Fragen, die in uns auftauchen können und die auf eine traumatische Zellteilung hinweisen:

- Wo gehöre ich hin? Was ist mein echtes Ich?
- Wer bin ich? Wo ist mein Zentrum, meine Mitte? Wo fühle ich mich zuhause?
- Welcher Teil bin ich selbst, welcher ist fremd? Ist einer wichtiger als der andere? Was ist innen, was außen?

Menschen mit solchen wiederkehrenden Fragen und den daraus entstehenden Konflikten könnten den Vorgang der ersten Zellteilung auf der seelischen Ebene nicht unbeschadet durchlaufen haben, sodass ein unbewältigter Schatten geblieben ist. Er wird im Leben immer wieder aktiviert, wenn es um wichtige Entscheidungen, um das Eintreten in neue Lebensabschnitte oder um das Weitergehen in einer bestimmten Entwicklung geht.

Die Krise der Teilung

Im Idealfall bleibt das Bewusstsein, der Fokus der Aufmerksamkeit, beim Ereignis. Dann macht die Seele diese neue Erfahrung: Einheiten müssen sich aufteilen und differenzieren, um wachsen und komplexere Aufgaben bewältigen zu können. Trennungen sind notwendig, auch wenn sie schmerzhafte Prozesse erfordern. Teile, die vorher eins waren und sich voneinander abtrennen, bleiben durch die Abtrennung hindurch verbunden und bilden Teile einer neuen, höheren Einheit. Im Durchlaufen von solchen krisenhaften Abläufen entstehen neue Kräfte, die bei allen weiteren Wachstumsschritten zur Verfügung stehen.

Die Seele kann jedoch auch in eine Krise geraten, während sich die Eizelle gemäß der genetischen Programmierung teilt. Gelingt dieses Lernen nur teilweise oder mangelhaft, so wird der spätere Umgang mit Entwicklungen, die mit Teilung und Trennung verbunden sind, schwieriger ablaufen. Verläuft die Teilungskrise sogar traumatisch und wird dann nicht adäquat verarbeitet, so erlebt das neue Lebewesen weitere ähnliche Situationen, die dann später auftreten, als problematisch, irritierend oder angstbesetzt.

Während einer traumatischen Erfahrung mit dissoziativer Reaktion absentiert sich der Fokus der Aufmerksamkeit. Bei der Zellteilung kann es passieren, dass das Zentrum des Bewusstseins an einem der Teile haften bleibt mit der Illusion, an der vertrauten Einheitserfahrung im Teil festhalten zu können und die Teilung zu ignorieren. Das Bewusstsein schafft es in diesem Fall nicht, das neue Ganze zu umfassen. Die Seele versucht also, die Trennung ungeschehen zu machen oder zu verdrängen. Das Streben nach dem Einswerden von zwei identischen Teilen, wie sie schon Platon im Gastmahl beschrieben hat, verkörpert sich in dieser Spannung, das Ganze nur mehr im Teil finden zu können.

Diese Spannung äußert sich in verschiedenen Sehnsüchten: nach einer ungetrübten, unbedrohten und makellosen Einheit, wie sie in der Vergangenheitsverklärung der Romantik und in allen konservativen Ideologien bis zu esoterischen Lehren vorkommt. Auch das Streben nach totaler Einheit und Verschmelzung in einer Beziehung und die Unzufriedenheit mit dem Partner, wenn sich die Sehnsucht nicht erfüllt, kann die Wurzel in der unverarbeiteten ersten Zellteilung haben. Tendenzen, die uns dazu bringen, Aspekte der Realität zu verklären, seien es Menschen, Ideen oder vergangene Erfahrungen und deren Gegenteil zu verdammen, haben unter Umständen hier ihren Ursprung. Wichtige Entscheidungssituationen, die uns zu schaffen machen, schieben wir deshalb vor uns her, weil sich das Zellteilungstrauma meldet und uns signalisiert, dass es enorm gefährlich ist, wenn wir einen Schritt in die Zukunft machen, der nicht rückgängig gemacht werden kann und etwas anderes unwiderruflich in der Vergangenheit zurückbleiben muss.

Belastende Umstände bei der Empfängnis können in die Zellteilung hineinspielen und die dabei ablaufenden Vorgänge erschweren. Es handelt sich also um Empfindlichkeiten, die aus der Vorgeschichte der Zellteilung herrühren oder aktuelle Umgebungsfaktoren, die sich auf die befruchtete Eizelle auswirken und ihre innere Entwicklungsdynamik belasten. Auch wenn die Mutter in diesem frühen Stadium gar nicht weiß oder bewusst wahrnimmt, dass sie schwanger ist, merkt es ihr Organismus und verbindet diese Information unter Umständen mit den Ängsten, die im Unbewussten der Mutter gespeichert sind. Sie können aus alten Traumen, die die Mutter nie verarbeitet hat, stammen, die jetzt wiederbelebt werden, z.B. Traumatisierungen aus der Empfängnis und Zellteilung der Mutter.

Eine problematische Zellteilung kann als weiterer Vorläufer von Schamprägungen verstanden werden. Die Fähigkeit, Einheit von Vielem zu sein, Einfachheit und Komplexität zu verknüpfen, ist eine Grunderfordernis des Lebens. Das Gefühl, für diese erste Herausforderung in dieser Hinsicht zu wenig gewappnet zu sein und nicht über die ausreichenden Ressourcen zu verfügen, erzeugt eine Grundunsicherheit in Bezug auf sich selbst und auf die eigene Wertigkeit mit den Vorformen von schamvollen Glaubenssätzen wie: „Ich bin unfähig. Ich kann nicht, was alle anderen können." Oder: „Ich bin überfordert, alles ist mir viel zu kompliziert."

Zellteilung und Zwilling

Eineiige Zwillinge bilden sich in Folge der ersten Zellteilung unter Umständen gleich mit dieser ersten Teilung oder einer der nachfolgenden Teilungen in den ersten drei Lebenstagen. Es entstehen dann zwei funktional getrennte Lebewesen, also zwei Fruchtblasen mit jeweils einer eigenen Plazenta. Diese Form der Zwillingsentstehung ist am wenigsten riskant.

Erfolgt die Teilung zwischen dem 3. und 7. Tag nach der Befruchtung, so findet eine vollständige Abteilung des embryonalen Teiles statt, während die Plazenta geteilt wird, also gibt es zwei Fruchtblasen, die von einer Plazenta versorgt werden. Hier kommt es häufig zu einer Vermischung im Blutkreislauf der beiden Embryos, sodass das Blut des einen über die Plazenta in den des anderen fließt und umgekehrt. In manchen Fällen fließt das Blut nur in einen Kreislauf und nicht wieder zurück, was häufig zum vorgeburtlichen Tod oder zu einer Todgeburt eines Zwillings führt.

Bei einer Teilung nach dem neunten Tag entsteht nur eine Fruchtblase, und erfolgt diese noch später, so kann sie nicht vollständig durchgeführt werden, was zum

Zusammenwachsen von Körperteilen führt, also zur Entstehung von siamesischen Zwillingen.

Könnte es sein, dass eine mangelhaft bewältigte erste Zellteilung dazu führt, dass sich Zwillinge bilden? Endet der erste Teilungsprozess nicht mit einer klaren Einheitserfahrung, also damit, dass sich das geteilte Wesen als eines begreift und erlebt, dann ist die Vermutung berechtigt, dass bei der nächsten oder einer weiteren Teilung die Einheitsbildung misslingt und zwei voneinander unabhängige Wesen, also Zwillinge entstehen.

Die Einnistung

Nach fünf bis zehn Tagen vollzieht sich ein weiteres entscheidendes Ereignis in der Reise des werdenden Lebens. Die Blastozyste, so heißt der Embryo in dieser Phase, verlässt den Eileiter und begibt sich in die Gebärmutter, um in deren Schleimhaut einen Platz zu finden, an dem sie sich mit dem mütterlichen Organismus verbinden kann. Sie muss ein Hormon ausschütten, das die Immungenreaktion der Mutter ausschaltet, und braucht auch Enzyme, um das Bindegewebe in der Gebärmutterwand für den Implantationsvorgang zu öffnen. Gelingt die Einnistung, so hat der Embryo einen sicheren Platz, wo er weiterwachsen kann. Misslingt sie, kann er nicht mehr weiterleben.

Im Erleben der Seele spielen sich spannende Momente ab. Zunächst geht es um eine Ortsveränderung. Der sichere Platz im Eileiter, wo die ersten Entwicklungsschritte stattgefunden haben, muss verlassen werden. Es ist eine Reise ins Unbekannte, und diese Reise ist ein Sprung oder ein Fallen, also keine rollende und wiegende Bewegung wie im Eileiter, wo die Flimmerhärchen auf eine ganz sanfte Weise für die Weiterbewegung sorgen. Spätere Ängste vor dem Fallen oder Springen können in dieser Erfahrung ihren Ursprung haben, auch Ängste, die damit verbunden sind, dass wir befürchten, wir würden von einem gefährlichen Punkt, z.B. von einem Aussichtsturm springen, obwohl wir das nicht wollen. Denn der Sprung vom Eileiter in die Gebärmutter ist ein ungewollt-gewollter Sprung, einer, der sein muss, aber mit starken Ungewissheiten und Ängsten verbunden ist. Viele Situationen, in denen wir mit der Angst vor einem Kontrollverlust konfrontiert sind, können ihren frühesten Ursprung in Schwierigkeiten während des Einnistungsprozesses haben.

Der nächste kritische Punkt auf dieser Etappe der Reise liegt darin, ob es gelingt, den richtigen Ort in der Gebärmutter zu finden. Aus der Innenerforschung wissen wir, dass dieser Prozess oft einer Herbergssuche gleicht. Keineswegs fällt der Embryo irgendwo in die Gebärmutter hinein und beginnt dort sofort mit der

Einnistungsarbeit. Vielleicht erscheint häufig der erste Platz unfreundlich und ungastlich oder will sich offenbar gegen den Besuch wehren (Hidas & Raffai 2010, S. 47). Es können hier auch unbewusste Ängste und Schamgefühle der Mutter vor der Schwangerschaft eine Rolle spielen. Oder eine frühere misslungene Schwangerschaft oder eine Abtreibung hat noch Spuren in der Gebärmutter hinterlassen, Wunden, in denen auch emotionale Erinnerungen gespeichert werden. So kann es eine Weile brauchen, bis das winzige Wesen einen Platz gefunden hat, an dem es sich einnisten kann. Jedes misslungene Andocken wird als Ablehnung erlebt und löst die Scham des Nichtgewolltseins aus.

Sobald aber die Einnistung gelungen ist, spielt sich ein weiteres Wunderwerk der Natur ab. Der mütterliche und der kindliche Organismus gehen ein Arbeitsbündnis ein. Die Mutter liefert all die Nährstoffe, die das Kind zum Wachsen braucht und entsorgt alle Abfallprodukte. Es entsteht eine hocheffiziente Schnittstelle, die Plazenta, die der Embryo schon vorbereitet hat und die jetzt aktiv werden kann, sobald sich die beiden Seiten auf das Grenzmanagement geeinigt haben: Was darf durch die Schranke und was wird nicht genommen. Denn mütterlicher und kindlicher Kreislauf und Stoffwechsel müssen prinzipiell getrennt bleiben, weil es sich um zwei unterschiedliche Lebewesen handelt.

Folgende Themen können ihre Wurzel im Geschehen der Einnistung haben:

- Ein Risiko eingehen, die Kontrolle abgeben, sich ins Ungewisse hinein wagen.
- Den Halt verlieren, ein Mangel an Erdung, die Schwerkraft als Bedrohung.
- Den richtigen Ort finden – alle Themen, die mit Heimat und Heimatlosigkeit verbunden sind.
- Äußere Grenzen als unsicher erleben, mit Ängsten, sich schlecht gegen Bedrohungen schützen zu können.

Schamthemen bei der Einnistung

Die Einnistung ist der zweite Schlüsselpunkt im Prozess des Ankommens eines neuen Erdenbürgers. Es geht wieder um die Frage nach dem Willkommensein, und entsprechend vertieft sich entweder das Urvertrauen oder die Urscham, Grundgefühle, die schon bei der Empfängnis angelegt werden. Scham in ihrer ursprünglichen Form tritt auf, wenn die Zugehörigkeit, der Platz in dem natürlich zustehenden Ort als unsicher und gefährdet erlebt wird. Die Einnistung ist eine weitere Probe in die Vertrauenswürdigkeit der menschlichen Umgebung für das neue Leben.

Es kann aber auch sein, dass sich die Lebensbedingungen bei den Eltern verändert haben: Die Gesundheit oder die berufliche Situation hat sich verschlechtert, ein Todesfall in der Familie ist aufgetreten usw. Das Kind sucht seinen Platz in der

Gebärmutter, während die Eltern selber unter unsicheren Umständen leiden, wodurch es für das Kind noch schwieriger ist, am neuen Ort anzukommen und gute Wurzeln schlagen zu können.

Es gibt Menschen, die fortwährend ihren Wohnsitz wechseln, wie z.B. Ludwig van Beethoven, von dem in Wien und Umgebung 37 Wohnstätten überliefert sind. Solche Menschen finden keinen Ort, an dem sie sich dauerhaft verwurzeln können, an dem sie ein solides Nest errichten wollen. Es wirkt, als ob sie in einer Gebärmutter herumirren und sich nirgends wirklich willkommen fühlen. Vielmehr sind es immer brüchige Kompromisse, die sie irgendwo Halt machen lassen, bis sie wieder unzufrieden weiterziehen.

Fallbeispiel:
Frau K. leidet an der emotionalen Kargheit ihres Mannes. Sie schämt sich, dass sie schon so lange mit dem Thema hadert und sich im Bleiben unbefriedigt und im Gehen unsicher fühlt. Es kommt auf die Frage des Therapeuten, ob die Unzufriedenheit mit ihrer Beziehung auch eine vorgeburtliche Wurzel haben könnte, das Bild von einer winzigen Eizelle, die sich unruhig und hektisch im Kreis herumbewegt. Es wird ihr deutlich, dass die Zelle einen Platz sucht, an dem sie sich einnisten kann. Doch wirkt die Umgebung unwirtlich und lieblos, sodass große Unsicherheit, ja sogar Verzweiflung herrscht. Nachdem sie einige Zeit mit ihrer Aufmerksamkeit bei diesem Bild bleibt, kommt die Zelle zu einem Platz, wo sie sich verwurzeln kann. Er erscheint als kleine Rasenfläche, die fruchtbar und nährend wirkt. Dort kann sich das Leben entfalten.

K. versteht, dass sie von ihrer Mutter nicht wirklich willkommen geheißen wurde, sondern als viertes Kind bloß eine gezwungenermaßen geduldete Annahme fand, ein Schicksal, in das sich ihre Mutter fügte, weil es eben so von ihr erwartet wurde. Andererseits gab es eine Kraft, die wollte, dass K. zur Welt kommt, und die dafür sorgte, dass alles da war, was das kleine Wesen brauchte, um gut gedeihen zu können. In ihrer Ehe hatte sie sich eine ähnliche Situation geschaffen: Einen Mann, der emotional und kommunikativ am Sparflamme mit ihr lebte und bei dem all ihre Mühen, mehr Liebe und Leben in die Beziehung zu bringen, vergeblich gewesen waren. Deshalb sagte sie nach der Innenerfahrung, dass sie zwar auf sich selber vertrauen könne, ihr Leben auf der Grundlage eines nährenden Bodens gut bestellen zu können (sie versorgt auch die Pflanzen in der gemeinsamen Wohnung), dass sie das aber nicht alleine machen wolle, sondern sich einen Partner wünsche, der das mit ihr teilen wolle. Am Ende konnte sie eine Einladung an das Leben formulieren, auf dieses üppige Stück fruchtbarer Erde eine zweite Person kommen zu lassen – vielleicht ihren Mann, vielleicht einen neuen Beziehungspartner, vielleicht einen guten Freund.

Die Plazenta und die Nabelschnur

Der Mutterkuchen ist ein embryonales Gewebe, das in den frühen Stadien der Zellteilung aus der befruchteten Eizelle gebildet wird. Er wächst in die Schleimhaut des Uterus ein und dient der Versorgung des Embryos bzw. Fetus mit Nährstoffen und Sauerstoff und ist auch für die Entfernung von Abfallstoffen zuständig. Embryo und Plazenta sind über die Nabelschnur verbunden.

Anders als alle anderen menschlichen Organe, die erst nach einer ausreichenden Entwicklungs- und Reifungsperiode ihre Funktion aufnehmen, muss die Plazenta ihr eigenes Wachstum steuern und parallel dazu ihre volle Funktionstüchtigkeit entwickeln. Dabei müssen in jedem Stadium der Schwangerschaft die jeweils spezifischen Bedürfnisse des Kindes befriedigt werden. Neben der Versorgung des Kindes erfüllt die Plazenta hormonelle Aufgaben. Besonders interessant ist die offensichtliche Fähigkeit der Plazenta, das Immunsystem der Mutter so zu beeinflussen, dass es zwar funktionstüchtig bleibt und die Mutter damit vor Infektionen schützt, gleichzeitig aber daran gehindert wird, die Plazenta und das Kind als Fremdgewebe abzustoßen.

Die Stoffwechselfunktion der Plazenta wird als „Plazentaschranke" beschrieben. Es handelt sich um eine passive Filtermembran, die mütterliches und kindliches Blut trennt und den Übertritt von verschiedenen im Blut gelösten Substanzen ermöglicht oder verhindert.

Es gelangen Sauerstoff, Wasser, einige Vitamine, Alkohol, Gifte, Drogen und Medikamente in den Fetus. Ebenso kommen Glukose, Aminosäuren und Elektrolyte, Proteine, Antikörper und Fette zum Kind. Viren und Bakterien können sich Zugang zum kindlichen Organismus verschaffen. Die Übertragung mütterlicher Antikörper ist besonders wichtig, da das Kind bis einige Monate nach der Geburt nicht ausreichend eigene Antikörper bilden kann. Wasser, Kohlendioxid, Bilirubin und Harnstoff diffundieren zur Mutter zurück.

Die Plazenta wird kurz nach der Geburt des Kindes als so genannte Nachgeburt geboren. Die Nabelschnur wird durchtrennt, oft gleich nach der Geburt, und bei der „sanften Geburt" erst nach dem Auspulsieren. Die Plazenta wird nach der Geburt entsorgt oder, wie bei der Lotus-Geburt (Rachana 2000), nach ihrem Verdorren einige Tage nach der Geburt an einem besonderen Ort begraben.

Das Plazenta-Trauma

Die üblicherweise sehr schnelle Durchtrennung der Nabelschnur, die endgültige Trennung des Babys von seiner Plazenta bewirkt einen Schock, der tiefe Spuren in der Seele hinterlässt. Die Plazenta war der wichtigste Körperteil des Embryos, der vom Beginn der Einnistung in die Gebärmutterwand das Überleben des Kindes gesichert und das Wachstum gefördert hat. Jetzt ist sie für immer verloren.

Der dramatische Verlust der Plazenta bleibt im Schatten der ohnehin starken Belastung des kindlichen Organismus durch die Geburt als traumatische Erfahrung unbeachtet. Wie wir aber aus der klinischen Praxis wissen, wirkt sich dieser Schock massiv auf die Psyche aus, insbesondere auf das Bindungs- und Beziehungsverhalten sowie auf das Grundvertrauen ins Leben. Mit dem Verlust der Plazenta ist das Gefühl verbunden, abrupt von der eigenen Lebensquelle abgeschnitten zu sein und nun das Leben auf neue Weise zu sichern. Die Lunge übernimmt als zentrales Stoffwechselorgan mit der Atmung die Aufgabe der Plazenta, doch sollte dieser Übergang nicht durch einen Schock belastet sein.

Folgen dieses Trennungstraumas können sich darin zeigen, dass jemand Personen, Erfahrungen oder Güter unbedingt haben will, die unerreichbar sind, dass Verluste von Beziehungen oder Dingen als sehr belastend erfahren werden oder dass ein grundlegendes Gefühl der Unsicherheit und Gefährdung im Leben besteht. Auch ein Grundgefühl, von der Welt oder von den Menschen abgetrennt zu sein, kann als Folge des Plazenta-Traumas auftreten.

Wir müssen davon ausgehen, dass in unserer Kultur nahezu alle Menschen das Plazenta-Trauma erlitten haben. Zum Unterschied vom Geburtstrauma, das schon in den zwanziger Jahren des 20. Jh. diskutiert wurde, ist das Plazenta-Trauma in Fachkreisen bisher kaum bekannt. Das liegt zum Teil daran, dass noch immer die irrige Meinung verbreitet ist, dass die Plazenta ein Teil des mütterlichen Organismus sei („Mutterkuchen") und deshalb der Verlust der Plazenta nichts mit dem Neugeborenen zu tun hat, sondern ein nebensächlicher Teil der Geburt ist. Wir haben es aber mit einer Traumatisierung zu tun, die nicht zur Kenntnis genommen und noch dazu als Selbstverständlichkeit von der Umgebung des Babys gutgeheißen wird. Der Organismus des Babys ist in der kurzen Zeit nach der Geburt voll damit beschäftigt, den massiven Stress abzubauen, der durch den Geburtsvorgang erfolgt ist, sodass der Schock der Nabelschnurdurchtrennung in dieser allgemeinen Belastungssituation untergeht. Dennoch bleibt der Nabelschnurschnitt im impliziten Gedächtnis gespeichert und hat seine Auswirkungen auf das Seelenleben, insbesondere auf das Bindungsverhalten.

Die Nabelschnur und der emotionale Fluss

Die Nabelschnur ist nicht nur ein Gefäßsystem für den Stoffwechsel zwischen dem mütterlichen und dem kindlichen Organismus, über den der Fetus die Nährstoffe bekommt und die Ausscheidungen zurückgibt. Sie ist auch das Medium, über das die Gefühlszustände ausgetauscht werden, sodass beide spüren können, wie es dem anderen geht. Aus der Pränataltherapie wissen wir, dass das Kind viel über die emotionalen Stimmungen der Mutter, des Vaters und des weiteren Umfelds mitbekommt. Das scheint deshalb notwendig zu sein, weil der Fetus damit die Möglichkeit hat, etwas zum physischen oder emotionalen Überleben der Mutter beizutragen, wenn sein eigenes Überleben in Gefahr steht.

In diesem Fall kann sich die Richtung des kommunikativen Fließens, das vermutlich über Hormone vermittelt wird, umdrehen. Dafür wird der Begriff des „umgekehrten Nabelschnuraffekts" verwendet: Statt dass die Mutter das werdende Leben ausreichend mit seiner Liebe nährt, versucht der Fetus, den Mangel im Affektfluss durch eigenes Geben (unter Umständen sogar in Form von Stammzellen) auszugleichen (Mott 1959; Lake 1949). Der Preis liegt in der inneren Leere, die das werdende Menschenwesen nur ertragen kann, indem es sie tief in sich begräbt und die Überlebenskraft aus dem Unterstützen der Mutter nimmt, die eigentlich die Gebende sein sollte.

Die Pränataltherapeutin Barbara Jakel schreibt dazu: „Bei negativer Resonanz d. h. ungenügender Spiegelung kann der Embryo oder Fetus in die existenzielle Leere gestürzt werden. Ist die Mutter selbst extrem bedürftig, missbraucht sie das Kind für eigene Bedürfnisse, indem sie sich von ihm emotional nähren lässt – in Lakes Terminologie ein umgekehrter Nabelschnuraffekt. Es etabliert sich eine Art autistische Form der Bezogenheit: Schutz durch Einkapselung." (2009, S. 266)

Wir erkennen in dieser Umkehrung eine Rollenverschiebung, die in systemischen Therapien häufig sichtbar wird: Kinder, die von früh an die Elternrolle für ihre unreifen Eltern übernehmen und sich damit überfordern und größer machen, als sie wirklich sind. Die pränatale Wurzel im umgekehrten Nabelschnuraffekt zu finden, ermöglicht die Heilung dieser Belastung auf einer tiefen Ebene und macht viele Symptome verständlich, die mit der Bedürfnisregulation verbunden sind.

Weitere Störungen, die im Kommunikationsorgan Nabelschnur ihren Ursprung haben können, sind nach Lake die hysterische Spaltung, die phobische Projektion, die ängstlich-depressive Ambivalenzreaktion und die zwangsneurotische Spaltungsreaktion. Bei der hysterischen Spaltung geht es um das Erleben, dass das Innere, vor allem um den Nabel herum, schlecht, und das Äußere gut erlebt wird. Die phobische Projektion besteht darin, dass das negative Gefühl als Bedrohung von außen kommt. Es wird die Plazenta als feindlich erlebt. Eine ängstlich-depressive Ambivalenz entsteht, wenn gute und böse Einflüsse vermischt sind, z.B. wenn der Fetus spürt, dass über die Nabelschnur schädliche Stoffe und unangenehme Gefühle in seinen Organismus kommen, vor denen er sich schützen will, indem er die Nabelschnur abtrennen will, was andererseits die eigene Versorgung gefährdet.

Eine zwangsneurotische Spaltungsreaktion entwickelt sich, wenn das Schlechte innen und außen lokalisiert ist und das Einströmen der bedrohlichen und ekelhaften Einflüsse nicht kontrolliert werden kann. (Zit. nach Janus 2013, S. 121f)

Die Nachricht von der Schwangerschaft

Manche Mütter merken gleich beim oder nach dem entscheidenden Geschlechtsverkehr, dass es zu einer Schwangerschaft gekommen ist, manche bemerken es ein paar Tage später, und andere wiederum kommen erst sehr spät drauf. Die Sensibilität auf den eigenen Körper, die Fähigkeit zum inneren Spüren und der Bezug zur eigenen Weiblichkeit und Fruchtbarkeit sind sehr verschieden ausgeprägt. Im Zug der Einnistung oder eines Zwillingsabgangs kann es auch zu kleineren Blutungen kommen, sodass die Mutter meint, sie wäre nicht schwanger. Das Schwangerschaftshormon hCG ist kurz nach der Einnistung des Embryos in der Gebärmutter im Urin bzw. auch im Blut nachweisbar, ab diesem Zeitpunkt gibt es also verlässliche Schwangerschaftstests.

Andere Mütter werden erst sehr spät, in der 15. bis 20. Woche auf die Schwangerschaft aufmerksam. Diese Phänomene haben häufig mit starken unbewussten Bindungsängsten der Mutter zu tun, die nicht „merkt" oder nicht merken will, was in ihrem Körper vorgeht. Dem nicht bemerkten Kind fehlt die Aufmerksamkeit und emotionale Zuwendung, ein Anlass für Schamgefühle. Es gibt auch Mütter, die sich für das Schwangersein schämen und es deshalb vor der Außenwelt verbergen wollen, weil z.B., wie eine Klientin erzählte, im Dorf abwertend über die Frau, „die schon wieder schwanger ist", geredet wurde.

Der Pränataltherapeut Franz Renggli führt die Ambivalenz der Eltern auf die Schwangerschaft und damit die zwiespältigen Gefühle zum jungen Leben auf deren alte Trennungstraumen zurück. Dadurch wird der Prozess der Bindung zwischen Eltern und Kind schon in dieser frühen Phase gestört. Nach ihm könnten diese Traumen zur hohen Abtreibungsrate beitragen (2006, S. 207f).

Für das werdende Leben ist der Moment der Gewissheit über die Schwangerschaft eine Art Offenbarungserleben: „Ich bin da und ich werde erkannt und gesehen, so wie ich bin." Die emotionalen Reaktionen der Eltern, also gleichermaßen von Vater und von Mutter, wirken unmittelbar zurück auf das Selbsterleben: „Bin ich gewollt, erwünscht, willkommen, werde ich mit Freude und Glück wahrgenommen oder mit Besorgnis, Zweifeln oder Ängsten? Welche Erwartungen werden an mich gerichtet, wie soll ich werden, was soll ich aus mir machen? Ist mein Geschlecht das erwünschte? Welche Bedingungen sind an mich gestellt, nach denen ich mich richten muss, um in dieser Welt meinen Platz zu bekommen?"

Diese Informationen, die mit dem oben beschriebenen Thema des Willkommenheißens verbunden sind, fließen in Form von biochemischen Impulsen im Moment der Erkenntnis, des Wahrgenommenwerdens in das winzige Wesen ein und bewirken eine positive oder negative Einprägung, je nachdem, ob der Auftritt in dieser Welt ein durch und durch positives Ereignis darstellt oder überschattet ist. Für jeden Schatten, der auf diesem Moment lastet, muss das Kind eine Überlebensstrategie entwickeln: „Wie schaffe ich es, trotz der ungünstigen Bedingungen mein Überleben zu sichern? Muss ich mich gleich von Anfang an anpassen oder muss ich vehement auftreten? Ist es besser, wenn ich mich verstecke oder möglichst gar nicht auf die Welt komme? Darf ich mein Lebensrecht behaupten oder muss ich darauf verzichten?"

All diese Fragen sind die natürliche Reaktion auf die Gefühle der Eltern, und klarerweise werden sie auf einer unbewussten und weit vorsprachlichen Ebene gestellt. Sie prägen Programme aus, die eine mächtige Wirkung auf das weitere Leben ausüben, vor allem dann, wenn die Unsicherheiten und Bedrohungen weiter bestehen bleiben, z.B. wenn es zu Abtreibungsgedanken oder -versuchen kommt.

Das falsche Geschlecht

Manche Eltern wünschen sich gleich ein bestimmtes Geschlecht mit, wenn sie sich auf die Schwangerschaft vorbereiten, so als gäbe es Buben oder Mädchen auf Bestellung (was ja durch die Reproduktionsmedizin angeboten wird). In einigen Kulturen werden leider oft Mädchen früh abgetrieben, um die Mitgift zu sparen oder um den einzigen Platz für ein Kind einem Jungen vorzubehalten. Bei uns gilt zwar der moralische Standard, dass es egal sei und sein solle, welches Geschlecht das Kind hat; die Hauptsache ist die Gesundheit. Aber innere Geschlechtsstereotypen, Unsicherheiten mit dem eigenen Geschlecht oder Vorstellungen von der Geschwisterreihe üben dennoch Einfluss auf die Psyche der Eltern aus, sodass sie oft ein Geschlecht dem anderen vorziehen, z.B. der Wunsch nach einem „Stammhalter", nach einem „sanften Mädchen, das kein Rabauke ist", oder dass nach zwei Mädchen jetzt endlich ein Junge dran sei, oder umgekehrt.

Je nachdem, wie tief dieser Wunsch im Unterbewusstsein der Eltern eingeprägt ist, desto massiver wird er auf den Embryo übertragen. Die Auswirkungen sind dann schwerwiegend, wenn das Kind ein anderes Geschlecht hat als von den Eltern oder einem Elternteil erhofft und erwünscht. In diesem Fall trägt es von Anfang an einen Konflikt in sich: Ich bin ein Junge und sollte eigentlich ein Mädchen sein, oder umgekehrt. Dieser Konflikt spaltet die Persönlichkeit und spiegelt sich in jeder weiteren Entwicklungsstufe erneut wider.

Er bricht schon in dem Moment auf, wenn die Eltern die Schwangerschaft bemerken. Das Kind weiß um sein Geschlecht und um die Erwartungen der Eltern. Es kann weder sein Geschlecht noch die Wünsche der Eltern ändern. Also bleibt ihm nur, sich schamerfüllt zurückzuziehen und irgendwo in der Gebärmutter zu verstecken, damit die Enttäuschung möglichst lange nicht zu den Eltern gelangt. Es ist eine Falle, aus der es kein Entrinnen gibt, eine Schamspannung, die nicht aufgelöst werden kann.

In der modernen Pränataldiagnostik wird die Geschlechtsbestimmung ab dem 4. bis 5. Monat möglich und häufig auf Wunsch der Eltern durchgeführt. Auch wenn es inzwischen Methoden gibt, das Geschlecht schon ganz früh über die DNA zu bestimmen, sind diese in den westlichen Ländern untersagt, um zu verhindern, dass Kinder mit dem „falschen" Geschlecht anschließend möglicherweise abgetrieben werden.

Jedenfalls stellt diese Untersuchung ein weiteres Moment dar, in dem das kleine Wesen, das um sein „falsches" Geschlecht weiß, in eine hilflose Scham geraten kann, aus der es keinen Ausweg weiß. Falls eine derartige Bestimmung nicht durchgeführt wird, ist schließlich die Geburt „die Stunde der Wahrheit". Jetzt gibt es kein Verstecken mehr, jetzt ist klar, dass die Eltern enttäuscht sein werden, und mit der Erwartung dieser Enttäuschung wächst die Angst, nicht angenommen zu werden und um das eigene Überleben fürchten zu müssen. Eltern, denen ihr diesbezüglicher Wunsch gar nicht deutlich im Bewusstsein ist und die meinen, dass sie das Kind ohnehin liebhaben, „auch wenn" sie lieber eines mit dem anderen Geschlecht bekommen hätten, können der Entwertung und Scham, die das Kind in sich trägt, nicht entgegenwirken. Wäre ihnen bewusst, was sie mit dieser Falle angerichtet haben, so könnten sie dem Kind erklären, was sie sich gewünscht hatten und dass sie jetzt aber ganz einverstanden sind mit dem Geschlecht des Kindes und dass es wunderbar ist, ein Junge oder ein Mädchen zu sein.

Wenn hier Bewusstheit und Verantwortung fehlen, bleibt der Konflikt tief im Unterbewussten des Kindes verborgen. Ähnlich und ein etwas weniger schwer betroffen wie ein überhaupt abgelehntes und nicht willkommenes Kind kann dieses Thema ein Leben lang weiterwirken, indem diese Wurzelscham überall Einfluss nimmt, wo es um die Geschlechtsrollen und Sexualität geht. Es mangelt an der Grundsicherheit und am Urvertrauen in Bezug auf die eigene Geschlechtlichkeit.

Der Roman „Scham und Schande" von Salman Rushdie handelt von einem neugeborenen Mädchen, das von seinem Vater voller Ablehnung und Verachtung betrachtet wird, weil es den „Fehler" hat, ein Mädchen zu sein. Es wird mit Scham erfüllt, die auf ihre Weiblichkeit fällt und es ihr schwer macht, als Frau erwachsen zu werden.

Oft sind als Mädchen erwünschte Jungen sensibler und feinfühliger als ihre Geschlechtsgenossen. Sie spielen vielleicht gerne mit Spielzeug, das für Mädchen „gedacht" ist, und verstehen sich auch mit anderen Mädchen gut. Andere Buben, die das Problem nicht haben, reagieren häufig irritiert darauf, vor allem auch, wenn in ihrer Familie ein starres Bild von den Geschlechtsrollen herrscht. Diese Irritation können sie in Hänseleien, Abwertungen und Verspottungen ausdrücken und beim betroffenen Kind Scham auslösen.

Mädchen, die als Jungen erwünscht und erhofft waren, verhalten sich oft burschikos und abenteuerlustig. Sie spielen gerne mit anderen Jungen und mit „typischen" Bubenspielsachen. Auch sie können Opfer von beschämenden Abwertungen und Ausgrenzungen werden.

Der innere Konflikt äußert sich oft so, dass die Mädchen, die ein Junge hätten werden sollen, besonders dem Vater gefallen wollen und ihm nacheifern, während die Jungen, die als Mädchen erwünscht waren, sich eher an der Mutter orientieren und ihre Anerkennung anstreben.

Fallbeispiel:

Herr V. sucht therapeutische Hilfe, weil er schon lange in seinem Inneren abgeschottet lebt, und sich schwertut, in Kontakt zu treten. Er fühlt sich leicht beobachtet und bewertet. In der therapeutischen Arbeit erkennt er das falsche Geschlecht als wichtige Wurzel für seine Schamgefühle, die ihn daran hindern, offen auf andere Menschen zuzugehen. Auch die Schuldgefühle, die ihn plagen, haben damit zu tun: Er ist seinen Eltern das erwünschte Geschlecht schuldig geblieben. Er hat einen Mangel, den er nicht gutmachen kann und hat aus diesem Grund in der Pubertät einen schweren Selbsthass ausgebildet. Der Hass hat sich zwar später beruhigt, aber in den dringlichen Wunsch, anderen zu gefallen, umgewandelt. Der Hass stammt aus der Verzweiflung, den Eltern nicht bieten zu können, was sie erwarten, und der Drang zum Gefallen aus dem Wunsch, das eigene „Falschsein" durch Überanpassung auszugleichen.

Die überlebte Abtreibung

Jeder Abtreibungsversuch führt zu einer schwerwiegenden pränatalen Traumaerfahrung, da der Fetus einer unmittelbaren Todesdrohung ausgesetzt ist. Welche Konflikte auch immer die Mutter – und den Vater – belasten, die zu dem Schritt führen, eine Abtreibung zu versuchen, ist für den Fetus unerheblich; er erlebt einen emotionalen und physischen Schock, der lebenslange belastende Folgen zeitigen kann. Denn es versenkt und verankert sich die Überlebensangst tief und massiv in der Seele des Kindes, die sprechen könnte: „Ich habe diese Bedrohung gerade noch überlebt, aber ich weiß nicht, ob ich es das nächste Mal schaffe. Die Gefahr ist nie gebannt und sie ist grauenvoll."

Auch wenn sich die Mutter nur gedanklich mit der Möglichkeit einer Abtreibung beschäftigt, spürt das werdende Leben die existenzielle Bedrohung und erleidet eine schwere Erschütterung der Lebenssicherheit und des Grundvertrauens: „Diesmal ist zwar nichts passiert ist, es kann aber immer wieder und unvorhersehbar zu einer bedrohlichen Katastrophe kommen, die mein Überleben in Frage stellt, ohne dass ich etwas dagegen machen kann." Es erscheint notwendig, stets auf der Hut zu sein, denn aus dem Nichts könnte eine Überlebensbedrohung auftauchen.

Wie wir aus der klinischen Praxis wissen, kann selbst eine vorangegangene Abtreibung oder ein Abortus vom Kind im Mutterleib als verstörende Information aufgenommen werden und verunsichernd auf das nachkommende Baby einwirken. Es schämt sich, dass es leben darf, während das Geschwister sterben musste.

Unweigerlich bildet sich dort, wo das eigene Leben bedroht wird, sogleich ein tiefes Schamgefühl. Das gefährdete Wesen nimmt an, dass es nicht wert ist, am Leben zu bleiben, sonst würde es nicht mit dem Tod bedroht. Es fühlt die Ohnmacht, das eigene Schicksal nicht beeinflussen zu können, und wenn das „Attentat" schließlich überlebt wurde, bleibt die massive Schambelastung im Inneren. Die Infragestellung des eigenen Lebensrechtes durch die Mutter – oder auch durch Verwandte und Freunde, die zur Abtreibung raten – erzeugt verständlicherweise ein tiefes Misstrauen in die Menschen.

Die Schlussfolgerung, die aus dieser Erfahrung fast unausweichlich gezogen wird, ist, dass es hoch riskant ist, am Leben zu sein und dass es überlebenswichtig ist, sich anzupassen und es recht zu machen. Das eigene Wollen muss den Bedürfnissen anderer untergeordnet werden. Von dieser Problematik betroffene Menschen werden später häufig militante Abtreibungsgegner.

Späteres Erleben wird in diesen Fällen durch solche frühen Wunden behindert und verbogen. Es geht die Fähigkeit verloren, den inneren Regungen und dem Selbstspüren vertrauen zu können. Die frühen Traumatisierungen mischen sich in die nachgeburtlichen Konflikte ein und verschärfen sie. „Gefährlich sind die kurzschlüssigen Verquickungen nachgeburtlicher Bedürfnisse, Wünsche und Regungen mit geburtlichen und vorgeburtlichen Impulsen, Befürchtungen und Erfahrungen." (Janus 2013, S. 148).

Pränatale Entwicklungstraumatisierungen

In der Traumatherapie hat sich seit einiger Zeit die Unterscheidung von Einzeltraumen und Entwicklungstraumatisierungen (Heller 2012) eingebürgert. Unter den letzteren versteht man fortlaufende Störungen der Eltern-Kind-Interaktionen mit ähnlich gravierenden Auswirkungen wie bei singulären Traumatisierungen. Es geht dabei um atmosphärische Störungen, die durch anhaltenden Stress, permanente Unsicherheiten und Ängste und fortdauernde Depressionen bei den Eltern bewirkt sein können.

Zu den „Standardereignissen" wie Empfängnis, Zellteilung und Einnistung, mit denen sich jedes wachsende menschliche Lebewesen auseinandersetzen muss, kommen die laufenden äußeren Einflüsse im Lauf der gesamten Entwicklung und das emotionale Klima, in dem die Schwangerschaft verläuft. Es gibt schon in dieser Frühphase die Gefahr für Entwicklungstraumatisierungen. In diesen Fällen geht es also nicht um Einzelvorkommnisse wie ein Unfall der Mutter oder ein Todesfall in der Familie, die traumatisierend wirken, sondern z.B. um eine fortwährend angespannte und stressgeladene Stimmung, die nicht immer gleich intensiv ist, aber dennoch nach ruhigeren Phasen wieder auftaucht und damit den seelischen Organismus des werdenden Babys in unterschiedlicher Intensität belastet. Aus diesen fundamentalen Unsicherheiten können sich hartnäckige und lang anhaltende Störungen entwickeln.

Wenn wir in der Therapie auf Themen stoßen, die weniger mit abgegrenzten Gefühlen, aber mehr mit Stimmungen oder Gestimmtheiten zu tun haben, und die nach der Einschätzung der Klienten schon sehr, sehr lange bestehen, liegt die Vermutung nahe, dass es sich um Entwicklungstraumatisierungen handelt, die schon im Mutterleib grundgelegt wurden. Beispiele dafür sind eine latent depressive Verfasstheit ohne Zugang zu freudvollen Gefühlen oder eine gleichmütig ereignisarme innere Gefühlslandschaft bei der Mutter.

Mütter und Väter

Wenn es um pränatale Themen geht, ist meist die Rede von der Dynamik zwischen Mutter und Kind. Das Kind wächst ja im mütterlichen Organismus auf und ist direkt mit allen Veränderungen, die dort auftauchen, konfrontiert. Dennoch sollten wir nicht übersehen, dass der Vater von Anfang an eine ganz wichtige Rolle spielt, vor allem auf der seelischen Ebene. Er hat auch eine zentrale Verantwortung für die Schwangerschaft, indem er für die Sicherheit und das Wohlbefinden der Mutter sorgen sollte. Mütterlicher Stress, der sich nachweislich auf den Fetus auswirkt, ist in den meisten Fällen nicht bloß ein mütterlicher, sondern ein parentaler Stress, für den das Elternpaar zuständig ist. Es gibt dazu noch viele andere äußere Einflüsse, die zur Stressbelastung von Vater und Mutter beitragen können – das familiale Umfeld, die Lebenssituation im allgemeinen, die Umweltbedingungen, die materielle Sicherheit, die Ernährungsmöglichkeiten usw.

Zwischen Vätern und Müttern gibt es viel Gemeinsames und viel Unterschiedliches. Zum einen ist klar, dass die Mutter eine intensive und tiefgreifende Geschichte mit ihrem Kind teilt, die durch die Monate der Schwangerschaft von der Empfängnis bis zur Geburt reicht. Dadurch, dass das heranwachsende Kind voll am mütterlichen Stoffwechsel teilnimmt, dadurch, dass die Mutter in der Lage ist, intern mit dem Kind zu kommunizieren, dadurch, dass das Kind alle Rhythmen der Mutter aufnimmt und ihr Leben in dieser Zeit voll teilt, entsteht eine vielgestaltige und komplexe Beziehung zwischen Mutter und Kind, die vom Vater nie in dieser Dichte nachvollzogen werden kann. Sie wächst und entwickelt sich über neun Monate in Exklusivität.

Väter treffen frühestens bei der Geburt auf ein schon weitgehend fertiges Lebewesen und haben seine Entwicklung nur indirekt, gefiltert durch den mütterlichen Organismus mitbekommen – falls sie überhaupt präsent waren. Allerdings gibt es viele Befunde dafür, dass auch Väter und Feten auf einer unbewussten Ebene miteinander kommunizieren. „Aus dieser Perspektive macht es durchaus einen Unterschied, was die Väter im Zusammenhang mit ihrem Baby denken und fühlen bzw. was sie ihm vermitteln." (Hidas & Raffai 2010, S. 99)

Deshalb „kennen" die Neugeborenen ihren Vater, wenn sie das Licht der Welt erblicken. „Babys kommen mit einem für uns unbegreiflichen Wissen auf die Welt, sie erspüren nicht nur ihre Mutter, sondern genauso ihren Vater mit all seinen Stärken, aber auch mit seinen frühen Verletzungen." (Renggli 2018, S. 12)

Frühabgänge und Fehlgeburten

Eltern, die ihre erwünschten Kinder durch Frühabgänge und Fehlgeburten verlieren, sind mit einem sehr traurigen Schicksal konfrontiert. Das Durchleben der Gefühle von Schmerz und Trauer, die durch den Verlust ausgelöst werden, hilft bei der Verabschiedung. Die Scham über ein Versagen, das sich die Mutter möglicherweise selber zuschreibt, weil sie meint, ein eigener Makel wäre schuld an dem Tod des Fetus, sollte behutsam besprochen und mit Mitgefühl vom Partner oder anderen Personen angenommen werden. So kann sich das Gefühl auflösen und steht einer späteren gelungenen Schwangerschaft nicht mehr im Weg.

Durch das Ansprechen der Gefühle, besonders auch der Scham, kann erreicht werden, dass das Paar gestärkt aus der Erfahrung hervorgeht und ein Auseinandergehen vermieden wird, was leider manchmal unter dem Druck des inneren Aufruhrs, den das Unglück bei beiden auslöst, geschieht. Oft führen in diesen Situationen gegenseitig zugeteilte Scham- und Schuldthemen die Regie und wirken destruktiv, wenn sie nicht rechtzeitig bewusst gemacht und kommuniziert werden.

Der überlebende Zwilling

Ein geheimnisvolles Kapitel in der pränatalen Frühphase handelt von der besonderen Geschichte einer Zweisamkeit in den ersten Anfängen des Lebens und von deren traurigem Ende. Von außen meist unbemerkt, spielt sich im Inneren des Mutterleibes ein Drama ab, das tiefe Spuren in der Seele des überlebenden Zwillings hinterlässt.

Es gibt Zahlenangaben, dass sich aus mindestens 4% (manche Quellen vermuten sogar bis zu 80%) der befruchteten Eizellen Zwillinge entwickeln, von denen dann nur 2,5% auf die Welt kommen (diese Zahl stammt aus der weltweiten Statistik). Es ist demnach bei mindestens 1,5% der als Einzelkinder geborenen Kinder mit einem vorzeitig verstorbenen Zwilling zu rechnen. Vielleicht gibt es auch viel mehr solche Fälle. Chamberlain (2013, S. 132) geht von 30% der Geburten eines überlebenden Zwillings aus. Die unterschiedlichen Zahlenangaben rühren daher, dass in der ganz frühen Zeit nach der Empfängnis kaum Untersuchungen gemacht werden und dadurch ganz frühe Zwillingsabgänge verborgen bleiben. Aber auch später merken Mütter nichts davon, weil kleine Blutungen, die mit einem verstorbenen Zwilling zu tun haben, nicht damit in Zusammenhang gebracht werden. Hebammen bemerken manchmal nach der Geburt den Eindruck eines Zwillings in der Plazenta (*fetus papyraceus*, papierener Zwilling), oft ohne es der Mutter mitzuteilen, um sie nach der Geburt nicht zu beunruhigen.

Der 1998 verstorbene österreichische Popmusiker Falco war ein prominenter Überlebender dieser frühkindlichen Dramatik. Seine Mutter hat im dritten Schwangerschaftsmonate zwei Geschwister von ihm verloren, er war also ein überlebender Drilling. Dieses frühe Schicksal erklärt viel von der Genialität seiner Musik, von seiner hochsensiblen und komplexen Persönlichkeit, vielleicht auch seine Neigung zu Drogen und instabilen Beziehungen sowie seinen Tod durch einen Autounfall im alkoholisierten Zustand.

Das Thema des verlorenen Zwillings und seine Folgen für das Seelenleben des Überlebenden rückt immer mehr ins Bewusstsein und wird in einer Reihe von Büchern ausführlich erörtert (z.B. Austermann & Austermann 2006, Schlochow

2007, Steinemann 2013). Aus der therapeutischen Arbeit mit dieser Problematik wissen wir, dass es offenbar viel mehr Mehrlingsschwangerschaften gibt als angenommen, denn es gibt eine Reihe von Innenerfahrungen, die bei manchen Klienten darauf hindeuten, dass sie zwei oder noch mehr Geschwister im Mutterleib verabschieden mussten. Hier folgt eine kleine Übersicht über die verschiedenen Ebenen und Bedeutungen, die mit dem Verlust eines Zwillingsgeschwisters im Lauf der Schwangerschaft zu tun haben.

Zwillinge beginnen ihr Leben in einem ganz besonderen Rahmen. Sie sind von Anfang an in Beziehung mit einem anderen gleichwertigen Menschenwesen. Im Unterschied zu den Einlingen ist das Alleinesein für sie etwas Fremdes, Unbekanntes. Sie formen ein eigenes Modell von Beziehung in sich: Liebe heißt für sie eine tiefe, selbstverständliche und bedingungslose Innigkeit, die von einem intuitiven wechselseitigen Verstehen mit einem reichen Repertoire an nonverbaler Kommunikation geprägt ist. Liebe beinhaltet auch das Teilen aller Ressourcen und das Zusammenhalten unter allen Umständen.

Die Liebe zum Zwillingsgeschwister hat einen unmittelbaren und damit auf einer Ebene wichtigeren und prägenderen Charakter als die Liebe zur Mutter. Auf der organischen Ebene ist zwar die Mutter überlebensnotwendig, aber auf der emotionalen Ebene ist das Geschwister bedeutsamer, denn es ist das unmittelbare Gegenüber in den ersten Zeiten des Lebens. Mit ihm findet eine fortwährende Abstimmung der Bedürfnisse und Erwartungen statt, und dies zumeist mit einem hohen Grad von Konkordanz. Das Modell, das aus der frühen Zwillingsbeziehung gewonnen wurde, hat deshalb einen zentraleren und prägenderen Stellenwert als das Beziehungsmodell mit der Mutter, das für alle Einlinge alleine und konkurrenzlos von Anfang an ausschlaggebend ist.

Das Drama

Das Zwillingsdrama hat drei Akte. Im ersten herrschen paradiesische Zustände, gefüllt von tiefer Liebe und Herzlichkeit. Im zweiten Akt entfaltet sich die Tragödie. Nach einem Prozess der Unsicherheit, Ungewissheit und Verängstigung kommt es zum Abschied für immer. Im dritten Akt geht es darum, mit diesem Abbruch und Verlust leben zu lernen. Gefühle der Leere, Verzweiflung und Rastlosigkeit breiten sich aus. Jeder dieser Akte hinterlässt seine Spuren im Seelenleben des weiterlebenden Zwillings.

Der erste Akt versorgt den Überlebenden mit besonderen Kraftquellen. Die starken Bande der Liebe, die hier wirksam sind, bereiten die Grundlage für die Fähigkeit zu bedingungsloser Liebe und Hingabe, zum Ausgleich und Verzicht, zum tiefen Verstehen und Einlassen. Die großen Liebenden der Erzählgeschichte, wie Tristan und Isolde oder Romeo und Julia nähren ihre inspirierende Anziehungskraft aus diesem Vorbild.

Im zweiten Akt wird die Idylle einer Seelenliebe, wie sie einzigartig zwischen Zwillingen möglich ist, auf tragische Weise zerstört, indem einer der beiden in existenzielle Not kommt, z.B. durch eine Unterversorgung mit Nährstoffen oder durch die mangelhafte genetische Ausstattung, und schließlich sterben muss. Es wird diese Innigkeit jäh unterbrochen, und auch der überlebende Zwilling kommt mit Todesangst in Kontakt. Mit seinen schwachen Mitteln muss er den Tod des geliebtesten Wesens verarbeiten und alleine weiterleben. Der Kontrast von vorher und nachher ist enorm, und das Trauma tiefgreifend und lebensbestimmend.

Diese Erfahrung konfrontiert das winzige Wesen mit den Abgründen der furchtbarsten Gefühle, denen Menschen ausgesetzt sein können. Oft entwickelt sich am Anfang der Krisenphase ein Kampf um die knapper werdenden Ressourcen. Das Liebesverhältnis kippt um in einen von akuten Überlebensängsten angetriebenen Machtkampf, verbunden mit starken Schuldgefühlen. „Ich muss mein Überleben sichern, aber ich darf dem anderen nichts wegnehmen, sonst bin ich schuld an seinem Mangel und allem, was daraus folgen könnte." Der Wunsch, den anderen um jeden Preis am Leben zu erhalten, kann sich mit dem verzweifelten Angebot, aufs eigene Leben zu verzichten, verbinden. Oft gibt es dramatische und unbeholfene Rettungsversuche, um das Schlimmste zu verhindern.

Doch es kommt der Punkt, wo alles nichts nützt und vergeblich wird. Der innig geliebte Partner dieser kurzen Phase der Lebensreise stirbt und verschwindet auf Nimmerwiedersehen. Die Beziehung, die so wunderbar und zauberhaft begonnen hat, findet ein jähes und grausames Ende. Auf den Schock folgen Gefühle von trostloser Leere und Sinnlosigkeit.

Das Leben geht weiter und im dritten Teil erwachen langsam die Lebensgeister wieder. Allerdings bleibt alles überschattet vom tragischen Geschehen. Ein Paradies ist für immer verloren gegangen, was bleibt, erscheint dürftig und traurig dagegen. Manchmal stellt sich ein Gefühl von trostloser Leere ein und eine Stimmung entsteht, nicht wirklich auf diese Welt zu gehören, die so unsicher und unfreundlich ist. Manchmal bildet sich sogar eine Neigung zu Selbstsabotage oder zum Selbstmord, in der Nachfolge des geliebten verlorenen Zwillingsgeschwisters.

So wie die innige Beziehung zum Geschwister abrupt abgebrochen ist, so bricht auch die innere Beziehung zwischen der Seele und dem Körper beim Überlebenden ab. Die dissoziative Reaktion, die als Folge der äußeren Abspaltung im Inneren geschieht, kann im weiteren Leben immer wieder auftauchen, in Form von Fantasieeskapaden, exzentrischen künstlerischen Begabungen, Lebensfremdheit, esoterischen Neigungen, Verzweiflung, Verwirrung, Scham- und Schuldgefühlen und Selbstzweifeln.

In späteren Liebesbeziehungen kommt es unweigerlich zur Wiederbelebung der Dramatik, mit unterschiedlichen Drehbüchern. Manchmal folgt auf eine Phase der intensiven Verliebtheit ein abrupter, vielfach tragischer Abbruch mit starken Emotionen. Oder es besteht eine chronische Unzufriedenheit mit der Partnerschaft und der Person des Partners, die Anziehung zum Bleiben wird mit jedem Konflikt reduziert, und zugleich ist die Kraft zur Trennung zu schwach. Oder es findet sich trotz intensiver Suche einfach kein Traumpartner oder keine Traumpartnerin, es fehlt immer irgendetwas, das die Sehnsucht ganz erfüllen würde, und da erscheint es dann einfacher, alleine zu bleiben. Eine andere Variante ergibt sich, wenn ein überlebender Zwilling einen anderen trifft, und dann entsteht häufig eine unzertrennliche Beziehung, die von beiden idealisiert wird und an der jeder Teil um jeden Preis festhält. Der Tod, der scheidet, kann auch in solchen Konstellationen allerdings auch als Selbstmord inszeniert sein.

Die Erwartungen an Beziehungen sind beim überlebenden Zwilling sehr hoch, weil das Unbewusste die nahezu perfekte Beziehung zum Zwillingspartner als Maßstab und Modell gespeichert hat, gegen die alle „irdischen" Kandidaten keine Chance haben, außer sie bringen die genau gleichen Voraussetzungen mit. Überlebende Zwillinge haben häufig das Gefühl, nie genug vom Beziehungspartner zu bekommen und im Innersten nicht verstanden zu werden. Als Folge entwickeln sich Aggressionsprobleme (Hidas & Raffai 2010, S. 47).

Fallbeispiel:

Herr S. berichtet von seiner Entdeckung, ein überlebender Zwilling zu sein, die ihm viel über seine Muster klargemacht hat. Er hat erkannt, dass er das Drama in seinem Leben immer wieder durchgespielt hat, ohne den Ursprung zu erkennen. Phase von beruflichem Höhenflug folgen jähe Abstürze, Phasen von Euphorie wechseln mit Depressionen, Beziehungen werden von Schuld und Scham geprägt: „Ich bin nicht geeignet als Partner und bleibe immer zu viel schuldig." Er merkt, dass er seine Partnerinnen immer wieder im Stich gelassen hat, obwohl er regelmäßig den Eindruck hatte, sie würden ihn hängenlassen. Düstere Ahnungen, dass er nur wenige Jahrzehnte zum Leben hätte, begleiten ihn von früh an. Immer wieder taucht der Gedanke auf, er müsse sterben, wenn er Vater eines Kindes würde.

Die Scham der Überlebenden

Die Scham der Überlebenden ist ein bekannter trauriger Aspekt vieler, die einen Krieg, einen Völkermord oder selbst einen Unfall überstanden haben. Sie schämen sich, weil sie leben und ihre Kameraden, Freunde, Verwandte umgekommen sind. Diese Scham kann so mächtig werden, dass sie Menschen bis in den Selbstmord treibt (vgl. z.B. die Beschreibung des tragischen Schicksals des Holocaust-Überlebenden Primo Levi in Cyrulnik 2018, S. 110 – 113). Es wird auf unbewusster Ebene wie ein massiver Verstoß gegen die Solidarität mit Nahestehenden bewertet, wenn jemand unter den gleichen oder ähnlichen Umständen überlebt, an denen eine nahestehende Person verstirbt. Das starke Schamgefühl erinnert an die Verpflichtung zum Teilen des Schicksals, so verhängnisvoll es auch sein mag. Leid zu teilen ist ein wichtiges Bindemittel in den sozialen Beziehungen und soll dazu dienen, gemeinsam Herausforderungen zu meistern und äußere Bedrohungen zu überstehen.

Die Urform dieses Schamthemas liegt im vorgeburtlichen Zwillingsdrama. Der überlebende Teil der innigen Beziehung hat eine schwere Last zu tragen, mit der er geboren wird und weiterleben muss. Das Schuldgefühl sagt: „Ich habe etwas falsch gemacht, deshalb ist mein Zwilling verstorben." Die Scham sagt: „Ich bin es nicht wert, weiterzuleben, da mein Zwilling gestorben ist." Oder: „Ich bin es meinem Zwilling schuldig, ihm in den Tod nachzufolgen." Manche wandeln diese Schuld um und entwickeln sie zur Motivation, anderen in großem Ausmaß zu helfen oder für sie besondere eigene Leistungen zu erbringen, um sich von der Last der Überlebensscham zu befreien, oft bis zu Burnout-Erkrankungen.

Fallbeispiel:

Frau S. arbeitete in einem Kleinunternehmen als Assistentin des Geschäftsleiters und erledigte mit großem Einsatz die meisten anfallenden Aufgaben, während ihr Chef die Lorbeeren einheimste. Nach ein paar Jahren war sie so erschöpft, dass sie kündigen musste. In der Therapie entdeckte sie ihr Zwillingsthema und erkannte, dass ihr übermäßiger Einsatz, der bis zur Selbstausbeutung ging, dem Schamgefühl und schlechten Gewissen entsprang, das ihrem verstorbenen Zwilling geschuldet war.

Die Komplementarität von Vater und Mutter

In der Psychoanalyse wurde von der Mutter-Kind-Symbiose gesprochen (z.B. Margaret Mahler), in der das Kind körperlich und seelisch völlig von der Mutter abhängig sei. Es könne weder zwischen Innen und Außen, noch zwischen sich und der Mutter unterscheiden. Inzwischen ist durch die Ergebnisse der Säuglingsforschung z.B. von Daniel Stern (2011) deutlich geworden, dass das Baby schon von früh an als selbständiger Partner der Mutter agiert und kommuniziert. Was Mahler unter Symbiose verstand, ist eher ein dicht gewobenes Interaktionsgeflecht, an dem beide, das Kind und die Mutter, beteiligt sind.

Die Vater-Kind-Beziehung fängt voll erst mit der Geburt an, auch wenn der Vater das Baby von seinen Bewegungen im Mutterleib und das Baby den Vater über seine Stimme kennen mag. Aus dieser naturgegebenen Konstellation stammt die klassische Polarität zwischen den Müttern, die die Bindung zum Kind vor dessen Autonomie stellen, und die Väter, für die die Autonomie des Kindes wichtiger ist als die Bindung. Mütter verzehren sich manchmal vor Sehnsucht, wenn die Kinder größer werden und das Haus verlassen. Väter ermutigen die Kinder, in die Welt hinauszugehen und Abenteuer zu suchen. *Mothers stroke and fathers poke*, Mütter streicheln und Väter schubsen, wie es das Englische so prägnant ausdrücken kann.

Natürlich sind beide Seiten wichtig für Wachstum und Entwicklung. Und natürlich verstehen Väter in der Regel etwas von Bindung und Mütter etwas von Autonomie. Natürlich freuen sich Mütter, wenn die Kinder in der Welt erfolgreich sind, und natürlich haben Väter Ängste, wenn z.B. die Tochter erstmals alleine ausgeht. Aber die biologische Regie der Vorgeschichte verteilt in der Regel die Gewichtung unterschiedlich zwischen Vätern und Müttern, und das ist auch gut so, weil die Kinder beides in ihrem Leben brauchen und so Rollenvorbilder von verschiedenen Personen mitnehmen können. Kinder, die das Schicksal haben, nur mit einem Elternteil aufzuwachsen, leiden unter einem großen Mangel, ebenso wie der Elternteil, der versuchen muss, beiden Aspekte gerecht zu werden.

Das väterliche Erbe

Das ist die weitgehend akzeptierte Sicht der Rollenverteilung zwischen Müttern und Vätern in Psychologie und Soziologie. Jedoch wird durch die Erkenntnisse der pränatalen Psychologie, die davon ausgeht, dass das menschliche Bewusstsein und zelluläre Erinnerungsvermögen bis zur Empfängnis zurückreicht, eine Erweiterung der Sichtweise angeboten.

Auf der genetischen wie auf der emotionalen Ebene sind das väterliche Erbe und die väterliche Prägung gleich wichtig wie die mütterliche. Diese Gleichheit zwischen Vater und Mutter gilt nicht nur formal, wie z.B. im modernen Erbrecht, sondern betrifft auch das emotionale Gewicht und den Gefühlsimprint, den das Kind für sein Leben mitnimmt.

Klar ersichtlich ist diese Einschätzung in Bezug auf die Empfängnis. Da der Anfang des menschlichen Lebens nur durch die Vereinigung einer Samenzelle mit einer Eizelle möglich ist, ist er gleichermaßen väterlich und mütterlich geprägt. Auf der Ebene der biologischen Fortpflanzung ist das Väterliche gleichbedeutend mit dem

Mütterlichen. Außerdem ist das genetische Erbe, das vom Vater kommt, genauso einflussreich auf die Entwicklung der Persönlichkeit ist wie das mütterliche Genom. Über diese genetischen Informationen „kennt" das heranwachsende Baby den Vater und „weiß" etwas über seinen Charakter, sein Leben und seine Geschichte. Das kann der Grund sein, warum Babys von Anfang an ein besonderes Vertrauen zu ihrem Vater entwickeln, wenn sich dieser seinerseits von der Geburt an für die Bedürfnisse des Babys engagiert und den Kontakt mit ihm intensiviert.

Aus diesem Grund arbeiten viele Babytherapeutinnen nur dann mit einem Baby, das z.B. schlecht schläft und viel schreit, wenn Mutter und Vater mitkommen. Denn das Unbehagen des Babys kann Ausdruck einer Störung in der Beziehung sowohl zur Mutter als auch zum Vater sein, aus der Wahrnehmung eines Konfliktes zwischen den Eltern stammen oder eine nicht aufgearbeitete Verletzung und Traumatisierung bei einem der beiden Elternteile spiegeln, die das Kind übernommen hat.

Die Geburt und die Scham

Neben den erwähnten pränatalen Themen, die beim Austreten aus dem Geburtskanal wieder aktiviert werden können, enthält die Geburt selber viele schamaktivierende Aspekte, die Auswirkungen auf das spätere Leben ausüben. Die Geburt wurde erstmals 1925 von Otto Rank als traumatischer Prozess thematisiert (Rank 1925), und das zu Recht, weil sie praktisch in jedem Fall eine enorm herausfordernde Erfahrung für Mutter und Kind darstellt: „Vieles spricht dafür, dass die menschliche Geburt wegen der widersprüchlichen Kräfte, die in der Evolution gewirkt haben, häufig einen traumatischen Aspekt haben kann, zumindest immer eine Grenzbelastung bedeutet." (Janus 2013, S. 57) Traumen und Grenzbelastungen, die, wie bei der Geburt, mit Beziehung zu tun haben, enthalten Schammomente, die hier näher beleuchtet werden.

Das Wort „Scham", das im Deutschen für die Geschlechts- und Gebärorgane der Frau verwendet wird, weist auf einen intimen Zusammenhang von Gebären und Scham hin. Soweit wir nicht mit Kaiserschnitt auf die Welt gekommen sind, sind wir bei unserer Geburt alle durch die Sexualorgane unserer Mutter hindurchgegangen. Es ist ein schwieriger, oft sehr langdauernder und anstrengender Weg, den wir nehmen mussten, um zu selbständigen Wesen zu werden. Wir treffen auf die Beckenknochen unserer Mutter, durch die wir uns winden müssen, und machen Bekanntschaft mit der Vagina und ihren Schleimhäuten.

Von daher haben wir eine wirklich intime Kenntnis von den körperlichen und auch psychischen Bereichen unserer Mutter, die für sie selber mit Intimscham belegt sind. Denn in allen Kulturen muss dieser Bereich in der Öffentlichkeit bedeckt sein. Das Kind im Gebärvorgang kommt mit allen Gefühlen in Kontakt, die mit der Einstellung der Mutter zur Sexualität verbunden sind: Lustvolle und ängstliche, vorsichtige und ekelbehaftete, begierige und schamvolle. Es nimmt die vaginalen Bakterien mit, die es dann für den Aufbau seines eigenen Immunsystems verwendet, und es sammelt die Erinnerungen, die in den Intimbereichen der Mutter aus ihren sexuellen Erfahrungen gesammelt wurden.

Wo diese Körperteile mit einer Scham aus verstörenden Erfahrungen verbunden sind, ist es wahrscheinlich, dass sie auch im Kind zu Schammustern führen. Wenn es z.B. einer Mutter nie gelungen ist, anerzogene Schamgefühle in Bezug auf die Sexualität zu überwinden, kann auch das Kind die ganze Sphäre der Sexualität mit Scham assoziieren, sodass es sich später schwer tun wird, eine unbefangene Einstellung zur Geschlechtlichkeit aufzubauen.

Die Scham ist in diesem wie auch in anderen Zusammenhängen eng mit dem Ekel verbunden, und die Nähe dieser beiden Gefühle kann durch die Geburt erstmals grundgelegt werden. Wenn die Sexualität als etwas Schmutziges bezeichnet wird, wie es manchmal zu hören ist, geht es wohl um diesen Zusammenhang.

Schamgefühle bei der Mutter

Dazu kommen aktuelle Schamgefühle der gebärenden Mutter, die sich z.B. in einer ungemütlichen Klinik befindet und von fremden Personen ständig im Intimbereich untersucht wird. Sie liegt entblößt in unbequemer Haltung, den Blicken unbekannter Menschen ausgesetzt. Viele Frauen erleben diese Umstände leicht nachvollziehbar als schambesetzt, peinlich und demütigend. So ist es möglich, dass ein Schamgefühl die gesamte Geburt hindurch wirksam ist und sich auf das Baby überträgt, das dann für sich selbst den Geburtsprozess als schambehaftet abspeichert.

Manche Frauen wollen während des Gebärens laut werden, stöhnen, seufzen, singen und schreien und damit den Geburtsprozess unterstützen, halten aber diese Gefühlsäußerungen zurück, weil sie sich dafür schämen: „Darf ich das überhaupt, was denken die Leute?" Vielleicht hat sich die Mutter seit ihrer Kindheit nicht mehr erlaubt, laut zu sein, spürt aber, wie hilfreich es sein könnte, den eigenen Gefühlen freien Lauf zu lassen. Denn solche Lautäußerungen erleichtern die Wehenschmerzen und unterstützen die Wellenbewegung der Kontraktionen.

Auch kritische, ungeduldige oder belächelnde Äußerungen der Geburtshelfer können beschämend wirken. Die Gebärende befindet sich in einer abhängigen Position, sie ist der Macht der Gebärmutterkontraktionen mit all den Schmerzen ausgesetzt und braucht liebevolle und wohlwollende Menschen um sich herum, die sie vor peinlichen Abwertungen schützen.

Werdende Mütter gehen vor der Geburt vor allem ihres ersten Kindes durch einige Ängste und Schamthemen durch. Sie befürchten, etwas falsch zu machen und nicht den Erwartungen zu entsprechen: Erwartungen, die sie selber haben, dass die Geburt optimal verlaufen muss, Erwartungen der Hebammen und Ärzte, Erwartungen des Vaters und schließlich auch Erwartungen des Kindes, die immer heißen: In Liebe empfangen werden.

Zur Geburtsvorbereitung sollten Gespräche über all diese Themen gehören, damit sich die Mutter Bedingungen schaffen kann, die sie weitestgehend von Scham entlasten. Die Mutter sollte sich innerlich möglichst unbeschwert dem Geburtsprozess anvertrauen und ihm die volle Priorität geben. Die Anwesenheit einer Vertrauensperson (Kindesvater, Freundin, Doula…), die über die Bedürfnisse, Ängste und Wünsche Bescheid weiß, ist äußerst hilfreich. Sie kann während des Geburtsprozesses dafür Sorge tragen, dass die äußeren Umstände soweit möglich den Wünschen und Bedürfnissen der Gebärenden angepasst werden und emotionalen Beistand leisten.

Jede Entlastung der Mutter entlastet das Baby bei seinem schwierigen und anstrengenden Weg durch den Geburtskanal. Jedes beseitigte Schamthema erleichtert die Natürlichkeit der Geburt, die freie Entfaltung des geheimnisvollen und faszinierenden Lebensflusses, der ein neues Lebewesen in die Gemeinschaft der Menschen einbringt.

Dieser Vorgang könnte genauso gut als ekstatischer und vitaler Schöpfungsakt gestaltet und erlebt werden, wie das bei vielen Naturvölkern erfolgt und auch in modernen Formen der „natürlichen Geburt" praktiziert wird – allerdings immer in der Begleitung von vertrauten Menschen. Doch dort, wo die Scham eine unterschwellig prägende Rolle spielt, ist auch das Baby mitbetroffen, und es kann zur Festlegung kommen, dass sein „In-die-Welt-Kommen" ein schambesetztes Ereignis war.

Klar beschneidet die Schamerfahrung die Grandiosität und wunderbare Schöpferkraft, die im Gebären sichtbar wird, und nimmt damit dem Kind ein Stück von seiner grandiosen Leistung weg. Die Scham verkleinert, was ein großartiges Fest des Lebens sein könnte und sollte: Das Feiern eines neuen, ganz besonderen Anfangs, die Ankunft eines neuen Erdenbürgers.

Der Kaiserschnitt

Immer mehr Kinder werden mit Kaiserschnitt geboren. Dafür sind verschiedene Faktoren verantwortlich; insgesamt aber ist dieser Trend besorgniserregend. Denn jedes Menschenkind ist auf eine natürliche Geburt hin programmiert, und der operative Eingriff von außen stellt eine massive Unterbrechung dieses Vorganges dar. Er beeinträchtigt die Mutter-Kind-Beziehung, was für Mutter und Kind psychische Folgen hat und deshalb therapeutisch bearbeitet werden sollte. Auch die Väter sind mitbetroffen und sollten in diesen Prozess mit einbezogen werden. (Vgl. die Interviews im Film „Die Narbe" von Judith Raunig.)

Weil es beim Kaiserschnitt um einen sehr sensiblen Vorgang geht, spielen Schamthemen sowohl beim Kind als auch bei den Eltern eine wichtige Rolle:

Schamthemen beim Kaiserschnittkind:
- „Ich schaffe die Geburt nicht aus eigener Kraft, sondern bin auf fremde Hilfe angewiesen." Im späteren Leben kann sich ein Kaiserschnitt auf die Durchsetzungsfähigkeit auswirken und Wünsche nach externer Unterstützung aktivieren, auch wenn bestimmte Schritte aus eigener Kraft gesetzt werden könnten. Die gegenteilige Prägung ist aber auch möglich: „Ich will jetzt immer alles selber schaffen und lasse mich nicht auf die Abhängigkeit von anderen ein."
- Beim Kaiserschnitt wird das Kind aus dem Rhythmus des Geborenwerdens herausgerissen und gewaltsam aus dem Mutterleib genommen. Dadurch werden Ängste und Schamgefühle ausgelöst, insbesondere wenn der Kaiserschnitt nur auf Wunsch der Mutter oder des Arztes durchgeführt wird. Es entsteht das Gefühl, dass die eigenen Bedürfnisse und Impulse keine Rolle spielen.
- „Ich bin in der Hand von unbekannten Menschen und weiß nicht, was sie von mir wollen." Das Baby fühlt sich der Gewalt fremder Mächte ausgeliefert, preisgegeben dem, was passieren könnte.
- „Ich bin alleine, wo ist meine Mutter?" Das ist ein Hauptpunkt der Angst des Babys beim Kaiserschnitt. Es fühlt, wie der innige Kontakt der Schwangerschaft abrupt und gewaltsam unterbrochen wird und merkt, dass die Mutter nicht mehr präsent und aktiv an der Geburt mitwirkt. Das Kind kann nicht wissen, ob die verlorengegangene Beziehung zur Mutter jemals wieder zustande kommt. Es wird unbewusst die Schuld für diese Trennung bei sich suchen und damit in ein Schamgefühl fallen. In der Folge entwickelt sich häufig eine belastete Mutterbeziehung, die weit über die Kindheit hinaus schwierig bleibt.

Schamthemen bei der Mutter:
- „Ich entscheide mich für einen Kaiserschnitt, weil ich das normale Gebären ekelig und beschämend finde." Die Ablehnung des Natürlichen, die sich in dieser Einstellung spiegelt, hat mit der Körperscham zu tun. Wir sind Naturwesen, und vielleicht die einzigen, die sich selbst ekelig finden können.

Diese Einstellung kann ihre Wurzeln im eigenen Geburtsvorgang haben, in unverarbeiteten Themen beim Durchgang durch den Gebärkanal. Die Scham in Bezug auf den eigenen Körper stellt eine schwere innere Belastung dar, weil wir unseren Körper nicht loswerden können; allenfalls können wir ihn kosmetisch und chirurgisch an unsere Schamvorstellungen anpassen, mit fragwürdigen Folgen. Für das Kind wiederum bedeutet die Ablehnung einer natürlichen Geburt die Ablehnung seiner Natur und Natürlichkeit, eine Ursache für die Urscham.

- „Ich habe Angst, dass das normale Gebären meine Sexualität und meine Figur beeinträchtigen könnte." Manche Frauen befürchten, dass sie für Männer nicht mehr attraktiv sind, wenn sie auf normalem Weg gebären. Da besteht die Scham schon vor jedem Schwangerwerden, denn diese Angst vor Ablehnung durch Männer muss eine tiefere Wurzel haben, die sehr wahrscheinlich in einer Beschämung durch eine männliche Bezugs- oder Autoritätsperson besteht. Dazu kommt, dass die Mutter in einem solchen Fall die eigene Attraktivität über die natürlichen Bedürfnisse des Kindes stellt, was beschämend auf das Kind wirkt und eine ungünstige Prognose für das weitere Schicksal der Mutter-Kind-Beziehung nahelegt.
- „Ich habe es nicht geschafft, mein Kind natürlich zu gebären." An diesen Selbstvorwürfen leiden viele Frauen, die ihr Kind sanft gebären wollten, aber entweder voreilig zu einem Kaiserschnitt überredet wurden oder einen Notkaiserschnitt erdulden mussten. Sie fühlen sich dem Kind gegenüber schuldig und schämen sich vor sich selbst, manchmal auch vor ihrem Partner und den Freunden.

Auch an anderen unvorhersehbaren Geburtskomplikationen sind Schamreaktionen beteiligt. Werden der Mutter z.B. Wehenhemmer, andere Medikamente oder Anästhetika gegeben, obwohl sie natürlich gebären wollte, wird sie sich möglicherweise vorwerfen, nicht gut genug für die Methode der Geburt zu sein, die sie eigentlich haben wollte. Daraus folgt, dass die Eltern wie das Kind nach allen Geburtskomplikationen psychologische und therapeutische Hilfe brauchen.

Scham in der Babyzeit

Nun ist das Kind geboren. Es kann aus seinen Erfahrungen während der Schwangerschaft und Geburt Schamgefühle mitbringen, die dann durch neue Kontakterfahrungen nach der Geburt abgemildert oder verstärkt werden. Es kann auch in „völliger Unschuld", ohne Schambelastung in diese Welt kommen. Entscheidend für den Aufbau des gesunden Selbstgefühls und der integren Selbstbeziehung ist die Qualität des vorwiegend nonverbalen Kontaktes zu den nächsten

Personen, vor allem zu Mutter und Vater. Geben die Berührungen der Erwachsenen das Gefühl des bedingungslosen Annehmens und der Freude am Dasein, so kann sich die Bejahung der eigenen Existenz tief verwurzeln. Zu den Berührungen kommt der Blickkontakt, der eine ganz wichtige Rolle dabei spielt, wie sehr sich das Neugeborene gesehen und geliebt, erkannt und verstanden fühlt. Der Psychoanalytiker David Winnicott hat geschrieben: „Wenn ich sehe und gesehen werde, so bin ich. Wenn ich nicht gesehen werde, bin ich nicht." (zit. nach Botha, S. 35)

Die Qualität des Blickes entscheidet über die Beziehung zum eigenen Dasein. „Der Glanz im Auge der Mutter" (Heinz Kohut), die Liebe, die im Blick mitschwingt, legt die Grundlage für Sicherheit und Vertrauen. Das Fehlen der Liebe im Blick dagegen verunsichert und macht Angst. Die Beziehung, die dem Kind angeboten wird, legt fest, wie sich die Selbstbeziehung im Kind aufbaut. Alles, was in diese Beziehung von außen als Zweifel, Unsicherheit, Ablehnung usw. einfließt, wird nach innen übersetzt und formt die Defizite in der Selbstbeziehung. Das Kind kann sich nur in dem Maß selber lieben, als ihm als Liebe entgegengebracht wird – beschränkt oder in der Fülle.

Jede Verengung der Zuwendung und Bestätigung wird vom Kind als Infragestellung der eigenen Existenz wahrgenommen. Die Bejahung des eigenen Daseins und das Recht dazu ist die Grundlage, auf der das Neugeborene die Bühne dieser Welt betritt, und die Voraussetzung dafür, dass es sich sicher und geliebt fühlen kann. Wird dieses Geburtsrecht nicht erfüllt und bestätigt, sondern abgeschwächt oder verweigert, so reagiert das Kind mit Scham. Wenn die erwartete freundliche Annahme ausbleibt, gerät das Kind in Verwirrung, da sich in ihm eine Spannung zwischen dem eigenen Sein und der von außen kommenden Ablehnung dieses Seins aufbaut. Die Reaktion auf diese Spannung ist die Scham.

„Das Schamgefühl ist nicht die älteste aller Empfindungen – davor rangieren Hunger und Angst –, aber die erste, von der wir wissen. Sie ist die früheste Form der Selbstwahrnehmung; sie schafft eine jähe Distanz zwischen Bewusstsein und Leib." (Köhler 2017, S. 17) In der Scham wissen wir um unser Selbst, und sobald wir um unser Selbst wissen, ist die Scham präsent.

Nach Wurmser (2007) ist die Scham der narzisstische Affekt schlechthin. Damit ist gemeint, dass die Scham die Entwicklung des Selbstgefühls und des Selbstwertes reguliert. Durch die gelingenden Kontaktspiele mit den Erwachsenen baut sich ein starkes Bindungsgefühl auf, das die Sicherheit des Babys stärkt. Fehlt allerdings die emotionale Bindung und interaktive Affektregulation, so entstehen frühe Schamgefühle beim Baby, denn es zweifelt an seinem Sein. Wurmser nennt diese Prägung den „Liebesunwert", der der Urscham zugrundliegt.

Um das Alter von acht Monaten beginnen die Babys zu „fremdeln", man spricht von der Acht-Monate-Angst: Wenn das Baby mit der Mutter im intimen Austausch und in der konkordanten Abstimmung der emotionalen Resonanz voll eingespielt ist, erscheinen jetzt unbekannte Personen als befremdlich und bedrohlich. Das Baby wendet sich ab und sucht Schutz bei vertrauten Personen. Manche Forscher sehen in diesem Phänomen das erste Anzeichen von Scham. Die Kinder zeigen zwar nicht die physiologischen Anzeichen der Scham wie das Erröten oder den Tonusverlust im Körper, aber sie erleben eine Grenze, mit der sie einen vertrauten von einem fremden Bereich trennen (Hell 2018, S. 24f). Im Innenbereich verfügt das Kind über eine gewisse Kontrolle und Sicherheit, indem es Einfluss auf die vertraute Bezugsperson nehmen kann. Eine fremde Person erscheint dagegen als jemand, der über eine andere Form der Macht verfügt, die nicht vertraut ist. Wurmser vermutet, dass das Kind befürchtet, dass sein aufkeimendes Selbst geraubt werden könnte, sodass das Kind zur Abwehr dieser Macht die Augen verschließt (Wurmser 2007, S. 163).

Mütter können auch phasenweise zu einer scheinbar fremden Person werden, weil ihr eigenes Leben weiterläuft, während sie ihr Baby versorgen (Schore 2012, S. 47). Es geht aber darum, dass sie verstehen, wie es auf das Kind wirkt, wenn sie emotional abwesend sind und dass diese Nichtpräsenz in ihrem Gesicht und ihrer Stimme sichtbar ist. Das aktuelle Scheitern der Verständigung führt beim Kind zu Stress, weil die Unterbrechung unerwartet und plötzlich eingetreten ist. Gelingt es, den stimmigen Kontakt rechtzeitig wieder aufzunehmen, kann sich die Anspannung im Baby legen.

Wenn allerdings die Wiedervereinigung nach einer Trennung misslingt, wenn also weiterhin ein Kontakthindernis vorliegt, dann meldet sich die Scham, weil das Kind sich selber bezweifelt und nicht liebenswert findet. Es nimmt an, dass es selber die Beziehung, die ihm so lebenswichtig ist, zerstört hat.

Wir lernen aus diesen Erfahrungen aus dem Alltag einer Mutter-Säugling-Beziehung, dass die Erfahrung der Scham mit unerfüllten Erwartungen verbunden ist. Im Erleben eines Kleinkindes ist es häufig die Abfolge von einer großen Freude im Spiel oder im Weglaufen und der überraschenden Enttäuschung bei der Wiedervereinigung, die es in die Scham führt. Die anregende Stimmung durch die interessante Außenerfahrung bricht zusammen und schlägt in einen erschlafften, gedämpften und matten Zustand der Scham um.

Mit der Scham hat das Baby eine Reaktion zur Verfügung, quasi ein letztes Mittel, um die unterbrochene Beziehung zu reparieren. Die Schamreaktion, bei der der Kopf hängengelassen und der Blickkontakt vermieden wird, soll der Mutter signalisieren, dass das Baby in einem Notzustand ist und Hilfe braucht. Es will zeigen, dass es selber nicht aus dem schmerzhaften Zustand herausfinden kann. Wenn die Mutter diesen Appell versteht und mit Einfühlung und Verständnis reagiert, unterstützt sie das Baby dabei, die Scham aufzulösen. Die Beziehung ist wiederhergestellt und Entspannung tritt ein.

Darüber hinaus wächst im Kind mit jeder Erfahrung dieser Art die Kompetenz, den Schamzustand im Sinn der Autoregulation handhaben und integrieren zu können. Auch hier ist es also wieder so, dass die interaktive Einstimmung mit der Betreuungsperson wesentlich ist, damit das Baby diese Kompetenz erwerben und vertiefen kann. Das kindliche Selbstvertrauen wird durch solche Erfahrungen gestärkt: Es erlebt, dass es durch seine eigenen Gefühlsäußerungen Einfluss auf die Außenwelt nehmen und zu dem kommen kann, was es braucht. Aufbauend auf dieser Fähigkeit und mit dem Zugewinn der linken Gehirnhälfte, die in der mittleren Kindheit große Wachstumsschritte macht, kann es seine Gefühlskontrolle zunehmend auch durch die detailliertere Außenwahrnehmung und durch kognitive Verstehensprozesse unterstützen.

Die Betreuungsperson, die es schafft, dass das Kind seinen Stress immer besser selber regulieren kann, erleichtert und unterstützt den Übergang zum „neuen" oder sozialen Vagussystem nach der Polyvagaltheorie. Der alte, mit den Reptilien geteilte (dorsale) Vagus wird im Lauf dieser Entwicklung zunehmend ergänzt durch die Stärkung des „smarten" (ventralen) Vagus, der vor allem bei den Säugetieren entstanden ist. Dieses parasympathische System erlaubt es dem Kind, einen gezielteren und bewussteren Einsatz von Gefühlsäußerungen, Blicken, Gesichtsausdrücken und Gesten zu nutzen. Mit dem Repertoire des ventralen Vagus ist das Kind in der Lage, aktiv die Interaktion mit den Erwachsenen zu bereichern und zu nuancieren.

Im Alter von 18 Monaten zeigt das Kind zunehmend differenzierte Formen des prosozialen Verhaltens, indem es sich anderen Menschen, die gerade Kummer haben, zuwendet und positive – am anderen orientierte – affektive und instrumentale Aktivitäten initiiert, um den anderen zu trösten (Schore 2012, S. 74). Es hat Einfühlung erfahren und kann jetzt Einfühlung geben. Es hat seine Scham erfahren und kann die Scham bei anderen verstehen.

Aus diesen Erkenntnissen folgt auch, dass Stress- und Schamerfahrungen für die emotionale und soziale Entwicklung des Kindes von ganz früh an unerlässlich sind. Es kann nur durch Erfahrungen von Enttäuschung lernen, mit Enttäuschungen umzugehen, es kann nur durch Frustrationen lernen, Frustrationen zu ertragen, und es kann nur durch das Erleben von Scham lernen, aus diesem Gefühl auch wieder herauszukommen. Es gibt sogar die Auffassung, dass Schamerfahrungen eine Hauptkraft der kindlichen Entwicklung darstellen (ebd., S. 62). Denn dieses

Gefühl ermöglicht vertiefte Einsichten in sich selbst, in die richtigen Außengrenzen und in die Bedürfnisse anderer Menschen. Damit dient es ganz wesentlich sowohl der Individuation und Autonomie als auch der Bindungs- und Beziehungsfähigkeit. Die Scham schützt vor Größenwahn und Selbstüberschätzung und hilft bei der Eindämmung der Aggressivität.

> Graf Bobby kommt zu Besuch. In der Wohnung schreit ausdauernd ein kleines Kind. „Was hat denn das Kind?" erkundigt sich Bobby höflich. Sagt die Mutter: „Es bekommt Zähne!" Darauf Bobby: „Ja, will's denn keine?"

Bindung und Distanzierung

Das Band der Empathie ist essentiell für eine gelingende emotionale Entwicklung. Ist dieses Band nachhaltig unterbrochen oder bricht es immer wieder ab, so vollzieht sich im heranwachsenden Kind eine Wandlung vom Subjekt in der Kommunikation zu einem Objekt in der abgeschnittenen Distanz. Das Baby fühlt sich, als wäre es vom Rest der Welt getrennt. Es verliert den Bezug zur Betreuungsperson und zu sich selbst. Ein erster Geschmack von Fremdheit und Verlassensein, von Einsamkeit entsteht. Ein Teil der eigenen Lebendigkeit kommt abhanden, so, als wäre er nie dagewesen. Er wird ersetzt durch eine Leerstelle. Wenn sich die Erfahrung wiederholt, ohne dass sie nachträglich aufgefangen wird, dann sorgen unbewusste Mechanismen zum Füllen dieser Leerstelle. Das Baby muss für diesen Zweck nach etwas suchen, von dem es glaubt, dass es von ihm erwartet wird. Denn es will, dass sich eine solche Erfahrung auf keinen Fall wiederholt. Um sein emotionales Überleben zu sichern, kann das Baby kann nicht anders, als einen Teil von sich durch einen Teil der Betreuungsperson zu ersetzen, und in diesem Vorgang verwandelt sich das „wahre Selbst" in ein „falsches Selbst", wie das von David Winnicott (1994) beschrieben wurde.

Die Scham ist das Gefühl, das das falsche vom wahren Selbst trennt. Die spontane Lebendigkeit wird geopfert, sie stirbt innerlich ab. Was bleibt, ist Leben als Verstellung, mit einer Maske. Die frühe und tief verwurzelte Scham verbiegt den Weg des inneren Wachsens, indem sie das kindliche Selbst in die Form hineinpasst, die den – bewussten und unbewussten – Wünschen und Ängsten der Eltern entspricht.

Wo die Bindung unterbrochen wird – und das kann nur von der erwachsenen Person ausgehen –, wird die Erfüllung eines essenziellen emotionalen Bedürfnisses des Babys verweigert. Für diese Vorenthaltung hat das Baby kein anderes Konzept zur Verfügung als das der Bedrohung durch einen sozialen Tod, der für ein Baby natürlich gleichbedeutend mit dem physischen Tod ist. Erwachsene sind an

Beziehungsunterbrechungen gewöhnt und wissen, dass das, was gerade getrennt ist, wieder zusammenwachsen kann. Diese Erfahrungen fehlen dem Baby, und deshalb verstehen die Erwachsenen oft nicht mehr, was in ihm vorgeht, wenn es vor lauter Unverstandensein und Alleingelassenwerden verzweifelt schreit. Sie vermeinen, dass sie ganz für das Baby da sind, indem sie es halten und ihm das oder jenes anbieten, um es zu beruhigen oder abzulenken. Wenn sie aber selber nicht mit dem eigenen inneren Spüren verbunden sind, sind sie taub für das wirkliche Bedürfnis, das das Baby in seiner Not mitteilen möchte: „Ich will geliebt werden, um meiner selbst willen, so wie ich dich um deiner selbst willen liebe."

Die emotionale Taubheit der Eltern ist ansteckend, denn das Baby beginnt an seinem Gehör, bzw. Gespür zu zweifeln, wenn es keinen Widerhall vernehmen kann. Es weiß, dass sein Spüren nur dann einen Sinn hat, indem es bei der erwachsenen Person ankommt und erwidert wird. Dann besteht Verbindung und Austausch, dann spielt sich emotionales Fließen ab. Fehlt die Antwort oder geht sie daneben, kommt es also zu einem Nichtverstehen oder Missverstehen, muss das Baby annehmen, dass seine eigene Mitteilungsform mangelhaft ist. Da es aber nur über diese Art der Kommunikation verfügt und keine Worte verwenden kann, nimmt es zwangsläufig an, dass mit ihm grundsätzlich etwas nicht stimmt. Es zweifelt sich selber in seinem inneren Wesen an, und damit gerät es in ein tiefes Gefühl von Scham und Verzweiflung.

Die Scham, die aus der aufgezwungenen Selbstverleugnung des kleinen Kindes erwächst, hat ein doppeltes Gesicht und ist deshalb so unangenehm, schwer fassbar und hartnäckig. Es ist zuerst die Scham, nicht so zu sein, wie es sein sollte, um geliebt zu werden. Dazu kommt dann die Scham, sich selbst zu verleugnen. Die soziale Scham als Folge der emotionalen Ablehnung durch die Eltern wird automatisch ergänzt durch die Scham vor sich selbst, als Folge der Selbstablehnung. Diese beiden Formen der Scham, die ihre Wurzeln in den frühkindlichen und pränatalen Bindungserfahrungen haben, sind tief im Inneren der Seele versteckt und bei nahezu jedem Menschen aus unserer Kultur in unterschiedlichem Grad vorhanden. Sie machen sich im alltäglichen Leben bemerkbar, in den kleineren und größeren Verwerfungen, die da passieren – in der Kommunikation mit anderen und im internen Verhältnis mit sich selbst.

Die kleinkindliche Wut

Im zweiten Lebensjahr intensivieren sich beim Kind die Wutgefühle im Zusammenhang mit seiner zunehmenden Beweglichkeit und dem wachsenden Expansionsdrang. Kleinkinder können in fast ohnmächtige Zornesausbrüche geraten, nicht nur in Supermärkten vor dem Süßigkeitenstand, und die Eltern damit in ähnlich ohnmächtige Schamzustände versetzen. Der Umgang mit den intensiven Gefühlen, die die Entfaltung des eigenen Willens begleiten, ist eine wichtige Lernaufgabe in dieser Phase, deren Meisterung wesentlich ist für eine reife innere Beziehung zum Wutaffekt.

Die Wutregulation kann nur interaktiv erlernt werden, also im Zusammenwirken von betreuenden Erwachsenen und Kind. Die Scham ist dabei ein wichtiger Helfer, sofern sie von den Großen wahrgenommen und verstanden und nicht manipulativ eingesetzt wird, indem z.B. die kindlichen Wutanfälle mit Abwertung und Ablehnung bestraft werden. Wenn das Kind merkt, was es mit seiner Wut angerichtet hat, schlägt seine Gefühlslage in Scham um, für die es viel Verständnis braucht.

Auf der Ebene des Nervensystems ist die Scham eine Gegenspielerin der Wut: Während sich die Wut mit hoher sympathischer Aktivierung (Kampf-Flucht-Schema) äußert, geht die Scham mit starker parasympathischer Aktivierung einher. Wut explodiert, Scham implodiert. Deshalb kann also die Scham die Wut dämpfen und abschwächen, deshalb kann aber auch die Wut später auf reaktive Weise verwendet werden, um die Scham nicht spüren zu müssen. Es ist wichtig zu verstehen, dass Kinder in diesem Alter noch immer stark von der rechten Gehirnhemisphäre bestimmt sind, während die linke erst in Entwicklung begriffen ist. Es ist der rechte orbitale präfrontale Kortex mit seinen weitreichenden Verbindungen ins limbische System, der sowohl die Emotionen wie das Bindungsverhalten und die aggressiven Impulse reguliert (Schore 2012, S. 76).

Neben der Regulation der Scham ist auch die Regulation der Wut eine wichtige Voraussetzung dafür, dass das Kind in Ruhe allein sein und sich mit sich selbst beschäftigen kann. Denn für das Alleinesein braucht das Kind die positive innere Vorstellung einer liebevollen Betreuungsperson; diese innere Repräsentanz ist im Wutzustand unverfügbar und unzugänglich.

Aus der Neurobiologie wissen wir, dass übererregte Zustände wie bei der Wut die Lern- und Gedächtnisprozesse stören, insbesondere das Langzeitgedächtnis bei der Datenauffindung (ebd., S. 64). Das Erwerben einer ausreichenden Gefühlskontrolle ist deshalb ein vordringlicher Aspekt in Bezug auf das seelische Gedeihen aller Sprösslinge. Eine tiefergehende Bewusstheit über die Scham und ihre innere Wirkweise bei allen Bezugspersonen von Kleinkindern sind für dieses Anliegen von ausschlaggebender Bedeutung.

„Aus der Erfahrung von Selbstbeherrschung entsteht ein Gefühl von Stolz und Autonomie. Aus dem Verlust der Selbstkontrolle und dem übermäßigen Eingreifen der Eltern entsteht ein Gefühl von Zweifel und Scham. Das Kind braucht Unterstützung, damit es nicht dem Gefühl anheimfällt, sich vorzeitig und lächerlich exponiert zu haben. Diese Phase ist im Hinblick auf die Entwicklung der Scham besonders empfindlich." (Botha 2018, S. 33)

Die koaktive Gefühlsregelung, durch die das emotionale Lernen bei Kindern ausschließlich funktioniert, setzt voraus, dass die Eltern oder Betreuungspersonen die entsprechenden Kompetenzen haben. Diese Fähigkeiten werden nun vordringlich in der Kindheit von den eigenen Eltern erlernt; wo das nicht passiert ist, kann es auch nachgeholt werden, vor allem im therapeutischen Aufarbeiten der traumatisierenden Erfahrungen aus der eigenen Frühzeit. Diese Arbeit involviert auch die Auseinandersetzung mit der eigenen Wut- und Schamgeschichte.

Wir haben das Verhältnis von Wut und Scham schon oben in Kapitel 7 näher besprochen. Es kann bei Kindern sehr klar beobachtet werden: Beschämung führt zu Wut, insbesondere wenn sie mit Demütigung und Erniedrigung verbunden ist. Die Wut stellt die organische Kraft zur Verfügung, das eigene Selbst vor Bedrohungen zu schützen und die persönlichen Grenzen gegen Übergriffe zu sichern. Deshalb tritt sie vor allem im zweiten Lebensjahr, wo es um die Entwicklung des Selbst und der Grenzen geht, besonders in den Vordergrund des sozial-emotionalen Erlebens (Niederwieser 2019, S. 72).

Die Wut braucht einen Raum und einen Rahmen, damit sie einen konstruktiven und gesunden Ort in der psychischen Landschaft findet. Sie darf nicht unterdrückt werden und darf nicht ausufern. Kleinkinder sind ihren Gefühlen und so auch ihrer Wut ausgeliefert, sie können nicht einfach „Stop!" sagen, und die Wut hört auf (das können auch die wenigsten Erwachsenen). Wenn ein Kind wütend wird, bricht das Gefühl aus ihm heraus und benötigt seine Zeit, um wieder abzuebben.

In solchen Momenten braucht das Kleine ein Gehaltenwerden von den Eltern, das symbolisch oder auch körperlich sein kann: Halten heißt, dem, was ist, den Raum lassen, aber auf die Grenzen zu achten und für sie zu sorgen. Ein wütendes Kind ist in der Not und braucht einen rahmengebenden Halt. Es braucht die Sicherheit, dass es nicht alleingelassen wird in dem heftigen Gefühl, demgegenüber es selbst ohnmächtig ist, und die Sicherheit, dass die zerstörerische Kraft des Gefühls abgefangen wird. Eltern, die präsent bleiben und das Kind durch seinen Zornausbruch hindurchbegleiten, geben diese doppelte Sicherheit und helfen ihm, wieder zu sich zu finden. Sie fungieren als Rahmen, innerhalb dessen das Gefühl intensiver werden und sich wieder abschwächen kann. Sie geben damit dem Kind die Botschaft, dass es mit seinem Gefühl in Ordnung ist. Sie teilen ihm aber auch durch das präsente Halten mit, dass sie darauf achten, dass kein Schaden angerichtet wird, an Dingen und an Menschen und an ihm selbst. Das Kind wird dann in diesem Rahmen mit seiner Scham in Kontakt kommen, sobald es aus dem heftigen Gefühl herauskommt. Denn die zerstörerische Macht der Wut enthält eine dämonische Energie, die auch dem Kind Angst macht und vor der es die Scham schützen will.

Eltern, die das Kind in seiner Wut missbilligend oder entnervt alleine lassen, überlassen das Kind diesen Gefühlen und bieten ihm keine Unterstützung, sie zu verstehen und zu integrieren. Vielmehr vermitteln sie ihm, dass es unerwünscht und „unmöglich" ist, so, wie es gerade ist, und stürzen es damit in ein inneres Loch der Hilflosigkeit und der Scham. In diese Falle gerät es insbesondere dann, wenn das Erziehungsmittel der Beschämung eingesetzt wird, indem z.B. die Botschaft kommt: „Wenn du wütend bist, können wir dich nicht liebhaben." „Für deinen Zorn solltest du dich schämen."

Es gibt auch im Umgang mit Wut und Scham bei Kindern den Maßstab des „Gut genug" für die Eltern. Kinder in ihrem Zorn zu lieben, ist nicht leicht und gelingt manchmal besser und manchmal schlechter. Doch wichtig ist das Bewusstsein der Eltern, auf das sie nie vergessen sollten, dass sie ihre Kinder lieben, gleich was immer sie aufführen und wie schwierig sie manchmal sein können.

Sonst bleibt die Scham auf einer unbewussten Ebene mit der Wut verbunden, was dazu führen kann, dass jemand später zu einem von der Scham kontrollierten Menschen wird, der dann plötzlich von einer unermesslichen Wut überrollt wird und großen Schaden anrichtet. Es kann aber auch jemand die Wut in sich so stark unterdrücken, dass es zur Überanpassung an die Erwartungen der anderen kommt, zu Unterwürfigkeit und Durchsetzungsschwäche. Minderwertigkeitsgefühle und Selbstwertmängel sind damit verbunden. Es gibt schließlich auch Menschen, denen bei kleinsten Unstimmigkeiten der Kragen platzt, die nie gelernt haben, ihre Wut zu halten, sondern meinen, dass Konfliktlösungen immer mit der Durchsetzung der eigenen Wünsche einhergehen und nur mit einer ordentlichen Dosis Wut gelingen können.

13. Scham in der Kindheit

Im Prozess des Wachsens lernen die Kinder, ihr eigenes Selbst von dem der Erwachsenen – und auch der Geschwister klarer zu unterscheiden. Nach dem Stufenmodell der psychosozialen Entwicklung von Erik H. Erikson (Erikson 1966) treten sie mit dem zweiten Lebensjahr in die Phase der Autonomie ein, die in diesem Modell auch mit der Scham gekoppelt ist. In dieser Zeit entwickelt sich das explizite Interesse des Kindes an seiner Umwelt, die es nun viel aktiver erforschen möchte. Das entdeckte Neue wird zu einer Quelle von Interesse, Freude, positivem Selbstgefühl und erwachender Selbstwirksamkeit. Das Kind kann spielerisch mit Nähe und Distanz experimentieren und erweitert schrittweise seinen Raum für Vertrauen und Sicherheit in die äußere Welt hinein. Andererseits schwankt es zwischen Trennungsangst und Expansionslust.

Es lernt zu laufen, zu sprechen und den eigenen Willen auszudrücken. Spielerisch entfernt es sich oft von der Mutter, versteckt sich gern, um sich selber und die Tragfähigkeit von Beziehungen ein Stück besser kennenzulernen. Es erfährt mehr über die Regeln des Sozialllebens, wie sie unter den Erwachsenen gelten. Damit braucht es die Scham, um auch im Inneren darauf aufmerksam gemacht zu werden, dass es eine Grenze überschritten und andere Personen verärgert oder verletzt hat.

Menschen sind von Anfang an Wesen, die immer dazu lernen wollen, bis ins hohe Alter. Die Gegner der Neugier sind Angst und Scham, verbündet mit dem Zweifel, deren kognitivem Bruder, und sie nutzen die Bildung von Gewohnheiten, um Risiken zu vermeiden. Die Ambivalenz zwischen dem Erforscher- und Erkunderdrang und der Scheu vor dem Neuen formt sich in dieser Phase, die von der Psychoanalytikerin Margaret Mahler als Übungsphase bezeichnet wurde. Die Scham überwacht im Hintergrund bei jedem Schritt, ob die Eltern einverstanden sind.

Ungefähr im Alter von zwei Jahren werden die Schamreaktionen nach außen hin deutlich sichtbar. Die Kleinkinder zeigen ihre Verlegenheit, wenn sie etwas falsch gemacht haben, allerdings nur in der Anwesenheit und durch den Einfluss anderer Personen, z.B. indem sie wegen eines bestimmten Verhaltens kritisiert werden. Häufig versuchen sie, ihre Ungeschicklichkeit oder ihren Fehler zu verbergen (Hell 2018, S. 33). Der Schamausdruck wird in diesem Alter prononcierter: Die Kinder erröten und wenden den Blick ab. Der Körper kann zusammensacken und die Stimme wird schwächer oder verstummt. Die Lippen werden eingerollt oder gebissen. Das dorsale parasympathische System übernimmt die Steuerung und bewirkt ein deutliches Signal an die Umwelt: „Ich habe etwas falsch gemacht, ich schäme mich dafür. Bitte habt mich weiter lieb." Wenn die Eltern zu kritisch und zu zornig auf solche Ereignisse reagieren, wird die Schamreaktion verstärkt und der Selbstwert des Kindes beeinträchtigt.

Überfürsorglichkeit und Vernachlässigung

In dieser Phase kann es zu Verstörungen im kindlichen Selbst kommen, die einerseits durch überängstliche und überfürsorgliche oder andererseits durch vernachlässigende Betreuungspersonen hervorgerufen werden. Besonders schwierig zu verkraften ist eine frühzeitige Überlassung an Kinderkrippen oder Tagesmütter. Solche Verunsicherungen bremsen den Drang nach dem Neuen. Der Raum für das Experimentieren wird kleingehalten und verbindet sich mit verschiedenen Ängsten. Fixe Gewohnheiten und Rituale werden als Rettungsanker gebildet, durch die sich das Kind dagegen absichern möchte, dass Unangenehmes passiert.

Bei dieser Dynamik spielt die Scham eine große Rolle. Kinder können in ihrem Expansionsdrang vieles anstellen und falsch machen. Sie wollen z.B. die kahlen Wände der Wohnung mit Buntstiften vollkritzeln oder einige der vielen Blätter aus Büchern herausreißen, weil das so schön raschelt und ein kleines Machtgefühl verleiht. Sie wollen auf die Straße laufen, um zu sehen, was es da gibt. Die Eltern sind in diesem Alter rund um die Uhr beschäftigt, Schaden an Sachen und vor allem an ihren Kindern zu vermeiden und müssen Verbote aussprechen, die das Kind daran erinnern, dass es Grenzen gibt, die beachtet werden müssen. Klare Regeln brauchen klare Worte, und Regeln brauchen Konsequenzen, auf die die Eltern achten sollten. Zugleich ist es wichtig, dem Kind das Gefühl zu geben, dass es normal ist, Grenzen auszuloten und dass es keine Tragödie darstellt, wenn Verbote übertreten werden. Die Erwachsenen sollten die Strenge nicht überbetonen. Es genügt, die Klarheit aufrechtzuerhalten, um im Kind das Gefühl von Sicherheit, Zuverlässigkeit und Vertrauen zu festigen.

Überängstliche Eltern können diese Ängste auf ihre Kinder übertragen, die sie in ihrem Drang nach dem Erkunden der Umwelt hemmen. Eltern hingegen, die den Kindern zu viel zutrauen, vor allem ein Übermaß an Alleinesein, nehmen ihnen die Sicherheit und Geborgenheit, die sie brauchen würden. Solche Kinder lernen früh, ihre Gefühle zu verdrängen, wenn sie merken, dass es nichts nützt, die Verletzung und die Wut zu zeigen, wenn die Mutter oder der Vater weggeht. Sie vergraben den Trennungsstress tief in ihrem Inneren und sind dann oft ruhelos und unstet, Gefühlsmuster, die bis ins Erwachsenenalter weiterbestehen können.

Einsichten in eigene Fehltritte beschämen, was man leicht bei Kleinkindern beobachten kann, die erkennen, dass sie etwas Verbotenes oder Ungeschicktes gemacht haben. Sie brauchen die Sicherheit, weiterhin akzeptiert und geliebt zu werden, dann finden sie schneller aus der Scham heraus und lernen, mit diesem Gefühl gut umzugehen.

Mit der Scham gut umgehen heißt stets, einerseits die eigene Scham dort anzunehmen, wo sie gerechtfertigt ist und andererseits nicht in der Scham zu versinken. Diese Gratwanderung kann erlernt werden, wenn die Eltern die Scham des Kindes verstehen und ihm helfen, sie zu bewältigen. Dazu braucht es viel Mitgefühl und die liebevolle Anerkennung, dass Fehler zum Lernen dienen.

Überfürsorgliche Eltern neigen dazu, die Scham als Manipulationsmittel einzusetzen. Sie geben dem Kind das Gefühl, dass es nie gut genug ist, dass es immer Anlässe für eine Scham gibt. Sie nutzen gerne die üble Phrase: „Du hast etwas Falsches gemacht, du solltest dich schämen." Damit wird dem Kind die Scham verordnet, und es muss sich doppelt schämen: Die Scham tritt automatisch auf, wenn das Kind auf einen Fehler aufmerksam gemacht wird. Das geht Erwachsenen genauso, auch wenn sie die Schamreaktion nicht mehr so stark spüren wie als Kind. Wenn aber das Schämen aufgetragen wird, wenn dem Kind also befohlen wird, dass es seine Scham erleben und zeigen soll, entsteht ein Dilemma. Die Scham will sich verbergen, und zugleich soll sie sichtbar sein. Das Dilemma verstärkt wiederum die Scham. Schicht auf Schicht türmt sich eine Scham auf die andere, und der Ausweg ist nicht zu finden. Gefangen im Netz, breiten sich Resignation und Verzweiflung in der Seele aus.

Um diese Falle des Schamnetzes zu vermeiden, die als äußerst unangenehm und verstörend erfahren wird, entwickelt das Kind eine ängstliche und übervorsichtige Haltung der Welt gegenüber. Es sind nicht die Dinge oder die anderen Menschen, vor denen es eine Scheu hat, sondern es ist die Angst vor der möglichen Beschämung, falls es etwas macht, was den Eltern nicht passt. Es verbleibt lieber in einer Sicherheitszone, in der es keine Risiken und Herausforderungen gibt. Häufig gewöhnen sich diese Kinder an, dreimal zu schauen, wie die Eltern reagieren, wenn sie etwas Neues ausprobieren. Sie brauchen viel Ermutigung, Schritte ins Unbekannte zu wagen, z.B. schwimmen zu lernen oder auf einen Baum zu klettern.

Der überfürsorgliche Erziehungsstil schränkt neben der Impulsivität auch die Kreativität ein und vermindert damit die Lebenschancen in der Gesellschaft, die kreative und innovative Fachkräfte braucht. Er trägt zur Kompetenzscham bei, zur Unsicherheit in Bezug auf die eigenen Fähigkeiten und zu einer starken Abhängigkeit von äußerer Bestätigung.

Die überfordernden und vernachlässigenden Eltern hingegen vermitteln ihren Kindern ein Weltmodell, in der das Kindliche nur wenig Platz erhält und in der es darum geht, dass die Kinder ihr Kindsein möglichst schnell überwinden und erwachsen werden. Der Bezug zum Spielerischen wird eingeschränkt und mit Scham belegt, von Erwachsenen geschätzte Kompetenzen und Leistungen stehen im Vordergrund und bekommen Lob und Anerkennung. Die Abhängigkeits- und die Bedürfnisscham entstehen als Folge dieses Erziehungsstils. Spätere enge und intime Bindungen rufen die Erinnerung an frühere Beschämungen wegen der eigenen Anhänglichkeit und Trennungsangst wach, Gefühle, die von den Eltern nicht verstanden wurden und deshalb in den Bereich der Scham abgeschoben werden mussten. Als Kinder hörten diese Menschen oft, dass sie schon zu groß für dieses oder jenes Gefühl wären, dass sie also anders fühlen sollten als sie fühlten. So lernten sie notgedrungen, ihre Ängste mithilfe der Scham und dann die Scham mithilfe des Denkens zu unterdrücken.

Leistung und Scham

In der nächsten Phase der Kindheit (4. und 5. Lebensjahr), die Erikson mit „Initiative" übertitelt hat, werden Leistungserwartungen wichtig: Die Bedeutung, etwas nicht nur irgendwie, sondern nach bestimmten Maßstäben gut oder schlecht zu machen, z.B. eine Zeichnung, einen Turm aus Bausteinen, das Vortragen eines Gedichts. Erlernt werden gerne Spiele mit klaren Regeln, und bei jedem Misslingen von Ambitionen oder bei jedem Verlieren in einem Spiel kann die Scham auftreten. Es tritt damit die Idealitätsscham in den Vordergrund: Gelingt es, den eigenen Erwartungen oder denen von anderen gerecht zu werden oder kommt es zum Scheitern? Das erwünschte Idealselbst stimmt in solchen Fällen nicht mit dem realen Selbst überein, das gerade das Spiel verloren hat oder dem ein Kunststück misslungen ist. Dieses Auseinanderklaffen wird als Scham erfahren, die allerdings durch die Übung des Spiels langsam überwundern werden kann.

In dem Zusammenhang hat die Scham die Aufgabe, zum Verbessern der eigenen Leistung anzuspornen und den Ehrgeiz zum Üben und Lernen zu beflügeln. Wird allerdings das eigene Versagen mit liebloser Kritik oder mit Spott quittiert, so kann die Scham so mächtig werden, dass sie die Entwicklung des Selbstvertrauens nachhaltig blockiert. Kinder, denen in diesem Alter vermittelt wird, dass sie nicht singen, malen oder tanzen können, fühlen sich beschämt und scheuen oft ein Leben lang vor diesen Ausdrucksformen zurück.

Die nicht einfache Aufgabe der Erziehungspersonen besteht in dieser Phase darin, ein gutes Gleichgewicht zwischen Lob und sachlicher Kritik zu finden. Es geht nicht darum, jede Leistung des eigenen Kindes über den grünen Klee zu loben und damit vor den Freunden anzugeben. Solche Eltern fördern nur ihren eigenen Narzissmus und den ihrer Kinder. Wird hingegen an jeder Errungenschaft, die das Kind stolz präsentiert, herumgemäkelt, so entwickelt das Kind eine Einstellung, es nie gut genug machen zu können und sich für die eigene Mangelhaftigkeit zu schämen.

Viele erwachsene Menschen mit einem stark ausgeprägten Leistungsdenken und Konkurrenzverhalten leiden eigentlich unter den Leistungserwartungen der eigenen Eltern oder eines Elternteils, die sie oft bis zur Selbstausbeutung treiben, ohne dass sie merken, dass die Scham hinter ihrer Arbeitssucht steckt und die Erwartungen der Eltern die eigentlichen Antreiber sind.

Es kann auch sein, dass die Schaffensfreude des Kindes regelmäßig auf überforderte und desinteressierte Eltern trifft, denen es mit seinem Stolz über einen Erfolg schnell lästig wird. In diesem Fall wird das Kind mehr und mehr die Freude am eigenen Schaffen und Vollbringen verlieren und selber lustlos und desinteressiert werden. Es fehlt ihm die Anerkennung für die eigene Leistung, und damit wird das Leisten zum Müssen, zu einer mühsamen Übung in der Selbstüberwindung. Jeder Schritt zur Verwirklichung eigener Ziele wird von der Gefahr eines beschämenden Versagens begleitet. Das sind Ängste, die die Kreativität und Schaffensfreude einschränken.

Fallbeispiel:

Frau U. berichtet von einer strengen inneren Stimme, die ihr vorschreibt, niemanden im Stich zu lassen. Sollte sie der Stimme nicht gehorchen, folgt sofort ein Schuldgefühl, und sie schämt sich. Auf den Hinweis, dass sie selber als Kind oft im Stich gelassen wurde, kann sie erkennen, dass sie das Schlimme, was ihr widerfahren ist, bei allen anderen Menschen verhindern möchte. Es soll niemand erleiden, was sie erlitten hat. Allerdings halst sie sich mit dieser Haltung selber viele Probleme auf, weil sie wie ein Magnet alle möglichen Probleme in ihrer Umwelt auf sich zieht und dann auch dort ohne Nachdenken eingreift, wo es auch andere Lösungen gäbe oder wo sie sich völlig überfordert.

Es ist ein früh eingeübtes Überlebensprogramm, das sich aktiviert, sobald sie irgendwo ein Problem erkennt. Als Lösung nimmt sie sich vor: Wenn ein Notfall in ihrer Umgebung auftaucht, besinnt sie sich kurz, bevor sie Hilfe zusagt, um innerlich zu überprüfen, ob es für sie passt. Dann kann sie eine bewusste Entscheidung fällen und reagiert und funktioniert nicht einfach aus dem angelernten Programm heraus.

Fallbeispiel:

Frau L. fällt auf, dass sie in ihrem beruflichen Umfeld strikt auf einen respektvollen Umgang achtet, oft aber die Erfahrung macht, selber nicht respektvoll behandelt zu werden. Aus ihrer Kindheit hat sie das Gefühl mitgenommen, ihren Eltern zu wenig Respekt entgegengebracht zu haben. Offenbar hat sie das immer wieder gehört und sich dafür geschämt. Sie erkennt, dass ihre Eltern ihr selber zu wenig Achtung und Wertschätzung entgegengebracht haben. Als Kind hat sie die Schuld dafür auf sich genommen. Was ihr zugestanden wäre, verdient sie nicht, weil sie es nicht wert ist. Die Scham liegt bei ihr. Sie zog den Schluss, den Eltern abzunehmen, was sie belastet, um damit das Schuldgefühl zu erleichtern und die Scham zu lindern.

Mit einem ausgewogenen Verhältnis zwischen Lob und Kritik entwickeln die Kinder ein realistisches Weltbild und ein balanciertes Selbstgefühl. Sie lernen die Wirklichkeit mit ihren Herausforderungen, Widerständen und Chancen kennen und können ihre eigenen Fähigkeiten entsprechend einsetzen. Sie sind motiviert, Leistungen zu erbringen und die eigenen Grenzen zu achten. Sie regeln auf ihrem Weg durchs Leben ihr Selbstgefühl auf einem flexiblen Kontinuum zwischen Stolz und Scham.

Die schwarze Pädagogik und die Scham

Das Verordnen der Scham

„Schäm dich!" Diese Formel kennen viele aus ihrer Kindheit. Sie gehört in den Rahmen der „Schwarzen Pädagogik" (Miller 1983): Dem Kind unterläuft ein Fehler, eine Unachtsamkeit oder Respektlosigkeit. Die Erziehungsperson fordert sie daraufhin zum Schämen auf, ohne zu merken, dass sich das Kind ohnehin schon schämt, sobald es den Fehler merkt. Damit wird dem Kind vermittelt, dass es nicht nur etwas falsch gemacht hat, sondern dazu auch noch, dass es versäumt hat, sich angemessen zu schämen. Es wird also doppelt beschämt und gedemütigt, während sich die Erziehungsperson selber moralisch überhöht.

Noch schlimmer kann die vorwurfsvolle Frage wirken: „Schämst du dich denn gar nicht?" Denn der Vorwurf lautet, nicht nur im Verhalten mangelhaft zu sein, sondern auch in den eigenen Emotionen. Die Frage enthält die Aufforderung, dass sich das Kind schamvoll und eingeschüchtert unterwerfen soll. Die einzig passende Antwort ist vorgegeben: Eine gedemütigte und entwürdigte Haltung.

Mit dem Befehl „Schäme dich!" wird dem Kind vorgeschrieben, sich selber seinen Wert als Mensch abzuerkennen. Es soll verstehen, dass es seinen Platz bei den Menschen verloren hat und dass es diesen erst mühsam wiedererlangen kann: Durch ein Schämen, in dem es völlig hilflos ist und aus dem es nur andere erlösen können, nach deren Gutdünken (Hell 2018, S. 35). Das Kind muss auf eine frühere Entwicklungsstufe regredieren und auf ein Stück der schon erworbenen Autonomie verzichten, eine doppelte Erniedrigung.

Bewertungen

Kinder gehen grundsätzlich und ursprünglich davon aus, dass die Eltern besser wissen, was richtig und falsch, was gut und böse ist. Deshalb wirken Bewertungen und Zuschreibungen aus elterlichem Mund besonders schwerwiegend: Wenn die Eltern ihre Kinder als „lästig", „faul", „unbeholfen", „langsam" oder „kindisch" abwerten, nehmen das die Kinder für bare Münze, schreiben sich die Abwertung zu und schämen sich. Sie fühlen sich verurteilt und in ihrer Identität in Frage gestellt. Sie können solche Aussagen nicht relativieren, indem sie z.B. denken, dass die Eltern gerade gestresst sind und deshalb unfaire Aussagen machen. Vielmehr gehen sie davon aus, dass die gesamte Deutungsmacht bei den Eltern liegt: Was diese sagen, muss wohl stimmen. Deshalb bleibt ihnen nichts anderes übrig als die Zuschreibungen zu übernehmen und daraus selbstabwertende Glaubenssätze zu bilden, die oft ein Leben lang im Unterbewussten weiterwirken.

Lächerlichmachen

Für Kinder ist das Leben voller Anfänge. Sie lieben Aktivitäten, die sie noch nie probiert haben und fallen dabei oft auf die Nase, um sich wieder aufzurappeln und von vorne zu beginnen. So lernen sie die Wirklichkeit und deren Herausforderungen zu bewältigen. Kommen nun von den Erwachsenen statt Ermutigungen und Verständnis hämische, herablassende oder lächerlich machende Reaktionen, so fühlen sich die Kinder bloßgestellt und schämen sich.

Es kommt auch vor, dass Erwachsene ihre Kinder für ihre Gefühle belächeln. Kinder haben oft Ängste, für die es keinen realen Grund gibt: Gespenster im Finstern, Ungeheuer im Keller, ekelige Tiere unter dem Bett. Werden Kinder wegen dieser Ängste ausgelacht oder als dumm bezeichnet, so verstärkt die dadurch ausgelöste Scham die Angst noch mehr, und sie können nicht lernen, konstruktiv damit umzugehen und Realität und Fantasie auseinanderzuhalten.

Ausufernde Kritik

Kinder brauchen Rückmeldungen über das, was sie tun oder nicht tun. Sie brauchen diese Rückmeldungen in einer verstehenden und liebevollen Form, um sie verdauen und umsetzen zu können. Oft hören Kinder jedoch den Satzanfang: „Jetzt hast du schon wieder…! Jetzt bist du schon wieder…!"

Das keifende, anklagende oder nörgelnde Kritisieren durch einen genervten Elternteil erzeugt Anspannung und Angst im Kind, vor allem, wenn die Zurechtweisung mit Abwertungen und Drohungen verbunden ist. Es spürt, dass sein Platz in der Familie gefährdet ist, wenn es sich nicht einordnet, und es reagiert beschämt, um zu zeigen, dass es die Macht der Eltern akzeptiert und sich ihr unterwirft. Diese Dynamik kann allerdings die Basis für eine spätere heftige Rebellion im Teenager-Alter vorbereiten, die dann die Eltern wieder sehr aufregen wird und zu heftigen Ablösekonflikten führt.

Existenzbedrohende Vorwürfe

Schlimmer noch als lieblose Kritik wirken Vorwürfe, die auf die Existenz der Kinder abzielen: „Wegen dir habe ich auf so viel in meinem Leben verzichten müssen!" „Nur weil du gekommen bist, bin ich bei deiner Mutter (deinem Vater) geblieben!" Solche Klagen können den Persönlichkeitskern des Kindes erschüttern und eine tiefe Selbstinfragestellung und Scham auslösen. Es mag denken: Besser, wenn es mich nicht gäbe. Wenn solche Botschaften von den Personen kommen, die für das Kind am wichtigsten sind, dann muss es zwangsläufig am Sinn der eigenen Existenz zweifeln.

Außerdem fühlt sich das Kind verantwortlich für das Leid und Elend der Eltern und hat keine Ahnung, wie es dieser Verantwortung gerecht werden könnte. So bleibt es zweierlei schuldig: Die Belastung, die es durch seine Existenz ins Leben der Eltern gebracht hat, und die Verantwortung dafür, die Eltern zu entlasten, der es nicht entsprechen kann. Diese doppelte Schuld ist zudem eng mit Scham verbunden und erzeugt eine Schamspirale.

Es handelt sich um eine Verschiebung der Verantwortung, mit der sich ein verzweifelter Elternteil Luft machen will, meistens ohne zu merken, was er damit anrichtet. Das Kind kann nicht verstehen, was die Eltern zu solchen Aussagen bringt, sondern nimmt alle Schuld auf sich und fühlt sich unwert und schlecht. Oft bewirken solche Mitteilungen, dass die Kinder aus der Beschämung heraus ein ausnehmend braves Verhalten entwickeln, sich überanpassen und mehr auf die Bedürfnisse der Eltern achten als auf die eigenen. Im späteren Leben fühlen sie sich weiterhin verantwortlich für ihre Eltern und vernachlässigen dafür lieber die eigenen Kinder und die Partnerschaft.

Die erste natürliche Reaktion auf die Existenzbedrohung, die durch solche Anklagen und Vorwürfe entsteht, ist eine massive Angst und eine tiefgehende Scham. Hinter diesen Gefühlen kann sich schleichend ein Hass ausbilden, denn auf einer tiefen Ebene empfängt das Kind den Hass der Eltern, der sich in solchen Aussagen zeigt und will ihn auf einer unbewussten Ebene zurückgeben. Hassgefühle repräsentieren den Impuls, jemanden, der das eigene Leben bedroht, zu vernichten.

Dieser Hass findet bricht sich dann häufig in der Adoleszenz seinen Weg, wenn es zu erbitterten Kämpfen zwischen den Eltern und den Heranwachsenden kommt, die manchmal bis zum Kontaktabbruch führen. Mit diesen Konflikten erkämpft die

Jugendliche Schritt für Schritt die Überwindung der Abhängigkeitsscham und damit die eigene Autonomie.

> Sagt Oma zu Fritzchen: „Bitte bring mir mal eine Tasse aus dem Schrank da drüben." Geht Fritzchen zum Schrank, nimmt eine Tasse und stolpert. Die Tasse geht kaputt. Sagt die Oma böse zu Fritzchen: „Wenn du noch mal eine Tasse fallen lässt, musst du in die Ecke." Fritzchen geht wieder zum Schrank, nimmt sich eine Tasse und stolpert wieder. Die Tasse geht abermals zu Bruch. Da ruft die Oma erzürnt: „Zum allerletzten Mal: Wenn du noch eine Tasse kaputt machst, geht's ab in die Ecke." Fritzchen geht wieder zum Schrank, nimmt sich eine Tasse, stolpert und die nächste Tasse geht kaputt. Da brüllt die Oma: „So, ab in die Ecke. Schäm dich, du nutzloser Tollpatsch." Kommt nach einer Weile Opa nach Hause und sieht, dass Fritzchen in der Ecke steht und sich schämt. Fragt Opa: „Warum schämst du dich denn in der Ecke?" Antwortet Fritzchen: „Oma hat nicht mehr alle Tassen im Schrank."

Der Raub des Selbst

Als Kinder haben wir unser Leben mit unbedingtem Vertrauen und unbedingter Hingabe begonnen, mit der in unserem Wesen verankerten Bereitschaft und Erwartung, unser Selbst zu entwickeln, auf der körperlichen, seelischen und geistigen Ebene. Wir brauchen dafür eine liebevolle und unterstützende Haltung von den erwachsenen Menschen um uns herum, die anfangs die Verantwortung für die Erfüllung unserer Bedürfnisse übernehmen müssen.

Schrittweise lösen sich diese Abhängigkeiten, in dem Maß, in dem wir lernen, Verantwortung für uns selbst und für unsere Bedürfnisse zu übernehmen. Wir wachsen in der Fähigkeit zur Selbstregulation und stärken unsere Autonomie. Dabei entfaltet sich unser Selbst mehr und mehr, in Weite, Tiefe und Komplexität.

Diese gesunde Entwicklung kann durch einschränkende und schädigende Einflüsse von außen, vor allem von den Menschen, die die Verantwortung für uns tragen, behindert werden. Wie wir schon gesehen haben, besteht eine sehr verbreitete Spielart dieser Problematik darin, dass die Erwachsenen ihre unerfüllten und unausgelebten Bedürfnisse und Potenziale auf das Kind übertragen und sich von diesem dann die Befriedigung ihrer Ansprüche erwarten. Damit kehrt sich die Dynamik der Verantwortung um: Kinder sollen von früh an die Verantwortung für die Bedürfnisse der Eltern übernehmen. Die Folge ist eine emotionale Überforderung bei den Kindern verbunden mit Schuld- und Minderwertigkeitsgefühlen, die darunter leiden, dass sie den an sie gestellten Erwartungen nicht entsprechen können.

Die eigenständige Entwicklung des Selbst des Kindes ist unter solchen Umständen behindert und belastet. Die Erziehungspersonen nehmen in einem unbewussten Akt der Okkupation einen Teil des Selbst des Kindes ein, sodass sich dort nichts Eigenes entfalten kann. Dieser Teil kann sich wie ein fremdes Implantat anfühlen, obwohl das den Kindern meist nicht bewusst wird, weil sie die Umstände, in denen sie aufwachsen, und die Menschen, die dabei die Schlüsselrolle spielen, als selbstverständlich so hinnehmen, wie sie sind.

Die aggressive Entwendung

Es wird wohl kaum Eltern auf dieser Welt geben, die niemals ihre Kinder abgewertet und aggressiv kritisiert haben. Wenn aber aus stressbedingten Ausrutschern, die dann entschuldigt und bedauert werden, regelmäßige Rituale des Heruntermachens und Entwürdigens werden, dann geht es nicht anders als dass die innere Selbstachtung des Kindes zu bröckeln beginnt, bis sie irgendwann in schamgetriebenen quälenden Selbstzweifeln untergeht. Mit dem Gefühl, wenig oder nichts wert zu sein in den Augen der Menschen, die am meisten geliebt sind, kann sich kein Selbstwertgefühl entwickeln und stabilisieren. Die Unsicherheiten führen dann fast notwendigerweise dazu, dass die Erfolge und Bewährungen in der Außenwelt ausbleiben oder sogar dann noch, wenn sie doch gelingen, im eigenen Inneren abgewertet und relativiert werden.

Fortgesetzte Erniedrigungen und Entwürdigungen, die viele Kinder erleben müssen, können nicht zur Bildung eines konsistenten und kreativen Selbst führen. Jeder Teil, der nicht mit Wertschätzung gefüttert und genährt wird, verkümmert, sodass manchmal sogar die eigenen Begabungen zur Perfektionierung der Selbstabwertung verwendet wird, so stark kann die Einverleibung der elterlichen Einwirkungen und Angriffe wirken. Die von außen erlebte Aggression wird in Selbstgeißelungen im Sinn einer konsequenten Selbstverleugnung umgewandelt, aus unbewusster Loyalität zu den aggressiven Seiten der eigenen Eltern.

Freundschaftsbeziehungen und Partnerschaften werden später zu Spielwiesen für die verunsicherten Gefühle und Erwartungen. Notgedrungen wird versucht, die entleerten Selbstanteile bei Partnern einzufordern, die sich dann oft unverstanden und missbraucht fühlen. Ohne gefestigtes Selbstgefühl können Beziehungen nur mit Schwierigkeiten aufrechterhalten werden und zerbrechen leicht an kleinen Unstimmigkeiten.

Die unbewussten Programme sind meist so mächtig, dass sie weiterwirken, auch wenn die rationale Einsicht schon lange erkannt hat, welch selbstverletzende Einflüsse sie haben. Deshalb braucht es Hilfe von außen, um zunächst die Kraft der verinnerlichten Aggression zur Sicherung der ramponierten Grenzen des Selbst verwenden zu können. Dann gilt es, sich in sorgfältiger Arbeit die entrissenen Teile des Selbst wieder anzueignen und mit konstruktiver wachstumsorientierter Energie auszustatten.

Die subtile Entwendung

Neben der aggressiven Entwendung des Selbsts gibt es auch subtil-manipulative Formen des Selbstraubs in vielerlei Gestalten. Es kann etwa die Mutter zum Kind sagen (oder auch nur nonverbal kommunizieren): „Du hast so schöne Augen, die hätte ich auch gerne." Sie meint vielleicht, dass sie das Kind damit in seiner besonderen Schönheit anerkennt und seinen Selbstwert unterstützt. Unterschwellig aber möchte sie das haben, was das Kind hat, weil sie mit dem, was sie selber hat, nicht zufrieden ist. Sie neidet also dem Kind einen Aspekt des Lebens, der ihr selber fehlt.

Das Kind wird ab diesem Moment eine andere Beziehung zu seinen Augen haben. Sie werden ihm ein Stück entfremdet, denn die Mutter hat sie mit ihrem Neid ein Stück an sich gezogen. Ein Teil des eigenen Selbst ist verloren gegangen, auf subtile Weise erobert und besetzt von der Person, die die meiste Liebe bekommt und gibt und von der die größte Abhängigkeit besteht. Um diese Liebe nicht zu verlieren, im Geben wie im Bekommen, opfert das Kind den unbefangenen Bezug zu seinen schönen Augen, und ein Schleier zieht sich über die Seele, denn das Selbst kann in diesem Bereich nicht weiterwachsen.

Die Beziehung zu sich selbst ist im Kind stückweise unterbrochen. Es hat keine klare und eindeutige Verbindung mehr zu dem inneren Teil, der von der Elternperson in Beschlag genommen wurde. Wenn sich solche Botschaften wiederholen oder in Variationen immer wieder auftauchen, entstehen weitere Unterbrechungen, die das Selbstgefühl immer mehr verwirren. Es schwindet das Gefühl von spontaner Lebendigkeit und von Verbundenheit mit der Außenwelt. An die Stelle dessen tritt ein ängstliches Funktionieren und zauderndes Herumtasten in der Welt. Schließlich kann der Mensch keine überzeugende Antwort mehr auf die Frage finden: Wer bin ich denn eigentlich?

Fallbeispiel:

Frau I. kommt in die Therapie, weil sie „das eigene Selbst nicht spüren" kann. Sie hat das Gefühl, ins Leere zu greifen, wenn sie sich auf sich selbst besinnt. Sie erlebt sich als unsicher und leicht zu verunsichern. Obwohl sie lebhaft und bilderreich über sich selber sprechen kann, wirkt sie, als wäre alles Reden ein äußerlicher Vorgang ohne innere Beteiligung.

Ihr Vater hat beständig allergisch und aggressiv auf jede Form von stärkerer Lebendigkeit von seiner Tochter reagiert. Er hielt es bis in ihr frühes Erwachsensein nicht aus, wenn sie laut war, wenn sie sich zu viel und zu frei bewegte und wenn sie stärkere Gefühle äußerte. Es war, als müsse er das alles unterdrücken und wäre erst zufrieden, wenn um ihn herum alles ruhig ist. Ihr Selbst und dessen Entwicklung sollte ihn nicht stören und sich seinen engen Maßstäben anpassen. Hier muss die Scham dafür sorgen, dass ihre Lebendigkeit unter Kontrolle bleibt, um den Vater nicht aufzuregen.

Die Mutter, die sich den Launen des Vaters immer untergeordnet hat, drangsaliert ihre Tochter auf andere Weise. Sie will sie bestärken, indem sie sagt, dass sie gerne so wäre wie die Tochter: Sie hätte gerne ihre hübsche Figur und ihre tänzerische Art, sich zu bewegen. Sie hätte auch gerne selber in ihrer Jugend die Freiheiten gehabt, die die Tochter bekommt.

Die Tochter hat ihren Selbstbezug verloren, weil sie auf der unbewussten Ebene meint, dass sie sich dem Vater unterordnen muss und ihrer Mutter alles schuldet, was sie selber ist, was also ihr Selbst ausmacht. Es ist so, als ob sie alles, worin ihre Lebendigkeit und Individualität besteht, ihren Eltern zurückgeben müsse für deren versäumtes Leben. Sie muss sich dafür schämen, dass sie das hat, was sie gerne hätten, dass sie so ist, wie sie gerne wären.

Langsam und Stück für Stück verläuft der Prozess der Wiederaufrichtung und Stärkung der Selbststrukturen, der Wiederinbesitznahme des Eigenen. Mit jedem Entwicklungsschritt und jeder bewussten Einsicht wachsen Selbstbezug und Selbstvertrauen und es mindert sich die Scham.

Fallbeispiel:

Herr Z. erzählt, dass er sich in seiner Arbeit als Lehrer, die er gut und mit viel Anerkennung macht, nicht wohlfühlt. Es kommt ihm vor, als würde er nicht hinter dem stehen, was er macht. Es kommt ihm vielmehr vor, dass er eine Rolle spielt, die er sich nur äußerlich angelernt habe. Er fürchtet, dass eines Tages jemand in seine Schulklasse käme, der ihn durchschaut und damit bloßstellt. Er hat den Eindruck, dass es unter der Oberfläche, die er nach außen zeigt, nichts Wertvolles gibt, und wenn das von anderen erkannt würde, bliebe nichts von ihm übrig.

Auf die Frage, welche Rolle er in seiner Familie gespielt hat, sagt er sofort: „Den Unterstützer der Mutter." Er ist der zweitältere Sohn, und die Mutter hat ihn von Anfang an benützt, um ihre emotionalen Bedürfnisse abzudecken. Er erkennt, dass er von ganz früh an vor allem bestrebt war, ihr zu gefallen und nichts falsch zu machen. Der Bezug zu eigenen Bedürfnissen und Wünschen ging auf diese Weise verloren. Jetzt, im mittleren Erwachsenenalter, weiß er nicht mehr, wer er eigentlich selber ist und was er will.

Die narzisstische Mutter, die ihr Kind als Erweiterung ihres Selbst wahrnimmt, hat ihm sein Selbst geraubt, mit einer konsequenten Konditionierung durch beständige Beschämung. Das bloßgestellte Kind gibt sein Selbst für die Mutter auf, ein ebenso sinnvolles wie destruktives Überlebensprogramm. In der Aufopferung, die die Mutter einfordert, bringt sich das eigene Selbst zum Opfer, das vom gierigen Unbewussten der Mutter einverleibt wird. In diesem emotionalen Gefängnis wird jeder Schritt zur eigenen Autonomie zum lebensbedrohlichen Risiko. Es bleibt ein Leben mit angepasstem Funktionieren als einzige sichere Option, bei der allerdings die eigene Lebendigkeit und Spontaneität auf der Strecke bleiben. Das Leben fühlt sich an wie ein halbes Leben, und der Weg zur Wiedergewinnung des eigenen Selbst erfordert viel Geduld und Beharrlichkeit.

Fallbeispiel:

Frau U. kommt in die Therapie, weil sie von sich meint, dass sie kein Selbstvertrauen und kein Selbstwertgefühl hat. In Beziehungen wird sie zuerst verehrt, wie sie das auch immer wieder von ihrem Vater erlebt, dann aber physisch oder emotional misshandelt, ähnlich ihrem jähzornigen Vater, der von einem Moment auf den anderen böse und gemein wurde, ohne jede Einsicht in sein Tun. Sie verliebt sich schnell und leicht, aber es dauert nicht lange, und sie bleibt wieder einsam, verbittert und depressiv zurück. Die Mutter hat ihr immer wieder gesagt, dass sie ihr nur Probleme bereite und dass ihr Leben viel einfacher und unkomplizierter verlaufen wäre, wenn sie keine Tochter bekommen hätte. Ihr Selbst hat keinen Platz in der Innenwelt ihrer Mutter, und nur einen fragilen in der Innenwelt des Vaters.

Die Rückholung des Selbst von ihren Eltern wäre eine mühsame und langwierige Arbeit, die sie für einige Sitzungen auf sich nimmt, aber bald aufgibt. So tief ist bedauerlicherweise das Ausmaß ihrer Selbstverdammung, die sie damit weiter tragen muss.

Scham und Familiendynamik

In vielen Familiengefügen entwickeln Kinder gemäß den unbewussten Erwartungen, die an sie gerichtet werden, oder den emotionalen Lücken, die im System herrschen, fixe Rollen, wie z.B. die Überverantwortliche, der Ehrgeizige, die Rebellin, der Versager, die Einschmeichlerin, der Kümmerer usw. (Bradshaw 1990, S. 130). Es ist wohl möglich, dass die Kinder, sobald sie auf die Welt kommen (oder sogar schon früher), eine Sensibilität dafür entwickeln, welche emotionalen Qualitäten und soziale Kompetenzen im Familiensystem fehlen. Sie sehen es als ihre Aufgabe, diese Lücken zu füllen. Sie übernehmen die Verantwortung, die die Erwachsenen aus irgendwelchen Gründen nicht tragen können, und entwickeln zu diesem Zweck die entsprechenden Charakterzüge und Persönlichkeitsanteile. Sie müssen freilich dafür ihr individuelles Wesen verleugnen und verbiegen, denn alles steht im Dienst der Bedürfnisse des Familiensystems. Das eigene Fühlen und Werten muss diesem Zweck angepasst und untergeordnet werden. Statt auf sich selbst zu achten und das eigene Gefühlsleben entwickeln zu können, legen solche Kinder das Hauptaugenmerk darauf, welche Auswirkungen das eigene Verhalten auf die anderen hat.

Scham- und Schuldgefühle haben bei diesen Anpassungsprozessen einen wichtigen Anteil, denn sie regeln mit ihrem inneren Sensorium das Rollenverhalten auf subtile Weise. Sobald das Kind der Rolle nicht entspricht, fühlt es sich beschämt und schuldig. Andererseits erwirbt es durch die Erfahrung, der Rolle zu entsprechen, ein übermäßiges Gefühl von Verantwortung und Bedeutung, eine angemaßte Großartigkeit, also eine Stolzfixierung, die häufig als Kehrseite der Scham auftritt.

Fallbeispiel:

Herr W. leidet an den fehlenden Kontakten mit seinen Geschwistern. Schon als Kleinkind hat er in seiner Familie dafür gesorgt, dass es seinen Geschwistern gut geht und dass sie sich untereinander vertragen sowie dass sie den Eltern gegenüber respektvoll sind. Er hat also von früh an die Rolle des Familienmanagers übernommen und sich auch noch zusätzlich darum gekümmert, seine Geschwister vor den Streitigkeiten der Eltern zu schützen. Der enorme Stress, den diese Rolle mit sich gebracht hat, sitzt noch immer in seinem Organismus, obwohl er schon im reiferen Alter ist. Er versteht nicht, warum sich einige der Geschwister von ihm abgewendet haben und kann sich nicht damit abfinden. Hinter seinem Überforderungssymptomen steckt die Scham, die Aufgabe nicht gut genug erfüllt zu haben, die im Unbewussten bis heute einen wichtigen Teil seiner Identität ausmacht, aber auch die Scham und die Wut, seinen eigenen Weg nicht voll gehen zu können, auf so viel eigenes Leben und Glück verzichtet zu haben.

Erst durch das Erkennen dieser unbewussten Dynamik wächst in ihm die Kraft, aus dieser Rolle auszusteigen und sich stärker dem eigenen Leben mit seinen Zielen zu widmen.

Eine angemessene Begleitung durch die Scham

Mit der Scham umgehen zu können, ist ein wichtiges Lerngebiet für Heranwachsende, um ihre emotionale und soziale Kompetenz zu trainieren. Die Scham ist ein durch und durch sozial geprägtes Gefühl, und deshalb brauchen wir andere Menschen zur Erkundung seiner geheimnisvollen und vielschichtigen Natur und zum Erlernen reifer Umgangsformen. Alle Kinder brauchen ein wertschätzendes und sensibles Umfeld, um diese Aufgabe zu meistern und ein unbefangenes Verhältnis zu diesem Gefühl zu erwerben. Sie bringen die Fähigkeit zum Schämen mit, es muss ihnen also nicht befohlen werden. Jedes Kind hat allerdings seine eigene Sensibilität und Verletzbarkeit, die sich im Verhältnis zur Scham zeigen.

Deshalb ist es wichtig, gemeinsam gute Wege zur Bewältigung der Schamreaktion zu entwickeln. Dabei kann das Verständnis leitend sein, dass die Scham eine sinnvolle, und, wenn sie maßvoll auftritt, wertvolle emotionale Reaktion ist. Behutsamkeit und Fingerspitzengefühl ist vonseiten der Erwachsenen angebracht, damit die Kinder ein gesundes Verhältnis zur eigenen Scham entwickeln können. „Wenn sich ein Kind schämt, hat es alle Fühler ausgestreckt, wie ihm begegnet wird, und registriert entsprechende Überschreitungen." (Hell 2018, S. 35)

Jedes Kind ist von sich aus bestrebt, sich optimal in die umgebende Sozialkultur einzupassen, wofür ihm das Schamgefühl als Sensor und Orientierungshilfe dient. Wenn es in seinen Schamgefühlen verstanden und ihm ein liebevoller Ausweg aus der Situation des Beschämtseins angeboten wird, erlernt es einen gesunden Mittelweg zwischen einer übermäßigen Scham einerseits und einer der Formen der Schamverleugnung andererseits, bis hin zu Selbstüberschätzung oder Schamlosigkeit.

Stolz und Scham in Balance

Es geht dabei auch um die Gratwanderung zwischen Stolz und Scham: Zuviel Bestätigung und Bewunderung stärkt den Narzissmus und erzeugt beim Kind eine übertriebene Identifikation mit dem Stolz, zu wenig Anerkennung und Ermutigung stärkt den Selbstzweifel und fördert die Tendenz zu übermäßigen Schamgefühlen. Diese Gratwanderung gelingt, wenn sich die Eltern immer wieder auf den Wesenskern des Kindes beziehen können und den in ihm wirkenden Kräften vertrauen und nicht die eigenen Ambitionen oder nichtgelebten Zielvorstellungen auf das Kind projizieren. Immer dort, wo das Kind solche Diskrepanzen spürt, wird es mit Scham reagieren und diese Scham entweder in ein übermäßiges Leistungsdenken und/oder in ein schwelendes Mangelgefühl übersetzen.

Die Bindungssicherheit, die sich zwischen Eltern und Kind von Anfang an aufbaut, liefert die tragfähige Basis für das Erwerben eines maßvollen Verhältnisses zwischen Scham und Stolz. Die Schamreaktion verunsichert die Vertrauensbasis, und das verständnisvolle Eingehen der Eltern auf das verschämte Kind stellt die Sicherheit wieder her. Die elterliche Reaktion sollte nicht darin bestehen, den Fehler oder die Unachtsamkeit des Kindes zu vertuschen, sondern ihm zu versichern, dass es geliebt wird, auch wenn es nicht vollkommen und fehlerfrei ist. Eltern brauchen ein Verständnis für die Unsicherheiten ihres Kindes und ein Vertrauen auf seine Lernfähigkeit. In diesem Rahmen kann es ein entspanntes Verhältnis zur Scham aufbauen, mit dem Wissen, dass es in Ordnung ist, sich hin und wieder zu schämen, dass es aber im Kern seines Wesens gut und liebenswert ist. Es vertraut darauf, dass sich Schamerfahrungen gut auflösen und die nahen Beziehungen dadurch vertieft werden. Es entwickelt seine eigenen Werte in der Auseinandersetzung mit den in der Familie herrschenden Normen.

Eltern sind auch nur Menschen und keine Heiligen. Sie müssen meist vielfältige Belastungen in ihrem Leben tragen, und dazu zählt auch, neben allen schönen und erfüllenden Seiten, das Leben mit den eigenen Kindern. Die Eltern geben, die Kinder nehmen, so lautet das Grundgesetz der Familienordnung. In früheren Gesellschaften war die Kindererziehung in eine erweiterte Familie eingebettet; in den modernen Kleinfamilien stoßen Eltern und vor allem auch Alleinerziehende häufig an die Grenzen ihrer Belastbarkeit. Gereizte und genervte Reaktionen auf das Verhalten der Kinder sind meistens Folge von Stress, allerdings speist sich die Form, in der diese Reaktionen ausfallen, häufig aus den eigenen frühen Erfahrungen als Kind. Die Weise, wie ein Elternteil als Kind beschämt wurde, taucht schnell auf, wenn Anspannung und Müdigkeit steigen. So wird häufig das Beschämungsmuster, das man als Kind erleben musste, an die eigenen Kinder weitergegeben.

Eltern durchlaufen im Begleiten des Prozesses der Entwicklung ihrer Kinder nochmals ihre eigene Kindheit, mit vielen unbewussten Anteilen. Die Chance, die Kinder als Spiegel für die eigenen Kindheitsthemen zu nutzen, besteht in jedem Fall. Oft heißt es, dass die eigenen Kinder die größten Lehrmeister sind – Lehrmeister für alle, die bereit sind, am eigenen Unbewussten zu arbeiten, um bessere Menschen und Eltern zu werden.

Viele werdende Eltern nehmen sich vor, es besser zu machen als ihre eigenen Eltern. Und das ist auch gut und wichtig so. Zugleich sollten wir uns bewusst sein, dass unbewusste Prägungen eine starke Wirkung haben. Gerade wenn im Inneren

Stress und Überlastung herrschen, werden alte Schutzmechanismen ausgegraben, die längst nicht mehr sinnvoll und konstruktiv sind. Manchen ist da schon der Mund oder sogar die Hand ausgerutscht, wenn die Kinder „schlimm" waren. Mit einiger Bewusstheit lassen sich alle Unachtsamkeiten durch Entschuldigungen und empathische Gespräche wieder ausbügeln.

Ärger wird es nur, wenn den Kindern zu den verbalen oder nonverbalen Gewaltakten die Schuld gegeben wird: „Du brauchst dich nicht wundern, dass ich so zornig bin, so, wie du bist." Solche Aussagen zeigen, dass die Eltern nicht ausreichend gelernt haben, mit der eigenen Scham zurechtzukommen. Sie nutzen solche Rechtfertigungen, um nicht spüren zu müssen, dass sie sich eigentlich schämen, weil sie, die Großen, so aggressiv auf das Kleine waren.

Ein angemessenes Verhältnis zu den eigenen Schwächen und Fehlern und damit zur konstruktiven Kraft der Scham bildet eine gute Voraussetzung dafür, die eigenen Kinder durch die Labyrinthe dieses Gefühls zu führen. „Tatsächlich trägt maßvolles Schamerleben, je persönlicher und privater es wird, dazu bei, dass Heranwachsende sich vermehrt nach eigenen Werten richten und selbstständiger werden. Es motiviert darüber hinaus zu eigenen Leistungen, ohne dass andere Menschen dazu motivieren müssen, wie dies im Vorschulalter noch die Regel ist." (Hell 2018, S. 37)

Scham in der Schulzeit

Viele Menschen nehmen aus ihrer Schulzeit beschämende Erfahrungen mit. Das war wohl so, seit es Schulen gibt und wird vermutlich noch lange so bleiben, solange das Wissen über die destruktive Macht des Einsatzes von Scham in Erziehung und Bildung mangelhaft beachtet wird. Den vielen Reformbestrebungen im Schulsystem zum Trotz gibt es nach wie vor viele Quellen für Beschämungen, sowohl auf personeller wie auf struktureller Ebene. Tragisch sind solche Phänomene nicht nur deshalb, weil sie der Seele der Jugendlichen Schaden zufügen, sondern auch, weil sie oft die Freude am Lernen und am geistigen Wachsen vermiesen. Andererseits habe ich in meiner eigenen Zeit im Lehrberuf viele Veränderung zu mehr Bewusstheit, Respekt und Ernstnehmen der Innenwelt der Jugendlichen erfahren können, vor allem im Vergleich zu meiner eigenen Schulzeit in den sechziger Jahren des vergangenen Jahrhunderts, die noch von vielen Elementen der schwarzen Pädagogik und von NS-Überresten durchtränkt war.

Anlässe für Beschämungen in der Schule (Haas 2013) gibt es vor allem auf drei Ebenen:

- Beschämung durch die Lehrpersonen: Lehrer und Lehrerinnen setzen die Scham als Erziehungs- und Disziplinierungsmittel ein.

- Beschämung durch die Gleichaltrigen: Mitschüler und Mitschülerinnen machen einander lächerlich und setzen Mobbing ein.
- Beschämung von Lehrpersonen durch Schüler und Schülerinnen: Unsichere Lehrer und Lehrerinnen werden lächerlich gemacht und abgewertet.

Wenn Kinder in die Schule kommen, treten sie in eine neue Lebens- und Entwicklungsphase ein. Sie müssen mehr Verantwortung für sich selber übernehmen und werden mit neuen Bewertungsstandards konfrontiert. Sie werden von der Schule vor allem über ihre Leistung definiert und gemessen. Die Kinder vergleichen sich mit ihren Klassenkameraden, geben und kriegen neue Werte und Orientierungen. Denn zugleich ist die Schule ein Ort des sozialen Lernens, ein eminent wichtiger Bereich, der in den meisten Schulen allerdings nebenbei abläuft und nur bei groben Störungen Beachtung findet. Für viele Kinder ist jedoch das Gefühl der sozialen Akzeptanz der Hauptfaktor für das Wohlfühlen in der Schule und damit der vulnerabelste Lebensbereich in diesem Alter. Denn die Gleichaltrigen werden zu wichtigen Bezugspersonen, während die Eltern in den Hintergrund treten. Bei der Peergroup gut anzukommen, erhält eine zentrale Bedeutung.

Deshalb hat das Thema Scham und Beschämung eine besondere Rolle im Schulalltag. Denn an diesem Thema entlang pendelt sich das Sozialgefüge einer Schulklasse ein. Gelingt es, Beschämungen und Verhämungen, Herabwürdigungen und Verspottungen im Zaum zu halten und deren schädliche Wirkung für alle klarzustellen und stattdessen ein wertschätzendes und unterstützendes Klima aufzubauen, dann können die Schüler und Schülerinnen entspannt dem Unterricht folgen und gute Leistungen erbringen. Herrschen aber Hänseleien, Sticheleien, Cliquenbildungen, Ausgrenzungen oder sogar Gewaltakte vor, so entstehen schwere Schäden für die Klassengemeinschaft und jedes einzelne Kind, die oft noch ein Leben lang weiterwirken. Häufig liegt in solchen Erfahrungen der Grund, dass die Begriffe „Schule" und „Lernen" zu Reizworten werden. Alles, was damit zusammenhängt, wird um jeden Preis gemieden, was zum eigenen Schaden gereicht. Die Scham vor einer Blamage und der nachfolgenden Abwertung durch Gleichaltrige hat so manche Schulkarriere viel zu vorzeitig zum Abbruch gebracht. Außerdem befestigen sich durch solche Erfahrungen negative Einstellungen zum Bildungssystem, die dann unter Umständen wieder an die eigenen Kinder weitergegeben werden und deren Bildungskarriere überschatten.

Deshalb ist es ein dringendes Erfordernis, die Schulen als beschämungsfreie Zonen zu gestalten. Beschämung erzeugt Stress, und Stress ist gesundheitsschädlich und lernfeindlich. Kinder, die sich in der Schule sicher und angenommen fühlen, lernen gerne, entfalten ihre Kreativität und soziale Fähigkeiten und bleiben gesund. Jede Form von Mobbing wird hintangehalten, und die Schüler und Schülerinnen können ein starkes Selbstwertgefühl aufbauen, das sie in ein stabiles Erwachsenenleben mitnehmen können.

„Alles Lernen kann Scham auslösen." (Marks o.J.a, S. 9) Aus diesem Grund sollten alle Lehrpersonen eine hohe Sensibilität für Schamauslöser bei ihren Schülern entwickeln. In dem Maß, wie sich Lehrende mit ihren eigenen Schamthemen auseinandersetzen, insbesondere jenen, die mit der eigenen Schulerfahrung verbunden sind, werden sie eine solide Schamkompetenz erwerben, die der Schamresilienz der ihnen anvertrauten Kindern und Jugendlichen zugutekommt.

Eine beschämungsfreie Schule kann viel leichter und gewissermaßen nebenher andere soziale Funktionen erfüllen, die immer mehr in die Schulen hineingetragen werden. Bei dysfunktionalem familialem Hintergrund werden die offenen emotionalen und sozialen Bedürfnisse den Kindergärten und Schulen weitergereicht und überfordern dort häufig die zur Verfügung stehenden Ressourcen. Aber unter beschämungsfreien Bedingungen kann eine misslungene familiale Sozialisation ausgeglichen und „auf einen Resilienzprozess" umgelenkt werden (Cyrulnik 2018, S. 83).

Ausblick

Die nächste herausfordernde Phase in der Entwicklung junger Menschen stellt, wie schon von alters her bekannt, die Pubertät dar. Klarerweise birgt auch diese Zeit mannigfaltige neue Möglichkeiten für Schamgefühle. Denn es steht nicht nur die sich entwickelnde erwachsene Sexualität auf dem Prüfstand der Eigen- und Fremdbewertungen; dazu kommen der Schritt in die Unabhängigkeit vom Elternhaus und der Entwurf von eigenen Lebenszielen. Erste Liebesbeziehungen und Partnerschaften sind weitere Herausforderungen für den Selbstwert und die Selbstfindung, beim Navigieren zwischen Stolz und Scham, in deren Mitte sich dann das erwachsene Selbst positionieren wird.

Aristoteles war der Meinung, dass das Schamgefühl nur ins Jugendlichenalter passe. „Wir meinen nämlich, dass der Jugendliche schamhaft sein müsse, weil er im Affekte lebt und viele Fehler begeht, die Scham aber hindere ihn daran." (Aristoteles 322 v., S. 150f) Doch wissen wir aus eigener Erfahrung, dass uns im Erwachsenenleben weder die Leidenschaft gänzlich verlassen muss, noch dass wir je die Tugend im Vollsinn erlangen. Außerdem müssen wir zugeben, dass auch das Alter vor Torheit nicht schützt. Wir bleiben weiterhin fehleranfällig und emotionsgeleitet. So können wir getrost davon ausgehen, dass uns die Scham unser ganzes Leben hindurch als Wächterin und Behüterin begleitet.

Die Erwachsenenzeit ist üblicherweise geprägt von Beruf, Partnerschaft und Familie. Alle diese Bereiche bieten Anlässe für neue Schamerfahrungen, doch werden sie von einer gefestigten Persönlichkeit gut integriert werden können. Dort, wo die Kindheit im Sinn unaufgearbeiteter Schamverletzungen nach wie vor im Unterbewussten aktiv ist, kann es schnell zu retraumatisierenden neuen Beschämungserfahrungen kommen, von denen einige Beispiele in diesem Buch dargestellt sind.

Vor neue Herausforderungen stellt das Älterwerden, das für viele schon jenseits von dreißig spürbar wird. Der unweigerliche Verlust von Fähigkeiten, Fitness und Belastbarkeit ist Anlass von Scham, die oft aber erst dann deutlich zu Bewusstsein kommt, wenn Pflege notwendig wird, wenn man also nicht mehr in der Lage ist, die einfachen Lebensvorgänge selbständig zu erledigen. All diese Themen würden den Rahmen dieses Buches sprengen, aber es ist erfreulich zu sehen, dass dem Thema Scham im Alterungsprozess und in der Altenpflege vermehrte Aufmerksamkeit zukommt (z.B. Birkemeyer 2007).

Schließlich stehen wir alle irgendwann vor der Situation, dieses Leben abzuschließen und uns für immer zu verabschieden. Selbst dann kann sich ein letztes Mal die Scham melden, unter all den anderen Gefühlen, die da kommen werden. Die Scham wird uns auf das hinweisen, mit welchen Erfahrungen unseres Lebens wir noch nicht im Einklang sind. Sie dient als Hinweis darauf, mit unserem Leben als Ganzem Frieden zu schließen, die beste Voraussetzung für ein freies letztes Loslassen.

14. Mit unserer Scham in Frieden kommen

Wo Scham ist, soll Würde zurückkehren, so könnte das Motto des letzten Abschnitts und das Anliegen dieses Buches lauten. Von Würde und Selbstbewusstsein ist unser „Naturzustand" bestimmt, ist unser eigentliches Sein und Wesen getragen. Alles, was dieser Menschenwürde abträglich ist und sie beschneidet, soll beseitigt werden, und all die Wunden, die durch Scham und Beschämung im Lauf der eigenen Lebensgeschichte geschlagen wurden, mögen Heilung finden.

Wir müssen uns nicht von der Scham insgesamt heilen, mit dem Ziel, uns niemals wieder zu schämen. Die Scham ist eine wichtige und unverzichtbare Begleiterin in unserem sozialen Leben. Menschen sind an sich schon komplexe Wesen, und ihr Zusammenleben ist deshalb um ein Vielfaches komplexer und hochgradig störanfällig. Dazu kommt ein enormer Anstieg an Dichte in sozialen Netzen und Kommunikationsbeziehungen durch die fortschreitende kulturelle Evolution. Die Scham ist wie ein Feinsensor für unsere Aktionen in diesen diffizilen Belangen, und wir können sie nutzen, um die vielfältigen emotionalen Abstimmungen mit unseren Mitmenschen zu verbessern.

Wir brauchen also die Scham als Begleiterin für unsere Navigationsbewegungen durch die Tiefen und Untiefen der vielfältigen sozialen Felder. Ein ausgeprägtes Schambewusstsein bietet die beste Grundlage für diese unverzichtbare Fähigkeit, indem wir die feine Sensibilität für dieses geheimnisvolle Gefühl und eine Offenheit für seine Regungen in uns pflegen.

Was wir nicht brauchen, ist die toxische, krankmachende, maladaptive Scham, die Scham in ihren übersteigerten oder unterdrückten Formen. In beiden Fällen drückt sie unseren Selbstwert und schränkt unsere Kommunikationsmöglichkeiten ein, in beiden Fällen verursacht sie inneres und oft auch soziales Leid. Wir sprechen hier von Schammustern oder vergiftender Scham: Eine Scham, die in übermäßiger oder überwältigender Weise durch verletzende Erfahrungen ausgelöst wird und zu belastenden und lähmenden emotionalen und körperlichen Zuständen führt. Solche Erfahrungen wirken im extremen Fall traumatisierend. Sie haben meist ihre Wurzeln in frühen und prägenden Lebenssituationen haben, in denen die inneren und äußeren Ressourcen zu ihrer Bewältigung nur mangelhaft gegeben waren. In diesen Fällen sind wir auf Klärung, Auflösung und Heilung angewiesen, um als Menschen wieder ganz zu werden und unsere Potenziale voll leben zu können.

Es ist deshalb wichtig, Wege zu finden, wie wir mit unserer Scham Freundschaft schließen können. In vielen unangenehmen Lebenssituationen haben wir sie als Feindin erlebt und deshalb begonnen, sie abzuwehren, zu übersehen, zu ignorieren oder zu übersteigern. Wenn wir aus Feinden Freunde machen, beginnen wir damit, dass wir ihre guten Seiten erkennen und anerkennen. Dann akzeptieren wir ihre Schwächen und lernen sie zu verstehen, bis sie der Freundschaft nicht mehr im Weg stehen. In Bezug auf die Scham heißt das, ihre hilfreichen und ihre verstörenden Seiten kennen und annehmen zu lernen. Die Scham als Freundin macht uns das Leben in vielen Belangen leichter und hilft uns, mit uns selber und unseren Mitmenschen besser auszukommen. Dort, wo sie uns unnötig belastet, geht es darum, dass wir uns aus ihrem Griff befreien und sie in Freundschaft verabschieden.

Indem wir die Scham mehr und mehr erkunden, fällt es uns leichter, die soziale Scham von der kindlichen zu unterscheiden. Die soziale Scham entsteht durch die Übertretung von interpersonellen Regeln und durch die Missachtung von persönlichen Bedürfnissen oder Erwartungen anderer Menschen. Sie macht uns auf Grenzen aufmerksam, auf die wir unser Augenmerk richten sollten. Die kindliche Scham bezieht sich auf Bedürfnisse, Ängste, Erwartungen und Regeln, die wir aus der Kindheit auf einer unbewussten Ebene mitgenommen haben und die in unserem Erwachsenenleben keinen sinnvollen Platz mehr haben und mit unseren aktuellen Beziehungen nichts zu tun haben. Die sozialen Schamthemen können wir für unser Lernen nutzen, um ein besserer Mitmensch zu werden; die kindlichen dienen als Anlass zur Selbstreflexion und inneren Aufarbeitung, damit wir uns von den einschränkenden Verhaltensmustern befreien, die in ihrem Schlepptau kommen.

Die Scham ist ein Gefühl, das, wie alle anderen Gefühle auch, entsteht und wieder vergeht. Sie kann sich aber, im Unterschied zu anderen Gefühlen, mit dem Vergehen sehr schwertun und viel Zeit lassen. Oft schießt sie ein, angesichts einer aktuellen Erfahrung, und verabschiedet sich dann nur sehr schleichend; sie kann auch schnell wieder hochpoppen, wenn eine ähnliche Situation auftritt. Und sie kann sich im Inneren einnisten und eine beständige Trübung und Bedrückung hervorrufen. Ein Klient hat sein Leben vor dem Beginn der Selbsterforschung so beschrieben: „Die Scham war in allen Fasern meines Körpers."

Die Scham gehört zu den unangenehmsten, belastendsten und schmerzlichsten Gefühlen. Deshalb haben wir so viele Abwehrformen gegen das Spüren der Scham entwickelt, deshalb glauben wir, uns mit allen Mitteln und auf den unterschiedlichsten Wegen davor schützen zu müssen. Doch die Vermeidung der Scham hilft uns nicht weiter, sie macht uns nur härter und eingeschränkter. Sie nimmt uns Lebensmöglichkeiten weg und verringert die Daseinsfreude. Sie mindert unser Selbstwertgefühl und die Beziehung zu uns selbst.

Andererseits ist die Scham ein wichtiger Indikator für uns selbst und für die zwischenmenschliche Umgebung, in der wir uns befinden. Es geht also darum, ein angemessenes, sozial- und selbstverträgliches Verhältnis zu unserer Scham zu gewinnen, alte Themen, die uns in übertriebene Schamgefühle stürzen, aufzuspüren und aufzulösen, und von aktuellen Themen unterscheiden zu können.

Zunächst werden wir uns einfachen Methoden widmen, die für die Schamentlastung hilfreich sind. Sie dienen als kleine Landkarten für das Wandern in den Gegenden der Scham. Wir können dabei drei Ebenen der Schambewältigung unterscheiden:
- Der zwischenmenschliche Kontakt
- Die Selbstbeziehung
- Beratung und Therapie

Wir haben diese drei Bereiche der Schambewältigung zur Verfügung und können sie je nach Möglichkeit und Dringlichkeit nutzen. Die Wunden der Scham, die in unsere Seele geschlagen wurden und im Leben immer wieder angerührt werden, brauchen einen guten empathischen Rahmen. Die Adressaten dieses Bedürfnisses sind zunächst die Menschen in unserer Umgebung, in der Familie, im Freundeskreis, im Arbeitsumfeld – im Grunde alle näheren sozialen Kontakte. Damit sind wir selber auch die Ansprechpersonen für die Schamreaktionen unserer Mitmenschen. Alle Schamthemen haben ihre Wurzeln im direkten Kontakt mit anderen Menschen, und dort ist auch das erste Feld ihrer Heilung.

Auf der nächsten Ebene geht es um die Selbstbeziehung, auf die uns die Scham aufmerksam macht und mit der wir mit uns und unseren Unvollkommenheiten Frieden schließen können. Für hartnäckigere und unbewusst gesteuerte Schammuster, die unseren Selbstwert herunterdrücken und unsere Lebensmöglichkeiten nachhaltig einschränken, gibt es die Angebote der professionellen psychologischen und psychotherapeutischen Unterstützung, die in Kapitel 17 besprochen wird.

Erste Schritte zur Schamlösung im zwischenmenschlichen Bereich

Das Modell der vier Schritte stellt eine einfache Landkarte für die Auflösung von Schamthemen im mitmenschlichen Bereich zur Verfügung. Es enthält grundlegende Elemente für die bewusste Aufarbeitung von allen Aspekten der Schambelastung.

- Erkennen
- Benennen
- Mitteilen
- Verständnis erhalten

Auf all den genannten Ebenen können wir vier Schritte der Schamlösung, die ineinandergreifen, unterscheiden: Vom Erkennen der Scham, die uns unser inneres Sensorium meldet, kommen wir zum Benennen, indem wir dem, was wir spüren, einen Namen geben. Damit können wir die Scham in die Kommunikation einbringen, in den Raum, in dem sie entstanden ist. Nur eine ausgesprochene Scham kann das, was sie zur Heilung braucht, erhalten, nämlich Verständnis und Mitgefühl (Marks 2007).

Erkennen

Die Scham versteckt sich gerne, häufig hinter einer diffusen Alltagsstimmung. Wir fühlen uns ganz gut, nicht wirklich erfüllt oder glücklich, nicht wirklich miserabel, eben: „Es geht so". Im Untergrund aktive Schamgefühle können solche Stimmungen einfärben.

Die Scham aus dem geheimen Eck unserer Seele hervorzuholen und sie spüren zu lernen, ist die erste Aufgabe bei der Schamlösung. Sie äußert sich in subtilen Trübungen des Wohlgefühls, in Einschränkungen der Wahrnehmung, in kreisenden Gedanken. Die einfache Leitfrage ist dazu hilfreich: „Gibt es etwas, wofür ich mich gerade schäme?" Es können Kleinigkeiten sein, die uns peinlich sind; hinter diesen Kleinigkeiten können auch tiefere Schamverletzungen stecken. Aber anfangs genügt es, sich die alltäglichen Anlässe der Scham bewusst zu machen, auch wenn diese banal oder unnötig erscheinen mögen.

Die Scham wird häufig durch andere Gefühle versteckt. Wie wir im Abschnitt über die Scham und die anderen Gefühle gesehen haben, gibt es praktisch kein Gefühl, das nicht mit einer Scham zusammenhängen kann. Speziell die Gefühle, die wir zur Abwehr der Scham einsetzen, dienen uns als Hinweise, uns der dahinterliegenden Scham bewusst zu werden.

Wenn wir unsere Scham in den Blick nehmen und bewussten Kontakt mit ihr aufnehmen, erlösen wir sie aus ihrer tabuisierten Stellung und holen sie als wertvolles Element in den Moment, achtsam und mit nicht-wertendem Gewahrsein (Marks 2007, S. 157). Wir bringen Licht in einen dunklen Winkel unseres Inneren und lüften sein Geheimnis.

Benennen

Die Scham muss nun benannt werden, also mit einer Kognition verbunden werden, weil sie meist nur vage spürbar auftritt und häufig mit anderen Gefühlen verwechselt wird oder von ihnen überdeckt ist. Sie kann sich in den verschiedensten Körperempfindungen ausdrücken, ist aber oft nur schwer lokalisierbar. Die Benennung bringt die Scham als Scham zum Bewusstsein.

Die Benennung raubt der Scham die Macht. Sie hält zwar ihren Einfluss durch Vagheit und Unbestimmtheit aufrecht, mit der sie oft die Stimmung trübt. Doch das Aussprechen der eigenen Scham schwächt diesen Einfluss. Das Eingestehen der Scham erfordert viel Mut, weil das Schämen mit Angst verbunden ist: Mit der Angst, nicht angenommen und verstanden zu sein. Deshalb ist es bequemer, dem unguten Gefühl keinen Namen zu geben und es im Vagen zu belassen.

In der Scham sind wir schnell sprachlos. Und Sprachlosigkeiten sind häufig Ausdruck von Scham: „Es verschlägt mir die Sprache." Der Schritt aus dem Verstummen erfordert viel Mut, denn die Scham ist eng mit der Angst vor dem Bloßstellen verbunden, und jedes Eingestehen von Scham wirkt wie eine neuerliche Bloßstellung. Eine benannte Scham verliert jedoch ihre lähmende Wirkung. Wenn es uns gelingt, unsere Scham zu benennen, rückt sie ins Licht unserer Bewusstheit und fügt sich dort, wo eine Unterbrechung passiert ist, wieder in den Ablauf unseres Lebens ein. Sie hat keinen abgetrennten Platz mehr, von dem aus sie unterschwellig auf unser Leben einwirkt, ohne dass wir diesen Einfluss hemmen könnten. Erst indem wir dieser Kraft ihren Namen geben, wird sie wieder handhabbar.

Von alters her ist bekannt: Was einen Namen kriegt, büßt seinen beherrschenden Bann ein, wie im Märchen vom Rumpelstilzchen. Wie wir im Abschnitt über die Geheimnisse in Kapitel 9 gesehen haben, wächst die psychische Macht von Themen, je länger sie unbenannt und unbesprochen unter dem Teppich lauern.

Benennen beinhaltet auch, sich der Scham zu stellen und sie als Gegenüber zu nehmen, in Beziehung mit ihr zu treten. Die innere Spaltung, die mit verdrängten Schaminhalten einhergeht, wird aufgehoben und in einen lebendigen Kontakt umgewandelt. Es findet die innere Auseinandersetzung statt, die auf beiden Seiten zur Veränderung führt.

Mitteilen

Im nächsten Schritt wird diese Auseinandersetzung in den interaktiven Raum eingebracht. Der soziale Aspekt der Scham wird zum Thema, indem die angesprochene Person auf das Schamthema reagieren kann. Die Mitteilung nimmt den letzten Schleier des Geheimnisses weg und stellt die Schamerfahrung in die Öffentlichkeit. Auch dieser Schritt erfordert ein Quantum an Mut.

Im Mitteilen müssen wir eine schambesetzte Schwelle überschreiten, wir stehen vor anderen zu unserer Scham und stärken damit unseren Selbstwert. Wir gestehen uns die Schwäche zu, auch einmal beschämt zu sein und gewinnen daraus eine besondere Stärke.

Dieser Schritt braucht ein empathisches Umfeld, eine nichtwertende, bedingungslos annehmende Person, die signalisiert, dass sie die Scham versteht. Sie wird durch die empathische Haltung entkräftet und überschrieben. Die Botschaft der Empathie lautet: „Du darfst dich schämen, das ist nicht schlimm, das ist menschlich, und du bist in Ordnung." Dann vergeht die Scham und weicht einem gestärkten Selbstgefühl, das die überwundene Scham mitenthält.

Wenn wir Schamerfahrungen an die Öffentlichkeit bringen, sind wir mit dem Risiko konfrontiert, auf Personen zu stoßen, die dafür kein Verständnis aufbringen können und damit unsere Schambelastung verstärken. Sie können die Qualität des Verstehens nicht aufbringen, die es bräuchte, um die Scham zu lösen. Stattdessen wird die Scham nur vermehrt. Eine innere Erwartung wird bekräftigt, wegen der Scham abgewertet oder verachtet zu werden. Oft sind jene, die die Beschämung ausgelöst haben, noch immer in ihrem Muster der Schamabwehr, womit sie unsere Schamwunde abermals vertiefen, und statt der Heilung der Scham erleben wir eine neuerliche Beschämung.

Also gilt es, für angemessene und heilsame Bedingungen zu sorgen, wenn wir ein heikles Schamthema ansprechen wollen. Es ist sinnvoll, die Person vor einer Schammitteilung zu fragen, ob sie in der Lage ist, mitfühlend zuzuhören, und die Umstände abzuklären, die den Zweck der Schamlösung unterstützen.

Verständnis bekommen

Die Schamerfahrung kann erst dann vollständig heilen, wenn sie auf zwischenmenschliches Verständnis und Empathie stößt. Die bestärkende Reaktion bedeutet, dass die Zugehörigkeit zur sozialen Einheit bestätigt wird. Die hinter der Scham steckende Angst vor dem Ausschluss aus dem Kollektiv wird aufgelöst. Die verständniszeigende Person signalisiert, dass das Schämen zum Menschen gehört und Akzeptanz verdient.

Das Verständnis von Personen, die nicht an der Schamsituation beteiligt waren, tut gut, ist aber nicht immer ausreichend, um die Scham im eigenen Inneren zu befrieden. Es bedarf in vielen Fällen der empathischen Annahme durch die Person, mit der die Schamsituation entstanden ist.

Ohne die Rückversicherung durch unsere Mitmenschen kommen wir schwer aus unserer Scham heraus. Schließlich hat uns die Schamerfahrung aufgezeigt, dass wir einer Erwartung von Mitmenschen nicht entsprochen oder eine Norm oder Regel des Zusammenlebens verletzt und damit unsere Mitmenschen vor den Kopf gestoßen haben. Darum brauchen wir gerade von ihnen die Rückmeldung, dass sie unsere Einsicht akzeptieren, sodass der Vorfall gemeinsam verabschiedet werden kann.

Jede alte Schamwunde, die geheilt wurde, schwächt die unbewusste Tendenz, andere zu beschämen. Umgekehrt erzeugen ungelöste Beschämungen neuerliche Verletzungen und hinterlassen Wunden, aus denen die Neigung erwächst, wiederum anderen Beschämungen anzutun. Die Beschämungskreisläufe gehen weiter.

Durch gelungene Schammitteilungen gewinnen wir eine neue Einstellung, die wir nutzen können, wenn andere sich beschämt zeigen. Da wir unsere eigene Scham zur Freundin gewonnen haben, brauchen wir unsere Mitmenschen nicht wegen ihrer Scham zu verachten. Vielmehr können wir besser verstehen, dass die Scham sie zurückführen will: Zu ihrer Identität und zur sozialen Einheit, die durch das schamauslösende Ereignis verlorengegangen sind. Wir können das Unsere dazu beitragen, dass es schneller und leichter geht.

Erste Schritte zur Schamlösung in uns selbst

Akuthilfe bei einer Schamüberreaktion

Sollten wir von einer angstgeprägten Schamreaktion überfallen werden, die uns überflutet und uns manchmal sogar paralysieren kann, ist der Atem die beste Hilfe, um rasch wieder in den Normalzustand zu kommen. Es hat kurzfristig die vagale Bremse versagt, unser Nervensystem ist in den alten (dorsalen) Parasympathikusmodus gekippt und kämpft scheinbar ums Überleben. Wir sind vom Großhirn ins Stammhirn gerutscht und fühlen uns restlos überfordert.

Indem wir uns auf unsere Atmung konzentrieren, ruhig ein- und ausatmen und die Ausatmung entspannen, können wir die Übererregung dämpfen und unser inneres Gleichgewicht wiederfinden. Damit versetzen wir uns in die Lage, die Wirklichkeit abzuschätzen und reale und eingebildete Bedrohungen zu unterscheiden. Gibt es einen Grund, uns zu schämen? Haben wir etwas falsch gemacht? Wie können wir die Situation bereinigen? Auf diese Weise erlangen wir unsere Handlungsfähigkeit zurück.

Um solchen Schamattacken vorzubeugen, indem wir nachhaltig unsere vagale Bremse trainieren, empfehle ich als einfach anwendbare Methode das „Kohärente Atmen" (Ehrmann 2016). Täglich für ein paar Minuten geübt, verbessert es unsere Stresskompetenz und die Fähigkeit, unser Nervensystem, unseren Herzschlag und den Kreislauf zu regulieren. Mit einem gestärkten Parasympathikussystem und einer wirksamen vagalen Bremse bleiben wir leichter in der Gelassenheit und können unsere Überreaktionen schneller zurückregulieren.

Selbstannahme statt Scham

Wollen wir die Scham in uns selbst auflösen, so gilt es, sie zu verstehen, uns in Fehlertoleranz zu üben und einen größeren Zusammenhang zu öffnen. Manchmal sind Schamthemen so mächtig, dass man sich nicht vorstellen kann, sie irgendjemandem mitzuteilen. Dann ist es wichtig, mit sich selber eine gute empathische Beziehung aufzubauen, Verständnis zur eigenen Not und zum eigenen Leid zu entwickeln und zu kultivieren, bis sich die Scham befriedet oder einer Person des Vertrauens mitgeteilt werden kann. Diese vier Schritte helfen bei der inneren Schamlösung.

- Erkenne und anerkenne, dass du ein Mensch bist: Menschen sind fabelhaft und fehlerhaft.
- Trenne zwischen deinem Verhalten und deiner Person: Du hast vielleicht etwas falsch gemacht, aber du bist kein falscher Mensch.
- Kultiviere Selbstmitgefühl und Selbstverzeihen.
- Finde etwas, wofür du dich anerkennen kannst.

Die Fehlerhaftigkeit annehmen

Wir Menschenwesen sind nicht zur Perfektion geschaffen. Wir haben freilich einen überklugen Verstand, der die Fähigkeit hat, (Wahn-)Ideen der Vollkommenheit zu entwickeln. Deshalb bauen wir Maschinen, um diese Ideen endlich wirklich werden zu lassen, und bisher haben wir nicht einmal eine einzige fehlerfreie Maschine zustande gebracht.

Wir machen Fehler und können gar nicht anders, als daraus zu lernen. Fehler sind es, die uns zum Lernen anregen. Wenn wir uns für Fehler nicht verurteilen, lernen wir mehr daraus und können sie leichter korrigieren. Schämen wir uns für einen Fehler, so haben wir uns einmal zu viel geschämt. Sobald wir den Fehler zum Lernen nutzen, wissen wir, dass wir den richtigen Fehler gemacht haben. In diesem Sinn enthalten die großen Fehler die großen Lernschritte.

Das Verhalten und die Person unterscheiden

Wir sind fehlerhaft in dem, was wir tun oder unterlassen. Was wir machen, also unser Verhalten, ist manchmal sinnvoll, manchmal unsinnig, manchmal konstruktiv und dann wieder erfolglos, manchmal schaffen wir Gutes und zu einer anderen Gelegenheit richten wir einen Schaden an. Wir sind trotz unserer Fehleranfälligkeiten keine grundsätzlich fehlerhaften Wesen, sondern eben Menschen mit Stärken und Schwächen, wie alle anderen auch. Wir tragen eine Würde in uns, die durch keinen noch so großen Schnitzer auch nur angekratzt wird. Wir können in unserem Leben tun und lassen, was wir wollen, diese innere Würde bleibt erhalten. Wir werden immer wieder etwas falsch machen, uns selbst und andere verletzen, Unachtsamkeiten begehen. Was immer geschieht, es kann der Würde in uns keinen Abbruch tun.

Selbstmitgefühl und Selbstverzeihen kultivieren

Wir wollen, dass andere zu uns stehen und uns verstehen. Also fangen wir mit uns selber an und geben uns das Mitgefühl, das uns zusteht, vor allem, wenn etwas schiefgelaufen oder misslungen ist. Wir wollen, dass andere unsere Fehler verzeihen. Also beginnen wir, uns selber zu verzeihen. Wir schauen auf das, was passiert ist, gestehen uns ein, was besser hätte sein können und erlauben uns die Einsicht, dass wir zum vormaligen Zeitpunkt nicht besser konnten und wussten, was den Fehler oder das Missgeschick oder die Verletzung vermieden hätte. Wo es um ein schuldhaftes Verhalten geht, das jemand anderem Schaden zugefügt hat, suchen wir die besten Schritte zur Wiedergutmachung.

Selbstanerkennung

Es gibt immer Ereignisse in unserem Leben, selbst an unseren schwärzesten Tagen, für die wir uns anerkennen können. Das einfachste Faktum, dem wir unsere Anerkennung zollen sollten, ist unser Leben selbst. Diese Tatsache bemerken wir am leichtesten durch das Fließen unseres Atems. Wir können jeden Atemzug als einen Vorgang der Selbstanerkennung verstehen: Das Leben vollzieht sich in und durch uns hindurch und bejaht sich in jedem Moment. Wir verbinden uns mit unserem Bewusstsein und kommen in Frieden mit diesem Moment. Die Scham ist verschwunden. Wir wissen wieder, wer wir wirklich sind.

Die Gegenmittel zur Scham

Es folgt hier eine „Hausapotheke" mit vielen Mitteln und Mittelchen für den Umgang mit der Scham. Manchmal kann sie ja giftig wirken, als „toxische Scham", manchmal quälend, als „neurotische Scham", manchmal zerstörerisch, als „traumatische Scham". Unter den folgenden Methoden findet sich für jede Scham ein passendes Heilmittel für die Selbstanwendung, für die Weiterempfehlung an Zeitgenossen, die gerade mit einem Schamthema ringen, für die Anwendung im Erziehungsbereich und im beratenden oder therapeutischen Setting.

Die Scham nutzen

Schamgefühle können übertrieben und überflüssig sein, weil sie mit alten Erfahrungen zusammenhängen, die in der Gegenwart keine Bedeutung mehr haben. Sie können aber auch sinnvolle und konstruktive Hinweise enthalten, die wir nutzen können. Wir können uns einfach fragen: Was ist die Botschaft des Schamgefühls, was möchte es uns sagen und wozu möchte es uns motivieren?

Gefühle haben immer ein „Recht" da zu sein; sie sind Nachrichten aus unserem Innenleben und Rückmeldungen über unsere Erfahrungen in der Lebenswelt. Was wir brauchen, ist die Urteilskraft des Unterscheidens und die Empathiekraft des Verstehens. Mit diesen Ressourcen machen wir das Beste aus unseren Schamgefühlen – wir wandeln die brauchbaren Schambotschaften in Erkenntnisse und Handlungen um und verabschieden die überholten in die Vergangenheit.

Humor und Selbstironie als Heilung

Wer sich nicht selbst verspotten kann, der ist fürwahr kein ernster Mann. (Christian Morgenstern)

Menschenfreundlicher Humor ist schamlösend und befreiend. Er überwindet den Ernst, der die Scham kennzeichnet und stellt eine unmittelbar verbindende und annehmende zwischenmenschliche Beziehung her. Das Lachen befreit von der Last der Scham und verhilft zu mehr Lebensfreude. Abwertender Humor bewirkt allerdings das Gegenteil, denn er enthält Aggression und damit eine unbewusste Schamabwehr. Oft werden dabei einzelne Menschengruppen diskriminiert und beschämt.

Guter Humor hingegen verändert die Stimmungen und die Beziehungen, denn er rückt unser Verhalten in die lockere Sphäre des allzu Menschlichen, in der all die inneren Dramen ein Stückchen weniger tragisch wirken. Er bringt Licht in die dunklen Gefühle, erinnert an die komischen und beschränkten Seiten des Menschseins und ermuntert dazu, sie leichter zu nehmen.

Wie sagt ein Sprichwort: Selbstironie ist die Kunst, sich so durch den Kakao zu ziehen, dass er noch schmeckt. Mit der Selbstironie hören wir auf, uns allzu wichtig zu nehmen. Es ist nicht so, dass sich die ganze Welt um uns dreht und wir als einzige dafür sorgen müssen, dass sie es weiterhin macht, indem wir ja keine Fehler machen und keine Unvollkommenheit zulassen. In der Selbstironie machen wir das in uns kleiner, was sich vorher zu stark aufgeplustert und aufgeregt hat. Wir treten wieder zurück in die Reihe der einfachen Menschen, der Normalneurotiker, die manchmal straucheln und sich dann wieder aufrappeln. Wir verhalten uns gnädiger und barmherziger mit unseren eigenen Macken und Selbstsabotagen.

„Das hat mir gerade noch gefehlt zum Glück"; so können wir wegen eines Missgeschicks oder eines kleinen Unglücks im Tagesablauf schimpfen oder lachen. Im Grund haben wir immer die Wahl, über die Ereignisse des Lebens zu klagen oder einen Witz zu machen. Im Klagen blasen wir die Welt und ihre Unvollkommenheit und damit uns selber auf, im Humor nehmen wir uns zurück und reihen uns ein ins Glied der Narren. Im Klagen spannen wir uns an, im Lachen werden wir locker. Im Klagen halten wir die Vergangenheit fest, im Lachen verabschieden wir sie. Im Klagen nähern wir uns der Scham, im Lachen lassen wir sie hinter uns.

Im Grund sind wir alle zur Selbstironie fähig. So nehmen wir den anderen die Angriffsfläche und steigern unsere Beschämungsresistenz. Je weniger wir mit unserer eigenen Identität verwachsen sind, desto weniger können wir von Abwertungen getroffen werden. Sie erreichen uns nur an der Oberfläche und treffen nicht auf unseren Kern, weil wir diesen sowieso nicht so eminent prominent über-schätzen. Was heißt schon Identität, wenn sich unsere Gefühle, Gedanken und Meinungen laufend ändern? Wir leben eigentlich nur im Moment, wie uns die spirituellen Lehrer versichern, also brauchen wir uns nicht dauernd darum zu kümmern, unsere scheinbare Bedeutsamkeit zu verteidigen.

Wer sich selber nicht übermäßig wichtig nimmt, wer mit der eigenen Person nicht über alle Maßen identifiziert und in sie blind verliebt ist, muss sich nicht vor Beschämungen, Häme und Spott fürchten. Die ironische Selbstdistanz kann dagegen immunisieren. Nach Peter Ustinov ist das eine Spezialität der Engländer: „Der Engländer liebt das Gefühl, dass er über sich selbst lachen kann. Er tut das aber nur, um den andern die Freude zu nehmen, über ihn zu lachen."

Selbstironie heißt, sich selber auf die Schaufel nehmen können, die eigenen Marotten durchschauen und belächeln können. Das macht das Leben leichter und entspannt die Selbstbeziehung. Die schambesetzten Themen werden mit der Selbstironie gelockert.

Wenn sich z.B. eine Idealitätsscham als Zweifel an unserer Vollkommenheit meldet, ist es eine gute Hilfe, den eigenen Selbstvorwürfen mit Humor zu begegnen: Ja, ich bin manchmal ein Trottel, der alles falsch macht. Schon wieder bin ich mir selber auf den Leim gegangen, echt genial. Besser als ich selbst kann mich niemand anderer austricksen. Ich bin wieder auf dem Weg zur Meisterschaft in der Ungeschicklichkeit und Unbeholfenheit, usw.

Wie heißt es noch: Selbstironie ist die Stärke in Bezug auf die eigene Schwäche.

Aller Humor fängt damit an, dass man die eigene Person nicht mehr ernst nimmt. (Hermann Hesse)

Humor ist der Knopf, der verhindert, dass uns der Kragen platzt. (Joachim Ringelnatz)

Fallbeispiel:

Herr G. erzählt von einem Thema, das ihn mit Scham erfüllt.

G.: „Und da ertappe ich mich dabei, dass ich es Ihnen rechtmachen will, indem ich Ihnen etwas sage, wovon ich glaube, dass Sie es schätzen."

Th.: „Und Sie sind so kreativ, dass Sie auch daran noch Punkte zur Selbstkritik finden."

G. lacht das erste Mal in der Sitzung. Statt sich in der Scham zu verlieren, weil ihm seine Selbstabwertung bewusst wurde, die er mit seiner strengen Einstellung zur Selbsterforschung verbindet, erkennt er die Absurdität der Reaktion und distanziert sich von seinem Muster. Die Stimmung hat sich blitzschnell aufgehellt.

Scham in Schuld verwandeln

Wie wir gesehen haben, ist die Scham schwer lösbar und krallt sich hartnäckig in unser Unterbewusstsein. Eine Schuld dagegen kann durch Handlungen wiedergutgemacht und aufgehoben werden. Deshalb ist es oft hilfreich, Scham in Schuldgefühle umzuwandeln und sie auf diesem Weg aufzulösen. Damit lockert sich die Lähmung der Scham und Perspektiven für das Tun öffnen sich. Wir stellen uns dann die Frage: „Was habe ich falsch gemacht? Was kann ich machen, damit ich die Schuld ausgleiche? Wie kann ich mich ent-schuldigen?" Wir waren gemein und abwertend gegen einen Mitmenschen, bemerken es und schämen uns. Wir sind der anderen Person schuldig, unser Fehlverhalten einzugestehen und um Verzeihung zu bitten. Sobald wir die Schuld einlösen, verschwindet die Scham, und wir können stolz sein, diesen Schritt zur Aufhebung des verursachten Schadens getan zu haben.

Es ist also ratsam, bei einem auftauchenden Schamgefühl nachzuforschen, ob es durch eine Schuld verursacht wurde, die wiedergutgemacht werden kann, denn dann ist die Befreiung aus der Scham relativ einfach. Es gibt allerdings auch Schamthemen, die nichts mit Schuld zu tun haben; in diesen Fällen nutzen wir andere Methoden der Schamlösung.

Mit dem inneren Kind arbeiten

Die tiefsten Schamprägungen stammen aus der pränatalen Zeit, und ihre Heilung benötigt eine kompetente therapeutische Begleitung. Aus unserer Kindheit nehmen wir Schamverletzungen mit, die wir über den Kontakt mit unserem inneren Kind erleichtern und auflösen können. Die Arbeit mit dem inneren Kind können wir für uns selbst praktizieren oder mit einer Partnerin durchspielen. Am tiefsten wirksam ist sie mit therapeutischer Unterstützung.

Das innere Kind ist eine modellhaft angenommene Instanz in uns selber, die alle Erfahrungen mit den zugehörigen Gefühlen aus der frühen Zeit unseres Lebens gespeichert hat. Diese Instanz können wir nutzen, um den Unterschied zwischen der erwachsenen Lebens- und Sichtweise und der des Kindes zu erleben. Die Erlebnisse aus der Kindheit wirken vor allem auf der emotionalen Ebene ins Erwachsenenleben hinein, meist ohne dass wir es bemerken.

Stoßen wir auf Schamverletzungen, die aus Kindheitserfahrungen stammen, so versetzen wir uns in die Situation des Kindes, das z.B. einer Beschämung ausgesetzt war, und nehmen zugleich die unterstützende und tröstende Erwachsenenhaltung ein. Aus dieser Position können wir dem Kind in uns die Worte zusprechen, die es damals gebraucht hätte: „Du bist in Ordnung; du hast einen Fehler gemacht, und das ist nicht schlimm, du bist dennoch liebenswert." Durch die empathische Zuwendung beruhigt sich die aus der Kindheit stammende Scham.

Den Schmerz durchleben

Ich bin allein mit aller Menschen Gram,
den ich durch Dich zu lindern unternahm,
der Du nicht bist. O namenlose Scham... (Rainer Maria Rilke)

Vernachlässigung, Kränkung oder Beschämung sind Erfahrungen, die immer mit seelischen Schmerzen verbunden sind. Die Gefühle der Traurigkeit, die durch Schamverletzungen entstanden sind, wollen durchlebt und durchspürt werden. Wenn sie zugelassen werden können und die innere Annahme und Anteilnahme erhalten, löst sich die mit dem Schmerz verbundene Scham. Im Durchleben seelischer Schmerzen kommen wir auf eine innige Weise zu uns selber zurück, während die Wunden heilen. Denn die Traurigkeit führt uns zu unserer Verletzlichkeit, zu unserem Leiden und macht uns schwach und hilflos. In der bedingungslosen Annahme dieses Gefühls in seinem ganzen Umfang und in seiner Tiefe liegt eine große heilende Kraft.

Da wir eine natürliche Tendenz haben, Schmerzen zu vermeiden oder zu unterdrücken, eben weil sie wehtun, brauchen wir eine wohltuende und schützende Umgebung für das Durchleben dieser Gefühle. Das kann im einen Fall ein ruhiger Raum sein, im anderen ein wohlgesonnener Mitmensch oder eine vertraute und einfühlsame Therapeutin.

Selbstwertstärkung

Ein starker und ausgeglichener Selbstwert ist ein wichtiger Faktor im Umgang mit Scham. Vor allem erlaubt er, schamtolerant zu sein, also Scham in einem angemessenen Grad aushalten zu können. Schamtolerante Menschen können über ihre Scham reden, ohne sich dafür zu schämen.

Scham ist Teil eines gesunden Selbstwertes, nur ängstliche und abwehrende Menschen müssen ihre Scham verleugnen. Umgekehrt schützt ein wohl geformter und reflektierter Selbstwert vor übermäßiger und unnötiger Scham. Unser Selbstwert ist stabil, wenn er unsere Licht- und unsere Schattenseiten mitumfasst und auf das innere Wachstumspotenzial und die Lernfähigkeit vertraut.

Der Selbstwert stärkt sich durch Selbstanerkennung, aber auch, indem wir Mitmenschen, Partner, Freunde, Mitarbeiter usw. anerkennen. Denn wenn wir anderen unsere Wertschätzung geben, zeigen wir uns in unserer Zugewandtheit und offenherzigen Mitmenschlichkeit. Es ist Zeichen eines guten Selbstwertes, anderen Menschen Gutes tun zu können. Und alles, was an Anerkennung und Dankbarkeit zurückkommt, bekräftigt wiederum den eigenen Selbstwert.

Selbstwert-Übung:

Setze dich aufrecht hin und spüre deine Atmung. Atme tief ein und fühle die Kraft, die in dich einströmt. Lass die Ausatmung entspannt geschehen und führe sie gleich in ein tiefes Einatmen hinüber. Mit jeder Einatmung sage ein klares und starkes „Ja" zu dir selbst. Verteile mit dem Ausatmen die Kraft des Ja in dir, sodass es alle Zellen deines Körpers erreicht.

Selbstempathie

Braucht es immer eine zweite Person, um die Scham zu lösen? Es braucht Erfahrungen von der Art, dass es Menschen gibt, die angesichts der eigenen Scham empathisch bleiben. Auf dieser Basis kann die Lösung der Scham auch im eigenen

Inneren erfolgen. Selbstempathie kann als die Fähigkeit verstanden werden, sich selbst mit einer wohlwollenden, annehmenden und liebevollen Haltung zu begegnen. Manchmal sind Schamthemen so mächtig, dass man sich nicht vorstellen kann, sie irgendjemandem mitzuteilen. Dann ist es wichtig, eine gute empathische Beziehung zu sich selbst aufzubauen, Verständnis für die eigene Not und das eigene Leid zu entwickeln und zu kultivieren, bis sich die Scham befriedet.

Tiefe Schamthemen sind fortgeschrittene Themen, die auch in Therapien häufig umgangen oder vermieden werden. Sie erfordern ein hohes Maß an Empathiefähigkeit und integrer Sicherheit im Therapeuten, damit sich eine Klientin anvertrauen kann. Die Selbstempathie ist dabei der erste Schritt zur Heilung.

Selbstempathie-Übung:

Schließe deine Augen, bringe deine Aufmerksamkeit nach innen und spüre den Atem. Entspanne dich und lass das Ausatmen ganz los. Nimm die Verbindung zu dir selbst wahr, die du jetzt gerade fühlen kannst. Nimm eine liebevolle und verständnisvolle Haltung zu dir selber ein und vermittle dir selber Anteilnahme und wohlwollende Präsenz. Spüre einen Teil oder Bereich in dir, der sich unruhig und angespannt anfühlt und teile ihm mit: „Ich bin ganz bei dir, ich bin ganz mit dir. Ich sehe und verstehe deine Belastung und dein Leid." Bleibe so lange in diesem Kontakt, bis sich die Spannung aufgelöst hat.

Denke jetzt an eine Erfahrung, die dich beschämt hat. Spür die Gefühle, die in dieser Situation aufgetreten sind. Nimm diese Gefühle an und atme sanft zu ihnen hin. Sage zu dir selbst: „Die Situation ist vorbei. Ich habe daraus gelernt. Ich bin ein wunderbarer Mensch."

Freundschaft mit uns selbst schließen

Im Schämen entfremden wir uns vor uns selbst. Um uns wieder näher zu kommen, schließen wir Freundschaft mit uns selbst. Wir anerkennen, dass wir immer wieder mal unzulänglich und fehlerhaft sind, und gönnen uns das Verständnis, dass das Unvollkommensein zum Menschsein gehört. Wir können uns daran erinnern, dass der Anspruch, perfekt zu sein, von Arroganzstreben, übertriebenem Ehrgeiz und Heuchelei angetrieben ist und unserer Integrität schadet.

Stattdessen üben wir uns darin, uns selbst mit Freundlichkeit und Barmherzigkeit zu begegnen. Seien wir uns selbst ein guter und verständnisvoller Freund, eine akzeptierende und verzeihende Freundin. Übungen, die die Selbstakzeptanz und das Selbstmitleid fördern, haben sich unter anderem bei Suchterkrankungen und Essstörungen als besonders wirksam und symptommindernd erwiesen. Sie tun in jedem Fall von Leid und Problemverstrickungen gut. Wenn wir uns in Notzeiten von uns selbst entfernen, vermehren wir unser Leiden. Indem wir auf uns zugehen, spenden wir uns Trost.

Selbstbefreundungs-Übung:

Schließe deine Augen, bringe deine Aufmerksamkeit nach innen und spüre den Atem. Entspanne dich und lass das Ausatmen ganz los. Nimm die Verbindung zu dir selbst wahr, die du jetzt gerade fühlen kannst. Finde Aspekte und Teile von dir, die du wertschätzen kannst. Beschließe jetzt, ein guter Freund, eine gute Freundin für dich selbst zu sein, unterstützend präsent in problematischen Phasen und aufheiternd und anregend in guten Zeiten, stets aufmerksam, nachsichtig und verständnisvoll.

Wie fühlt sich dieser Entschluss an? Wie möchtest du diese Freundschaft zukünftig pflegen?

Selbstliebe

Mit der Selbstliebe gehen wir einen Schritt weiter und nähern uns auf tieferer Ebene uns selbst. Die Pflege der Selbstliebe ist ein probates Gegenmittel gegen die Selbstverurteilungen, die mit Scham einhergehen und mit denen wir uns im Extremfall auslöschen wollen. Wir sind uns selbst die Nächsten und haben daher die Aufgabe dieser „Nächstenliebe". Wir sollten die positive Einstellung zu uns selbst nicht mit Egoismus verwechseln, denn sie beinhaltet nicht die Rücksichtslosigkeit oder Achtlosigkeit in Bezug auf die Bedürfnisse und Wünsche der Mitmenschen. Vielmehr geben wir uns selbst, was uns wohltut. Wir stehen zu uns selber, ohne Bedingungen, ohne Wenn und Aber. Befinden wir uns im Einklang mit uns selber, fällt es uns leichter, auf andere einzugehen und Verständnis zu zeigen. Zu unserer eigenen Scham stehen können wir besser, wenn wir in uns die Gewissheit unterstützen, ein im Grunde guter Mensch mit Stärken und Schwächen zu sein.

Selbstliebe-Meditation:

Die Übung hilft, erlernte Schammuster, Selbstzweifel und Selbstabwertungen zu verringern und die innere Selbstbeziehung zu vertiefen.

Schließe deine Augen, bringe deine Aufmerksamkeit nach innen und spüre den Atem. Entspanne dich und lass das Ausatmen ganz los. Nimm die tiefe Verbindung zu dir selbst wahr, die du jetzt gerade fühlen kannst. Immer bist du mit dir in dieser Verbindung, und jetzt gerade besonders. Nimm dich ganz so an, wie du jetzt gerade bist. Du kannst dabei in dir den Satz sagen: „Ich akzeptiere und liebe mich ganz so, wie ich bin", während du dabei den ersten Teil beim Einatmen und den zweiten Teil beim Ausatmen innerlich aussprichst. Wenn dir das lieber ist oder besser passt, nimm den Satz: „Ich akzeptiere und liebe mich ganz mit all meinen Stärken und

Schwächen." Verwende auch andere affirmative Sätze, die dir gefallen und verbinde sie mit deinem ruhigen und langsamen Atemrhythmus.

Selbstverzeihen

Sich selbst verzeihen zu können, ist eine wichtige Form der Selbstliebe und steht in engem Zusammenhang mit der Fähigkeit, anderen verzeihen zu können. Oft sind wir selber unsere strengsten Richter. Wenn wir die Tugend der Barmherzigkeit und der gütigen Nachsicht anwenden, erlauben wir uns, in Distanz zu Handlungen zu gehen, für die wir uns schämen. Wir identifizieren uns nicht mehr mit ihnen, sondern erkennen sie als etwas, das uns unterlaufen ist, unter Mitwirkung unseres Unterbewusstseins und als Teil unserer Unvollkommenheit, also unserer Menschlichkeit.

Meditation für das Selbstverzeihen:

Schließe deine Augen, bringe deine Aufmerksamkeit nach innen und spüre den Atem. Entspanne dich und lass das Ausatmen ganz los.

Besinne dich auf eine Begebenheit, die du dir nicht verzeihen kannst und mit der du noch immer haderst. Du hast damals getan, was du tun konntest und die beste Möglichkeit gewählt, die dir damals zur Verfügung stand. Hättest du andere Möglichkeiten präsent gehabt, hättest du dich anders entschieden. Du hast wohl nicht aus voller Bewusstheit gehandelt, wie es uns allen immer wieder unterläuft. Auch wenn durch die damalige Entscheidung Schaden entstanden ist, könnte sie dennoch etwas Gutes bewirkt haben. Du kannst jetzt zu dir selber sagen: „Ich verzeihe mir, was ich damals getan (oder unterlassen) habe. Ich habe daraus gelernt und gehe weiter in meinem Leben." Wiederhole diese Sätze, bis sie gut bei dir selber angekommen sind.

Fremdverzeihen

Die Übung im Verzeihen ist ein wichtiger Beitrag zur Entschämung der Welt. Es geht dabei um unsere Bereitschaft, anderen, die sich schämen, weil sie uns etwas angetan haben, mit Mitgefühl zu begegnen und ihnen zu verzeihen. Mit diesem Schritt bringen wir mehr Menschlichkeit und Leichtigkeit ins Leben und vertiefen die zwischenmenschlichen Beziehungen. Wir tun uns selber gut, wenn wir uns großherzig zeigen. Engherzigkeit dagegen macht uns klein und verschlossen und hindert uns am Wachsen.

Meditation für das Fremdverzeihen:

Schließe deine Augen, bringe deine Aufmerksamkeit nach innen und spüre den Atem. Entspanne dich und lass das Ausatmen ganz los. Nimm die tiefe Verbindung zu dir selber wahr, die du jetzt gerade fühlen kannst. Immer bist du mit dir in dieser Verbindung, und jetzt gerade besonders. Nimm dich ganz so an, wie du jetzt gerade bist. Denke an etwas, das du jemandem nachträgst, etwas, das du jemandem vorwirfst. Denk daran, dass die Person in der damaligen Situation das getan (oder unterlassen) hat, was ihr möglich und zugänglich war. Sie hat wohl nicht aus voller Bewusstheit gehandelt, wie wir alle immer wieder. Sie hat vielleicht etwas Wichtiges übersehen und missachtet, wie wir alle immer wieder .

Du kannst jetzt zu dir selber sagen: „Ich verzeihe dir, was du damals getan (oder unterlassen) hast. Ich erkenne, dass ich und alle anderen immer wieder Fehler machen und daraus lernen. Ich lasse diese Erfahrung hinter mir und öffne wieder mein Herz für dich." Wiederhole diese Sätze, bis sie gut bei dir selber angekommen sind.

Die Würde bestätigen

Die persönliche Würde ist ein mächtiges Gegenmittel zur neurotischen Scham. Wer sich selbst permanent abwertet und in Zweifel zieht, wer dauernd von sich meint, nichts wert zu sein, hat eine ganz verkümmerte Beziehung zur eigenen Würde und damit zum eigenen Menschsein. Es ist tragisch, wenn diese Beziehung nachhaltig geschwächt wurde, und es muss viel Schlimmes passiert sein, dass jemand vergessen kann, was ihm als Menschen zusteht: Die unbedingte und selbstverständliche Würde. Und es ist notwendig, die eigene Würde wiederherzustellen. Das schulden wir uns selbst.

Würde bedeutet Aufrichtung, auch in körperlicher Form. Der Blick geht gerade nach vorne, die Augen sind offen. Ich zeige mich der Welt in meinem Sein, indem ich meine Würde voll annehme und verkörpere.

Würde-Übung:

Richte deinen Körper auf, im Sitzen oder im Stehen, sodass du wie eine Säule in dir selber ruhst. Lass den Atem ruhig fließen, verbunden mit der Vorstellung, dass er über deine Füße einströmt, bis hinauf zum Scheitel und beim Ausatmen wieder zurück nach unten geht. Lass den Satz in dir wirken: „Ich bin ganz in meiner Würde als Mensch, der ich bin." Atme tief ein und spüre deine innere Kraft und Aufrichtung.

Erweitere dann den Horizont deiner Vorstellung und lass Menschen aus deiner Umgebung erscheinen. Lass den Satz in dir wirken: „Ich achte dich in deiner Würde." Dann beziehe auch Menschen ein, die dir unsympathisch oder verachtenswert vorkommen, und versuche auch hier den Satz: „Ich achte dich in deiner Würde."

Dankbarkeit üben

Nicht nur für den Stolz, sondern auch für viele andere schamverwandte Themen ist die Übung der Dankbarkeit äußerst hilfreich. Sie besteht darin, sich klarzumachen, wofür im eigenen Leben wir dankbar sein können. Allzu häufig ist unsere Aufmerksamkeit auf die Bereiche unseres Lebens fixiert, mit denen wir unzufrieden sind. Aus dem Boden der Unzufriedenheit erwachsen manche Impulse, Schritte zur Verbesserung zu setzen, es bilden sich aber auch Gewohnheiten des Haderns und Jammerns, bis hin zu Selbstzweifeln und Selbstanklagen. Darüber vergessen wir, was alles wir in unserem Leben haben, wofür wir dankbar sein könnten und sollten.

Die Übung der Dankbarkeit macht uns bescheiden, weil sie uns zeigt, dass wir vieles Gutes in unserem Leben haben, wofür wir gar nichts können, was nicht unsere Leistung ist, sondern Geschenk – angefangen mit dem Leben selbst, das uns jeden Tag aufs Neue wachsen lässt und für das wir in seiner Gesamtheit nur dankbar sein können.

Dankbarkeits-Übung:

Schließe deine Augen, bringe deine Aufmerksamkeit nach innen und spüre den Atem. Entspanne dich und lass das Ausatmen ganz los. Nimm die Verbindung zu dir selbst wahr, die du jetzt gerade fühlen kannst. Nimm den Satz: „Ich danke für das Leben, das mir geschenkt wurde." Sag ihn innerlich ein paar Mal. „Ich danke für das Menschsein, das mir geschenkt wurde." Sag auch diesen Satz ein paar Mal. Dann besinne dich auf Inhalte deines Lebens, für die du dankbar bist.

Schamheilung über die Augen

Viele Menschen tun sich schwer damit, einen direkten Blickkontakt aufzunehmen, und häufig hat diese Problematik mit einer tiefsitzenden Scham zu tun. Die Scham hat viel mit dem Gesichtssinn zu tun: Schämend wollen wir die Augen niederschlagen und dem abschätzigen oder wertenden Blick der anderen ausweichen, weil wir ihn als bedrohlich erleben. Begegnen wir hingegen mitfühlenden Augen, so weicht die Scham. Diese Augen teilen uns mit, dass sie uns annehmen, dass wir akzeptiert sind, dass wir so sein dürfen, wie wir sind, und damit können wir uns selber besser annehmen.

Es ist, als ob unsere Augen eine Zeit zum Umgewöhnen brauchen, wenn die Erfahrung der Beschämung angesichts des Schämens tief in unser Schauen eingeprägt ist. Wir tun uns schwer, länger als ein paar Momente im Augenkontakt zu bleiben, weil wir die Befürchtung haben, bei der anderen Person Scham auszulösen oder selber Schamgefühle erleben zu müssen. Gefühle von Argwohn und Misstrauen in unseren Augen, die schon lange dort gespeichert sind, lösen sich nur langsam, in dem Maß, in dem wir uns bewusst auf eine neue Erfahrung des Angeschautwerdens einlassen und merken, dass uns nichts passiert und wir auch nichts anrichten.

Es folgen hier zwei probate Methoden zur Schamheilung in den Augen, die in Gruppen geübt werden können, aber auch alleine (Spiegelatmen) oder zu zweit (Augenkontaktatmen).

Der Blick in den Spiegel

„Das Wichtigste, das uns die Scham lehren kann ist, dass du dir selbst in den Spiegel schauen kannst." (Vehrs 2018, o.S.) Ein guter Schritt, um mehr Vertrauen in unsere Augen zu bringen, ist die Begegnung mit dem eigenen Spiegelbild. Damit ist hier nicht der flüchtige Blick gemeint, mit dem wir uns in der Früh begutachten, ob wir gut genug für den Tag ausschauen. Vielmehr geht es um einen längeren Prozess (15 bis 45 Minuten), den wir mit dem bewussten Atmen begleiten: Wir lenken unser Bewusstsein auf die Atmung, atmen vielleicht etwas tiefer als gewohnt und halten dabei den Augenkontakt mit unserem Spiegelbild. Wenn wir uns länger auf diese Erfahrung einlassen, werden die unterschiedlichsten Gesichter erscheinen: Freundliche und unfreundliche, gewohnte und ungewohnte. Die Augen im Spiegelbild können neugierig, betrübt, interessiert, gelangweilt und vieles anderes mehr wirken. Mit der Zeit wachsen das Vertrauen und die Selbstannahme, wir beginnen uns selber auf einer tieferen Ebene zu begegnen und zu vertrauen. Während dieses Prozesses werden in einigen Phasen Schamschwellen auftauchen, die mit der Hilfe der Atembewusstheit überwunden werden. Im Weichen der Scham wächst die Selbstannahme und sinkt tiefer ein. Der Atem symbolisiert dabei das Fließen des Lebens, die tragende Kraft der Existenz, die uns von unserer Geburt an begleitet hat und seither mit uns ist, in den schwierigen und den lichtvollen Zeiten. Im Spiegelprozess stützt er uns beim Durchleben der unterschiedlichen Gefühle. (Mehr zur Methode der Spiegelatmung in: Ehrmann 2004, S. 325-329.)

Atmen im Augenkontakt

Die andere Übung besteht darin, eine vertraute Person, die Erfahrungen mit dem bewussten Atmen hat, zu ersuchen, sich für die Übung des Augenkontaktatmens zur Verfügung zu stellen. Auch hier geht es um einen atembegleiteten längeren Ablauf (15 bis 45 Minuten), bei dem die Augen beständig in Kontakt bleiben. Wieder ist der bewusste Atem der unterstützende und Sicherheit gebende Begleiter. Die gemeinsam Atmenden können sich vorstellen, dass ihre Augen weich und annehmend sind.

In diesem Prozess können viele soziale Ängste und Hemmungen sowie zwischenmenschliche Schamgefühle und Schamprägungen durchlebt und überwunden werden. Die Scheu und Schüchternheit, die viele Menschen durchs Leben begleiten, wird durch diese Übung erleichtert. Wir können viel über uns selbst erfahren, weil wir die Spiegelfunktion erkennen, die oft in der Alltagskommunikation herrscht. Andere zeigen Anteile von uns selber auf, derer wir uns nicht bewusst sind, und sie projizieren ihre Anteile auf uns, genauso wie wir es auch machen. Wenn wir im Augenkontakt bleiben und zugleich über das bewusste Atmen mit uns selber verbunden sind, verlieren solche Projektionen an Macht und lösen sich. (Mehr zur Methode des Augenkontaktatmens in: Ehrmann 2004, S. 321-325)

Bewegen

Was Johann von Goethe über die Eifersucht und die Falschheit sagt, können wir auf jede Form der Beschämungsabsicht übertragen: „Und wenn euch der Liebste mit Eifersucht plagt, sich über ein Nicken, ein Lächeln beklagt, mit Falschheit euch necket, von Wankelmut spricht, dann singet und tanzet, da hört ihr nicht hin!"

Bewegung ist das Wesen des Lebens. Stillstand und Erstarrung sind Vorboten des Todes. Wir sind Bewegungswesen, nicht für den Stillstand gedacht und ausgerüstet. Leben ist Bewegung, und Bewegung trägt uns durchs Leben.

Tanzen entsteht aus der Einladung der Freiheit in die Bewegung. Es ist Ausdruck des Fließens des Lebens durch die Beweglichkeit unseres Körpers. Es ist eine Grundform des flexiblen Selbstausdrucks.

Intensive Schamerfahrungen sind mit Starrwerden, Blockiertsein und Verharren gekennzeichnet. Wir können in Gefühlen feststecken, insbesondere in der Scham. Das bedeutet, dass sich die Beweglichkeit des Körpers auf ein Minimum verringert. Um aus dieser Beschränkung herauszukommen, hilft jede Form von Bewegung, sei es nur, die Körperhaltung ein wenig zu verändern. Wir werden merken, wenn sich der Körper bewegt, bewegt sich auch die Seele und die Gefühle verändern sich.

Ein einfacher Weg aus der Schockstarre, wie sie durch eine plötzliche Beschämung oder Demütigung ausgelöst werden kann, ist die Veränderung der Körperhaltung: Die hochgezogenen und angespannten Schultern zu lockern, vielleicht mit einem Seufzen, aufzustehen und herumgehen, statt wie angewurzelt zu verharren. Insbesondere Schüttelbewegungen helfen aus jeder Form der Hemmung. Das Schütteln kann mit ganz kleinen Vibrationen anfangen und dann langsam stärker werden. Wir schütteln ab, was uns belastet, was wir nicht mehr brauchen, was uns nicht guttut. Schütteln baut Stresshormone ab, weshalb es auch die Fluchttiere nutzen, wenn sie eine Gefahr überstanden haben.

Der nächste Schritt vom Schütteln führt vielleicht zu einer beschwingten Gehbewegung und dann zum Tanzen, zum freien Fließen der Bewegung aus den Impulsen des Körpers. Je formloser und leichter wir die Tanzbewegung kommen lassen, desto leichter führt sie uns in die Freiheit. Wir lassen eingewöhnte Bewegungsmuster beiseite und variieren die Bewegungen mit viel Kreativität. Oft genügt es, Musterunterbrechungen und Veränderungen in kleinen Bewegungsabläufen geschehen zulassen, und schon verändern sich unsere Stimmung und unsere Gefühlslage.

Was in Bewegung kommt, schafft sich selbst neu. Vielleicht merken wir, dass manche Bewegungsimpulse durch Schamgefühle blockiert werden: „Was denken die anderen, wenn ich mich so bewege? Diese Art der Bewegung könnte peinlich wirken." Wenn wir uns achtsam in diese „verbotenen" Bereiche hineinwagen, finden wir zurück zur Unschuld und Schamfreiheit unseres Ursprungs. Wir holen uns die Flexibilität zurück, die uns die Anpassung an all die wechselnden Umstände ermöglicht hat, die wir seit unseren Anfängen gemeistert haben. Mehr Flexibilität ist die Einladung zu mehr Lebendigkeit und Kreativität.

Bewegungsübung:

Wähle Musik aus, die dir gefällt. Nimm eine lockere Körperposition ein und lass die Bewegung aus deinem Inneren kommen, so wie es sich gut für dich anfühlt. Lass dich von deinem Körper und von der Musik führen, nicht von deinem Kopf, also von der Instanz, die entscheidet, ob eine Bewegung richtig oder falsch, gut oder schlecht ist. Lass dich von Moment zu Moment von den Impulsen überraschen, die aus dir herauskommen und verzichte auf jede Bewertung.

Sobald du merkst, dass du einem gewohnten oder monoton ablaufenden Bewegungsmuster folgst, ändere einfach etwas, bewege dich anders, sodass etwas Neues entsteht. Feiere die Kreativität und Flexibilität deines Körpers, die zugleich die Kreativität und Flexibilität deines Geistes und deines Wesens ist.

Singen

Die andere von Goethe empfohlene Hilfe zur Veränderung von Gefühlsmustern ist das Singen, dessen heilende Kraft vielfach erlebt und beschrieben wurde (z.B. Amberg Schneeweis 2018). Die Stimmbänder in eine freie Schwingung zu versetzen, gerade wenn sie durch eine Schamerfahrung verspannt sind, und statt starrer Sätze, wie sie häufig in einem Schamzustand gestammelt werden, eine Melodie zu intonieren, ist keine Kunst und doch eine Kunst. Die Resonanzhöhlen in unserem Kopf vibrieren und bringen unseren Kopf auf andere Gedanken. Wenn wir unsere Singstimme erklingen lassen, betreten wir sofort einen anderen Raum in uns, der sich offen und lebendig anfühlt. Vielleicht müssen wir eine Schamschwelle überwinden, weil wir glauben, dass wir zum Singen unbegabt sind oder dass wir keine Singstimme haben. Vielleicht hat uns irgendwann jemand gesagt, dass wir falsch singen. Lassen wir die alten Botschaften los und freuen wir uns über das, was aus uns erklingen möchte.

Solche Hemmungen zu überwinden, zu unserer Stimme zu stehen und ihre Ausdruckskraft zu genießen, lohnt sich in jedem Fall. Machen wir es den Vögeln gleich, die drauflos singen, wie ihnen der Schnabel gewachsen ist, und fort ist die Plage der Scham.

Kreatives Gestalten

Jede Form von kreativem Ausdruck unterstützt uns, Schaminhalte zu verändern und uns selber neu zu sehen, in unserer Geschichte und in unserem gegenwärtigen Sein. Fantasie ist eine Kraft, die, vor allem wenn sie Form annimmt, transformierend wirkt. Deshalb ändern gezeichnete oder gemalte Bilder, Tonskulpturen oder selbsterfundene Melodien, freie Texte oder Gedichte, mit denen wir einem Schaminhalt einen kreativen Ausdruck verleihen, die innere Stimmung. Denn wir können unsere schöpferische Kraft wahrnehmen, statt Opfer einer Beschämung zu sein. Diese Kraft stärker ist als das, was uns durch die Abwertung weggenommen wurde (vgl. Baer & Frick-Bear 2009).

Der künstlerische Ausdruck muss nicht an eine ausgefeilte Kunstfertigkeit geknüpft sein, um heilsam zu wirken. Er verändert den Kontext nicht nur durch das Medium, in das das Schamgefühl übertragen wird, sondern auch durch die neuartige Gestaltgebung, die aus dem Inneren nach außen kommt. Es werden Aspekte des Gefühls sichtbar, die sonst verdeckt geblieben wären.

Außerdem kann der Schaminhalt betrachtet und in neuem Licht eingeschätzt werden. Mit Kreativität schaffen wir intuitiv einen überraschenden Kontext, der oft das schwere Schamthema humorvoll oder entzerrt erscheinen lässt. Weiters entdecken wir im kreativen Ausdruck, dass wir über Ressourcen verfügen, die in uns schlummern und die wir ab nun immer nutzen können, wenn wir aus einem inneren Schlamassel herauskommen wollen.

Träume

Träume zeigen uns die kreativen Gestalten unseres Unterbewusstseins. Sie haben oft mit Schamthemen zu tun und stellen die Inhalte neu zusammen, sodass wir meist die eigentliche Bedeutung nicht sofort erkennen können. Explizite Schamträume sind durchwegs unangenehme Träume mit oft alptraumhaftem Ausgang, z.B. Entblößungsträume oder Träume mit übermächtigen Autoritäten.

Träume helfen uns aber auch, mit unseren Schamthemen in Frieden zu kommen. Sie lassen uns Situationen der Beschämung durchleben, sodass wir uns innerlich einprägen können, dass wir sie überstanden haben und dass wir die Scham in Zukunft bei ähnlichen Gelegenheiten nicht mehr brauchen.

Auf diese Weise können wir unsere Träume nutzen, um unsere Schamthemen besser zu verstehen. Dazu ist es nützlich, ein Traumtagebuch zu führen und gleich nach dem Aufwachen die Elemente des Traumes zu notieren. Dann können wir uns Zeit nehmen und zu jedem Element des Traumes aufschreiben, was uns dazu einfällt. Wir nutzen die Methode der freien Assoziation. Häufig werden dann die Zusammenhänge besser verständlich. Ist ein Schamthema im Traum enthalten, so verliert es seine Macht über das unbewusste Seelenleben, indem es zu Bewusstsein kommt und aus der Distanz betrachtet wird.

Kontextveränderungen

Viele Schamthemen erzeugen deshalb Leiden, weil sie in alten Bedeutungszusammenhängen feststecken, die nicht mehr zur aktuellen Wirklichkeit passen. Was ein Kind beschämt, ist meist für einen Erwachsenen belanglos. Unser Unterbewusstsein tut sich mit dieser Unterscheidung schwer. Die rationale Einsicht kann aber klarmachen, was wohin gehört, also welche Schamthemen schon längst überfällig sind und welche nach wie vor beachtet werden sollten.

Aus diesem Grund leisten mentale Übungen viel bei der Verbesserung des Umgangs mit der Scham. Oft sind es Worte, die Schamgefühle erwecken, weil sie in unserer Kindheit zur Beschämung genutzt wurden. Selbst so unverfängliche Worte wie „klein" oder „groß" können Gefühle auslösen, sobald Erinnerungen an Beschämungssituationen dazu assoziiert werden: „Du bist doch schon so groß, wie kannst du dich nur so aufführen?" „Bist du wirklich noch so klein, dass du den Pullover nicht selber anziehen kannst?"

Baer & Frick-Bear bringen das Beispiel einer Klientin, die sich erleichtert fühlte, als sie das Wort „empfindlich" durch „empfindsam" ersetzen konnte (2009, S. 20). Einer Klientin hat es geholfen, statt dem Wort „sensibel", das sie mit Schwächlichkeit assoziierte, „feinfühlig" zu verwenden: Ein neues Wort, ein neuer Kontext, ein neues Lebens- und Selbstgefühl.

Unsere Sprache ist so reichhaltig an Worten und Wendungen, sodass wir sie kreativ nutzen können, um Schamprägungen zu überwinden und neue Sichtweisen zu entwickeln. Die Scham bildet sich stets in Gedankenmustern ab und erzeugt

Kontexte zur Deutung der Wirklichkeit, vor allem in Bezug auf das eigene Innere. Die mit der Scham verbundene Selbstabwertung äußert sich oft in „Glaubenssätzen", in fixierten Selbstkonzepten, wie z.B. „Ich bin unfähig", „Ich bin ein Versager", „Ich mache alles falsch" usw. Wir können uns bewusst machen, dass Gedanken nur Gedanken sind und dass wir sie auch anders denken können.

Eine hilfreiche Übung besteht darin, ganz einfach statt des selbstabwertenden Glaubenssatzes die selbstwertstärkende Version zu wählen, also z.B. „Ich schaffe es", „Ich bin immer wieder erfolgreich", „Ich mache vieles richtig" usw. Das Unbewusste speist zwar die alten Gedankenmuster ins Bewusstsein ein, doch können wir uns mit den positiven Gedanken einen neuen Denkmuskel antrainieren, der dann ins Unbewusste übertragen wird und der unsere Neigung schwächt, uns selbst abzuwerten..

Wir müssen dabei nicht nach den strengen Regeln des positiven Denkens vorgehen („Denke niemals negativ!"), dem ein Hang zur Selbstüberforderung und Selbsttäuschung nachgesagt wird: „Dein ganzes Unglück kommt davon, dass du zu wenig positiv denkst". Sipos & Schweiger (2017) kommen in ihren Untersuchungen zum Denken zum Schluss: „Positives Denken ist ein Schwindel. Es funktioniert nicht." (S. 206) Es geht nicht darum, sich an die Stelle eines schamgeplagten ein makelloses Ich einzureden, an das viele innere Anteile nicht glauben können, sondern durch eine schrittweise kognitive Umstrukturierung irreale und selbstschädigende Denkmuster durch angemessenere zu ersetzen (ebd. S. 103).

Fallbeispiel:

Herr M. berichtet von einem Traum, in dem es um aggressive Pornografie ging. Er redet mit viel Scham über diesen Traum, der ihn sehr verstört hat und aus dem er mit einem Angstgefühl erwacht ist. Doch als im weiteren Gespräch die frühkindlichen Zusammenhänge des Traumes deutlich werden, legt sich die Scham. Er kann den Kontext, den der Erwachsene mit Pornografie verbindet, von den kindlichen Gefühlsenergien unterscheiden. Durch die Verschleierung im Traum wurde ein früher Konflikt, der mit der Ablösung von der Mutter zu tun hat, umgestaltet, um den ursprünglichen spannungsgeladenen Kontext zu verdecken. Die Unschuld und zugleich die emotionale Wucht der seelischen Konflikte im Kind zu verstehen und in der Vergangenheit verorten zu können, löst die Scham im Bewusstsein des Erwachsenen.

Die Schamresilienz stärken

Brené Browns Modell der Schamresilienz besteht aus vier Schritten, die uns helfen, mit der Scham auf konstruktivere Art und Weise umzugehen. Der erste Schritt deckt sich mit den Ansätzen, die wir hier schon besprochen haben: Das Erkennen, wenn wir Scham empfinden, und das Verstehen, wodurch sie ausgelöst wurde. Dazu gehört, die physiologischen Anzeichen der Scham zu identifizieren und unsere ideale Identität (wie wir gerne sein möchten) zu verstehen. Der zweite Schritt besteht im Üben der kritischen Wahrnehmung: Wo sind systematische Beschämungsursachen in gesellschaftlichen Strukturen enthalten? Das Bewusstsein darüber, dass jeder Scham empfindet, normalisiert unsere Scham. Schritt Drei beinhaltet, jemanden, dem man vertraut, um Hilfe zu bitten, statt unsere Erfahrungen zu verheimlichen. Der vierte Schritt erfordert, jemandem unsere Geschichte zu erzählen, von dem wir erwarten, dass er teilnahmsvoll und mitfühlend reagieren wird.

Die Schamresilienz wird in diesem Modell als Kontinuum beschrieben: Das eine Ende bilden die schweren Sorgen aufgrund der Gefühle von Gefangensein, Ohnmacht und Isolation, die Beschämungsreaktion, wie sie im 10. Kapitel beschrieben wurde. Am anderen Ende stehen Empathie, Verbindung, Selbstmächtigkeit und Freiheit. Das Erleben von Empathie ist das Gegenteil des Erlebens von Scham. Schamresilienz wird durch interpersonale Empathie gestärkt, noch mehr als durch Selbstempathie. Vor allem der Austausch in Selbsthilfegruppen mit wechselseitiger Unterstützung wird für die Aufarbeitung von Schamerfahrungen empfohlen.

Die SRT-Kontinuen

Unter Schamresilienz versteht Brown (2005) die Summe aus:
- der Fähigkeit, persönliche Verletzlichkeit zu erkennen und zu akzeptieren;
- dem Grad an kritischer Bewusstheit in Hinblick auf soziokulturelle Erwartungen und auf das vorherrschende Schamnetz in der sozialen Umgebung;
- der Fähigkeit zur Bildung von wechselseitig empathischen Beziehungen, die für die Kontaktaufnahme mit anderen sorgen;
- der Fähigkeit, Scham auszusprechen oder über die Sprache und emotionale Kompetenz zu verfügen, um über Schamerfahrungen zu diskutieren und sie in neuem Licht zu sehen.

Das Verletzlichkeitskontinuum

Das Verletzlichkeitskontinuum zeigt den Grad an, in dem sich jemand persönlich verletzt fühlt. Scham wird oft bei Themen erlebt, bei denen jemand am verletzlichsten und besonders ungeschützt gegen Angriffe ist. Die Schamresilienz ist höher bei jemandem, der sich seiner Verletzlichkeit bewusst ist und sie benennen kann. Nicht (an)erkannte Verletzlichkeit kann dazu führen, in einer beschämenden Situation am falschen Fuß erwischt zu werden, sodass überwältigende Gefühle einschießen, ohne das Wissen und das Verständnis, was da abläuft. Es kommt üblicherweise zu einer Kombination aus Verwirrung, Angst und Verurteilung, worauf dann häufig starke Gefühle von Zorn und Anklage oder Rückzug und Isolation folgen. Die Gefühle können dabei nach innen oder nach außen gerichtet sein, oder beides in Kombination.

Die Leitfrage ist: Was brauche ich, um zu meiner Verletzlichkeit stehen zu können und sie ausdrücken zu können?

Das Kontinuum der kritischen Bewusstheit

Bei diesem Kontinuum geht es sowohl um den Grad der Bewusstheit, die jemand über die soziokulturellen Kräfte hat, die die Einzelerfahrungen prägen, als auch um die Fähigkeit, die eigenen Erfahrungen im Kontext dieser Kräfte kritisch zu begutachten. Je besser die kritische Bewusstheit in Hinblick auf das Schamnetzwerk, also auf die in den jeweiligen Gesellschaftssegmenten vorherrschenden Schamprägungen, ausgebildet ist, desto höher ist die Schamresilienz. Es geht also darum, zu erkennen, in welcher Weise die eigene Neigungen, sich zu schämen, von der soziokulturellen Umgebung beeinflusst sind.

Mit dieser Bewusstheit gelingt es, beschämende Situationen in einem neuen Licht zu sehen und damit die Macht der Scham zu schwächen. Es geht um eine Fähigkeit zur Dekonstruktion und Kontextualisierung von erlebten Situationen: In jeder Beschämung schwingt ein soziales Vorurteil mit. Es wächst die Einsicht, dass man nicht allein mit seinen Erfahrungen ist und dass die eigene Scham häufig aus einer unbewussten Unterordnung unter unfaire gesellschaftliche Bedingungen oder unter gar nicht existente kollektive Abwertungen stammt. Die eigene Erfahrung wird auf einen größeren Rahmen bezogen, und damit wird das Gefühl geschwächt, selber schlecht, mangelhaft und wertlos zu sein. Im gesellschaftlichen Kontext gesehen, zeigt sich in jedem persönlichen Versagen immer auch eine kollektive Problematik, die nur zum geringsten Teil in der eigenen Verantwortung liegt.

Um diese kritische soziale Bewusstheit zu stärken, sind die folgenden klärenden Fragen leitend:
- Welche Werthaltungen und welche Ideologien verbergen sich hinter meinem Schamgefühl?
- Sind diese Werthaltungen berechtigt? Wem nützt sie?
- Was kann ich in mir verändern?

Das Kontinuum der Kontaktaufnahme

Das Kontinuum der Kontaktaufnahme ist das Maß der Fähigkeit, mit anderen Personen in Kontakt zu treten, sich mitzuteilen und Empathie zu finden. Es geht auch darum, wie weit jemand empathische und wertschätzende Beziehungen anbieten kann. Der Aufbau von wechselseitig empathischen Beziehungen ist ein kritisches Element der Schamresilienz. Über das Bilden von Beziehungen und Gemeinschaften für den Erfahrungsaustausch können Menschen lernen, ihre Erfahrungen zu benennen und die isolierenden Eigenschaften der Scham zu entzaubern. Wenn wir erkennen, dass alle Menschen innere Themen und Konflikte haben und mit Schamthemen beschäftigt sind, brauchen wir uns vor anderen Menschen nicht mehr für unsere Scham zu schämen.

Folgende Fragen können uns helfen:
- Was hindert mich, Kontakt mit anderen Menschen aufzunehmen, wenn ich mit emotionalen Problemen kämpfe?
- Wie kann ich diese Hindernisse überwinden?
- Wie kann ich meine Kontakte besser nutzen, um Verständnis für meine inneren Konflikte zu bekommen?

Das Kontinuum der Schambenennung

Hier geht es um die Entwicklung einer flüssigen Sprache über die Scham, die schon mehrfach als hilfreich für das Entkommen aus Schamgefängnissen angesprochen wurde. Mit dieser Fähigkeit kann man in Gedanken und im Dialog die eigenen Schamerfahrungen beschreiben. Zur Schamresilienz brauchen wir die Wörter und Konzepte, die der Scham ihre Bedeutung geben und sie in einen passenden Kontext einordnen. Wir lernen, die Sprache und die Begriffe von Scham, Schuld, Peinlichkeit und Verlegenheit zu unterscheiden, und wir lernen, die Scham zu identifizieren und aus sekundären Gefühlen hervorzulocken, die oft während schamvoller Erfahrungen gefühlt werden. Die Beherrschung der Schamsprache ermöglicht die Entwicklung von Strategien zur Schambekämpfung in Gemeinschaften und Gruppen. Damit können die eigenen Schamerfahrungen ausgedrückt werden und verlieren an innerer Macht.

Das Nichtverstehen von Scham führt oft zur Unfähigkeit, Schamerfahrungen namhaft zu machen. Und das führt wiederum zum Fühlen oder Denken, dass die Scham internalisiert und verschwiegen werden muss, dass sie ein Geheimnis bleiben muss. Die Erfahrungen von Gefangensein, Ohnmacht und Isolation beruhen darauf, dass das Nichtverstehen der Scham und das fehlende Wissen darüber, was geschieht, nur die Meinung bestärkt, dass etwas sehr schlimm war und dass außerdem darüber nicht gesprochen werden darf. Mit der Benennung der Scham gelingt es, die Kontrolle über das eigene Leben und die eigenen Erfahrungen zurückzuholen.

Hier wirkt die Leitfrage: Was brauche ich, um eine Beschämung, die mir widerfahren ist, ansprechen zu können?

15. Die Kur der Abwehrformen und Schamgeschwister

Wie können wir den Abwehrformen der Scham, die sich als Gewohnheiten in uns verfestigt haben, die Macht und den Einfluss auf unser Seelenleben und Kommunikationsverhalten nehmen? Dieses Kapitel will dazu dienen, die eigenen Schwachstellen im Geflecht der Scham ausfindig zu mache, um sie zu Lichtstellen zu verwandeln. Zu den einzelnen Gestalten der Schamabwehr und der schamverwandten Gefühle werden Fragen vorgeschlagen, mit denen das jeweilige Muster durchleuchtet, erhellt und geschwächt werden kann.

Als Leser/Leserin können Sie diese Anregungen mit Ihren eigenen Fragen erweitern und ergänzen. Für Therapeuten/Therapeutinnen dienen sie als Leitlinien für die Erforschung der entsprechenden Gefühlsdynamik. Wichtig ist das Grundverständnis: Jede Form der Schamabwehr, ob sie uns sympathisch ist oder nicht, hatte einen Sinn und eine wichtige Funktion in unserer Lebensgeschichte, um uns vor Schlimmerem zu beschützen. Dafür können wir ihr danken (Marks 2007, S. 167). Zugleich ist immer wieder anzuraten, zwischen Vergangenheit und Gegenwart zu unterscheiden: Was einst dienlich war, um unser seelisches Überleben zu sichern, brauchen wir heute nicht mehr, vielmehr ist es jetzt in den meisten Fällen eher schädlich als nutzbringend.

Die Projektion

Projektionen sind allgegenwärtig in unserer inneren Landschaft. Sie sind Nebenprodukte der Wirklichkeitsverarbeitung, mit der unser Gehirn fortwährend beschäftigt ist, also Wirklichkeitskonstruktionen im eigenen Kopf ohne Bestätigung durch Außeninformationen. Sie sorgen deshalb für Irritationen im Inneren und Verwirrung in der Kommunikation.

Ohne Projektionen gibt es keine Schamabwehr, das ist schon aus Kapitel 8 über die Abwehrformen deutlich geworden. Deshalb ist es wichtig, Projektionen von der äußeren Wirklichkeit, also das gefühlsgesteuerte Denken von der Realitätswahrnehmung über unsere Sinne zu unterscheiden. Projektionen sind

Zunächst ist das Verständnis wichtig, dass wir projizieren, wenn wir uns gefährdet oder bedroht fühlen, wenn wir uns also in einem Stresszustand befinden. Das Training der vagalen Bremse nach der Polyvagaltheorie (Kapitel 3) ist demnach das Grundmedikament zur Vermeidung von Projektionen. Die nachfolgende Methode dient dem genaueren Verständnis für unsere projektiven Muster und deren Herkunft:

Fünf Schritte zur Klärung von Projektionen:

1. Projektionen anerkennen
2. Andere Deutungsmöglichkeiten zulassen
3. Projizierte Anteile im eigenen Inneren finden
4. Wurzeln der Projektionen aufspüren
5. Verletzungen integrieren und mit anderen klären

Der erste Schritt bei der Auflösung von Projektionen liegt darin, anzuerkennen, dass diese Verwechselungsmöglichkeit in unserem Bewusstsein angelegt ist und immer aktiv werden kann. Unser Gehirn ist auch eine Illusionsmaschine, die laufend Sinneseindrücke mit inneren Daten verknüpft und daraus die Bedeutungen erzeugt, die uns als Wirklichkeit erscheinen. Wir müssen also den naiven Erkenntnisobjektivismus überwinden, der besagt, dass alles, was außen ist, 1:1 im Inneren abgebildet wird. Was wir erleben, ist immer eine Mischung aus Dichtung und Wahrheit. Es hat auch mit Scham zu tun, zugeben zu müssen, dass wir uns immer wieder irren und selbst täuschen können, dass wir leicht Fakten und Fiktionen durcheinanderbringen.

Sobald wir verstanden und akzeptiert haben, dass wir nie absolut sicher sein können, ob wir in einer Projektion stecken, folgt der nächste Schritt, andere Deutungsmöglichkeiten zuzulassen und mit Möglichkeiten zu spielen: Was wäre, wenn der Passant, der mich gerade so finster angeschaut hat, nichts gegen mich hat, sondern innerlich mit einer alten unangenehmen Geschichte befasst war? Was wäre, wenn die Nachbarin, die ihren Mistkübel vor meiner Tür stehenließ, mir damit keine Kriegserklärung übermitteln wollte, sondern einfach vergessen hat, ihn mitzunehmen?

Im dritten Schritt können wir den projizierten Anteil in uns selber aufsuchen. Sind wir selber manchmal unfreundlich oder achtlos? Wir werden erkennen, dass buchstäblich alles, was wir an unseren Mitmenschen auszusetzen haben und worunter wir dann leiden, auch in uns selber vorkommt, dass uns all das, was uns andere antun, selber schon unterlaufen ist. Die Übung dazu nutzt den Satzanfang: „Auch ich…": Auch ich bin manchmal unfreundlich, rücksichtslos, vergesslich usw.

Der vierte Schritt besteht darin, bei uns selbst nachzuforschen, wo die Wurzel der Projektion liegen könnte. Wo in unserer Vergangenheit hat uns jemand unfreundlich angeschaut und welche Gefühle wurden dadurch ausgelöst? Woher kenne ich es, dass jemand unachtsam mit mir umgegangen ist? Auf diesem Weg finden wir das Verständnis für unsere Reaktion und erkennen, welchen Sinn die Projektion hatte: Von einer frühen Verletzung abzulenken, um uns vor den damit verbundenen Gefühlen, vor allem Schmerz und Scham zu schützen.

Im letzten Schritt können wir den frühen Schmerz zu uns nehmen und uns Trost und Selbstliebe geben. Wenn wir noch uns selbst verzeihen, dass uns eine Projektion unterlaufen ist, und uns unter Umständen bei dem Mitmenschen, den wir vielleicht aus der Projektion heraus verletzt haben, entschuldigen, schließen wir die Erfahrung mit einem wichtigen Erkenntnisgewinn ab.

Jeder Schritt dieses Prozesses der Projektionsauflösung ist mit Schamschwellen versehen, die wir überwinden müssen. Wie jedes Eingeständnis einer eigenen Schwäche und eines eigenen Irrtums ist auch das Erkennen von Projektionen mit Scham verbunden. Wir lernen also in diesem Ablauf neue Facetten unserer Scham kennen und lieben, sofern es uns gelingt, sie zu verstehen und anzunehmen. Mit einem guten Rüstzeug an Projektionsbewusstheit nehmen wir auch den anderen Formen der Schamabwehr viel von ihrer destruktiven und selbstschädigenden Macht.

Die Verachtung

Wer andere verachtet, verachtet sich selbst, in genau dem Aspekt, den er bei der anderen Person abwertet. Er schneidet sich ab von sich selbst, indem er seine eigene Schwäche nach außen projiziert und dort mittels Verächtlichmachung bekämpfen will. Wenn wir zum Verachten neigen, sollten wir uns diesen Zusammenhang bewusst machen. Die Verachtung anderer schwindet in dem Maß, in dem wir erkennen, dass wir keinen Grund haben, uns selbst wegen unserer Schwächen und Unzulänglichkeiten abzuwerten. Sobald wir auf diese Weise unsere Selbstachtung gestärkt haben, wächst auch die Achtung für die anderen.

Ein tieferer Blick wird auf die Wunden der eigenen Geschichte fallen, auf die Verachtung, die wir dort erfahren haben. Die damit verbundenen emotionalen Schmerzen und Schamgefühle gilt es anzunehmen und mit innerem Mitgefühl zu durchleben, um zu einer umfassenden Heilung unserer Menschenverachtung zu gelangen.

Fragen an die Verachtung:
- Wer hat dich je verachtet?
- Welche Gefühle hat das in dir ausgelöst?
- Wie müssen Menschen sein, dass du sie verachtest?
- Wofür verachtest du dich selber?
- Wofür kannst du dich selber achten?

Der Zynismus

Zyniker spinnen sich leicht in ihre Welt der bitteren Überheblichkeit ein. Sie geraten mit dieser Strategie in eine Abschottung von ihrer Umwelt. Die Alternative zur Isolation liegt darin, sich der eigenen Unvollkommenheit, Verwundbarkeit und Scham zu stellen. Auf diesem Weg kann sich die Bitterkeit und Verschlossenheit langsam in Milde umwandeln. Die Versöhnlichkeit mit den Menschen und der Welt wächst über das Verstehen des eigenen Schicksals in der Kindheit, in der so viel Menschlichkeit und liebevolle Wärme gefehlt hat. Schließlich wird sich auch beim hartgesottensten Zyniker das Mitgefühl regen – mit sich selbst und mit den Mitmenschen.

Fragen an den Zynismus:

- Was könntest du an anderen Menschen liebenswert finden?
- In welcher Hinsicht sind andere Menschen besser als du?
- Wie ist es für dich, verspottet zu werden? Und wie, wenn du dich selbst ein wenig verspottest?

Der Negativismus

Die Kur für den Negativismus liegt in der Einsicht, dass das Leben immer aus Licht- und Schattenseiten besteht. Es bedarf für die Negativistin einiger Übung, um die positiven Aspekte der Welt zu erkennen und wertzuschätzen. Vor allem, wenn eine Depression die ablehnende Haltung zur Wirklichkeit nährt, braucht es viel Geduld und Ausdauer, um aus dieser Sichtweise herauszufinden. Die Scham, die zum Negativismus treibt, muss bei dieser Arbeit ans Licht gebracht und aufgelöst werden. Dann werden sich auch Teile der Depression lösen, während die anderen Teile eine eingehende Therapie brauchen, im schweren Fall auch mit medikamentöser Unterstützung.

Fragen an den Negativismus:

- Was gibt es Positives in deinem Leben oder was würde jemand anderer positiv an deinem Leben finden?
- Wofür kannst du dankbar sein oder wofür wäre jemand anderer dankbar, wenn er dein Leben hätte?
- Was könnte dir Freude bereiten und wie würde sich das anfühlen?

Die Arroganz

Der arrogante Mensch wird sich schwertun, seine eigenen Schattenseiten einzugestehen, wenn diese Haltung im Inneren fest verankert ist. Denn er glaubt an seinen felsenfesten Selbstwert, obwohl dieser nur auf einem selbstgebastelten und wackeligen Fundament ruht. Er wird im sozialen Feld immer wieder spüren, dass er mit diesem Persönlichkeitsanteil wenig willkommen ist und schwerlich gleichrangige Beziehungen aufbauen kann.

Manche Menschen lassen sich vom Schein der Arroganz beeindrucken und reagieren mit Neid, während andere mit Ablehnung bis hin zu Verachtung oder Zynismus antworten. Oft wacht ein überheblicher Mensch durch die Rückmeldungen der Wirklichkeit auf: Geschäftseinbußen, Kündigung, Beziehungstrennung, schwere Krankheit – für solche Krisen im Leben ist der Arrogante schlecht gewappnet und kann sich schnell als Opfer fühlen und in eine depressive Stimmung verfallen.

Das Gute daran kann sein, dass er jetzt Hilfe sucht und Freunden sein Leid klagt. Wenn er dabei merkt, dass er vom Stolz in die Scham rutscht und dieses Gefühl annehmen kann, korrigiert sich das innere Selbstbild vom stolzen Alleskönner und Bessermacher zum fehleranfälligen Menschen mit Stärken und Schwächen. Das Bedürfnis, über anderen stehen zu müssen, um auf sie herabzuschauen, wird verringert und der besondere Wert der Begegnung auf Augenhöhe geschätzt.

Fragen an die Arroganz:

- Bei welchen Gelegenheiten erlebst du dich als arrogant?
- Kannst du die Anstrengung spüren, die mit der Überheblichkeit verbunden ist?
- Kannst du dir vorstellen, wie es anderen geht, wenn du dich ihnen überlegen fühlst und auf sie herabschaust?
- Wie würde es sich anfühlen, den Mitmenschen nicht überlegen zu sein, sondern ihnen auf Augenhöhe zu begegnen?

Die Heuchelei

Die Heuchlerin muss sich besonders mit der Scham auseinandersetzen, wenn sie aus ihrer Rolle herausfinden will. Viele Heuchler spüren, dass etwas mit ihnen nicht stimmt, aber dass es ihnen schwerfällt, aus dem Muster auszusteigen, weil sie befürchten, dann von allen abgelehnt zu werden. Es soll nicht als Tageslicht kommen, dass sie in Wirklichkeit nicht so fromm, karitativ, ökologisch konsequent oder politisch radikal sind, wie sie es ihrer Umgebung zeigen.

Deshalb gibt es keinen anderen Weg aus der Heuchelei als über die schwierige Schwelle der Scham. Für das Eingeständnis der Täuschungsaktionen und Lügengebilde braucht es verständnisvolle, nicht bewertende Mitmenschen, die bei diesem Schritt vom Geheimnis zur Wahrheit zur unterstützend Seite stehen und dafür sorgen, dass die Heuchlerin keine Angst haben muss, abgelehnt und ausgestoßen zu werden.

Fragen an die Heuchelei:

- Wie würde es dir gehen, wenn du ganz authentisch und ehrlich zu dir selber bist?
- Wie würde es dir gehen, wenn du ganz authentisch und ehrlich zu deinen Freunden und Bekannten bist?
- Was hindert dich daran?
- Wie könntest du das Hindernis überwinden und was brauchst du dafür?

Die Unverschämtheit

Ähnlich wie die arroganten Menschen leiden auch die unverschämten an einem Mangel an Selbstreflexion. Wie die Menschenverächter sind sie der fixen Überzeugung, dass die anderen Menschen in ihrer Schlechtigkeit kein Mitgefühl und keine Barmherzigkeit verdienen. Großzügig gehen sie über die Verletzungen hinweg, die sie bei ihren Mitmenschen anrichten. Häufig fehlt der innere Wunsch sich zu verändern und „wird durch kompensatorische Größenideen rasch abgewehrt (,hab ich nicht nötig')." (Hilgers 2012, S. 157)

Auch hier kann die Realität die Lehrmeisterin sein, die den unverschämten Menschen auf den Weg der Umkehr schickt: Beziehungsabbrüche oder vehementer öffentlicher Gegenwind. An irgendeinem Punkt in der Karriere von unverschämten Menschen kommt es fast unweigerlich zu einem Bruch, und dort sind sie mit massiver Scham konfrontiert. An solchen Punkten entscheidet sich, ob sie wiederum den anderen die Schuld geben oder ob sie die Chance ergreifen, die eigene Abwehrstrategie zu hinterfragen. Es ist die Chance, den Blick auf sich selbst und nach innen zu richten, was unverschämten Menschen wesentlich schwerer fällt als allen anderen, aber mit der Hilfe von Mitmenschen, denen sie vertrauen können, kann es gelingen. Sich selbst beschämt zu fühlen, ohne abgewertet und ausgegrenzt zu werden, bietet für alle Menschen mit diesem Überlebensmuster eine enorme Heilungschance.

Der Schritt aus der Schamlosigkeit führt über das Annehmen der Scham schließlich zur Freiheit von unnötigen Schamgefühlen.

Fragen an die Unverschämtheit:

- Wenn du an Situationen denkst, in denen du dich schämen könntest: Welche Gefühle tauchen da auf?
- Wann hast du
- Kennst du unverschämte Menschen, und wie geht es dir mit ihnen?
- Welche Erinnerungen hast du an Situationen, in denen du beschämt wurdest? Wie ist es dir dabei ergangen und welche Schlussfolgerungen hast du daraus gezogen?

Die emotionale Kälte

Wie kann ein gefrorenes Herz auftauen? Die Antwort liegt auf der Hand: Durch Liebe und Mitgefühl. Hinter der emotionalen Kälte steckt eine riesige Sehnsucht nach emotionaler Wärme, nach bedingungslosem Angenommen- und Geliebtsein. Das Aufbauen einer Vertrauensbeziehung zu sich selbst und zu den eigenen Gefühlen erfolgt in einer geschützten und achtsamen Umgebung langsam und schrittweise, die Selbstliebe kommt über das Gefühl des Verstandenwerdens, das Selbstvertrauen wächst in kleinen Portionen, während Schicht für Schicht die Angst vor den zarten Saiten der Seele schmilzt.

Soll sich das Herz weiter öffnen können, so ist die therapeutische Aufarbeitung der Traumatisierungen, in denen die Wurzeln der Gefühlsferne liegen, unerlässlich und lohnend. Denn die Wärme fühlt sich für die meisten angenehmer und vertrauter an als die Kälte.

Fragen an die emotionale Kälte:

- Was spürst du, wenn du die Aufmerksamkeit nach innen richtest, auch wenn es eine winzige Regung ist?
- Wie kannst du in dir die Kälte spüren, die dir manchmal von anderen rückgemeldet wird?
- Wo kannst du in dir Wärme wahrnehmen, und wie fühlt sie sich an?

Exhibitionismus und Voyeurismus

Das Nachaußenkehren der schambesetzten inneren Anteile, wie es im Exhibitionismus praktiziert wird, soll eigene Defizite in äußere Prunkstücke verwandeln. Die Anstrengungen, die Exhibitionisten oft auf sich nehmen, werden überflüssig, wenn sie die inneren Schwächen erkennen, annehmen und in ihrer Schönheit schätzen. Auf diese Weise holt sich die Intimscham ihr Recht zurück und schützt das kostbare Innere vor dem Zugriff und den Blicken anderer. Es schwindet der Drang zur Entblößung, und ein wichtiger Teil der inneren Unschuld wird wiederaufgebaut.

Der Voyeur, der die Schamlosigkeit anderer für die eigene Schamabwehr ausnutzt, überwindet sein Muster, wenn er nach innen schaut und die eigene Scham annehmen kann, die ihn zu seinem Verhalten zwingt. Werden die eigenen Schamverletzungen bewusst, die hinter der Lust am Beobachten stecken, so öffnet sich das Tor zu einer vertieften Selbstannahme. Dann wird es für den Voyeur leichter zu verstehen, wie sein Verhalten die Intimscham anderer Menschen verletzt und missbraucht.

Fragen an den Exhibitionismus:

- Welche Scham könnte eine Rolle beim Wunsch des Sich-Zeigens spielen?
- Welche Kraft würde sich zeigen, wenn diese Scham überwunden ist?

Fragen an den Voyeurismus:

- Welche Scham könnte eine Rolle beim Wunsch des Beobachtens spielen?
- Welche Kraft würde sich zeigen, wenn diese Scham überwunden ist?

Der Neid

Es gibt zwei Wege, um den eigenen Neid einzudämmen und damit die schädigenden Einflüsse auf den Selbstwert zu verringern. Zum einen ist es die Besinnung auf das, was wir selber haben, an Gütern oder inneren Qualitäten, an Menschen in unserem Umfeld und an Entwicklungsmöglichkeiten. Wir hören auf, uns selbstabwertend mit anderen zu vergleichen und stärken uns damit, uns in unserer Individualität und Besonderheit anzunehmen.

Zum anderen können wir den Neid als Impuls und Motivation nehmen, um Veränderungen in unserem Leben zu erreichen. Wenn wir jemanden, der konsequent und ausdauernd meditiert, beneiden, können wir uns ein Vorbild nehmen und diesem nacheifern. Wenn jemand mühelos ein Klavierstück spielt, mit dem wir uns plagen, liegt es an uns, mehr zu üben, bis auch bei uns die Leichtigkeit entsteht.

Mit diesen Möglichkeiten steigen wir aus der Passivität des Neides aus und übernehmen Verantwortung für die Erweiterung unseres Lebens. Statt unseren Selbstwert zu schmälern, indem wir neidvoll auf andere blicken, stärken wir unsere innere Kraft. Wir machen uns mit Dankbarkeit die guten Seiten unseres Lebens bewusst und verändern mit Hilfe von Vorbildern tatkräftig unser Leben in die Richtung, die für uns stimmt.

Sobald wir auf diese Weisen unsere Neigung zum Beneiden verringern, legen wir auch eine Quelle von Scham still, die wir nicht mehr brauchen. Statt uns für eine eingebildete Minderwertigkeit zu schämen, achten wir uns für das, was wir geworden sind und was aus uns noch alles werden wird.

Fragen an den Neid:

- Wie fühlt es sich an, neidisch zu sein?
- Wie könnte dich der Neid motivieren, deine Begabungen zu verbessern?
- Wie ist es, wenn du jemanden für etwas beneidest, und du besinnst dich auf all das, was du hast oder bist?

Die Schuld

Schuldgefühle sind häufige und nicht gern gesehene Begleiter durch die Vielfalt des sozialen Lebens. Sie sind wie innere Botschafter für die Bedürfnisse und Erwartungen der Mitmenschen, die einmahnen, wenn wir uns in bestimmten Belangen Versäumnisse zuschulden kommen ließen.

Wichtig ist dabei die Unterscheidung in ein schuldhaftes Verhalten, das wir wiedergutmachen können, und in Gefühle, die unserem Wert als Person zusetzen. Fehler, die geschehen sind, sind geschehen, und jeder Schaden kann in irgendeiner Weise ausgebügelt werden. So können wir mit jeder Schuld ins Reine kommen. Unser Wert als Person bleibt davon unberührt, das sollten wir uns immer wieder verdeutlichen. Denn an diesem Punkt mischt sich die Scham ein, die hier nicht vonnöten ist, sondern eine unangemessene Selbstinfragestellung anzettelt.

Fragen an die Schuld:

- Worin besteht deine Schuld und was kannst du tun, um sie zu tilgen?
- Kannst du dein schuldhaftes Verhalten von damit verbundenen Schamgefühlen unterscheiden? Wie fühlt es sich an, wenn du die Scham loslässt und nur für die Schuld Verantwortung übernimmst?
- Kannst du zu deinem Fehler stehen und ihn dir verzeihen?
- Was lernst du aus dieser Erfahrung und was möchtest du verändern?

Der Stolz

Der Stolz ist ein wichtiges und selbstwertstärkendes Gefühl, mit dem eingeprägte Schamhaltungen ausgeglichen werden können (Cyrulnik 2018, S. 86). Hilfreich ist es, sich zu erinnern, worauf man stolz sein kann: Was habe ich gut geschafft – kleinere oder größere Errungenschaften –, was ist mir gelungen, wo habe ich einen inneren Widerstand überwunden, was habe ich Neues ausprobiert? Wo der Stolz fehlt, macht sich rasch die Scham breit.

Der Stolz wirkt allerdings in der Übertreibung schädlich und sollte angemessen im Zaum gehalten werden. Die Eindämmung des Stolzes gelingt am besten mit der Übung der Dankbarkeit. Sie wirkt wie ein Tranquilizer auf narzisstische Tendenzen, indem sie darauf aufmerksam macht, dass jeder Erfolg, jede persönliche Stärke, jede Errungenschaft nur zum kleinen Teil den eigenen Fähigkeiten und Anstrengungen geschuldet ist und viel mehr durch andere Kräfte bewirkt und begründet ist, die nicht in unserer Macht stehen.

Fragen an den Stolz:

- Worauf kannst du in deinem Leben stolz sein?
- Wofür und wie kannst du dankbar sein?
- Auch wenn du deine Leistungen und Erfolge anerkennst und dich dafür wertschätzt, könnte es sein, dass dir viel davon geschenkt wurde? Wie würde sich das anfühlen?
- Wofür kannst du andere anerkennen?

Die Gier

Die Gierige ist an das Objekt der Gier gefesselt, und ihr einziges Bestreben besteht darin, es sich einzuverleiben. Unter der Herrschaft dieses Gefühls schränkt sich das Leben stark ein. Es wirkt eine innere Spannung, die sich kurz löst, wenn die Gier an ihr Ziel gekommen ist, und sich nachher schnell wieder aufbaut.

Eine wirksame, wenn auch nicht leichte Abhilfe liegt darin, das Gefühl der Gier zu spüren, ohne etwas zu tun. Oft ist die Gier im Bereich von Mund und Kiefer besonders stark repräsentiert. Es wird dabei die Scham auftreten, die hinter der Gier steckt. Auch dieses Gefühl gilt es zu spüren und den Wert der Scham anzuerkennen, die auf die Selbstbehinderung hinweist, die durch das Gierverhalten entsteht. Gelingt es, diese Gefühle anzunehmen und die Entspannung wahrzunehmen, die mit diesem Schritt einhergeht, ist ein Schlüssel gefunden, der bei jeder neuen Gierattacke angewendet werden kann.

Fragen an die Gier:

- Wie fühlt es sich an, wenn du gierig bist? Wie fühlt es sich an, nachdem du der Gier nachgegeben hast?
- Was passiert, wenn du den Druck, den das Giermuster auslöst, wahrnimmst und dich dabei entspannst?
- Was könntest du gewinnen, wenn du der Gier einmal nicht nachgibst?

Der Geiz

Im Geiz belasten wir uns mit Dingen (aber auch mit Wissen und Erfahrungen), die wir scheinbar für unsere Sicherheit brauchen. Wenn wir tiefer in uns hineinschauen, können wir erkennen, dass uns unsere Besitztümer die Sicherheit, die wir suchen, gar nicht geben können. Wir werden auch einsehen, dass wir Besitztümer über Menschen stellen. Wir können lernen, stattdessen unsere Aufmerksamkeit mehr auf die Beziehungen zu anderen Personen zu lenken, um mehr und mehr spüren zu können, wie sie uns eine andere und befriedigendere Art an Sicherheit geben. Dabei können wir auch erfahren, wie erfüllend es sein kann, anderen Menschen aus freien Stücken zu geben und deren Freude zu erleben.

Schließlich kann dem Geizigen eine Meditation helfen, bei der er sich seine letzten Stunden vorstellt und sich damit konfrontiert, nackt und bloß aus diesem Leben zu scheiden.

Fragen an den Geiz:

- Welche Gefühle sind es, die auftreten, wenn du an all das denkst, was du hast?
- Wie fühlt es sich für dich an, Sachen, die dir gehören, herzugeben?
- Was könntest du gewinnen, wenn du Dinge loslässt?
- Wie würde es sich anfühlen, aus freiem Herzen an Bedürftige zu geben?

Die Eifersucht

Die Eifersucht ist ein Gefühl, das uns doppelt plagt. Wir nehmen an, etwas stünde uns zu, das jemand anderer bekommt, und das, was uns fehlt, wurde uns weggenommen. Die Eifersucht heilt der Blick auf das, was im eigenen Leben vorhanden und kostbar ist. Statt auf das zu schielen, was andere haben und einem selber gebühren würde, gilt es, dankbar für das eigene Leben und seine Schätze zu sein. Es hilft, zwischen Dingen und Gefühlen zu unterscheiden: Dinge kann ich besitzen und wieder verlieren, Liebe kann ich geben und empfangen. Die Liebe hat keinen Bestand wie ein Bücherkasten, sondern ist ein momentanes Geschehen, das vom inneren Gefühlsfluss und vom Austausch mit anderen Personen abhängt. Wenn wir in anderen Gefühlen festhängen, wie Wut, Traurigkeit, Ekel, Angst, schränken wir den Fluss der Liebe ein.

Die Selbstliebe fehlt bei der Eifersucht. Wenn sie innerlich gestärkt ist, schwindet der in der Eifersucht enthaltene Neid auf andere und das Verlustgefühl, das im Schmerz der Eifersucht steckt.

Fragen an die Eifersucht:

- Wie ginge es dir, wenn du anderen die Liebe gibst, die du bei dir vermisst?
- Welche irrealen Anteile könnte deine Eifersucht enthalten?
- Wie würde es sich anfühlen, wenn statt der Eifersucht Vertrauen da wäre?
- Wieviel Liebe kannst du dir selbst geben?

Die Fremdscham

Das Fremdschämen schränkt unsere Selbstwirksamkeit ein. Wir hängen an dem Schicksal anderer Menschen, ohne aktiv darauf Einfluss nehmen zu können. Welche Möglichkeiten haben wir, um unsere Tendenzen zum Fremdschämen zu verringern?

- Bei sich selber bleiben und die Identifikation unterbrechen: Dieser ganz einfache Satz kann oft Wunder wirken: „Ich bin hier, du dort." „Ich bin in meiner Situation, du in einer anderen. Ich bin im Zuschauerraum, du auf der Bühne."
- Mitgefühl für den Menschen entwickeln, der gerade in einer peinlichen Situation steckt: „Es tut mir leid für dich, dass du in diese Situation geraten bist, ich kann nachvollziehen, wie es dir geht. Du wirst es schon schaffen."
- Entscheiden über den Handlungsspielraum: „Kann ich in irgendeiner Weise hilfreich eingreifen oder nicht? Wenn ja, was ist zu tun?" Wenn nein, geht es darum, sich herauszuhalten und auf Distanz zu gehen. Es genügt, beim Mitgefühl zu bleiben, das sich mit dem Vertrauen verbinden kann, dass es immer einen guten Ausweg aus einer misslichen Situation gibt.
- Die Verantwortung bei der Person belassen: Wo es nichts zu tun gibt, haben wir keine Verantwortung. Die Person muss und wird die blamable Situation bewältigen und überwinden.
- Auf positive Eigenschaften fokussieren: Meist ist die peinliche Angelegenheit nur eine Kleinigkeit im Vergleich zu dem, was alles an der Person, die in die Situation kam, anerkennens- und bewundernswert ist, was sie gut kann und was sie als Mensch wert ist.

16. Die Wiedergewinnung des Selbst

Viele Schamgeplagte sind Opfer eines Selbstraubes. Sie fühlen sich innerlich gespalten oder leer und haben Scheu, sich anderen gegenüber zu öffnen. Sie befürchten, dass in ihnen nichts Interessantes oder Wertvolles zu finden wäre. Sie fühlen sich unterlegen und mangelhaft.

Es muss erst bewusst werden, was geschehen ist: Die Entwendung des Eigenen, die Ausplünderung des Selbst. Der Schleier des Selbstverständlichen über dem Schrecklichen, mit dem Kinder aufwachsen und der über die Grenzüberschreitungen und systematischen Raubzüge in der Innenwelt gebreitet wurde, hebt sich. Die aus der Liebe gebildete Haltung, die Eltern vor Anklagen zu schützen, wird im Zug der Enttarnung der Übergriffe überflüssig.

Jetzt beginnt die Wieder-In-Besitznahme des eigenen Selbst, die eine gute therapeutische Begleitung dringend erfordert. Sie setzt beim Körper an, in dem all die Entwendungen als leere Stellen oder Löcher spürbar sind. Durch liebevolles Hinspüren füllen sich langsam diese Bereiche im Körper, die immer auch Bereiche in der Seele sind, mit Eigenem. Sie werden wieder angeeignet und spontanes Leben kann in die entleerten Bereiche hineinfließen, indem die einheitsstiftende Aufmerksamkeit die Anbindung, die unterbrochen wurde, wiederherstellt.

Es ist ein längerer und mühsamer Weg, aber er lohnt sich, weil nichts schlimmer ist, als nicht mehr spüren zu können, wer man selber ist. Selbstzweifel können in einer Weise quälen wie starke körperliche Beschwerden. Im Heilungsprozess geschieht es, als ob Schritt für Schritt inneres verödetes Land wieder urbar gemacht wird, damit dort neues Leben sprießen kann.

Die Einheit mit sich selbst zurückholen

Mit sich selber eins zu sein, sich als sich selber spüren zu können, ist für viele von Selbstraub und chronischen Beschämungen betroffene Menschen keine klare Gegebenheit, sondern etwas, das sie bitter missen und das ihr Leben in vielerlei Hinsichten erschwert. Vielleicht ist es genau das, was viele andere Menschen, die gar nicht auf die Idee kommen, von sich selber getrennt zu sein, mit ihrem Leben und seinen Umständen hadern lässt. Vielleicht sind es gerade besonders sensible, aber auch wache Personen, die diese Ungereimtheit im eigenen Wesen schmerzhaft erleben; ein Schmerz, der sie nach Abhilfe suchen lässt, während andere, denen die Selbstentfremdung zur zweiten Natur geworden ist, die Außenwelt für ihre Leiden und Probleme verantwortlich machen.

Mit sich selber körperlich und seelisch in Übereinstimmung zu kommen, also psychisch zur Kongruenz und physisch zur Kohärenz zu gelangen, ist das lebenslange Ziel jedes menschlichen Wesens und zugleich die Voraussetzung für kreatives Wachstum und schöpferische Lebensfreude. Je mehr Menschen sich diesem Ziel annähern, gleich über welche Ausgangsbedingungen sie verfügen, desto menschlicher wird diese Welt. Besondere Anerkennung verdienen jene, die sich trotz eines schwierigen Kindheitsschicksals auf den Weg machen und nicht davon abbringen lassen, die inneren Leerstellen beharrlich mit Bewusstheit und Selbstliebe zu füllen.

Die Empathie

Die Fähigkeit des Mitfühlens hat in Bezug auf die Scham einen besonders wichtigen Stellenwert und bekommt deshalb mehr hier Raum. Sie ist zentral für die Vertiefung menschlicher Beziehungen und für das soziale Vertrauen. Sie ist das wirksamste Gegenmittel gegen die Scham und führt rasch aus Zuständen des Beschämtwerdens heraus (Krach & al., 2011).

Empathie bedeutet, Gefühle spüren zu können, die andere Menschen fühlen, und mit diesen Gefühlen mitschwingen zu können. Wenn wir zu dieser Fähigkeit, über die Menschen grundsätzlich verfügen, Zugang haben, treten wir in Resonanz mit der anderen Person und bewegen uns in ihre Innenwelt hinein. Dann sind wir empathisch: Im Gefühl eins mit der anderen Person. Durch die Erfahrung einer empathischen Beziehung geben wir uns gegenseitig Sicherheit und Vertrauen: wir können spüren, dass unser Gegenüber im Grund (nicht im Detail) das Gleiche fühlt wie wir, damit sind wir mit ihr verbunden und fühlen uns von dieser Beziehung getragen, eine Voraussetzung dafür, dass wir uns mehr öffnen können.

Die Empathie ist also die Fähigkeit, eine Situation gefühlsmäßig aus der Perspektive der anderen Person wahrzunehmen – die einzigartige Welt des anderen zu einem guten Teil in sich selber zu fühlen.

Nach Brené Brown (2005) hat die Empathie vier Aspekte:

- Die Welt mit den Augen des anderen sehen.
- Nicht bewertend sein.
- Die Gefühle der anderen Person verstehen.
- Das Verständnis für die Gefühle der anderen Person kommunizieren.

Diese Aspekte der Empathie sind wichtige Elemente für tragfähige zwischenmenschliche Beziehungen und für gelingende psychotherapeutische Prozesse. Sie sind hilfreiche Gegenmittel gegen alle Formen der neurotischen und toxischen Formen der Scham.

Auch wenn die Geschichten von Person zu Person unterschiedlich sind, die ein Gefühl auslösen, und damit die Details des Gefühls unterschiedlich sind, ist es grundsätzlich möglich, mit Hilfe der Empathie die Verbindung zu jedem Menschen aufzunehmen. Denn auf der Gefühlsebene, der frühesten Ebene der Beziehung, reagieren wir aufeinander und stimmen uns untereinander ab. Hier entscheiden wir über Sympathie und Antipathie, über Sicherheit und Bedrohung, über Vertrauen und Misstrauen.

Mit Empathie ist nicht gemeint, dass Menschen die identische Erfahrung haben, nur einer Meinung sind und sich die Ich-Grenzen auflösen. Vielmehr bedeutet Empathie, dass zwei Personen eine gemeinsame Schwingung herstellen, die mit dem jeweiligen geteilten Gefühl verbunden ist. Das Gefühlserleben als solches ist zwischen den beiden Personen ähnlich: Eine Person fühlt Schmerz, die andere ebenfalls. Der Schmerz kann sich in der Intensität unterscheiden; die empathische Person braucht den Schmerz nicht in der Tiefe wie die mitteilende Person zu spüren, um die einfühlende Beziehung herzustellen. Die gefühlsmäßige Resonanz ist nicht von der Stärke abhängig, ähnlich wie auch Töne unterschiedlicher Lautstärke in Harmonie sein können.

Es handelt sich also nicht um Empathie, wenn eine Person in der anderen Person oder in deren Gefühl aufgeht. Das wäre nur ein konfluentes Sich-im-anderen-Verlieren, bei dem die Selbstbeziehung verloren gegangen ist. Empathie erfordert zwei voneinander prinzipiell unabhängige Personen, die in sich ruhen und mit sich selber verbunden sind. Sie treffen sich auf der Ebene eines Gefühls und geben auf dieser Ebene die trennenden Unterschiede auf, sodass das gemeinsam geteilte Gefühl vorherrscht.

Deshalb können wir mit Personen empathisch sein, obwohl wir deren Lebensgeschichte nicht teilen, ja, wir müssen die Zusammenhänge nicht einmal kennen. Ihr Gefühl mag einen anderen Hintergrund und Auslöser haben, aber wir kennen es als Gefühl aus unserer Geschichte, mit unserem Hintergrund und unseren Auslösern. Denn wir kennen alle Grundgefühle, und sie sind im Wesentlichen für uns alle gleich. Wir alle waren immer wieder mal freudig und glücklich, traurig und verletzt, sauer und zornig, beschämt und belastet, verängstigt und blockiert. Da gibt es keine Unterschiede. Wir tragen auch alle die verschiedenen Abwehrformen und abgeleiteten Gefühle mit uns herum. Deshalb ist Empathie ein natürlicher Vorgang. Wir kennen und erkennen einander in unseren Gefühlen und wir verbinden uns am einfachsten mitfühlend auf dieser Ebene.

Das Fließen der Empathie

Diese Form der Empathie ist nur möglich, wenn die Hindernisse und Blockierungen zu den eigenen Gefühlen abgebaut oder aufgelöst sind. Während wir alle im Grund über die gleichen Gefühle verfügen, haben wir alle in unterschiedliche Weise Mängel an Empathie in unserer Kindheit erleben müssen. Die Spuren dieser Erfahrungen zeigen sich daran, dass der Zugang zu manchen Gefühlen reduziert oder versperrt ist oder auch, dass manche Gefühle ungeschützt durchbrechen können. Manche können ihren Schmerz nicht zulassen, andere werden bei kleinsten Gelegenheiten von Traurigkeit überrollt. Manche schaffen es nicht, ihren Zorn zum Ausdruck zu bringen, andere explodieren sofort, wenn etwas nicht passt. In Hinblick auf das Gefühl der Scham gibt es ein noch viel breiteres Spektrum der verschiedenen Erlebens- und Umgangsweisen. Unsere individuellen Lebensgeschichten machen uns auf dieser Ebene unterschiedlich.

Falls wir in unserer frühen Kindheit viele empathische Erfahrungen im Sinn der interaktiven Affektregulation sammeln konnten, verfügen wir über ein solides und reichhaltiges Fundament für diese Fähigkeit und können sie leicht in den Situationen aktivieren, in denen die Gefühlsresonanz gebraucht wird.

Jeder Mangel an Empathie hat Verletzungen und Verhärtungen in uns hinterlassen. Erst wenn diese Wunden ihre Heilung gefunden haben, öffnet sich der Zugang zu der Ebene, auf der alle Menschen miteinander verbunden sind: Die Ebene der primären Gefühle, in der Tiefe vor allem der Schutzgefühle von Schmerz, Angst und Scham. Auf dieser Ebene spielt es keine Rolle mehr, woher die Gefühle stammen; ausschlaggebend ist vielmehr, dass wir in der Lage sind, den emotionalen Gehalt der Erfahrung zu spüren, zu äußern und zu teilen. Durch dieses Mit-Teilen entsteht Vertrauen und Sicherheit auf einer tiefen Ebene, der Ebene der Gefühlsresonanz.

Wenn wir diesen Hintergrund verstanden haben, brauchen wir keine Angst mehr zu haben, die unangenehmen Gefühle zu zeigen und zu kommunizieren, und wir brauchen auch keine Angst mehr zu haben, falls wir auf die Verletzlichkeit und Ängstlichkeit anderer Menschen treffen, denn das sind genau die Gefühle, die wir von uns selber kennen. Angst macht uns das Fremde, das Unverständliche und nicht Deutbare. Wenn wir nicht wissen, woran wir mit der anderen Person sind, werden wir misstrauisch: Es könnte uns drohen, dass wir wieder verletzt werden. Steigt jedoch die andere Person auf die Gefühlsebene ein, auf der wir uns gerade befinden, fühlen wir uns mit ihr verbunden und können Vertrauen aufbauen.

Manchmal glauben wir, wir können nicht in die Empathie kommen, weil uns das Gefühl der anderen Person zu stark oder zu schwach erscheint, oder weil es oberflächlich und unecht wirkt. Es gibt immer einen Weg zum Feld der Empathie, auch wenn die Situationen manchmal einfacher und ein andermal schwieriger sind. Die Herausforderung besteht dann darin, dass wir den Kontakt zu den tieferen Gefühlen suchen, die sich hinter den vordergründigen Gefühlen verbergen. Statt uns im Wirbel übersteuerter Emotionen oder im Nebel schüchterner Gefühle zu verlieren, spüren wir hinter die emotionalen Masken und hinter die angewohnten Gefühlsmuster und finden dort immer Ängste, Schmerz- und Schamgefühle. Wenn es uns gelingt, uns mit diesen Gefühlen empathisch zu verbinden, erleichtern wir unserem Gegenüber, aus den eigenen Gefühlsschablonen auszusteigen. Dann öffnet sich die Tür für eine tiefere Verständigung.

Physiologie der Empathie

Aus der Polyvagaltheorie wissen wir, dass sich unser Nervensystem in einem bestimmten Funktionszustand befinden muss, damit wir unsere sozialen Kompetenzen, zu denen ganz prominent die Empathie zählt, anwenden können. Sobald Stress entsteht, werden diese Fähigkeiten reduziert und der Zugang zur Empathie schwindet. Unsere inneren Systeme nehmen an, dass Gefahr im Verzug ist und stellen sich darauf ein, unser unmittelbares Überleben zu sichern. Für diesen Zweck ist die Empathie ein hinderlicher oder sogar riskanter Luxus.

Wenn wir hingegen entspannt sind und folglich der Stressgenerator Sympathikus abgeschwächt ist, kann das neue Vagussystem, das die sozialen Interaktionsprozesse enerviert, zum Tragen kommen. Das Ausmaß der Empathie ist also vom generellen Entspannungsniveau unseres Nervensystems abhängig. Denn die Fähigkeit zur Stressreduktion geht der Ausübung jeder sozialen Kompetenz voran.

Die Spiegelneurone

Im Zusammenhang mit der Empathie sind die Spiegelneurone berühmt geworden. Es handelt sich dabei um über weite Teile des Gehirns verstreute neuronale Netzwerke, die beim Sender und beim Empfänger an den gleichen Stellen aktiv werden, wenn sich zwei Personen verstehen.

Die Spiegelneurone arbeiten nur in einem mittleren Bereich der Aktivierung optimal. Wenn sie zu wenig aktiviert werden können, wie z.B. bei autistischen Personen, werden Menschen wie Objekte behandelt. Umgekehrt, bei einer Überaktivität dieser Nervensysteme werden Objekte wie Menschen erlebt – es werden z.B. physikalischen Abläufen verstehbare Absichten zugeschrieben, wie das bei Schizophrenen vorkommt (Minichino & Cadenhead 2017).

Empathie und Identifikation

Die Empathie sollte klar von der Identifikation unterschieden werden, denn die letztere spielt eine wichtige Rolle bei der Schamübertragung und beim Fremdschämen. Empathie ist die Fähigkeit, die Gefühle anderer Menschen „lesen" zu können und dafür Verständnis aufzubringen. Identifikation, ein Abwehrmechanismus in der Theorie der Psychoanalyse, ist dagegen ein unbewusster Ablauf und vollzieht sich, wenn die Gefühle eines anderen Menschen zu den eigenen werden und nicht mehr davon unterschieden werden können.

Die Neigung, Empathie und Identifikation zu vermischen, bzw. die Fähigkeit, klar zwischen diesen Abläufen unterscheiden zu können, hängt vor allem von der eigenen Beschämungsgeschichte ab. In ihr liegt der Schlüssel, zu dieser Unterscheidungsfähigkeit zurückzufinden.

Die Identifikation gilt in der Psychoanalyse als der reifste der Abwehrmechanismen, der bis zu einem gewissen Grad notwendig für eine gesunde seelische Entwicklung ist: Kleine Kinder identifizieren sich mit ihren Eltern, um deren Fähigkeiten, Einstellungen und Werte zu übernehmen und darauf die eigene Identität aufzubauen. Aber unbewusst wirkende Identifikationsvorgänge hindern die eigene Entwicklung, vor allem, wenn sie auf Scham gegründet sind.

Um also erkennen zu können, dass wir uns in einer Identifikation und nicht in der Empathie befinden, müssen wir in der Kindheit gelernt haben, klar zwischen eigenen und fremden Gefühlen zu unterscheiden. Wenn die eigenen Eltern keine oder zu wenig Verantwortung für die eigenen Gefühle übernommen haben, also den Kindern ihre Gefühlsreaktionen ungefragt und unreflektiert überstülpen, dann lernen die Kinder, vorrangig die Gefühle der Eltern zu lesen, statt selber zu spüren, was in ihnen vorgeht. Es kommt dann leicht zur Vermengung von eigenen Gefühlen und den Gefühlen der anderen, die oft auch nur vermutet werden. Auf dieser Basis steigt die Empfänglichkeit für die Schamgefühle von anderen (die Schamansteckung), für das Projizieren und für das Fremdschämen.

17. Die Scham in der Psychotherapie

Die Psychotherapie stellt den professionellen Zugang und Rahmen für eine sorgfältige und tiefgehende Aufarbeitung von krankmachenden Schamthemen zur Verfügung, also von „maladaptiver Scham" (Lammers 2016, S. 131). Sie zeigt sich als lähmend und quälend, macht hilflos und ohnmächtig. All die Elemente und Methoden zur Schamlösung, die in den vorigen Kapiteln besprochen wurden, eignen sich auch für die Anwendung in der therapeutischen Arbeit. Erfahrene Therapeuten stellen dazu noch eine Reihe weiterer Kompetenzen zur Verfügung: Die vertiefte Fähigkeit zur Empathie, ein ausgefeiltes Sensorium für Schamthemen – in Bezug auf die Klientin, die therapeutische Beziehung und die eigenen Prägungen –, ein differenziertes Wissen über die Wurzeln und Gestalten der Scham sowie die Kraft und Sicherheit, durch subtilere oder heftige Gefühlsprozesse durchzubegleiten. Das sind Qualitäten, die in einer sorgfältigen Ausbildung aufgebaut werden, in der die vielfältigen Schamthemen gründlich durchleuchtet werden.

Am entscheidensten für die Behandlung von Schamthemen ist wohl das besondere Beziehungsangebot, das im psychotherapeutischen Rahmen gilt. Die Scham ist ein Beziehungsgefühl, das Störungen in diesem Feld anzeigt. Die nichtwertende, bedingungslos annehmende Haltung des Therapeuten öffnet einen Raum, in dem alles willkommen ist, die angenehmen und die unangenehmen Gefühle, die launigen und die peinlichen Geschichten. Wo Scham ist, soll Würde werden, und der Respekt, der dafür notwendig ist, ist ein Grundelement der therapeutischen Beziehung. Sie heilt auf diese Weise die inneren Beziehungsmodelle der Klientin, die voll der Verletzungen und Beschämungen sind, und heilt damit die Selbstbeziehung in ihr. Je früher die schamvollen Erfahrungen durchlebt werden mussten, desto stärker ist der innere Kontakt in Mitleidenschaft gezogen: Wir können uns nur in dem Maß selber lieben, wie wir geliebt wurden. Wir können uns nur in dem Maß aus der Beschämung befreien, wie wir in einer heilsamen Beziehung nachreifen können, die frei ist von Abwertung und Beschämung. Das implizite Lernen in der Therapie besteht darin, neue Beziehungserfahrungen zu inkorporieren, die das Selbstgefühl und die Kommunikationsfähigkeiten auf den bewussten und unbewussten Ebenen stärken und festigen.

Nach der Auffassung von Mischa Hilgers gibt es „keine Schamkrankheiten im eigentlichen Sinne, vielmehr besitzt beinahe jede Psychopathologie eine ihr eigene Schamdynamik – ganz ähnlich der Angstkomponente, die mit wenigen Ausnahmen jede psychische Störung begleitet. Statt um angebliche Schamkrankheiten geht es demnach um die Untersuchung der speziellen Schamdynamik psychischer

Störungen." (Hilgers 2012, S. 48) Seelische Krankheiten sind also immer verbunden mit Scham- und Angstaspekten, die in der Therapie vordringlich beachtet und bearbeitet werden sollten.

So konnte etwa nachgewiesen werden, dass Frauen mit Borderline-Symptomen unter besonderen Schuld- und Schambelastungen leiden (Göttles 2007). Der Zusammenhang mit Depressionen und Scham ist lange bekannt und bei vielen dieser Störungsbilder augenscheinlich. Die depressive Person schämt sich für ihre Unfähigkeit, mit der Krankheit fertig zu werden, die ihrerseits meist durch Beschämungserfahrungen entstanden ist. Hochsensible Menschen scheinen besonders mit toxischer Scham behaftet (Parlow 2018). Essstörungen werden mit Schamprägungen ebenso in Verbindung gebracht wie alle Arten von Suchterkrankungen. Auch Zwangsstörungen haben einen gravierenden Scham- und Schuldanteil (Hilgers 2012, S. 100). Bei anderen Formen der Angststörung steht der Schamaspekt weniger im Vordergrund, ist aber immer Teil der inneren Belastung der betroffenen Menschen. Denn Ängste zu haben, wird oftmals als Schwäche, die man nicht haben sollte, erlebt.

Schwere seelische Problemkonstellationen brauchen eine kompetente und professionelle Unterstützung, um in der Tiefe verstanden, durchlebt und integriert werden zu können. Tiefsitzende Schamfixierungen lösen sich nur in einem sehr sicheren und vertrauensvollen Rahmen des Angenommenseins und der Wertschätzung, wie ihn die Psychotherapie anbietet.

Fallbeispiel:

Frau S. ist seit ihrer Adoleszenz Bulimikerin, eine Störung, die sie mehrfach knapp an die Grenze zum Tod gebracht hat. Nach einem Klinikaufenthalt kommt sie in die Therapie, in der intensiv mit der Scham gearbeitet wird. Es gelingt ihr, offen über ihre zwanghaften Essanfälle zu reden, ohne dass sie allerdings ihr Verhalten ändern kann. In der Wohngemeinschaft, in der sie lebt, wissen die Mitbewohner von ihrer Störung, und dennoch muss sie ihre entsprechenden Aktivitäten vor ihnen verbergen. So kommt sie regelmäßig erst dann in die Wohnung, wenn alle schon schlafen, isst dann Unmengen von gehaltlosen Lebensmitteln und erbricht sie anschließend. Dann verwischt sie alle Spuren ihrer nächtlichen Aktivität. Wenn sie die Lebensmittel anderer aus dem Kühlschrank für ihre Zwänge verwendet, versucht sie, den Anschein zu erwecken, als ob noch alles da wäre.

Diese Angewohnheit, dass nichts von dem, was sie tut, gesehen werden darf, führt zurück auf tief verwurzelte Schamprägungen, die als Folge einer frühkindlichen Traumatisierung entstanden sind, die sich langsam enthüllt. Es erfordert eine längerfristige therapeutische Arbeit, um die Störung aufzulösen.

Schamhaltungen sind oft tief in die Denk- und Verhaltensgewohnheiten eingeprägt, sodass sie zu Selbstverständlichkeiten werden, die sich durch das Sammeln von ähnlichen Erfahrungen immer wieder bestätigen. Auf diese Weise chronifizieren sich Schamgefühle und prägen die negativen Seiten der Selbstbeziehung.

„Der Zustand der Scham erzeugt in den Betroffenen das Gefühl, irgend etwas sei mit ihnen nicht in Ordnung, und ihretwegen haben Patienten oft nicht die Fähigkeit entwickelt, über ihren eigenen Anteil an den Schwierigkeiten, mit denen sie kämpfen, nachzudenken. Oft sind sie von ihrer eigenen Unzulänglichkeit fest überzeugt und versuchen deshalb zu verhindern, dass sie anderen die ‚Wahrheit' eingestehen müssen." (Siegel 2010, S. 296)

Fallbeispiel:

Herr F. kommt in die Therapie, weil er merkt, dass sein Selbstwertgefühl schwach ist und er sich und seine eigenen Fähigkeiten immer wieder anzweifelt, trotz aller beruflichen Erfolge. Auch die bisherigen Beziehungen sind immer nach einigen Jahren zerbrochen.

Bei der Innenerforschung kommt das Gefühl hoch, immer etwas falsch zu machen. Er denkt dabei an sein Kindheitsschicksal: Mit einem Jahr ist er von der Mutter zur Großmutter gekommen, die in einem entfernten Landesteil gelebt hat; eineinhalb Jahre später hat ihn die Mutter dann zu sich und den Vater zurückgenommen. Er hat sich fremd gefühlt in der Umgebung, die jetzt für ihn wieder neu war, und musste sich an die Erwartungen der Eltern, die ihm durch die lange Trennung unzugänglich und unverständlich erschienen, anpassen. Von da her stammt das Gefühl, es nie richtig zu machen und nicht gut genug zu sein und sich für diese Unzulänglichkeiten zu schämen.

In der Therapie geht es immer wieder darum, den Klienten zu helfen, Zusammenhänge zwischen den aktuell auftauchenden Themen und früheren Erfahrungen zu erkennen. Auf diese Weise lernen sie zu verstehen, dass die starken emotionalen Erregungen und die niederdrückenden Gefühle ihre Wurzel in kindlichen Erfahrungen haben. Es geht darum, den Kontakt zu primären Emotionen zu finden und sie ins Bewusstsein zu bringen. Auf diesem Weg wird es möglich, die Bedeutung von frühen Interaktionenerfahrungen für die Prägung des emotionalen Erlebens zu verstehen.

Fallbeispiel:

Herr R. fragt sich, warum er sich so schwertut, sich in einer wichtigen Lebensfrage zu entscheiden. Es geht darum, ob er seinen Job und seinen Freundeskreis wechseln soll, um mit der Frau, die er liebt, in einer weit entfernten Stadt zusammenleben zu können. Es fehle ihm an Vertrauen, teilt er mit. Auf die Frage, ob er als Kind seinen Eltern vertrauen konnte, spürt er, dass es ihm an Vertrauen zu seiner Mutter mangelt, obwohl er gleich wieder relativiert, sobald er es ausspricht. Er weiß aber, dass seine Mutter in seiner Kindheit wenig für ihn da war, und als er sich diese emotionale Vernachlässigung eingesteht, spürt er den Schmerz und erkennt, dass ihn eine Scham daran gehindert hat, sich auf das schmerzhafte Gefühl des Liebesmangels einzulassen. Das Zulassen und Durchleben der von der Scham unterdrückten Emotionen aus der Kindheit führt ihn schrittweise zu mehr Selbstvertrauen, Kraft und Klarheit.

Die Therapiescham

Eine Psychotherapie zu beginnen, ist für viele Menschen mit der Überwindung einer Scham verbunden. Das Eingeständnis, mit den eigenen Problemen alleine nicht zurechtzukommen und professionelle Hilfe zu benötigen, ist vielen peinlich. Oft läuft ein innerer Vergleich ab: Andere brauchen auch keine Therapie und kommen gut mit ihrem Leben zurecht, da müsste ich es doch auch alleine schaffen – bin ich schwächer, labiler oder neurotischer als die anderen? Durch solche Vergleiche wächst die Schambelastung, und die Schwelle, sich therapeutische Unterstützung zu suchen, wird mächtiger.

Es sagt der Stolz: Du brauchst keine Therapie, du bist gesund und klar im Kopf oder zumindest nicht gestörter als der Durchschnitt. Aber die Probleme, die den Therapiewunsch auslösen, melden sich und drängen dazu, endlich an sich zu arbeiten. Es können auch Personen aus der näheren Umgebung sein, die den Rat gegeben haben oder einen Erwartungsdruck ausüben.

> **Fallbeispiel:**
>
> Frau O. kommt zu einem Einführungsgespräch in die Praxis. Als erstes fragt sie, ob hoffentlich niemand gesehen hat, dass sie bei der Praxis geläutet habe. Sie wohnt in der gleichen Gasse und befürchtet, dass es Nachbarn auffallen könnte, dass sie zu einem Psychotherapeuten geht. Es stellt sich heraus, dass sie von ihrem Mann geschickt wurde, der mit ihr unzufrieden war, und sie folgte diesem Ansinnen, ohne selber davon überzeugt zu sein. Es ist nicht viel aus ihr herauszulocken, außer dass sie mehr darüber redet, was ihr Mann meinte und für gut befände und nicht, was sie selber denkt und fühlt. Er sei Architekt, und die Einrichtung des Therapieraums würde ihm überhaupt nicht gefallen. Schließlich verabschiedet sie sich und verlässt mit vorsichtigen Blicken nach allen Richtungen die Praxis. Sie hat sich nie wieder gemeldet.

Der Beginn einer Therapie ist oft in sich schon ein Schamthema. Schließlich geht es darum, das eigene Innere zu zeigen und sichtbar zu machen, und die innere

Überzeugung sagt, dass es da unvorteilhafte und ungute Seiten gibt, die besser unter Verschluss bleiben. Denn es droht eine Beschämung, wenn die Schattenseiten ans Licht kommen. Eine Klientin bemerkte am Ende der ersten Sitzung: „Ich fühle mich wie ein Haufen Scheiße, dass ich da sitzen muss."

Viele Menschen haben die Vorstellung von Psychotherapeuten als Menschen, die mit einem bestimmten Blick ausgestattet sind, mit dem sie ins Innere der Menschen schauen können, um sie mit den gewonnenen Einsichten dann bloßzustellen. Solche Ängste hängen ganz offensichtlich mit Scham zusammen und bewirken eine mächtige Hemmschwelle vor den Toren der psychotherapeutischen Praxen. Sie spiegeln sich auch in der vorsichtigen Zurückhaltung, die den Anfang vieler Therapieprozesse kennzeichnet.

Das erste Lernen besteht oft darin, dass der Blick der Therapeutin nicht abschätzend, beurteilend und bewertend ist, sondern interessiert und empathisch. Als Therapeuten wissen wir überhaupt nichts über das Innenleben unserer Klienten, und es ist ein gemeinsamer Weg, der in die inneren Labyrinthe und Konfliktfelder begangen wird.

Scham durch Diagnosen

Diagnosen, vor allem im psychologischen und psychiatrischen Bereich, sind an sich schon mit Scham verbunden. Wir wollen als Individuen erkannt und anerkannt werden, nicht als Fall, der einer Kategorie von Störungen angehört. Jede Etikettierung bekommt im sozialen Kontext die Rolle eines Stigmas, eines anhaftenden und potenziell sichtbaren Makels, der einen negativen Unterschied zur allgemein respektierten Normalität markiert. Wird z.B. jemandem die Diagnose „Depression" zugemessen, so fühlt sich die Person weniger wertvoll als alle nicht-depressiven Mitmenschen. Sie erlebt sich als zurückgesetzt und ausgeschlossen.

Dazu kommt, dass Diagnosen im seelischen Bereich häufig mit einem Versagen und einer persönlichen Schuld assoziiert sind. Wenn wir ein psychisches Leiden haben, fragen wir uns, was wir falsch gemacht haben und was an uns falsch ist. Wir zweifeln an unserem Wesen als Ganzem und spüren zugleich unsere Unfähigkeit, daran etwas zu ändern. Schon sitzen wir voll in der Schamfalle.

Wir können diesen peinlichen Makel mit einer Flucht in den sekundären Gewinn kompensieren: Da wir uns für psychisch nicht vollwertig halten, kann man weniger von uns verlangen. Wir sprechen uns selber frei von Anforderungen und Anstrengungen. Damit gelangen wir freilich in eine Position der Unmündigkeit und Abhängigkeit, die wiederum mit Scham erfüllt.

Bei manchen hingegen wirkt das Zuerkennen einer Diagnose erleichternd, weil sie Klarheit verschafft und aus der Ungewissheit führt, was denn mit einem los ist.

Psychische Leidenszustände irritieren, indem sie das gewohnte Selbstverständnis aus den Angeln heben. Sie bereiten ein hohes Maß an Unsicherheit, und eine Diagnose, die auch beinhaltet, dass die Störung einen Namen hat und man nicht alleine von ihr betroffen ist, gibt eine gewisse Sicherheit und eröffnet Möglichkeiten, mit dem Problem zurande zu kommen.

Die soziale Scham wird in diesem Fall nicht umgangen, weil sie zusammen mit der Diagnose übernommen wird. Falls es aber gelingt, eine konstruktive Herangehensweise an das Symptom zu finden, tritt die Scham zurück und wird durch den Stolz, das eigene Schicksal in die Hand zu nehmen, ausgeglichen.

So ist der Gang in die Selbsthilfegruppe oder in die Therapie, beladen mit der stigmatisierenden Diagnose, stets mit Scham behaftet; es kann sich jedoch der konstruktive Stolz dazu gesellen, die Verantwortung für die eigenen Probleme zu übernehmen. Die Bedürfnisscham, keine Hilfe für sich brauchen zu dürfen, wird überwunden, sobald die therapeutische Unterstützung in Anspruch genommen und deren heilende Kraft anerkannt wird.

Psychologische oder psychiatrische Diagnosen enthalten Fachausdrücke für psychische Störungen, die im Grund Überlebensstrategien und Formen der Schamabwehr sind. Diese Einsicht kann es Klienten leichter machen, das Erstellen einer Diagnose, das manchmal für das Gesundheitssystem notwendig ist, ohne Scham auf sich zu nehmen. Denn sie erkennen daran, dass sie keine Verantwortung für die „Störung" tragen müssen, sondern ganz früh für ihr Überleben gesorgt haben.

Scham im Therapieverlauf

Das Schamgefühl, ein „Therapiefall" und kein erwachsener und kompetenter Mensch zu sein, kann immer wieder im Verlauf eines therapeutischen Prozesses auftauchen – ein Thema, das für die Innenerforschung wichtig ist, weil es zu früheren Erfahrungen des Beschämtseins zurückführt. Allerdings steht es nur dann für die Behandlung zur Verfügung, wenn es von der Klientin erwähnt wird. Unbesprochen mischt es sich hemmend ein, weil es Teil der verdeckten Aspekte in der Klientin ist, die gegen die Therapie opponieren und die unbewussten Widerstände lenken. Es braucht viel Feinfühligkeit beim Therapeuten und eine gute Kooperation mit dem bewussten Teil der Klientin, der die Therapie schätzen gelernt hat, um diese Widerstände bearbeiten zu können. Mit den Erfolgen, die sich im Wohlbefinden und in mehr innerer Freiheit zeigen, schwindet die Scham und gibt Platz für den Stolz, jemand zu sein, der an den eigenen Problemen arbeitet und die Abhängigkeit von Mustern lösen will, um sich wohler zu fühlen und ein besserer Mensch und Mitmensch zu werden.

Die verständliche Scheu, sich einer Therapie zu stellen, äußert sich in verschiedenen Formen der Zurückhaltung, u.a. auch beim Blickkontakt. „Die Unfähigkeit vieler Menschen, die in Therapie kommen, einen direkten Blickkontakt herzustellen, ist die Folge einer tiefsitzenden Scham. Sie empfinden sich selbst als mangelhaft oder ekelig und glauben, dass sie auch so von anderen Menschen gesehen und dafür verachtet werden." (Van der Kolk 2014, S. 125) Wie schon erörtert, wird die Scham mit dem Gesehenwerden aktiviert und ist deshalb sensibel für alles, was mit dem Sehsinn zu tun hat.

Häufig werden Schamthemen von den Klienten gar nicht angesprochen, eben weil es beschämend ist, über Scham zu reden. Doch werden die Schamreaktionen an nonverbalen Signalen sichtbar. Die Klientin spricht über ein scheinbar belangloses Anliegen und wird während des Erzählens spürbar verlegen. Diese Reaktion kann vom Therapeuten aufgegriffen und behutsam zurückgespielt werden: „Könnte es sein, dass es für Sie peinlich ist, über dieses Thema zu reden?" „Könnte es sein, dass sich hinter diesem Gefühl auch eine Scham befindet?" „Es würde mich nicht wundern, wenn Sie sich angesichts dieser Erfahrung geschämt hätten." Auf diese und ähnliche Weise kann der Klient ermuntert werden, die Scham zu benennen und die Erfahrung zu machen, dass das Bekenntnis zur eigenen Scham diesmal leichter fällt und keine demütigenden Konsequenzen hat, wie das bei früheren Erfahrungen wohl schon geschehen ist. Die empathische Reaktion der Therapeutin beruhigt das innere Schamgefühl und stärkt das Vertrauen, im eigenen Leben mehr über die Scham zu reden.

„Jede psychodynamische Erkundung produziert auf eine bestimmte Weise Schamgefühle, gegen die sich der Patient immer wieder wehren wird. Dem Psychotherapeuten kommt dabei die Aufgabe zu, dies empathisch und geduldig zu begleiten." (Tiedemann 2013, S. 132) Typischerweise pendelt der therapeutische Prozess zwischen Öffnung und Scham, die meist den Widerstand gegen die tieferen Gefühlsschichten bestimmt. Es braucht ein gutes Taktgefühl seitens der Therapeutin, damit die therapeutische Aufgabe als behutsame Begleitung bei der Erkundung des weiten Landes der Seele zur Wirksamkeit gelangt und nicht als besserwissende und überlegene Wegweisung wahrgenommen wird.

Die unabdingbare Voraussetzung für die Behandlung ist das Verständnis und die Grundhaltung des Psychotherapeuten. Ein Patient, der an pathologischer Scham leidet, braucht nach Gershen Kaufmans (2004) Auffassung eine besonders ausgeprägte „sicherheitsgebende Beziehung", die ihm im familiären Kontext in der Kindheit gefehlt hat. Vonseiten des Therapeuten ist eine authentische und ehrliche Haltung gegenüber seinen Patienten erforderlich. Ein Therapeut, der sich dem Patienten gegenüber als Mensch erfahrbar macht, lädt diesen dazu ein, sich mit ihm zu identifizieren (siehe auch Tisseron, 2000). Für Kaufman schließt sich an diese therapeutische Haltung auch ein „Reparenting" an, bei dem der Therapeut Distanz und Neutralität zugunsten einer natürlichen und authentischen Haltung zurückstellt und dem Patienten eine Form der nachelterlichen Fürsorge vermittelt. Das Selbstwertgefühl des Patienten würde bei einer abstinenten und distanzierten Haltung verletzt und die Gefahr einer Retraumatisierung durch erneutes Schamerleben sei gegeben. Nach Serge Tisseron (2000) sollte der Therapeut zuerst die narzisstischen Kränkungen und Demütigungen seines Patienten anerkennen. Die Psychotherapeutin, die dem Patienten bei der Überwindung der Scham helfen soll, muss daher auch fähig sein, dem Patienten nahezulegen, „die Scham vor der Scham" abzulegen. Denn in der Regel ist es die Scham selbst, die den Betroffenen an der Artikulation der Scham hindert. Tisseron unterstreicht, dass der Psychotherapeut deshalb nicht nur die Sensibilität für die Scham haben soll, die sich zeigt, sondern auch für die, die sich nicht zeigt und daher nicht als solche erlebt werden könne.

Bei schweren Belastungen mit Scham ist eine authentische und kongruente Haltung des Therapeuten besonders wichtig. Wer eine Kindheitsgeschichte mit fortgesetzten Beschämungen erlebt hat, bringt verständlicherweise sehr viel Misstrauen mit, die auch der Therapeut zu spüren bekommt. Er braucht viel Fingerspitzengefühl, um neuerliche Beschämungen zu vermeiden und die Klientin sanft zu ermutigen, ihre Schamthemen behutsam zu Bewusstsein zu bringen.

Denn mit dem Angebot an emotionaler Zuwendung wird die Angst aktiviert, wieder abgelehnt, verletzt und ausgestoßen zu werden. „Scham spielt bei alldem eine wichtige Rolle: ‚Irgendwann werden Sie schon noch merken, wie verdorben und ekelhaft ich bin, und wenn Sie schließlich dahinterkommen, werden Sie mich fallenlassen.' Unaufgelöste Traumata können eine entsetzliche Wirkung auf Beziehungen haben. Wenn Sie noch nicht darüber hinweggekommen sind, dass Sie von einem Menschen, den Sie geliebt haben, angegriffen wurden, geht es Ihnen wahrscheinlich in erster Linie darum, nicht mehr verletzt zu werden, und Sie haben Angst, sich einem Menschen, den Sie noch nicht kennen, zu öffnen. Vielleicht versuchen Sie sogar, ohne es selbst zu merken, die andere Person zu verletzen, bevor diese Sie verletzen kann." (Van der Kolk 2014, S. 253)

Besonderheiten bei der Schamheilung

Die Heilung der Scham folgt anderen Gesetzmäßigkeiten als die Auflösung von Ängsten. Bei der Bewältigung von Angst führt der Weg über das Annehmen, Durchspüren und Aushalten, bis sich die Angst löst. Es ist die Sicherheit gebende Haltung, die der Angst die lähmende Kraft nimmt und sie beruhigt, wie ein Elternteil, der das vor Angst zitternde Kind in seinen festen Armen hält, bis es sich entspannt.

Bei der Scham ist der übliche therapeutische Ratschlag, „in das Gefühl hineinzugehen", in vielen Fällen kontraproduktiv. Denn einerseits wird sie meist nicht als deutlich abgrenzbares Gefühl erlebt, sondern diffus und vage als allgemeiner belasteter Zustand. Andererseits verstärkt und vertieft das „Hineingehen" in der Regel die Scham, ohne sie zu überwinden. Es wirkt wie die Aufforderung, wir sollten uns doch schämen; niemand *will* sich schämen, und am wenigsten aufgrund einer Aufforderung. Die Scham, diese empfindliche Begleiterin, verdoppelt sich allzu leicht und führt schnell zu einem beleidigten Rückzug.

Deshalb geschieht die Schamheilung immer in mehreren Schritten und in einem behutsamen Herantasten. Es geht dabei sowohl um das Spüren des Gefühls mit seinen Körperreaktionen als auch um das Verständnis für die Abläufe und Hintergründe der frühen Prägesituationen.

Die Schamheilung braucht einen besonders achtungsvollen Rahmen. Viele subtilere Schamthemen entziehen sich der Selbsterkenntnis, was mit dem Drang nach Geheimhaltung zusammenhängt, und sie tauchen erst durch die Übertragungs- und Gegenübertragungsdynamik im Rahmen der Therapie auf. Wichtig sind das Gespür und die Bewusstheit über die eigenen Schamerfahrungen der Therapeutin, damit die oft versteckten Schamanteile angesprochen und ins Bewusstsein gehoben werden können.

Die psychotherapeutische Situation ist ein Sonderfall und zugleich ein Paradebeispiel für die Empathie, der wir in unserem Leben in viel mehr Situationen Raum geben sollten. In einer gut verlaufenden Psychotherapie ist das bewertungsfreie Mitgefühl das universale Mittel, um den Heilungsprozess insbesondere bei Schamthemen einzuleiten. Das Vertrauen, das in frühen Phasen des Lebens enttäuscht wurde, wird in der therapeutischen Begegnung als Gefühlsresonanz zwischen Therapeut und Klient aufgebaut, sodass die alte Frustration, die zu Misstrauen, Rückzug und Kampf geführt hat, mit einer neuen positiven Erfahrung überschrieben werden kann. Das Vertrauen zu der anderen Person, die sich auf der Gefühlsebene verbindet, stärkt das Vertrauen im Klienten, und auf diese Weise lösen sich sukzessiv die Schamprägungen auf, und die innere Freiheit wird unweigerlich wachsen.

Die Scham und die Redekur

Viele Klienten fühlen sich im Gespräch sicherer und suchen deshalb zunächst verbale Therapieangebote auf. Die Schamerfahrung hat viel mit Sprachlosigkeit zu tun, und solange wir reden können, glauben wir, dass wir die Situation unter

Kontrolle haben. Wir alle haben erlebt, dass wir uns aus unguten Situationen „herausreden" konnten, und diese Fähigkeit soll uns auch in der Therapie davor schützen, durchschaut und aufgeblättert zu werden.

Wie wir schon erörtert haben, ist das Reden über die Scham die wichtigste Schwelle, die es zu überwinden gilt, wenn an Schamthemen gearbeitet wird. Die Scham neigt ihrem Wesen nach zum Verstecken und Verbergen. Denn sie entsteht beim Bloßgestelltwerden, beim Ans-Licht-Kommen von Geheimnissen oder Intimitäten. Das macht die Beschäftigung mit der Scham so schwierig – sie will sich, so gut es nur geht, dem beobachtenden und reflektierenden Verständnis entziehen. Denn in jeder Scham ist die Befürchtung enthalten, durch das Aussprechen erneut gespürt werden zu müssen und durch eine unempathische Reaktion verstärkt zu werden.

Außerdem hilft die mitfühlende verbale Zuwendung bei der Befreiung vom Schamdruck. Denn Beschämungserfahrungen sind durch einen Kommunikationsabbruch gekennzeichnet, der in der Therapie rückgängig gemacht wird, indem die Therapeutin ein empathisches Verständnis für die Scham des Klienten zum Ausdruck bringt und damit die kommunikative Brücke aufrechterhält.

Doch wie viele tieferliegende Gefühlsprobleme können auch die Schamthemen nur anfänglich und an der Oberfläche mit verbalen Methoden erreicht werden. Die Sprache, das Sprachverständnis und das sprachliche Denken entwickeln sich erst langsam im Lauf der Kindheit, während die Gefühle lange vorher schon aktiv sind und das Innenleben prägen und strukturieren. Deshalb liegen die Wurzeln vieler Schamgefühle im vorsprachlichen Bereich.

Es braucht das organische Wachsen des Vertrauens, damit die nonverbalen Bereiche zunehmend in den therapeutischen Prozess eingeflochten werden können. Das innere Spüren ist der Schlüssel zu den tieferen Schichten der Seele und deshalb unerlässlich für das Arbeiten mit Schamthemen.

Um die tief im Inneren verankerten Schamreaktionen zu schwächen, hilft es, körper- und erlebnisbezogene Methoden in die Behandlung zu integrieren. Sie bieten eine wirksame Unterstützung, um die inneren Reaktionen, die von den verschiedenen Gestalten der Scham und ihrer Abwehrreaktionen ausgelöst werden, genauer kennenzulernen und mit achtsamer Aufmerksamkeit zu beruhigen.

Psychoanalytiker wie Hilgers und Tiedemann haben darauf hingewiesen, dass Schamthemen in der Therapie leicht übersehen werden, weil die Scham einerseits ansteckend ist, also vom Klienten auf den Therapeuten übertragen werden kann, der sie auch nur ungern spürt und deshalb tunlichst „übersieht". Andererseits verhält sich die Scham von sich aus versteckend und zieht sich damit allzu leicht in den unbeleuchteten Untergrund der therapeutischen Beziehung zurück. Sie wirkt sich dann im verdrängten Off der Gegenübertragung (vgl. Tiedemann 2013, S. 19-20) hinderlich auf den Prozess aus.

Die Benennung der Scham rückt ein bisher unbewusstes Gefühlsmuster ins Bewusstsein. Dadurch wird eine Neupositionierung der alten Erfahrung in einem veränderten Kontext möglich. „Mit Hilfe des Bewusstseins können im Arbeitsgedächtnis, der Kreidetafel des Geistes, Repräsentationen in völlig neuen Kombinationen manipuliert werden. Durch die Einbeziehung der sprachlichen Systeme und der Autonoesis ermöglicht das Bewusstsein Reflexionen über Vergangenheit und Zukunft, was uns über den gelebten Augenblick hinausführt." (Siegel 2010, S. 298) Beim bewussten Aussprechen und Bereden wird klar, dass der Anteil der Scham an der Erfahrung in der Vergangenheit sinnvoll war, aber in der Gegenwart überflüssig ist und für die Zukunft seine weiterwirkende einschränkende Macht verlieren darf.

Schamheilung in der Atemtherapie

Tiefere Schichten der Erinnerung im nonverbalen Bereich werden vor allem durch körpertherapeutische Methoden und Ansätze erschlossen. Mit dem Spürbewusstsein und der gelenkten Aufmerksamkeit kann der Zugang zu vielen implizit gespeicherten Gedächtnisspuren geöffnet werden, die mit der Scham in Verbindung stehen. Die Integrative Atemtherapie (Ehrmann 2004, Platteel-Deur 2010) ist eine der Methoden, die geeignet sind, solche frühen Erfahrungsschichten ins Bewusstsein zu holen, um sie dort zu bearbeiten.

Ähnlich wie weitere Formen der körperorientierten Therapie erfordert auch die therapeutische Arbeit mit dem bewussten Atmen eine besondere Sensibilität für Schamthemen. Wie bei anderen aufdeckenden Therapieformen sollte „ein schockartiges Auftreten des Schamgefühls möglichst vermieden ... und dosiert mit der Enthüllung der privaten Welt und deren Grenzen umgegangen" werden (Tiedemann 2013, S. 133).

Das Spektrum der Atemtherapien ist weit gespannt und umfasst intensivere und sanftere Atemtechniken. Die intensiveren Atemmethoden, die mit beschleunigter und vertiefter Atmung arbeiten, bringen häufig die Grundgefühle – Ängste, Wut, Traurigkeit, Ekel – an die Oberfläche. Die nötige Achtsamkeit, die in dem obigen Zitat angesprochen wurde, ist bei allen heftigen Gefühlen angebracht, damit sie die Integrationskraft des Klienten nicht überfordern. Meist stammen diese Gefühle aus traumatischen Erfahrungen, die mit Hilfe der bewussten Atmung aktiviert werden und unter fachgerechter Begleitung durchgearbeitet werden können. Bei solchen intensiven Prozessen ist die Scham immer auch beteiligt und bedarf besonderer Aufmerksamkeit durch die Therapeutin. Falls sie für diese Themen durch die

Eigenerfahrung sensibilisiert ist, wird sie spüren und am körperlichen Ausdruck wahrnehmen, sobald die Klientin auf ein derartiges Thema stößt. Es kann dann durch behutsame Hinweise bewusst gemacht werden. Dabei ist es wichtig, die Gefühle, die mit dem Schamthema assoziiert sind, z.B. Wut oder Traurigkeit, zuzulassen und ins Erleben zu bringen. In diesem Fall ist es empfehlenswert und hilfreich, im Anschluss an den Atemprozess auf behutsame Weise darauf zu sprechen zu kommen. In der Scham verstanden und akzeptiert zu werden, löst die Belastung durch dieses Gefühl auf.

Bei weniger dramatischen Atemprozessen wird die Scham selten als deutlich abgegrenztes Gefühl erlebt, obwohl sie häufig im Hintergrund anderer Gefühlsabläufe mitmischt. Deshalb ist es sinnvoll, Schamthemen zunächst im Vorgespräch zu erörtern, die dann im Verlauf der Atemsitzung bewusst wahrgenommen und verarbeitet werden können. Die Therapeutin kann diesen Integrationsprozess durch verbale Hinweise und empathisches Verständnis unterstützen.

In einer akuten Schamerfahrung wird unsere Atmung automatisch reduziert. Die bewusste Beschäftigung mit der Atmung, wie sie durch die Atemtherapie angeregt wird, wirkt der gewohnheitsmäßigen Flachatmung entgegen. Insbesondere die Zwerchfellatmung, die geschult und verbessert wird, öffnet für den vertieften Atemfluss und bringt mit Quellen der Lebenskraft in Verbindung, die sonst nicht genutzt werden, weil sie durch festsitzende Schamerfahrungen blockiert sind. Die Bewusstheit über das stärkende Potenzial der eigenen Atmung, vor allem der kraftvollen Einatmung, verbindet mit einer Ressource, die uns immer zur Verfügung steht und den Selbstwert absichert. Ein stabiler Selbstwert ist ein guter Schutz vor Beschämungserfahrungen und dient als Halt für die Befriedung alter Schamerinnerungen.

Das Geheimnis in der Therapie

Erfahrungen aus dem Leben von Klienten, die sie lange Zeit geheim gehalten oder überhaupt nie jemandem erzählt haben, sind von starker Scham beschützt. Klienten mit diesem Thema wollen das Geheimnis loswerden. Deshalb testen sie auf einer unbewussten Ebene ab, wie sehr sie dem Therapeuten vertrauen können. Gerade Personen mit massiven schambelasteten Themen bringen eine hohe Sensibilität für die Tragfähigkeit der Vertrauensbasis in der Therapie mit und können auf leise Störungen dieser Ebene schnell mit Rückzug oder Ärger reagieren. An diesen Punkten braucht es ein kongruentes und empathisches Eingehen seitens der Therapeutin, um die angeschlagene Brücke des Vertrauens rasch zu reparieren.

Für das Herangehen an das Geheimnis hilft es, die Schamthemen hinter diesen Verunsicherungen wahrzunehmen und behutsam zu Bewusstsein zu bringen. Es erfordert viel Feinfühligkeit, damit es nicht zur Wiederholung von Verletzungen des Vertrauens kommt. Gelingt diese schrittweise Annäherung, so sind die Klienten mehr und mehr sowohl unbewusst wie bewusst bereit, die tieferliegenden Themen und die damit verbundenen Schamgefühle mitzuteilen und aufzuarbeiten, bis schließlich das Geheimnis gelüftet werden kann. Es braucht also einen von Vertrauen durchwirkten und getragenen Raum, mit dessen Hilfe die Angst gelöst wird. Das Aussprechen eines Geheimnisses erfordert ein liebevolles und verständnisvolles Empfangen, ein empathisches Zuhören. Wenn die Person, der das Geheimnis mitgeteilt wird, vorher sagt: „Ich werde dich nicht verurteilen, sondern ich verstehe, dass du das Geheimnis aus gutem Grund in dir trägst. Ich schätze es, dass du offen und ehrlich bist", dann wird es dem Geheimnisträger leichter fallen, die Schamschwelle, die das Geheimnis schützt, zu überwinden.

Zum Schutz dieser Vertrauensbasis dient als sicherheitgebender Rahmen die Verschwiegenheitspflicht in der Therapie. Geheimnisse, die in der Therapie mitgeteilt werden, verlieren ihre Macht, auch wenn vielleicht noch der Schritt aussteht, sie einer Person mitzuteilen, die vom Geheimnis betroffen ist. Wenn die Schwelle im therapeutischen Gespräch überwunden wurde, erleichtert sich die Last, denn ein ausgesprochenes Geheimnis ist kein Geheimnis mehr.

> Im Rahmen eines Vortrages, den ich vor vielen Jahren hörte, erzählte ein berühmter US-Psychoanalytiker von der Therapie einer Klientin, die immer wieder ein Thema erwähnte, über das sie nicht sprechen könnte und sich auch nicht vorstellen konnte, jemals darüber zu reden. Nach vielen Sitzungen, eines lauen Frühlingsnachmittags saß der Therapeut am offenen Fenster, während die Klientin auf der Couch ihren Assoziationen folgte. Plötzlich merkte der Therapeut, dass er kurz eingedöst war, und hörte, wie die Klientin gerade sagte: „Bin ich froh, dass ich das endlich sagen konnte." Nie hat der Therapeut erfahren, was das Thema war, für das sich die Frau so geschämt hatte. Ihr Unbewusstes hatte offenbar einen Moment ausgewählt, in dem der Therapeut nicht zuhörte, um sich zu offenbaren, und das Unbewusste des Therapeuten hatte ihr diese Gelegenheit geboten.

> Man könnte sagen, ein perfektes Zusammenspiel auf der unbewussten Ebene, man könnte auch kommentieren, dass es in dieser Therapie eine hohe Schwelle für die Scham gab, die von beiden Seiten soweit aufrechterhalten wurde, dass sie nicht ans Bewusstsein gelangen konnte. Und auch der Therapeut blieb mit seiner Scham zurück, weil er es nicht wagte, der Klientin einzugestehen, dass er gerade eingenickt war, statt, wie es seine Aufgabe wäre, präsent und empathisch zuzuhören. Erleichternd für diese Scham war das Erzählen der Episode vor einem Publikum.

Scham und Trauma

Unter einem Trauma verstehen wir einen Zustand von extremer Belastung, der vom Organismus und von der Persönlichkeit nicht bewältigt werden kann, sodass die Notfallsmechanismen, über die der Organismus verfügt, aktiviert werden müssen. Ein Trauma wird im Unbewussten abgespeichert und äußert sich in verschiedener Weise im weiteren Leben – in neurotischen Verhaltensweisen oder posttraumatischen Belastungsstörungen, in psychosomatischen Erkrankungen und Depressionen. Bei dieser Definition von Trauma ist wichtig, dass sie sich auf die subjektive Erfahrung stützt. Wir können nicht von außen von einem Ereignis auf die innerpsychischen Folgen schließen. Wenn es zu einem Flugzeugabsturz oder einem Zugsunglück kommt, gibt es unter den Überlebenden immer auch Menschen, die kaum oder gar nicht traumatisiert sind, während das gleiche Ereignis bei anderen zu schweren Belastungen führen kann. Menschen sind unterschiedlich in ihren Fähigkeiten, mit herausfordernden Situationen im Leben umzugehen, weil sie über unterschiedliche Ressourcen und Resilienzfaktoren verfügen, deren Wirkmächtigkeit wiederum von der eigenen Traumageschichte, also vom Ausmaß an vorangegangenen Traumatisierungen abhängt.

In der Traumasituation versagen alle Kompetenzen der Lebensbewältigung, die sonst zur Verfügung stehen. Der Notzustand, der im Inneren ausgerufen wird, ist immer mit Hilflosigkeit und Ohnmacht verbunden und von extremen Ängsten begleitet. Oft kommt es zu Dissoziationen, zur Abspaltung des Bewusstseins, damit die überwältigenden Ängste und Schmerzen nicht mehr gespürt werden müssen. Das Bewusstsein zieht sich mit Unterstützung des Nervensystems, das bestimmte Reizleitungen stilllegt, auf einen trügerischen Ort des Friedens zurück, von dem aus das Geschehen distanziert und gefühllos beobachtet werden kann.

In der Traumaforschung wird zwischen menschengemachten und nichtmenschengemachten Traumatisierungen unterschieden. Beispiele für das erstere sind emotionaler oder sexueller Missbrauch, und auch Krieg, Vertreibung, wirtschaftliche Not. Nicht von Menschen verursachte Traumen können z.B. durch Naturkatastrophen oder schwere Krankheiten hervorgerufen werden. Aus der Traumaforschung wissen wir, dass die menschenbewirkten Traumatisierungen wesentlich schwerwiegender sind und die gravierenderen Langzeitfolgen haben. Der Grund für diesen Unterschied liegt wohl im Angewiesensein, auf das Wohlwollen unserer Mitmenschen, das von Anfang an unser Überleben sichert. Wir wissen auf einer tiefen Ebene, dass wir nur in der Gruppe, in der Gemeinschaft überlebensfähig sind. Deshalb wirkt es besonders massiv und zerstörerisch, wenn es in Beziehungen zu anderen Menschen zu massiven Grenzüberschreitungen, Vertrauensbrüchen, zu Gewalt und zu Missbrauch kommt. Es werden unmittelbare Überlebensängste wachgerufen, selbst wenn die äußeren Umstände möglicherweise von außen betrachtet harmlos sind.

Jede von Menschen verursachte Traumatisierung enthält ein Element der Scham. Dazu kommt, dass wir darüber Scham empfinden, dass uns das Trauma zugestoßen ist und dass wir traumatisiert sind. Wir haben den Eindruck, dass wir durch den schwerwiegenden Verstoß gegen die Ordnungen des Menschenlebens nicht mehr dazugehören, obwohl wir Leidtragende des Geschehens sind. Es kann auch die Scham sein, in der Situation versagt zu haben, selbst wenn wir noch ganz klein waren, als das Trauma passierte. Wir tragen als Opfer einer Demütigung, Misshandlung oder chronischen Vernachlässigung eine Scham für das, was uns angetan wurde. Weiters gibt es das Phänomen der Übernahme der Scham vom Täter, wie es z.B. beim sexuellen Missbrauch nahezu regelmäßig vorkommt. Das Opfer schämt sich also auch für den Täter.

Der Traumatherapeut Bessel van der Kolk (2014) berichtet von einem Vietnam-Veteranen, der als Reaktion auf den grausamen Tod eines Kameraden in einer Kurzschlussreaktion bei einer Kommandoaktion am nächsten Tag in einem Dorf einige Kinder erschossen und eine Frau vergewaltigt hat. Die nachfolgende Scham hat seine traumatischen Belastungen noch zusätzlich verstärkt. „Es fällt (den Soldaten) schon schwer genug, sich mit dem Leiden auseinanderzusetzen, das andere Menschen verursacht haben, aber tief innen werden Traumatisierte oft noch stärker von der Scham geplagt, die sie empfinden, weil sie selbst in den fraglichen Situationen Dinge getan oder nicht getan haben. Sie verachten sich, weil sie sich so entsetzt, abhängig, begeistert oder wütend gefühlt haben." (S. 22)

In der Therapie genügt es also nicht, bei Traumatisierungen nur die Angstsymptome zu behandeln, wie das bei den meisten Methoden der Traumatherapie die Regel ist. Dazu müssen auch noch die tiefsitzenden Schamthemen bewusst gemacht und aufgelöst werden, denn sie bleiben oft über die eigentliche Traumabearbeitung hinaus bestehen und belasten weiterhin. Erst wenn sie in den Blick genommen und durch empathisches Verstehen aufgelöst werden, können die betroffenen Menschen wieder zu ihrer vollen Kraft und sozialen Integrität zurückfinden.

Spezielle pränatale Themen

Die Arbeit mit den ganz frühen Traumatisierungen, die in diesem Buch ausführlicher und zum Teil erstmals beschrieben wurden, ist dem therapeutischen Rahmen vorbehalten und erfordert eine spezielle Ausbildung und Eigenerfahrung seitens der Therapeuten. Frühe Traumen sind besonders wirkmächtig in unserer Lebensgeschichte und andererseits schwerer zugänglich. Eben deshalb ist es wichtig, sich mit ihnen gründlich auseinanderzusetzen. „Pränatale Traumatisierungen weisen die Besonderheit auf, dass sie in die ersten Grundmuster des sich bildenden Gehirns eingebunden sind, und sie haben stets existentiellen Charakter. Sie bilden sich infolge der zeitlich gerade beginnenden Strukturierungsprozesse des Gedächtnisses nicht als Bild, sondern als Eindrucksqualitäten sensomotorischer Art ab." (Hochauf 2006, S. 129)

Die Traumaarbeit mit pränatalen Themen geht sehr in die Tiefe und erfordert eine gute Ich-Stabilität der Klientin. Wichtig ist zudem eine ausgeformte „Spürigkeit", d.h. die Fühlfähigkeit, Körperempfindungen wahrnehmen zu können, ihnen zu vertrauen und die Aufmerksamkeit darauf halten zu können. Denn der Zugang zu pränatalen Themen ist vor allem über diesen Kanal möglich (ebd., S. 133f). In den meisten Fällen sind die Gefühle, die bei der Innenarbeit mit pränatalen Themen auftreten, subtiler als bei Kindheitsthemen. Es leuchtet auch ein, dass die Empfindungs-, Ausdrucks- und Bewegungsfähigkeiten eines Ungeborenen schwächer sind als das eines Kleinkindes.

Es sollte bereits ein tragfähiges Vertrauensverhältnis in der therapeutischen Beziehung bestehen und die Bereitschaft zu einem längerfristigen Prozess gegeben sein. All diese frühen Themen sind vielschichtig und auf mannigfaltige Weise in Lebensmuster und Verhaltensgewohnheiten eingewoben. Vor allem haben sie die Beziehungserfahrungen geprägt und tauchen deshalb häufig in der Übetragungs- und Gegenübertragungsdynamik auf.

Der erste Schritt zur Heilung jedes pränatalen Traumas liegt darin, an den Traumatisierungsmoment heranzukommen. Die Wege dazu ergeben sich entweder durch Spontanerinnerungen (plötzlich auftauchende Einsichten des Klienten) oder durch eine geführte Regression, mit der im entspannten Zustand eine Reise zum Traumaereignis vorgenommen wird. Bei einem tieferen Hineinspüren in den Körper oder während eines angeleiteten Atemprozesses können die Erinnerungen pränatale Ereignisse auftauchen. Hinweise finden sich häufig in Träumen oder spiegeln sich in Alltags- oder Beziehungsthemen, mit denen ein Klient in die Therapie kommt.

Ist das entsprechende frühe Entwicklungsereignis gefunden, so werden im zweiten Schritt sukzessive alle unangenehmen und belastenden Körperempfindungen und Gefühle gespürt und mit innerer Aufmerksamkeit durchlebt, bis sie sich auflösen. Hilfreich ist auch, den Atem in der inneren Vorstellung zu den Bereichen im Körper zu lenken, die betroffen sind, und die Gefühle, die dort auftauchen, in die Atmung mizunehmen.

Wenn eine Alltagsproblematik den Anlass für die Erforschung bietet, so dient eine einfache Skalierung dazu, den Grad an Belastung und Stress, den das Problem in seiner aktuellen Ursprungssituation verursacht hat, in eine Zahl zwischen 1 und 10 zu quantifizieren. Am Ende des Bearbeitungsprozesses ist die Rückversicherung hilfreich, ob sich etwas am Gefühl zum Ausgangsthema verändert hat, ob also bei der Erinnerung an das Ausgangsereignis die Stressbelastung merklich gesunken ist. Das ist üblicherweise der Fall, wenn das passende Entwicklungstrauma gefunden und aufgelöst wurde.

Die Therapeutin, die ihre eigene pränatale Traumatisierungsgeschichte erforscht hat, entwickelt eine Sensibilität für die ganz frühen Wurzeln späterer Probleme und Störungen. Sie kann dem Klienten, der für diese Ebene offen ist, eine Deutungsmöglichkeit anbieten, z.B. dass seine Angst vor engen Räumen mit Geburtserfahrungen zusammenhängen könnte und den Klienten bitten, nachzuspüren, ob er dazu eine innere Resonanz oder Stimmigkeit fühlt. Auf diese Weise öffnet sich ein Erforschungsweg.

Daraus ergeben sich die weiteren Schritte, die im behutsamen Herangehen an das Trauma, im Durchleben der damit verbundenen Gefühle, im Verständnis für die darin enthaltenen Schammomente und in der Integration in den inneren Lebenszusammenhang bestehen. Denn die Scham stellt die soziale Auswirkung des Überlebensdramas dar, das in jedem Trauma enthalten ist. Alle Traumaerfahrungen, und insbesondere die sehr frühen, beeinträchtigen die Beziehungs- und Bindungsfähigkeiten der betroffenen Person, und geschwächte soziale Sicherheiten gehen notwendigerweise mit verstärkter Scham einher.

Das Empfängnistrauma

Wir beginnen mit dem Lebensanfang. Es gibt viele Hinweise ein mögliches Empfängnistrauma: Langzeitbelastungen in den Elternbeziehungen mit Gefühlen des Nichtverstandenseins und der Ablehnung weisen darauf ebenso hin, wie Erfahrungen der Heimatlosigkeit, der Nichtzugehörigkeit zur eigenen Familie, zur Menschheit oder zur Erde, oder der Sehnsucht nach einem gänzlich anderen Leben. Der Therapeutin kann sich das Gefühl vermitteln, als hätte der Klient keinen Boden unter den Füßen und als müsste er mit allen Mitteln im Hier und Jetzt gehalten werden.

Folgende Merkmale können Anzeichen eines Empfängnistraumas sein:

- Sich in der Welt nicht zuhause fühlen.
- Grundunzufrieden mit sich selbst sein (Urscham).
- Sich innerlich zerrissen fühlen.
- Sich nicht berechtigt zum Leben fühlen.

Die Heilungswege für das Empfängnistrauma beginnen mit der Bezugnahme auf die Kraft des Lebens, die jede Empfängnis bedingungslos bejaht. Wenn diese Verbindung aufgebaut werden kann, ist die Basis für die Bearbeitung der anderen Themen, in denen sich das Empfängnistrauma abbildet, gelegt.

Das Trauma der Zellteilung

Eine problematische erste Zellteilung kann Folgen auf die Ausformung des embryonalen Organismus und damit auf den werdenden Körper des Babys haben. In Extremfällen kommt es zu körperlichen Fehlentwicklungen, z.B. zu auffälligen Diskrepanzen zwischen linker und rechter Körperseite.

Das Trauma zeigt sich manchmal spontan, z.B. während eines Atemprozesses, bei dem plötzlich im Körper ein Schmerz auftritt, der sich wie ein Längs- oder Querschnitt oder ein Abschnüren anspürt. Im zweiten Schritt der Heilung werden alle Körperempfindungen, die mit dieser frühen Erfahrung verbunden sind, zugelassen und bewusst „beatmet", indem der Atem als sanfte heilende Kraft in diese Körperempfindungen hineinfließt, bis sie sich auflösen. Am Ende sollte sich ein einheitliches und ganzheitliches Körpergefühl gebildet haben. Unterschiede, die vorher in den geteilten Teilen wahrnehmbar waren, wie z.B. eine Hälfte ist hell, die andere dunkel, oder eine ist vertraut und die andere fremd, sollten verschwunden sein. Die Bewusstheit sollte im ganzen Körper verankert sein und ihn als Ganzen umfassen. Es sollte zum Abschluss überprüft werden, ob alle Gefühle von Verwirrung und Orientierungslosigkeit einer Sicherheit im eigenen Körper Platz gemacht haben und das Identitätsgefühl klar und zweifelsfrei vorherrscht.

Die zentrale Botschaft, die wir aus der Heilung des Zellteilungstraumas mitnehmen können, ist die, dass sich Risiko und Abenteuer lohnen und dass wir immer wieder den Mut schöpfen können, uns den Herausforderungen von Schritten in neue Lebensabschnitte zu stellen. Es war diese Zellteilung der erste Schritt, den wir in unserer Entwicklung aus der eigenen Kraft dieses unseres ganz neuen und ursprünglichen Lebens geschafft haben.

Das Einnistungstrauma

Diese pränatale Erfahrung zeigt sich gerne in Träumen, bei denen es um das Fallen geht und um Vorgänge, die mit dem Suchen des richtigen Platzes zu tun haben. Im Spannungsbogen von der Notwendigkeit, einen riskanten Schritt ins Unbekannte zu wagen, auf die Suche zu gehen und schließlich einen sicheren Ort zu finden, spielt sich die Dramatik der Einnistung ab.

Für die Heilung empfiehlt sich zunächst die Arbeit mit der Erdung, mit der Intensivierung der Bodenhaftung und der Vertiefung des Gefühls, auf diese Welt zu gehören und von ihr getragen zu werden. Gefühle der Entwurzelung und des Nirgends-Hingehörens hängen oft mit einem schwierigen intrauterinen Einnistungsprozess zusammen. Es gibt viele körpertherapeutische Übungen, die helfen, die unterstützende Kraft der Erde bewusst in sich aufzunehmen und zu spüren, dass der Boden immer trägt, hält und Sicherheit gibt.

Andere Übungen aus der Körpertherapie, bei denen das Fallen nach vorne und hinten sorgsam in kleinen Schritten erfahren wird, unterstützen die innere Sicherheit und führen zur Erfahrung der Erdanziehung, wie sie pränatal das erste Mal am Beginn des Einnistungsprozesses geschehen ist. Mit solchen Übungen kann die Fallangst bearbeitet werden.

Auch bei diesen Übungen sind Schamaspekte zu beachten. Denn all die Sicherheitselemente, die durch das Einnistungstrauma blockiert sind, führen zu dem Zweifel, ob mit einem selbst etwas nicht stimmt. Die Gefühle, nirgends hinzugehören, und die Gefühle, allzu leicht den Halt zu verlieren, sind mit Eindrücken der Unzulänglichkeit und dem Selbstbild, nicht gut genug für diese Welt zu sein, verbunden.

Der verlorene Zwilling

Die Heilung des Zwillingstraumas ist eine umfängliche Angelegenheit. Denn, wie schon dargestellt, handelt es sich um die Verarbeitung eines dramatischen Beziehungsendes in den Anfängen des Lebens, das mit minimalen Kräften und Ressourcen verarbeitet werden musste.

Zwei Aspekte sind grundsätzlich zu beachten: Die Urerfahrung der Zwillingsgeschwisterlichkeit stellt eine besonders wichtige Ressource für den überlebenden Zwilling dar, die als solche erst erschlossen werden sollte. Viele überlebende Zwillinge beschreiben diese Erfahrung so, dass sie in ihrem verstorbenen Zwilling ihren Schutzengel oder das Geschwister getroffen haben und sich jetzt von ihm selbstlos und unbedingt liebend begleitet fühlen. Diese Kraftquelle dient als stützender Hintergrund für die Bearbeitung des zweiten Aspekts, der traumatischen Elemente im Abschiedsprozess vom sterbenden Zwilling.

Bei der Arbeit am Trauma hilft das Wechseln zwischen den Perspektiven, das Zwillingsgeschwister als Begleiter auf der einen Seite und das Durchleben der angstvollen, schmerzhaften und verwirrenden Gefühle auf der anderen. Der imaginäre Kontakt zum verstorbenen Geschwister und die wohlwollenden und unterstützenden Botschaften aus dieser Quelle dienen als Ressource und zur Beruhigung der vielen belastenden Gefühle, die der überlebende Zwilling tragen muss.

Auch bei dieser Traumabelastung geht es viel um Erdung und Daseinssicherung, um das Abgleiten in Dissoziationen zu vermeiden. Die Arbeit mit dem Körper und seinen Erinnerungen ist eine unverzichtbare Hilfe bei der Auflösung der tragischen Zwillingsgeschichte.

Das Plazentatrauma

Bei diesem Trauma ist ganz augenfällig, dass ein physiologischer Vorgang, die „gewaltsame" Durchtrennung der Nabelschnur, zugleich auch eine massive seelische Schockwirkung hat, weil mit einem Schnitt die Lebensader und damit die Verbindung zu allem, was bisher die pränatale Versorgungssicherheit gewährleistet hat, verlorengeht.

Die Bearbeitung dieses Traumas erfolgt deshalb auf zwei Ebenen, um gründlich wirksam zu sein: Die eng miteinander verflochtene physiologische und emotionale Heilung. Für beide gibt es unterschiedliche Methoden. Zudem ist es interessant, die Metaphorik der Plazenta zu erforschen: In welchen Bildern, Fantasien und sprachlichen Wendungen taucht das Thema auf? Wie spiegelt sich die Plazenta in Träumen und Traumsymbolen (Ployé 2006, S. 96-100)?

Die therapeutische Arbeit geschieht in zwei Schritten. Zuerst wird der emotionale Teil des Traumas durchgearbeitet: Das gewaltsame Durchtrennen der Nabelschnur und das Entreißen der Plazenta. Für diesen Prozess wird ein Polster als Repräsentant für die Plazenta genommen und die Trennung damit simuliert. Dabei brechen in der Regel tiefe Gefühle der Wut, des Schmerzes und der Sehnsucht auf. Der Heilungserfolg zeigt sich in der Erfahrung von Geborgenheit, Lebenszufriedenheit und innerer Sicherheit.

Im zweiten Schritt wird die physiologische Verletzung der Abtrennung aufgearbeitet und die schockartige Unterbrechung des Kontakts zur Plazenta geheilt. Dies geschieht durch konzentriertes Hineinspüren in die Imagination der Nabelschnur und der Durchtrennung, unterstützt von der bewussten Atmung. Die gelungene Auflösung des Traumas zeigt sich in Gefühlen des Strömens und der Verbundenheit mit tiefen Lebensquellen.

Es muss sehr viel Augenmerk darauf gelegt werden, dass der Heilungsprozess auf beiden Ebenen gut abgeschlossen wird. Manchmal kann die Arbeit am Plazentatrauma durch Traumatisierungen in früheren Stadien der Schwangerschaft sowie bei der Geburt blockiert sein, die zuerst sorgsam bearbeitet werden müssen.

Plazenta-Arbeit und Suizid-Gedanken

Selten kann es während der Arbeit an der Heilung des Plazenta-Traumas zu Suizid-Gedanken kommen, die in folgender oder ähnlicher Form auftreten: „Ich muss jetzt sofort meinem Leben ein Ende setzen", verbunden mit einem starken Impuls, das auch zu tun. Die Ursache liegt darin, dass mit der Plazenta der Körperteil verloren gegangen ist, der für den lebensnotwendigen Kontakt mit der Außenwelt zuständig war. Wie soll ein Weiterleben möglich sein, wenn dieser Teil für immer verloren ist? Folglich kann aus der inneren Intelligenz, die sich für das Überleben verantwortlich fühlt, der Gedanke entstehen, das eigene Leben müsse einfach beendet werden, weil ja dieser lebenswichtige Kontakt verloren gegangen ist.

Deshalb muss die Klientin vor der Plazenta-Arbeit darüber informiert werden, dass Suizidgedanken auftauchen können, und sie, sobald sie auftreten, sofort mit dem Begleiter darüber reden muss, damit die suizidalen Gedanken und Impulse verstanden und restlos aufgelöst werden können. In diesen Fällen ist auch angeraten, den Kontakt außerhalb der Therapiestunden zu suchen, sollten die Impulse zwischen zwei Therapieeinheiten spürbar werden.

Die Geburt

Auch hier haben wir es mit einem umfänglichen und vielschichtigen Thema zu tun, das nicht in einem kurzen Prozess abgehandelt werden kann, sondern das im Lauf eines längeren therapeutischen Prozesses immer wieder in seinen Facetten und Mustern auftaucht.

Nach langjähriger Erfahrung gilt für mich die Arbeit mit dem Geburtstunnel in einer Gruppe als die geeignetste Methode für eine tiefgreifende Bearbeitung der zentralen Geburtsthemen. Entsprechend vorbereitet, robbt die Klientin durch einen Tunnel aus mehreren Gruppenteilnehmern und durchlebt dabei vielfältige Ängste, Erschöpfungszustände, Überlebensenergien und den glücklichen Moment des Geborenwerdens. Näheres dazu in Ehrmann (2004, S. 374). Bei schwerwiegenden Geburtsthemen gilt die Empfehlung, diese Methode mehrmals anzuwenden. Zudem ist eine therapeutische Einzelarbeit zur Integration der Gruppenerfahrungen angeraten.

Im Einzelsetting kann die Geburt auch nachgestellt werden, indem Decken oder Pölster verwendet werden. Auch hier ist eine sorgsame Vorbereitung notwendig. Während integrativer Atemsitzungen tauchen oft spontan Elemente des Geburtsprozesses in inneren Bildern und Bewegungsimpulsen auf. Um sie richtig einordnen und verstehen zu können, ist es erforderlich, dass die Therapeutin viel an eigenen Geburtsthemen gearbeitet hat.

Zusammenfassung

Die Psychotherapie ist der Ort für schwere Schambelastungen. Zugleich lernen wir mehr und mehr zu beachten, dass die Scham in allen Formen des emotionalen Leidens mitspielt. Wo die Seele leidet, leidet auch der Körper. Jedes Leiden erzeugt Stress, und Scham löst Stress aus. Darum sollten wir auch berücksichtigen, dass die verschiedenen Formen der psychosomatischen Beschwerden an ihren Wurzeln mit Schamthemen zusammenhängen.

Die Entlastung von krankmachenden Schamgefühlen ist deshalb eine vordringliche Aufgabe in allen Bereichen des Gesundheitswesens. Je mehr wir über dieses geheimnisvolle Gefühl wissen und erkennen, desto mehr können wir uns selbst und unseren Klientinnen und Patienten zur Verbesserung der Schamresilienz verhelfen.

Literarischer Exkurs: Fräulein Else

Arthur Schnitzler hat mit der Novelle „Fräulein Else" eine spannende und verstörende Studie über Scham und Schuld verfasst. Der Vater der jungen Else ist Rechtsanwalt und wegen der Veruntreuung von Mündelgeldern für seine Spielsucht in eine schwierige Situation geraten, während Else im Kurort San Martino di Castrozza Urlaub macht. Die Mutter bittet sie telegrafisch, einen reichen Bekannten der Familie, der sich im gleichen Hotel aufhält, wegen eines Darlehens anzusprechen.

Dieser erklärt sich bereit zur Hilfe, allerdings unter der Bedingung, Else nackt sehen zu dürfen. Else gerät in einen inneren Konflikt – der Vater landet im Gefängnis, außer sie prostituiert sich. So ringt sie mit der Scham, die sie daran hindern will, sich vor dem geilen Bekannten zu entblößen, und der Schuld, die sie ihrem Vater gegenüber eingeht, wenn sie es nicht tut: „Ich soll mit Dorsday sprechen? Zu Tod' würde ich mich schämen. – Schämen, ich mich? Warum? Ich bin ja nicht schuld."

Der innere Konflikt spitzt sich zu, als aus Wien Nachrichten von der Mutter eintreffen, dass die Summe noch höher ist als ursprünglich mitgeteilt und ganz kurzfristig beglichen werden müsste. „Ich lasse mich nicht so behandeln. Papa soll sich umbringen. Ich werde mich auch umbringen. Eine Schande dieses Leben."

Schließlich überwindet sie ihre Scham, zeigt sich nackt im Salon vor dem Bekannten und anderen Männern und bricht dann ohnmächtig zusammen. Anschließend wird sie auf ihr Zimmer gebracht. Die ganze Umgebung hält sie für bewusstlos, obwohl sie alles mitbekommt, was vorgeht und was über sie gesprochen wird. Während auf einen Arzt gewartet wird, greift sie nach einer Ampulle mit Schlaftabletten und schluckt diese. „Ich bin kein armes Kind. Ich bin glücklich. Der Filou hat mich nackt gesehen. O, ich schäme mich so. Was habe ich getan? Nie wieder werde ich die Augen öffnen."

Else ist Opfer des Scham-Schuldkonfliktes geworden, in den sie ihre Familie gestürzt hat. Die fragile Familiendynamik lässt sich nur erahnen: „Alles in unserem Haus wird mit Scherzen erledigt, und keinem ist scherzhaft zu Mut. Jeder hat eigentlich Angst vor dem Andern, jeder ist allein." Die Doppelbödigkeit zwischen einem aufwändigem Lebensstil, der der gesellschaftlichen Schicht angepasst ist, zu der die Familie gehören will, und den schwindenden Mitteln als Folge der väterlichen Spielsucht wird mit Oberflächlichkeit und Verdrängung bewältigt; die feinfühlige Else zerbricht an diesem Konflikt.

Überall zieht die Scham die Fäden. Die Familie schämt sich für den Vater, der durch sein Verhalten die ganze Familie belastet. Er hat sich schuldig gemacht und schämt sich wohl, weil er es alleine nicht mehr schafft und am Rand des gesellschaftlichen Absturzes steht. Das Spielen dient der Schamverdrängung. Die Mutter, schon beschämt durch den drohenden Ruin, will die Schande, also das Offenbarwerden der beschämenden Situation, abwenden, indem sie die Tochter auf den Geldgeber ansetzt. Diese soll also die Familienehre retten, indem sie notfalls ihre eigene Würde aufs Spiel setzt. Der Geldgeber präsentiert seine unverschämte Forderung und nutzt die Notlage der Familie aus, weil er sich seit einem früheren Darlehen, das nie zurückgezahlt wurde, ausgenutzt fühlt. Der Beschämte will aus Rache beschämen.

Der sensiblen Else wird die Rettung auferlegt, sie kann aber die Last der ungelösten Familienverstrickungen nicht tragen. Sie, die von allen den bewusstesten Zugang zur Scham hat, soll ihre Intimscham überwinden, um der Abhängigkeitsscham zu entgehen, die sie schuldig werden ließe. Also dreht sie die Scham in einen exhibitionistischen Akt mit aggressivem und anklagendem Unterton um, woraufhin ihr Körper in einer maximalen Schamreaktion zusammenbricht.

Letztlich obsiegt also die allmächtige Scham, indem sie Else dazu zwingt, sich selbst durch den Akt der Veröffentlichung ihrer Scham als Wesen zum Verschwinden zu bringen. Die emotionale Ohnmacht wird zur körperlichen Ohnmacht, und beide führen an die Grenze des Lebens. Die Leserin wird am Schluss der Novelle im Unklaren gelassen, ob Else stirbt oder den Suizidversuch überlebt. Ihr Leben ist in einem gewissen Sinn ohnehin verloren.

Im bittern Nachgeschmack wird die beschämend ungerechte soziale Dimension des Schamdramas deutlich: Die Verfügung über Geld und Macht liegt bei den Männern, während den Frauen die erotische Attraktivität bleibt, die nur so lange von Wert ist, als sie vom Mantel der Ehrbarkeit verhüllt ist. Im Extremfall opfert die Frau ihre Würde für die Schandtaten der Männer.

Die Rolle der Sexualität erscheint in diesem Kontext als besonders prekär. Sie dient als Zahlungsmittel zur Bewältigung und Überwindung der Scham und zugleich als das eigentliche Ziel der Sehnsucht, das allerdings nie erreicht wird. In diesem Zwiespalt ist die Problematik der erotischen Geschlechtsbeziehungen bis in unsere Tage vorgezeichnet.

Es ist jedenfalls wichtig, Schnitzlers Novelle als Empörung gegen gesellschaftliches Unrecht, das durch unbewusst wirkende Schammechanismen aufrechterhalten wird, zu lesen und den Imperativ zur Befreiung und zum Entrinnen aus den Verliesen der kulturell imprägnierten Scham ernst zu nehmen.

18. Von der Scham zur Würde
Zum Ausklang

Die Dinge, die ich weither mit mir nahm,
sehn selten aus, gehalten an das Ihre –:
in ihrer großen Heimat sind sie Tiere,
hier halten sie den Atem an vor Scham.
(Rainer Maria Rilke)

Ich möchte Ihnen, lieber Leser und liebe Leserin, meine Anerkennung ausdrücken, weil Sie die vielfältigen und geheimnisvollen Wege in diesem Buch mit Ausdauer und Konsequenz durchwandert haben. Denn über Schamthemen zu lesen konfrontiert unweigerlich mit den eigenen Schamgefühlen, und das Anrühren an diese Bereiche gehört im Allgemeinen nicht zu unseren Hauptvergnügungen. Es ist also kein angenehmes und genussreiches Unterfangen, die Geheimnisse der Scham zu durchleuchten und zu verstehen. Aber es lohnt sich letzten Endes doch, die Schleier zu lüften, die wir selber im Lauf unseres Lebens über dieses rätselhafte Gefühl ausgebreitet haben. Denn wir kommen uns selber näher und haben die Chance, uns mit unserer Scham näher anzufreunden und ihr damit den bitteren Geschmack zu nehmen.

Ich freue mich, wenn die Lektüre zur Erkenntnis beigetragen hat, dass die Scham einen wichtigen Bestandteil unserer sozialen Welt bildet und wir sie deshalb in uns selbst und in unseren Nächsten achten und hüten müssen – nicht im Sinn einer selbstquälerischen Versenkung in all die irritierenden Schamthemen, die uns vielleicht plagen, sondern im Sinn der Achtsamkeit auf das, was uns aufmerken lässt, wenn sich peinliche Gefühle in uns zeigen. Das wird das Verhalten zu anderen Menschen verändern und trägt zu unserer Sozialkompetenz bei.

Es ist immer die Scham, die den Beschämer treibt. Nur beschämte Menschen beschämen andere. Das gilt auch für uns selber: Wenn wir beschämen, rächen wir uns für Beschämungserfahrungen, die uns angetan wurden. Die Quellen dieser Verletzungen ausfindig zu machen, um sie trockenzulegen, sollte uns deshalb ein wichtiges Anliegen sein. Jeder Schritt zur Versöhnung mit unserem Schicksal ist ein Schritt zur Stärkung unserer Würde und macht es uns leichter, alle, mit denen wir es zu tun haben, in ihrer Würde wahrzunehmen. Die Begegnung zweier würdebewusster Menschen auf Augenhöhe ist frei von Scham.

Es liegt auch an uns als Mitmenschen, einen Raum des Annehmens und Wohlwollens gerade dort anzubieten, wo sich bei unseren Nächsten Scham zeigt. Wenn wir ihnen das Gefühl geben, dass wir auch nicht besser sind als sie und dass wir die Scham gut kennen, nehmen wir ihnen die Angst, ihre Verletzbarkeit zu zeigen und sich selber einzugestehen. Indem sie unser Vertrauen spüren, finden sie mehr Vertrauen zu sich selbst und stärken ihre Selbstannahme. Das Gefühl, von anderen akzeptiert zu werden und sich selber akzeptieren zu dürfen, löst das Schamgefühl auf. Ein schamfreier Moment und ein freier Raum ist geschaffen.

Belastende und krankmachende Schamthemen kommen nicht nur aus unserer Lebensgeschichte, sondern auch aus der Gesellschaft, in der wir leben. Unsere innere Schamsensibilität wird durch entsprechende Botschaften aus unserer sozialen Umwelt angestoßen, durch Menschen, mit denen wir direkt zu tun haben, über unsere virtuellen Kontakte oder über die vorherrschenden gesellschaftlichen Ideen und Konzepte. Wir brauchen eine hohe Schamkompetenz sowie ein kritisch prüfendes soziales Bewusstsein, das schamprägenden und schamgeprägten Ideologien nicht auf den Leim geht, um mit all diesen Herausforderungen umzugehen und ihnen entgegenzuwirken. Dazu kommt, dass die alltäglichen Ansprüche an Perfektion und Wohlverhalten, an Leistung und Fähigkeiten in der Leistungs- und Mediengesellschaft immer größer werden. Parallel wachsen die Möglichkeiten für Versagenserfahrungen und damit verbundene Beschämungen.

Um solche Beschämungsquellen nicht zu füttern und zu vermehren, sondern tunlichst trockenzulegen, haben wir die Aufgabe, in den Bereichen, in denen wir uns bewegen, möglichst viele schamfreie Bereiche zu erschaffen. Beginnend mit den eigenen vier Wänden, der Partnerschaft und der Familie, über den Freundeskreis bis zum beruflichen Umfeld tragen wir die Verantwortung, jede Form von Beschämung von anderen Menschen zu vermeiden und uns dafür einzusetzen, die Beschämungstendenzen von Mitmenschen einzugrenzen.

Kinder, die in einer weitgehend beschämungsfreien Umgebung aufwachsen, brauchen keine Abwehrformen gegen die Scham zu entwickeln und können ihr Schamempfinden gut regulieren. Sie werden auch keine Tendenzen entwickeln, andere Kinder zu beschämen. Deshalb sollten wir Kinder mit der erforderlichen Sensibilität und Liebe durch ihre Schamthemen führen, um ihnen zu einem gesunden Verhältnis zu diesem Gefühl zu verhelfen.

Eine wichtige Schaltstelle für das Ausmaß an Schamzuteilung, das in einer Gesellschaft herrscht, ist das Bildungssystem. Aus Schulen, in denen Kinder und Heranwachsende in einer wertschätzenden und unterstützenden Atmosphäre miteinander lernen, werden sie als reife und integre Erwachsene in ihr Leben gehen und auch ihre eigenen Kinder leichter auf ihrem Bildungsweg begleiten können als

Personen, die aus ihrer Schulzeit traumatisierende Erfahrungen mit Beschämung mitgenommen haben.

Es sollte ein hohes Ziel der Erziehung und Menschenbildung sowie der Selbstreflexion sein, anderen Menschen jede Form der überflüssigen Scham zu ersparen und die Scham in ihren gesunden Funktionen zu verstehen und zu unterstützen. Dort, wo wir uns abgewertet oder unfair behandelt fühlen, geht es darum, dass wir uns verteidigen und schützen, ohne beschämend zu wirken (Marks 2007, S. 177). Dabei hilft uns die Einsicht, dass wir all die Verdrängungs- und Abwehrformen der Scham in irgendeiner Form in uns tragen.

Die Kenntnis der Masken der Schamabwehr erleichtert die Einsicht, dass andere Personen immer wieder aus einer versteckten Scham heraus agieren, auch und gerade wenn sie uns damit verletzen. Die Sensibilität für Benachteiligungen und Erniedrigungen, die durch die Strukturen der Gesellschaft einzelnen Menschen oder Menschengruppen zugefügt werden, hilft dabei, solche Bedingungen nicht als gottgegeben hinzunehmen, sondern zu verurteilen und an ihrer Veränderung mitzuarbeiten (ebd., S. 180).

„Es spricht vieles dafür, dass Schamverlust mit überhandnehmenden narzisstischen Kränkungen einhergeht und Scham selbst nicht das eigentliche Problem ist. Beschämung, nicht Scham, ist das Gift, das Empathie und Akzeptanz abtötet. Wir brauchen eine differenziertere Gefühlskultur und nicht nur technisch-wissenschaftliche Fortschritte, um unsere Menschlichkeit und Individualität zu schützen." (Hell 2018, S. 176)

„Die Scham, ob man sie selbst oder ob ein anderer sie empfindet, darf niemals für das genommen werden, als was sie sich ausgibt, nämlich als stummes Eingeständnis, als ob es Anlass gäbe den Schamerfüllten zu ächten. Vielmehr sollte man in der Scham stets das Bemühen des Individuums sehen, eine eigene Identität wiederzuerlangen, die ihm Anrecht auf einen Platz in der Gemeinschaft gibt. Mit anderen Worten, man sollte der Scham ihren Wert geben." (Tisseron 2000, S. 180)

Das freie Annehmen der Scham, wo sie uns auf Fehler und Unachtsamkeiten hinweist, führt uns zu unserer Würde zurück, die uns als Geburtsrecht zukommt. Wenn wir aus dem belastenden Gefühl des Beschämtseins herausfinden, wissen wir im Tieferen, wer wir sind und was unsere Bestimmung in dieser Welt ist. Wir finden durch diese Selbsterkenntnisse, zu denen uns die Scham wie ein stummer Wegweiser lenkt, zu einer reifen Form der Anerkennung unseres Menschseins und unserer Würde.

Auf der Reise durch das weite Land der Seele, die wir mit unseren Anfängen begonnen haben und die wir jeden Tag aufs Neue angehen, dient uns die Scham als

Freundin und Begleiterin, wenn wir ihr den gebührenden Platz an unserer Seite geben. Indem wir auf ihren Rat hören, sobald sie sich meldet, werden wir zu achtsameren, selbstbewussteren und verständnisvolleren Erdenbürgern.

Es gibt so viele Wege im Land der Seele wie es Menschen gibt. Jeder Weg schaut anders aus, beginnt unterschiedlich und führt durch ein ganz eigenes Gebiet. Es gibt aber ein Ziel, das all diese Wege gemeinsam haben, ein Ziel, das alle anstreben, auch wenn es auf keiner Karte zu finden ist und es keine Worte gibt, die es beschreiben könnten. Erlösung, innere Befreiung, Erleuchtung, in Frieden sein, im Reinen sein, bedingungslos lieben … wie auch immer die Umschreibung ist, ist nicht so wichtig.

Denn wir alle erkennen, dass es ein derartiges Ziel gibt, wenn wir Erfahrungen machen, in denen wir ganz mit uns selbst und mit den Menschen in unserer Nähe oder mit der Natur um uns herum in Übereinstimmung sind. Dann leuchtet uns unmittelbar ein, dass alles jetzt so ist, wie es sein sollte. Solche Erfahrungen können danach wie spurlos verschwinden, und wir kehren in Engen, Nöte, Verzweiflungsgefühle usw. zurück, als gäbe es nichts anderes. Wir können das Ziel auch völlig aus den Augen verlieren. Doch immer wieder wird uns der innere Weg an Punkte führen – Begegnungen mit anderen Menschen, mit der Natur oder mit uns selbst –, an denen durchscheint, worum es in unserem Leben letztlich geht.

Die Beschäftigung mit der Scham, mit ihren vielen Facetten und Spielarten, Geschwistern und Abwehrformen, ist eines der ganz wichtigen Unterfangen, mit denen wir dem Ziel näherkommen. Es ist ein unverzichtbarer Prozess zur Reinigung und zur Lösung von Mustern, die uns im Weg stehen, die uns am Fortschreiten und inneren Wachsen hindern. Es ist ein Bereich der Innenarbeit, der für das Erreichen des Ziels unerlässlich ist.

Wir wissen einiges über den Ort, zu dem wir hinwollen, weil wir intuitiv wissen, dass wir dort hingehören: Dort herrscht die Freiheit vom Beschämen und Beschämtwerden. Es gibt nichts, wofür wir uns schämen sollten, niemanden, der uns Beschämendes zufügt. Wir haben keinen Impuls, andere in Scham zu versetzen oder uns für sie zu schämen. Wir können alles, was geschieht, so annehmen, wie es kommt. Wir können unsere Mitmenschen in ihrem Sein und Wesen anerkennen und wertschätzen, wie uns selbst auch. Wir bewegen uns in einer Welt der gelebten Menschenwürde.

An uns liegt es, so viel als uns nur möglich ist, von dieser Welt zum Vorschein zu bringen. Jede Schamregung in uns, die wir verstehen, jede alte Schamprägung, die wir erkennen und auflösen können, jede unserer Schamwunden, die wir schließen und heilen, führt uns dieser Welt näher.

Literaturverzeichnis

Alberti, Bettina (2005): Die Seele fühlt vom Anfang an. Wie pränatale Erfahrungen unsere Beziehungsfähigkeit prägen. München, Kösel.

Alberti, Bettina (2010): Seelische Trümmer. München, Kösel.

Amberg Schneeweis, Susanne (2018): Die Kunst, singend zu tanzen. Ein Weg zu Mitmenschlichkeit und Künstlerschaft. Ein Fall für EP+®. Die Qualität des Lernens und Lehrens. 4 Bücher. Wien: Fassbänder.

Aristoteles (322 v./1972): Nikomachische Ethik. München: dtv. (Übersetzung: Olof Gigon)

Austermann, Alfred R.; Austermann, Bettina (2006): Das Drama im Mutterleib. Der verlorene Zwilling. Berlin: Königsweg.

Baer, Udo; Frick-Baer, Gabriele (2009): Vom Schämen und Beschämtwerden. Weinheim und Basel: Beltz.

Bauer, Joachim (2008): Prinzip Menschlichkeit: Warum wir von Natur aus kooperieren. München: Heyne.

Birkemeyer, Angela (2007): Scham und Beschämung in der stationären Altenpflege. Ursachen, Entstehungsbedingungen, Bewältigungsstrategien. Saarbrücken: VDM Verlag.

Bohrn, Patricia (2015): Scham- und Schuldgefühle: Eine Annäherung an zwei große Regulatoren der Beziehungen zu sich selbst und zu anderen. Systemische Notizen 03/2015, S. 32 – 37 https://www.lasf.at/wp-content/uploads/2017/01/SN_15_03_Bohrn.pdf (6.8.2020)

Botha, Linus (2018): Schuld, Scham und das Gewissen. Aus theologisch-religiösen und ethischen Perspektiven. Books on Demand.

Bradshaw, John (1990): Homecoming: Reclaiming and championing your inner child. London: Piatkus.

Bradshaw, John (1995): Family Secrets. The Path to Self-Acceptance and Reunion. New York: Bantam.

Brown, Brené (2005): Shame Resilience Theory: A Grounded Theory Study on Women and Shame. Families in Society, Volume 87, No. 1, 2005. https://pdfs.semanticscholar.org/818f/8d345731bec204c1d1b861cd3c469944354d.pdf (6.8.2020)

Bucher, Anton (2011): Geiz, Trägheit, Neid & Co. in Therapie und Seelsorge: Psychologie der 7 Todsünden. Berlin: Springer Verlag.

Chamberlain, David (2013): Windows to the Womb. Revealing the Conscious Baby from Conception to Birth. Berkeley: North Atlantic Books.

Chu, V.; Heras, B. de la (1994): Scham und Leidenschaft. Zürich: Kreuz.

Ciompi, Luc (1997): Die emotionalen Grundlagen des Denkens. Entwurf einer fraktalen Affektlogik. Göttingen: Vandenhoek und Ruprecht.

Cyrulnik, Boris (2018): Scham: Die vielen Facetten eines tabuisierten Gefühls. Munderfing: Fischer & Gann.

Damasio, Antonio (1999): The Feeling of What Happens. San Diego: Harvest.

Dickerson, Sally et al. (2009): Social-evaluative Threat and Proinflammatory cytokine regulation: An Experimental Laboratory Investigation. In: Psychol. Sci. 2009 Oct. 20(10): S. 1237-44.

Duerr, Hans Peter (1988): Nacktheit und Scham. Der Mythos vom Zivilisationsprozess. Bd.1. Frankfurt am Main: Suhrkamp.

Eberhard-Kaechele, Marianne (2010): Die Bedeutung des Containerschemas in der Körperpsychotherapie bei traumabedingten Ekelempfindungen. In: Vogt, Ralf (Hg.) (2010), S. 141 – 155.

Elias, Norbert (1983): Über den Prozess der Zivilisation. Bd.1. Frankfurt am Main: Suhrkamp.

Erikson, Erik H. (1966): Identität und Lebenszyklus. Frankfurt am Main: Suhrkamp.

Forward, Susan (2000): Emotionale Erpressung. Wenn andere mit Gefühlen drohen. 11. Aufl., München: Goldmann.

Freinacht, Hanzi (2019): Nordic Ideology: A Metamodern Guide to Politics, Book 2. Metamoderna.

Frick-Baer, Gabriele (2019): Die Scham der Frauen und die Scham der Männer, ein Interview mit Dr. Gabriele Frick-Baer. https://www.trauma-und-wuerde.de/die-scham-der-frauen-und-die-scham-der-maenner-ein-interview-mit-dr-gabriele-frick-baer (6.8.2020)

Gieler, Uwe; Grolle, Milena; Schut, Christina; Kupfer, Jörg (2010): Ekel – Psychosomatische Aspekte. In: Vogt, Ralf (Hg.) (2010), S. 29 – 48.

Göttles, Ines Corinna (2007): Scham und implizites Selbstbild bei Frauen mit Borderline-Persönlichkeitsstörung. https://freidok.uni-freiburg.de/data/3280 (5.8.2020)

Griffin, Joe; Tyrrell, Ivan (2004): Human Givens. A new approach to emotional health and clear thinking. Calvington: HG Publishing.

Grof, Stanislav (1991): Geburt, Tod und Transzendenz. Neue Dimensionen in der Psychologie. Reinbek bei Hamburg: Rowohlt.

Haas, Daniela (2013): Das Phänomen der Scham. Impulse für einen lebensförderlichen Umgang mit Scham im Kontext von Schule und Unterricht. Stuttgart: Kohlhammer.

Hell, Daniel (2018): Lob der Scham. Nur wer sich achtet, kann sich schämen. Gießen: Psychosozial-Verlag.

Heller, Laurence; LaPierre, Aline (2012): Healing Developmental Trauma. How Early Trauma Affects Self-Regulation, Self-Image, and the Capacity for Relationship. Berkeley: North Atlantic Books.

Hellinger, Bert (1996): Ordnungen der Liebe. Heidelberg: Carl-Auer.

Hidas, György; Raffai, Jenö (2010): Nabelschnur der Seele. Psychoanalytisch orientierte Förderung der vorgeburtlichen Bindung zwischen Mutter und Baby. Gießen: Psychosozial-Verlag.

Hildebrandt, Sven; Alberti, Heiner (Hg.) (2013): Verborgene Wahrheiten. Der verantwortungsvolle Umgang mit Erinnerungen aus unserer frühesten Lebenszeit. Heidelberg: Mattes.

Hilgers, Mischa (2012): Scham. Gesichter eines Affekts. 4. Auflage. Göttingen: Vandenhoeck& Ruprecht.

Hochauf, Renate (2006): Zur Spezifik pränataler Traumatisierungen und deren Bearbeitung in der Therapie erwachsener Patienten. In: Krens & Krens (Hg.) (2006), S. 126-143.

Hüther, Gerald (2018): Würde. Was uns stark macht – als Einzelne und als Gesellschaft. München: Knaus.

Jakel, Barbara (2009): Pränatale Versorgungskonflikte in der Behandlung von Essstörungen aus der Sicht von PPP (Prä- und Perinatal orientierte Psychotherapie). In: International Journal Prenatal and Perinatal Psychology and Medicine Vol. 21 (2009) No. 3/4, S. 263–278.

Janov, Arthur (2012): Vorgeburtliches Bewusstsein: Das geheime Drehbuch, das unser Leben bestimmt. München: Scorpio.

Janus, Ludwig (2013): Der Seelenraum des Ungeborenen. Pränatale Psychologie und Therapie. Ostfildern: Patmos.

Janus, Ludwig (2016): Wie die Seele entsteht. Unser psychisches Leben vor, während und nach der Geburt. 2. Aufl., Heidelberg: Mattes.

Joraschky, Peter; Cory, Ilona (2010): Fremd-Körper – Berührungsangst und Ekel. In Vogt, Ralf (Hg.) (2010), S. 49 – 60.

Kant, Immanuel (1798/1964): Anthropologie in pragmatischer Absicht. Werke in 12 Bänden, Band 12. Frankfurt: Suhrkamp 1964.

Kaufman, Gershen (2004): The Psychology of Shame: Theory and Treatment of Shame-Based Syndromes. New York: Springer.

Keng, Shian-Ling; Tan, Jun Xian (2017): Effects of brief mindful breathing and loving-kindness meditation on shame and social problem solving abilities among individuals with high borderline personality traits. In: Behaviour Research and Therapy. Volume 97, Oktober 2017, S. 43-51.

Kluwe-Schleberger, Gabriele; Baumanns, Bettina (2010): Ekel – ein ernstzunehmendes Phänomen in der psychotraumatherapeutischen Praxis. In: Vogt, Ralf (Hg.) (2010), S. 187 – 200.

Komorowska, Agnieszka (2017): Scham und Schrift. Strategien literarischer Subjektkonstitution bei Duras, Goldschmidt und Ernaux. Heidelberg: Universitätsverlag Winter.

Köhler, Andrea (2017): Scham. Vom Paradies zum Dschungelcamp. Lüneburg: Zu Klampen.

Krach, Sören & al. (2011): Your Flaws Are My Pain: Linking Empathy To Vicarious Embarrassment, PLoS One, 13. April 2011

Krämer, Lina (2017): Die Scham vor der Scham. Interview mit Kristina Hennig-Fast. In: https://marta-blog.de/die-scham-vor-der-scham (5.8.2020)

Krens, Inge; Krens Hans (Hg.) (2006): Risikofaktor Mutterlieb. Zur Psychotherapie vorgeburtlicher Bindungsstörungen und Traumata. Göttingen: Vandenhoeck&Ruprecht.

Lammers, Maren (2016): Emotionsbezogene Psychotherapie von Scham und Schuld. Das Praxishandbuch. Stuttgart: Schattauer.

Lammers, Maren (2020): Scham und Schuld – Behandlungsmodule für den Therapiealltag. Stuttgart: Schattauer.

Lake, Frank (1949): Constricted Confusions. Heidelberg: Textstudio Gross.

Levend, Helga; Janus Ludwig (Hg.) (2011): Bindung beginnt vor der Geburt. Stuttgart: Mattes Verlag.

Linderkamp, Otwin; Linder, Rupert (2013): Anstieg von Kaiserschnittgeburten auf 32% in Deutschland: Folgen für Mutter und Kind. In: Hildebrandt & Alberti (2013), S. 129 – 145.

Lipton, Bruce (2006): Intelligente Zellen. Wie Erfahrungen unsere Gene steuern. Burgrain: KOHA.

Marks, Stephan (2007): Scham – die tabuisierte Emotion. Düsseldorf: Patmos.

Marks, Stephan (2010): Die Würde des Menschen oder Der blinde Fleck in unserer Gesellschaft. Gütersloh: Gütersloher Verlagshaus.

Marks, Stephan (o.J.(a)): Menschenwürde und Scham. https://www.akademie-schoenbrunn.de/fileadmin/data_akademie/Berufliche_Schulen/Heilpaedagogik/menschenwuerde_scham.pdf (5.8.2020)

Marks, Stephan (o.J.(b)), Scham als Chance. https://systemische-impulse.ch/fileadmin/editor/pdf/Scham_als_Chance.pdf (5.8.2020)

McFetridge, Grant (2004): The Basic Whole-Hearted Healing Manual. Vancouver: Institute for the Study of Peak States Press.

Mendelsohn, Jennifer (2018): Immigration Resistance Genealogy. CNN-Interview 24.1.2018 https://edition.cnn.com/2018/01/24/us/immigration-resistance-genealogy-jennifer-mendelsohn-trnd/index.html (6.8.2020)

Miller, Alice (1983): Am Anfang war Erziehung. Frankfurt am Main: Suhrkamp.

Minichino, Amedeo; Cadenhead, Kristin (2017): Mirror Neurons in Psychiatric Disorders: from Neuroception to Bio-behavioral System Dysregulation. In: Neuropsychopharmacology 42(1) 366.

Mollon, Phil (2018): Shame and Jealousy. The Hidden Turmoils. New York: Routledge.

Mott, Francis J. (1959): The Nature of the Self. London: Allan Wingat

Nathanson, Donald L. (1987): The Many Faces of Shame. New York: Guildford Publications.

Neckel, Sighart (1991): Status und Scham. Zur symbolischen Reproduktion sozialer Ungleichheit. Frankfurt am Main: Campus.

Niederwieser, Stephan Konrad (2019): Nie wieder schämen: Wie wir uns von lähmenden Gefühlen befreien. München: Kösel.

Nietzsche, Friedrich (1880/1972): Menschliches, Allzumenschliches. Werke in drei Bänden hg. von Karl Schlechta, Band 1. Frankfurt: Ullstein.

Nietzsche, Friedrich (1882/1972): Die fröhliche Wissenschaft. Werke in drei Bänden hg. von Karl Schlechta, Band 2. Frankfurt: Ullstein.

Nietzsche, Friedrich (1883-1885/1972): Also sprach Zarathustra. Werke in drei Bänden hg. von Karl Schlechta, Band 2. Frankfurt: Ullstein.

Nietzsche, Friedrich (1888/1972): Der Antichrist. Werke in drei Bänden hg. von Karl Schlechta, Band 2. Frankfurt: Ullstein.

Parlow, Ingrid (2018): Suchttendenzen, Scham und Hochsensibilität. https://www.zartbesaitet.net/suchttendenzen-und-hochsensibilitaet (6.8.2020)

Pena, Catherine J. et al. (2017): Early life stress confers lifelong stress susceptibility in mice via ventral tegmental area OTX2. *science* 16 Jun 2017: Vol. 356, Issue 6343, S. 1185-1188

Piff, Paul K.; Kraus, Michael W.; Hayden Cheng, Bonnie; Keltner,Dacher (2010): Having Less Giving More. The Influence of Social Class on Prosocial Behavior. In: Journal of Personality and Social Psychology 99(5): S. 771-784

Platteel-Deur, Tilke (2010): Die Kunst der Integrativen Atemtherapie. Die Vergangenheit auf Seelenebene heilen. Verlag Der Rheinländer.

Ployé, Philippe (2006): The Prenatale Theme in Psychotherapy. London: Karnak.

Porges, Stephen W. (2011): The Polyvagal Theory: Neurophysiological Foundations of Emotions, Attachment, Communication, and Self-regulation. W. W. Norton & Company.

Rachana, Shivam (2000): Lotus Birth. Santa Barbara: Greenwood Press.

Raether, Elisabeth (2016): Was macht die Autoritären so stark? Unsere Arroganz. In: Die ZEIT Nr. 33/2016. https://www.zeit.de/2016/33/demokratie-klassenduenkel-rassismus-populismus (6.8.2020)

Rank, Otto (1925/2007): Das Trauma der Geburt. Gießen: Psychosozial-Verlag.

Renggli, Franz (2006): Den Teufelskreis in einen Engelskreis umwandeln. Traumaheilung bei Babys, Kleinkindern und ihren Eltern. In: Krens & Krens (Hg.) (2006), S. 203-222.

Renggli, Franz (2013): Das goldene Tor zum Leben. Wie unser Trauma aus Geburt und Schwangerschaft ausheilen kann. München: Arkana.

Renggli, Franz (2018): Früheste Erfahrungen – ein Schlüssel zum Leben. Wie unsere Traumata aus Schwangerschaft und Geburt ausheilen können. Gießen: Psychosozial-Verlag

Riek, Saleem Matthias; Salm, Rainer (2015): Lustvoll Mann sein – Expeditionen ins Reich männlicher Sexualität. Bielefeld: Kamphausen Verlag.

Römer, Inga (2017): Scham. Phänomenologische Überlegungen zu einem sozialtheoretischen Begriff. GESTALT THEORY, DOI 10.1515/gth-2017-0022; Vol. 39, No. 2/3, 313–330.

Rosenberg, Stanley (2017): Accessing the Healing Power of the Vagus Nerve. Self-Help Exercises for Anxiety, Depression, Trauma, and Autism. Berkeley, North Atlantic Books.

Rossi, Ernest Lawrence (1991): Die Psychobiologie der Seele-Körper-Heilung. Neue Ansätze der therapeutischen Hypnose. Essen: Synthesis.

Ruppert, Franz (2014): Frühes Trauma. Schwangerschaft, Geburt und erste Lebensjahre. Stuttgart: Klett-Cotta.

Sartre, Jean-Paul (1943/2004): Das Sein und das Nichts. Hg. Bernard N. Schumacher. Berlin: Walter de Gruyter.

Schäfer, Alfred ; Thompson, Christiane (Hg.) (2009): Scham. Paderborn: Ferdinand Schöningh.

Schlochow, Barbara (2007): Gesucht: Mein verlorener Zwilling. Liebe und Tod am Beginn des Lebens. Zürich: Editions à la Carte.

Schmidt, Johannes B. (2008): Der Körper kennt den Weg. Trauma-Heilung und persönliche Transformation. München: Kösel.

Schnee, Manfred (2017): Scham und Beschämung in der Schule. https://psychologische-beratung-koblenz.de/wp-content/uploads/2017/07/Scham-und-Besch%C3%A4mung-in-der-Schule-.pdf (5.8.2020)

Schneider, Johann (o.J.): Achtung – Würde – Werte – Umgang mit Scham und Beschämung. https://www.dgta.de/fileadmin/user_upload/TAFF_Artikel/Scham_und_Bescha_mung_Johann_Schneider.pdf (5.8.2020)

Schore, Allen (2012): Schaltstellen der Entwicklung. Eine Einführung in die Theorie der Affektregulierung mit seinen zentralen Texten. Herausgegeben, kommentiert und übersetzt von Eva Rass. Stuttgart: Klett-Cotta.

Siegel, Daniel J. (2010): Wie wir werden die wir sind. Neurobiologische Grundlagen subjektiven Erlebens und die Entwicklung des Menschen in Beziehungen. 2. Aufl., Paderborn: Junfermann.

Sipos, Valerija; Schweiger, Ulrich (2017): Glauben Sie nicht alles, was Sie denken. Freiburg im Breisgau: Herder.

Slepian, Michael et al. (2020): Shame, guilt, and secrets on the mind. Emotion, 20(2), S. 323–328. Washington: American Psychological Association.

Staemmler, Frank-M. (2008): Empathie in der Psychotherapie aus neuer Perspektive.Phil.Diss. https://docplayer.org/36964309-Frank-m-staemmler- empathie- in-der- psychotherapie-aus-neuer-perspektive.html (5.8.2020)

Steinemann, Evelyne (2013): Der verlorene Zwilling. Wie ein vorgeburtlicher Verlust unser Leben prägen kann. München: Kösel.

Storfer, Adolf Josef (1935): Wörter und ihre Schicksale. Berlin und Zürich: Artemis.

Sznycer, Daniel et al. (2016): Shame closely tracks the threat of devaluation by others, even across cultures. PNAS March 8, 2016 113(10) 2625-2630; first published February 22, 2016

Stern, Daniel N. (1988): Die Lebenserfahrung des Säuglings. Stuttgart: Klett-Cotta.

Stern, Reto (2012): Scham in der Beratung. Zum Umgang mit der Scham der Choachee im Coachingprozess. Münster: Edition Forschung.

Terry, Karlton (o.J.): The V Stages of the Sperm Journey. And certain psychological themes and consequences. Mexico o.V.

Tiedemann, Jens L. (2007): Die intersubjektive Natur der Scham. Freie Universität Berlin, Dissertation 2007 https://refubium.fu- berlin.de/ handle/fub188/4758 (5.8.2020)

Tiedemann, Jens L. (2013): Scham. Gießen: Psychosozial-Verlag.

Tipping, Colin C. (2005): Ich vergebe. Der radikale Abschied vom Opferdasein. Bielefeld: Kamphausen.

Tisseron, Serge (2000): Phänomen Scham. München: Ernst Reinhardt Verlag.

Van der Kolk, Bessel (2014): Verkörperter Schrecken. Traumaspuren in Gehirn, Geist und Körper und wie man sie heilen kann. Lichtenau: Probst.

Veit, Iris (2008): Scham ist der Anfang der Besserung. https://irisveit.de/media/pdf/Scham_ist_der_Anfang_der_Besserung.pdf (5.8.2020)

Vehrs, Frederike Birthe (2018): Selbstwert?! – Die Handbremse lösen. https://www.birte-vehrs.de/selbstwert-vom-scham-zur-wuerde (5.8.2020)

Vogt, Ralf (Hg.) (2010): Ekel als Folge traumatischer Erfahrungen. Psychodynamische Grundlagen und Studien, psychotherapeutische Settings, Fallbeispiele. Gießen: Psychosozial-Verlag.

Vogt, Ralf; Vogt, Irina (2010): Das Behandlungskonzept für komplex-traumatisierte, dissoziative Störungen (SPIM-20-KT) und die Bewältigung von Ekelgefühlen. In: Vogt, Ralf (Hg.) (2010), S. 111- 124.

Walch, Sylvester (2002): Dimensionen der menschlichen Seele - Heilung und Entwicklung durch veränderte Bewusstseinszustände. Bern: Walter.

Watzlawick, Paul (1969): Die menschliche Kommunikation: Formen, Störungen, Paradoxien. Bern: Huber.

Winnicott, Donald W. (1994): Die menschliche Natur. Stuttgart: Klett-Cotta.

Wirth, Hans-Jürgen (2010): Ekel – Psychodynamik, Beziehungsdynamik und kulturelle Bedeutung einer vitalen Empfindung. In Vogt, Ralf (Hg.) (2010), S. 79 – 94.

Wolf, Doris (2016): Keine Angst vor dem Erröten. Mannheim: Pal.

Wurmser, Léon (2007): Die Maske der Scham. Psychoanalyse von Schamaffekten und Schamkonflikten. 3. Auflage. Eschenborn bei Frankfurt: Dietmar Klotz.

Wurmser, Léon (2019): Scham und der böse Blick. Verstehen der negativen therapeutischen Reaktion. 3. Auflage. Stuttgart: Kohlhammer.

Der Autor:
Dr. Wilfried Ehrmann

Psychotherapeut mit den Schwerpunkten Atemarbeit, Traumaheilung und Pränataltherapie – freie Praxis in Wien.

Seminar- und Ausbildungsleiter für Atemtherapie und Achtsamkeitstrainer in Wien, Seminarleitung und Vorträge in verschiedenen Ländern.

Zahlreiche Fachpublikationen und Blogbeiträge zu Themen der Atemtherapie, Philosophie, Psychotherapie und Spiritualität sowie zur integralen Lebenspraxis.

Webseite: www.wilfried-ehrmann.com

Blogseite: https://wilfried-ehrmann.blogspot.com

Kontakt: info@wilfried-ehrmann.com

Die Anleitungen zu den meditativen Übungen in Kapitel 14 finden sich auf einer Audiodatei, die unter https://www.wilfried-ehrmann.com/scham-das-buch bestellt werden kann.

Weitere Bücher von Wilfried Ehrmann:

Handbuch der Atemtherapie. Theorie und Praxis des integrativen Atmens. Param Verlag 2004

Vom Mut zu wachsen. Die sieben Stufen der Integralen Heilung. Kamphausen Verlag 2011

Auf Englisch erhältlich: **Consciousness in Evolution.** Tao-Verlag 2014

Vierzig Tore der Weisheit. 40 Tage zur inneren Selbstfindung. Mit Texten und Übungen. Tao Verlag 2015

Kohärentes Atmen. Atmung und Herz im Gleichklang. Wie wir unsere Herzschlagvariabilität mit unserer Atmung verbessern können. Tao Verlag 2016

Auf Englisch erhältlich: **Coherent Breathing.** Tao Verlag 2017